中央财经大学社会与心理学院学科推进计划项目成果

*YIXIANG DUIHUA*
*LINCHUANG JISHU HUIZONG*

# 意象对话
# 临床技术汇总

（第2版）

苑 媛 曹 昱 朱建军◎著

北京师范大学出版集团
BEIJING NORMAL UNIVERSITY PUBLISHING GROUP
北京师范大学出版社

**图书在版编目（CIP）数据**

意象对话临床技术汇总/苑嫒，曹昱，朱建军著. —2 版.
—北京：北京师范大学出版社，2018.1（2023.8 重印）
（应用心理学丛书）
ISBN 978-7-303-22693-1

Ⅰ.①意⋯ Ⅱ.①苑⋯ ②曹⋯ ③朱⋯ Ⅲ.①心理学研究
Ⅳ.①B84

中国版本图书馆 CIP 数据核字（2017）第 213005 号

图 书 意 见 反 馈　　gaozhifk@bnupg.com　010-58805079
营 销 中 心 电 话　　010-58802135　010-58802786
北师大出版社教师教育分社微信公众号　　京师教师教育

出版发行：北京师范大学出版社　www.bnupg.com
　　　　　北京市西城区新街口外大街 12-3 号
　　　　　邮政编码：100088
印　　刷：唐山玺诚印务有限公司
经　　销：全国新华书店
开　　本：730 mm×980 mm　1/16
印　　张：23.25
字　　数：399 千字
版　　次：2018 年 1 月第 2 版
印　　次：2023 年 8 月第 6 次印刷
定　　价：55.00 元

策划编辑：何　琳　　　　　责任编辑：王星星　张凌敏
美术编辑：陈　涛　李向昕　　装帧设计：尚世视觉
责任校对：陈　民　　　　　责任印制：马　洁

# 序
## 有术和无术

朱建军

在中国的传统中，人们会分辨"术"与"道"的不同层面。"术"是方法的层面，懂得一种"术"，做事就有了方法。和不学无术的人相比，饱学而有术的人做事会大为有效。懂得武"术"的一个弱女子，可以打败一个不会武术的彪形大汉。但是我们不会满足于"术"，会追求更高的境界"道"。"道"是事情的本源层面，和"道"在一起的人，超越了固定的具体的"术"，顺应"道"，无为而无不为，其境界又是只懂得"术"的人所不可企及的了。

我知道有一些高人，已经在某些事情上超越了"术"而进于"道"。有一次，我看苏东坡写的一幅字，其中有的字很大，有的字很小，有的字很工整，有的字又极为潦草，布局不符合书法的要求，但是非常之美，"如行云流水，行乎其不得不行，止乎其不得不止"，令我们这些人只有瞠目结舌、叹乎观止的份儿，不能赞一词。

这样高的境界当然是我们所向往的，但是，向往这个境界不等于懂得这个境界。不会说我们希望有"道"，怎么怎么一做，就可以有"道"了。饮茶的方法叫作茶道，插花的方法叫作花道，摔跤的方法叫作柔道，动武的方法叫作跆拳道，但未必每个参与者就都懂得了喝茶、插花、摔跤或动武的"道"。不懂得"道"的人，常常误以为"道"和"术"是对立的，以为"术"是低等境界，"道"是高等境界，以为有"道"的人不再用任何"术"，于是为了追求"道"就放弃用任何技术，以为只要不用技术，自己就可以有"道"。其实这是一个大误区——武林新手去生死搏击的时候，如果不用任何招式，试图无招

1

胜有招，最后的结果只能是以无命的方式彻底无招。"不用技术"，也是一种技术而不是"道"。好比一个武林新手遇到了东邪黄药师，决定不出招，承认自己完全不是对手，心里期望黄药师出于自傲在这种情况下不会出手，这也是一种技术。这种技术也许有用，也许没用，但并不是"道"。有"道"者或者不用技术，但也不是拒绝使用技术，该用就用，不该用就不用。有"道"就是有"道"，不在于用或者不用"术"。

其实，在学习任何东西的开始，如果我们稍稍懂得一点谦虚，我们最好不要考虑什么是"道"，胡乱猜测一个玄虚的东西有什么意义呢？我们在一开始，一般说前十年，还是要以学习"术"为主。苏东坡写字可以如行云流水，我们写字——以及苏东坡一开始学习写字时——还是要临帖，学习书写的基本法则。超越"术"的前提是先懂得"术"。但是，我们在学习"术"的时候，可以提醒自己说，其实还有个"道"存在，这样可以避免一个人太执着于"术"，把"术"学得太僵化了。学任何东西，都有走了另外一个极端的人。他们僵化地学习"术"，可以把"术"学得中规中矩，却被"术"限制，堵住了以后见"道"之路，永远达不到"出神入化"的境界。我们要知道有"道"的存在，也知道自己不知"道"，认真学习"术"但是知道"术"只是"术"，这样我们才会有未来的希望。

意象对话心理疗法，其中有术，也有道。学习意象对话时，我们都是从"术"开始，但是教学中总是隐含着"道"。虽然学习者也许还不知"道"，但是他们会"浸淫"于"道"。本书读者，有兴趣去学习意象对话，我们非常欢迎。

为了让大家在学习中有所参照，意象对话研究中心的全体同仁，都认为很需要一本书来总结意象对话中的种种技术，并把这些技术的使用步骤和要点详细给大家说明。苑媛作为研究中心学术研究负责人，当仁不让地承担起这本书的编写工作，从而有了现在这本书。这是一本很有价值的书。

不过，有两点我要提醒大家：第一，意象对话不能自学，不要以为你读了这本书拿去照搬就可以了，因为如果你违背了意象对话之"道"，这些技术也许会无效甚至有害；第二，不要以为这些方法是僵化不变的，实际上这些方法都可以被灵活地运用。如果大家记住这两点，就会用好这本书。

　　希望大家能学好意象对话，从而让我们的人生，以及别人的人生更加清醒、更加美好。

# 前　言

苑　媛

　　《意象对话临床技术汇总》与《意象对话临床操作指南》是意象对话心理疗法的阶段性总结和历史性总结，在意象对话的发展史上是两本标志性的书，标志着意象对话心理疗法已经完成了快速发展期，而进入转型期，目前已正式完成了从管理到学术双方面的转型，正式完成了从"朱建军个人的意象对话"到"团队的意象对话"的过渡——意象对话心理学正式成为一个学术流派。

　　本书为首次修订的《意象对话临床技术汇总》，即第二版，旨在补充必要的内容（例如，在"常见误区及其应对"部分，增加"澄清感性与理性"和"个案概念化"；在"转介"部分，补充新的《精神卫生法》所涉及的相关法律内容），重新梳理意象对话心理疗法自创立以来的所有临床技术，再度总结已经获得意象对话心理学研究中心认证的各种创新子技术。

　　每一项临床技术以及创新子技术均在文中标注了研发者。凡是未特别标注研发者的各项技术，均为朱建军教授所创并经过大家共同改进。

　　请所有的心理咨询师和心理治疗师朋友及各位引用者、使用者、实验者，在进行教学、科研、心理咨询、心理治疗和心理培训等相关活动时，充分尊重我们意象对话心理学的每一位研发者，他们终身享有署名权。

　　关于"意象对话创新子技术"，特此说明：在这部分内容的写作过程中，所有研发者都提供了较为详尽的书面资料，本人只是进行了文字与格式的整理。他们是（署名按姓氏的首写字母排序）：蔡晨瑞、曹昱、杜海英、郭筑娟、邱祥建、孙淑文、徐海颖、苑媛、张胜洪、赵燕程、周烁方、朱建军。

在"意象对话创新子技术"这一部分，各位读者将分享到目前已经获得意象对话心理学研究中心认证的所有创新子技术，特别是第一版《意象对话临床技术汇总》没有及时收录的创新技术，诸如，朱建军教授与夫人曹昱共同研发的一个分支疗法"意象对话沙匣疗法"、曹昱的"意象炼金瓶"、郭筑娟的"情绪疗愈法"、邱祥建的"生命树意象疗法"、孙淑文的"笼子里的动物"、徐海颖的"梦境抄写法"、张胜洪的"制药人"、周烁方的"主题梦境系列起始意象"、赵燕程的"意象寻根技术"等。

非常感谢所有研发者的卓越努力与鼎力支持！

在此，特别感谢曹昱和周烁方两位老师！

曹昱的研发技术最多，达十几项，在本书的其他章节中也有所涉及，如"起始意象"部分等(文中均注明)。由于时间关系和本书篇幅所限，她还有几项优秀的创新技术拟发表在本书下一次的修订版中。

周烁方开创性地提出对意象对话方法和技术进行分类的观点，并借鉴荣格自传以及美国超人本主义心理学家肯·威尔伯的相关思想，以"心理发展期"的独特视角对诸多技术进行归类整理，且以表格的形式呈现，使之更加清晰化和条理化，为临床工作者和使用意象对话疗法进行心灵成长的人们提供了重要参考。

为了便于各位同仁和读者能够与研发者就创新技术等研究进行学术探讨和临床交流，同时，也为了促进意象对话临床技术的不断改进与完善，特在这里留下研发者的最新联系方式：

蔡晨瑞：ccrei@263.net

曹　昱：13811098462@163.com

杜海英：dhy102@sohu.com

郭筑娟：13810704112guo@sina.com

邱祥建：xlvbw@126.com

孙淑文：15553129119@163.com

徐海颖：xu_haiying@qq.com

苑　媛：yuan5701psy@sina.com

张胜洪：shenghong911@163.com

赵燕程：1048541165@qq.com

周烁方：zhoushuofang@126.com

朱建军：13601086862@163.com

我们深知，心灵的改变贵在有信念，而信念的核心在于坚持！

《易经》的坎卦可作写照："习坎，有孚，维心亨，行有尚……水流而不盈，行险而不失其信。维心亨，乃以刚中也。"

# Contents
目录

**理论篇** *lilunpian*

**第一章　意象对话疗法的界定/ 3**

一、何为意象对话疗法 / 3

二、意象对话疗法的实施条件 / 5

三、意象对话疗法的基本目标 / 6

四、意象对话疗法的特点 / 7

五、意象对话疗法的常见误区及其应对 / 9

**第二章　意象对话疗法的历史和发展/ 12**

一、意象对话疗法的历史 / 12

二、意象对话疗法的发展 / 14

**第三章　意象对话疗法的创新和局限/ 17**

一、意象对话与精神分析 / 18

二、意象对话与荣格心理学 / 19

三、意象对话与 J. E. 肖尔的意象治疗 / 20

四、意象对话与认知、行为疗法 / 20

五、意象对话与佛道精神 / 20

六、意象对话与阿萨鸠里的人格理论 / 21

**理论篇**
*Lilunpian*

第四章　意象对话疗法的基本原理/ 22

一、心理现实 / 22

二、符号化 / 25

三、心理意象 / 28

四、心理能量 / 38

第五章　意象对话疗法的工作机理/ 44

一、心理障碍的形成 / 44

二、心理障碍的维持 / 49

三、心理障碍的消除与化解 / 54

第六章　意象对话疗法的操作原则/ 64

一、意象对话疗法坚守的原则 / 64

二、意象对话疗法反对的原则 / 65

第七章　意象对话疗法的基本过程与步骤/ 66

一、意象对话疗法的基本过程 / 66

二、意象对话疗法的基本步骤 / 69

第八章　意象对话疗法的适用范围与注意事项/ 82

一、意象对话疗法的适用范围 / 82

二、意象对话疗法的注意事项 / 82

**实践篇**
*Shijianpian*

第九章　意象对话疗法的基本技术与微技术/ 87

一、意象对话疗法的基本技术 / 87

二、意象对话疗法的微技术 / 87

第十章　起始意象的主题、原理及其运用/ 97

一、起始意象的原理 / 97

二、常用起始意象 / 97

实
践
篇
*Shijianpian*

**第十一章　发现、领悟、转化及调节心理能量的技术 / 111**

一、发现和领悟的技术 / 111

二、转化行为的技术 / 112

三、调节心理能量的技术 / 115

**第十二章　结束的技术 / 119**

一、未实现目标的结束技术——稳定撤退 / 119

二、实现目标的结束技术——存盘技术 / 120

**第十三章　意象对话疗法关于人格的技术 / 123**

一、分析人格的基本技术——人格意象分解 / 123

二、改善人格的技术 / 133

**第十四章　特殊情况的处理技术 / 135**

一、强阻抗的处理 / 135

二、移情的处理 / 135

三、转介的技术 / 136

**第十五章　针对各种心理问题的意象对话技术 / 138**

一、意象对话在 EAP 中的应用 / 138

二、运用意象对话辅助减肥 / 142

**第十六章　意象对话心理咨询的方略 / 145**

一、方略的不同类型 / 146

二、选择方略的方法 / 148

**第十七章　意象对话疗法与其他心理疗法相结合 / 152**

一、从意象对话看精神分析 / 152

二、从意象对话看荣格心理学 / 153

三、意象对话沙盘疗法 / 154

四、意象对话子人格的系统排列 / 155

五、意象对话心理剧 / 155

六、意象对话音乐治疗 / 156

**第十八章　意象对话心理师的自我成长和训练技术 / 158**

一、自我探索 / 158

二、素质训练 / 160

三、能力提升 / 167

**第十九章　意象对话创新子技术 / 170**

一、蔡晨瑞："意象画" / 170

二、曹昱：分层共情法 / 177

三、曹昱：封闭整合法 / 181

四、曹昱：资源引入法 / 187

五、曹昱：顺势借染法 / 196

六、曹昱：连通器法 / 201

七、曹昱：梦想成真法 / 205

八、曹昱：情绪命名法 / 211

九、曹昱：顺藤摸瓜法 / 216

十、曹昱：盲咨法 / 219

十一、曹昱：回圆法 / 225

十二、曹昱：转换频道法 / 232

十三、曹昱：主动三角化和去三角化 / 238

十四、曹昱：意象炼金瓶 / 246

十五、曹昱：子人格置换法 / 251

十六、杜海英："我们签约吧！" / 260

十七、郭筑娟："看日历" / 263

十八、郭筑娟：情绪疗愈法 / 266

十九、郭筑娟："上下电梯" / 268

二十、邱祥建：寻找"炸药包" / 270

二十一、邱祥建：心灵"CT" / 276

二十二、邱祥建：通话与短信 / 278

实
践
篇

*Shijianpian*

实践篇
shijianpian

二十三、邱祥建：互动联想与体验回观 / 280

二十四、邱祥建："后花园" / 285

二十五、邱祥建：意象建构 / 287

二十六、邱祥建：生命树意象疗法 / 291

二十七、邱祥建：简明构图法 / 297

二十八、孙淑文：笼子里的动物 / 301

二十九、徐海颖：梦境抄写法 / 304

三十、徐海颖：景物唤醒法 / 306

三十一、徐海颖：月经周期调整法 / 310

三十二、苑媛："挑武器" / 313

三十三、张胜洪："制药人" / 321

三十四、赵燕程："西瓜地" / 326

三十五、赵燕程：从意象看亲密关系 / 327

三十六、赵燕程：子人格图的画法说明 / 329

三十七、赵燕程：意象寻根技术 / 330

三十八、周烁方：主题梦境系列起始意象 / 335

三十九、朱建军、曹昱：意象对话沙屉疗法 / 339

第二十章　意象对话技术与方法的分类 / 342

一、缘起 / 342

二、问题提出 / 342

三、心理自我 / 343

四、心理发展期 / 344

五、意象对话引入方法的分类 / 346

六、意象对话技术的分类 / 349

七、结语 / 351

参考文献 / 353

# 理 论 篇

第一章　意象对话疗法的界定

第二章　意象对话疗法的历史和发展

第三章　意象对话疗法的创新和局限

第四章　意象对话疗法的基本原理

第五章　意象对话疗法的工作机理

第六章　意象对话疗法的操作原则

第七章　意象对话疗法的基本过程与步骤

第八章　意象对话疗法的适用范围与注意事项

# 第一章

## 意象对话疗法的界定

### 一、 何为意象对话疗法

意象对话疗法（imagery communication psychotherapy）是我国著名心理学家朱建军教授于 20 世纪 90 年代创立的一种心理咨询与治疗方法。

意象对话疗法的创立主要得益于荣格心理学的研究，受到了精神分析、人本主义心理学等西方心理学的深刻影响，同时，也融合了中国佛学和道学的思想。它渗透着东西方文化的诸多精神要素，是一种非常独特的心理疗法，因而，虽然为中国的心理学家在中国本土所创立，却是具有世界性的。

2008 年 7 月，朱建军教授与苑媛副教授合作出版了中英文对照版著作 *The Psychotherapy from the Orient：Imagery Communication Psychotherapy*（《来自东方的心理疗法：意象对话疗法》）。该书由安徽人民出版社出版，面向所有英语国家发行。

特别值得一提的是，该书于 2016 年 5 月由波兰 Wydawnictwo Adam Marszalek 出版社出版波兰语版 *PSYCHOTERAPIA WSCHODU PSYCHO-TERAPIA WYOBRAENIOWA*，这不仅是意象对话疗法的重要学术成果之一，也是中国本土心理疗法国际化的重要标志之一，为提升中国临床心理学的国际声誉做出了重要贡献。

意象对话以意象为媒介，用原始逻辑的方法进行深层交流，强调体验和互动，临床上由心理咨询师和来访者两个人进行。当双方处于意象对话状态时，心理咨询师和来访者的对话是在潜意识层面进行的，即使没有在理性的认知层面挑明，来访者当时的潜意识也完全听得懂，由此所引发的改善终究会发生。

换言之，心理咨询师通过运用意象的象征意义与来访者在潜意识层面进行沟通，以达到帮助来访者化解消极情绪、消除情结、深入探索自我、整合人格的目的，促进自我成长与健康发展。

意象对话是一种科学的心理疗法，但整个的进行过程颇像是治疗师和来访者一起编制一个白日梦，或是共同导演一段精神故事。倘若来访者是儿童，这个过程就更容易进行，仿佛一起做游戏——一个想象性的、可参与、可导演的游戏。

在这个过程里，咨询师可以栩栩如生地呈现出来访者的一些心理状态；可以在来访者自知的情况下帮助他宣泄和调节各种消极情绪；可以纠正他认知上的不合理信念，乃至改善他的性格，使其人格构成更加完整、和谐；对于呈现出心理问题和心理障碍的来访者，还可以展开针对性的治疗。

对于某些情况，咨询师甚至可以只在意象中对来访者进行心理治疗，而不在意识层面挑明，以避免某些敏感话题和道德规范的尴尬。这同样具有非常显著的理疗效果。当双方处于意象对话状态时，咨询师和来访者的对话有时是在潜意识层面进行的，即使没有在理性的认知层面挑明，来访者当时的潜意识也完全听得懂，由此所引起的改善终究会发生，只是时间早晚而已。

汉语言中有一个词叫"心房"。事实上，房子意象确实能够展示一个人在某一阶段内的心理状态。

就意象而言，房子本身代表基本的心理基调和性格特点。例如，竹木房子强调自然、淳朴、温馨，但不耐火；草房突出不安全感、脆弱、不结实；石头房代表比较强的自我防御性，但很坚强；亭子则象征极大的自我开放性、十分灵活，以致无自我，因为内心毫无界限。房子里面的东西又各具象征意义，需参照其基本象征意义并联系"上下文"方能做出解释。

呈现一段有关房子意象的对话记录，以作示例：

治疗师：呼吸放慢，全身放松……想象你现在正走向一个建筑物……

来访者：恩，我看见了……好像是一所房子。

治疗师：看看这所房子是用什么造的？

来访者：是个水晶房，透明的。

治疗师：假如让你住在这样一间透明的房子里，你愿意吗？

来访者：挺漂亮的，不过不能长期住。

治疗师：为什么？

来访者：外面什么都看得见。

治疗师：那好，你看有什么办法可以让你觉得更舒服？

来访者：嗯……我想安上一个大窗帘……现在感觉好多了。

在这段意象对话里，我们可以清楚地看到来访者的"心房"：美丽、聪明、透明、脆弱，水晶的质地给人一种虚幻感。象征意义中，积极的方面是冰雪聪明，有自我认同感；消极的方面主要是透明和脆弱，它意味着"别人可以看穿我，让我无可遁形，所以我需要在别人面前有极优的表现"。另者，透明有展示性。于是，水晶房又代表着一种表演性。脆弱的原因主要来源于墙体的质地。若想改变脆弱，就需要改变墙体的材料。咨询师可以和来访者商量什么材料能够抵御风暴和冰雹的伤害。

住在水晶房里的人通常是有表演性的，他们格外自我关注，总想给别人留下极佳、极优的印象。来访者之所以不愿意长期居住在这样的房子里，是因为她在向外界展示的同时，自己也感觉时刻暴露在别人的眼里，如此一来，安全感就不会太好。因此，她在意象中添置了窗帘。

作为心理咨询师，我们可以帮助来访者领悟到，那个窗帘就像幕布一样，拉开就是上场，关闭则是退场。房间里的窗帘不能总拉着，也不能总关上，但可以在做好准备的情况下再上场。

在这个治疗过程中，心理咨询师并对来访者未强加自己的意愿，而是启动并运用了来访者原本就具有的心理资源。从这个意义上说，是来访者自己帮助了自己，咨询师只是一个引导者和陪伴者。

## 二、 意象对话疗法的实施条件

### 1. 治疗室的布置

意象对话对治疗环境没有特殊要求，一般的心理咨询室和治疗室都可以用来做意象对话。意象对话治疗室的基本布置原则为：安静、方便、采光通风良好；对于一些细节，如墙壁颜色、地毯、沙发摆放角度、台灯、窗帘、装饰画、钟表、抽纸、垃圾桶、绿色植物等，与一般咨询室和治疗室大致相同。

如果能有一把可半躺的躺椅，将有助于来访者放松，会比较舒服和方便，但没有躺椅也没关系。

治疗室的光线最好可以调节，比如，安装一个不透光的厚窗帘，以照顾到各种来访者。有些来访者喜欢在光线较暗的环境里做意象对话，有些则不喜欢，甚至对暗产生不愉快的感觉。

治疗室里可以悬挂绘画或摄影作品，但不宜多，重要的是选择中性的、不易引起来访者紧张或兴奋的图像，如祥和的草地、平静的大海、不太浓密的树林等。个别情况下，治疗师可以将这些图像作为起始意象引导来访者进入想象。

### 2. 时间的安排

一般的心理治疗时间是每次 50 分钟，适当的意象对话治疗时间为 70～90 分钟。由于意象对话疗法的计划性不是非常强，而且心理咨询师又并非每次治疗都使用意象对话疗法，或者有时只介入一段非常简短的意象对话，所以，建议治疗时间每次预留 90 分钟。

### 3. 电话指导

除极少数例外情况，我们不允许心理咨询师通过电话引导来访者进行意象对话，更不允许电话指导意象对话成为常规。

### 4. 自学者不得应用意象对话

意象对话涉及很多潜意识活动，也容易激发出潜意识深处的消极情绪能量，非常不适合自学！更不适合自学者对自己或他人应用！

我们反对通过阅读意象对话的相关书籍来学习意象对话疗法，更反对用自学的方式拿自己或他人冒险！

## 三、 意象对话疗法的基本目标

意象对话能够发现和解决心理问题，不过是因为它更能深入人的潜意识，并无神秘之处，所以该疗法的终极目标与所有心理疗法相同，都是促进来访者成长，提升心理健康水平，提高生理机能和社会能力，使人格更健全，生活更有幸福感。具体如下：

有觉知地适度获得所缺少的东西，如安全感、释放、爱、关心、理解、支持、自信、自我力量等；

消除不健康的应对方式，习得更健康的应对方式；

削弱或化解情结；

化解内外部冲突，增进内外部和谐；

了解潜意识中的情结或原始认知，使自我更有效地管理潜意识活动；

增强自知力和自主力，展现原本具备的心理能力或心灵品质；

建立共情关系，体验心与心的"相遇"，提高共情能力；

学习或提升表达爱、关心、尊重、理解和支持的能力；

培养积极健康的价值观、信念和人生态度；

加深自我探索、自我接纳，促进自我整合、发展和自我实现。

## 四、 意象对话疗法的特点

意象对话疗法的突出特点是，心理咨询与治疗是在人格的深层进行的，采用的是原始认知方式，是一种"下对下"的心理治疗——治疗师的潜意识对来访者的潜意识。咨访双方好似两个运用原始逻辑思维进行沟通的"原始人"，他们都是在象征层面上说话。由此，意象对话疗法表现出一些具体的特点。

### 1. 意象对话是心理的 X 光

意象对话非常直观。在意象对话过程中，我们的情感、情绪、固着的情结、压抑的心理问题、曾经的心理经验（感觉到的现实）、惯用的心理防御机制……皆跃然可见。

意象对话格外真实。意象如童话故事、离奇电影、记忆回放一般，以生动的画面展现出我们的内心，每一个形象都承载着我们的心路历程，也承载着我们的心理能量。

意象对话是一种投射心理测验。诚然，与其他投射测验一样，意象对话需要心理咨询师拥有丰富的临床经验。

### 2. 意象对话利于突破和减少阻抗

意象对话以游戏般的灵活可随时自然地介入心理咨询与治疗（可以从梦开始、从身体开始、从语言开始、从对方的描述开始，还可以从回忆开始，等等），比较容易冲破阻抗，使治疗师与来访者能够共同面对某个人生困境。深层的心灵对话常常令来访者"醒"来（完全恢复到理性状态）之后惊叹不已。

另者，意象对话的治疗过程是在潜意识领域运用意象符号的象征意义进行的，在进行过程中，咨询师不对来访者解释意象的象征意义，因此，当触及某些敏感话题时，如和性有关的话题，咨询师完全不需要提及"性"，只对来访者想象中的性的象征物进行工作即可。这样做不仅可以避免来访者的尴尬、难堪、否认，还可以在"潜移默化"中开展心理治疗工作，解决相应的心理问题。

### 3. 意象对话疗效快而稳固

意象对话作为心理动力学中的一种重要疗法，之所以治疗时间更短、疗效更稳固，不只因为它利于突破和减少阻抗，还因为它的深刻。

意象直接碰触着人的潜意识，无论是联想、特定想象还是梦境，无不具有心理层面的象征意义，无不以其敏锐的洞察力和生动的直观力震撼心灵。所以，它是一种治本的疗法。

以人格为例，其他绝大多数心理疗法在改变或改善来访者的人格状态时，都是作用于来访者的意识层面，停留在人格的表层。而我们经常能够发现或经历这样的现象：明明理性上是知道的，很快就能理解和接受的内容，可在现实行为层面，或是在情感情绪层面，就是很难顺畅地实施，或者实施了一段时间后又反弹了。

这是为什么呢？就是因为要把理性上的理解和接受变成自我深层人格结构中的内容，是需要领悟的，也是需要时间和过程的。而在意象对话疗法中，咨询师直接作用于来访者的人格深层，治疗时间自然会缩短，效果也更加稳固。

许多意象对话心理师都有这样的临床经验，有时候会在一次心理治疗中获得巨大的治疗效果。

### 4. 意象对话可以在不了解来访者生活史和病史的情况下进行

上文阐述第一个特点时已经讲过，意象对话是非常直观的，来访者即使没有报告其生活史和病史，其意象也已蕴含了所有的答案。

例如，某成年女性来访者在想象中看见了一朵白色的花，花朵多处被害虫咬过，花感觉很悲伤，看见昆虫就害怕。当心理咨询师在意象对话中问及这朵花的年龄时，她说："16 岁。"至此，咨询师就会知道，该来访者在 16 岁时遭遇过情感伤害，而且可能是跟性相关的伤害，恐惧和悲伤的情绪至今仍有残留。正是由于那次伤害，原本鲜艳的花朵逐渐精神失血而变成白色——"精神贫血"。共情能力较高的咨询师还能在白色当中感觉到一份无辜。

据此，即使来访者不愿意透露那段经历的细节，咨询师也可以基本断定来访者存在异性交往障碍，只要在意象中针对那朵受伤的花进行处理就可以大大减轻来访者的恐惧和悲伤情绪，从而减轻其对异性的恐惧心理。

### 5. 意象对话是"动情"的疗法

意象本身负载着心理能量，同时能够反映出心理能量的状态，因此，意象连着心。甚至有心理学家(如伯纳德)提出，人的情绪是由意象、相应感受和特别主题三者构成的意识经验。如此看来，意象不仅与心相连，与情绪之间也有着直接的必然联系。

如同心理动力学的其他疗法一样，意象对话也是"连着心"的疗法，又因其直观、真实、自然、深刻而更加容易触动情感、情绪，很多事先并不了解甚至不相信意象对话和心理分析的来访者，在体验之后都说"有感觉""好玩儿""有意思""挺神奇的"……

从心理咨询师的角度来说，以意象为媒介进行深层对话，能够更真切、更深入地关怀、接纳来访者。

### 6. 即便没有任何干预，仅仅意象对话的呈现过程就有治疗作用

"看"意象，并在意象中"听"和"说"，这个沟通过程本身，对那些被压抑的消极心理能量来说，就是有接纳、有觉知、有自发领悟、有建设性的表达与宣泄。

### 7. 意象对话对于心理咨询师的人格要求比较高

意象对话不仅能够清晰地呈现来访者的心理现实和精神世界，同时，也能够非常鲜明地呈现出咨询师自身的接纳程度与心理健康水平(比如，咨询师不敢表达自己的真实感受，就无法引导来访者表达情感情绪；咨询师害怕"鬼"意象，就不敢带来访者在想象中见"鬼"，更不要说化解"鬼"所代表的心理疾病了)。因此，它要求运用者不断地自我体验和自我分析，不断地探索自我和解决心理问题，坚持追求人格完整与心灵成长。

## 五、 意象对话疗法的常见误区及其应对

意象对话是深入人的潜意识世界进行工作的疗法，对于意象对话心理师的人格和健康状态要求比较高，如果使用不当，也确实存在一些危险，请学习者和使用者正确应对。

以下是一些需要警惕的误区。

## 1. "迷信"

**症状**：来访者混淆了现实世界和意象世界，误认为鬼神意象是有物质实体的。

**原因**：来访者未能了解，意象是心理的象征而非现实。

**应对策略**：通过多次的耐心解释，让来访者明白，所有的意象都是个体内心活动的心理象征，是心理现实，而非客观物质现实。

## 2. 失去自我控制

**症状**：被意象的强烈的心理能量所淹没，或被吓坏了，或受到诱惑。

**原因**：没有掌握好意象对话应有的节奏，在条件不具备的情况下，过早调用了那些带有大量心理能量的意象。

**应对策略**：第一，意象对话心理师和督导师要掌握好深入来访者或意象对话学习者情结的节奏，注意速度不要太快；第二，提供情感支持，陪伴和引导对方；第三，不要让对方独自完成比较深入的意象作业。

## 3. 沉溺于意象对话

**症状**：沉溺于意象对话，从而逃避现实，甚至对爱情、学习、工作、生活都丧失兴趣。

**原因**：多数情况下，沉溺于意象对话是心理防御的一种方式，即用这种方式逃避生活。

**应对策略**：第一，意象对话心理师和督导师保持警觉，一旦发现来访者或意象对话学习者有沉溺倾向，立即停止进行意象对话，改让其在现实生活中实践练习；第二，引导沉溺者觉察到，他正在试图用沉溺意象的方式回避现实困难；第三，帮助沉溺者制订计划，将注意力和行动力集中于具体的现实生活目标。

## 4. 排斥理性

**症状**：一味地追求感觉，遇事只讲感觉，误以为意象对话排斥理性，甚至用感觉压抑理性。

**原因**：排斥理性的来访者或意象对话学习者并未了解意象对话疗法从不排斥理性，反而强调感性智慧与理性智慧的平衡，感性智慧与理性智慧的灵活应用和综合应用，不用任何一方压制另一方。

**应对策略**：第一，在认知层面能够澄清——意象对话疗法从不排斥理性。

生活中有很多人(特别是成年人),容易用理性压制感性,意象对话师在心理咨询或课程培训中之所以使用"感性"和"理性"这样的词汇,只是为了区分,为了更好地启动来访者或学习者的感性智慧。第二,在操作层面能够识别——排斥理性的人在学习或使用意象对话的过程中,可能会产生"混乱""断掉"等感觉。

## 5. 排斥"个案概念化"

**症状:** 意象对话使用者拒绝对来访者的心理问题进行解释。

**原因:** 误以为意象对话疗法排斥个案概念化,或者认为只在潜意识层面对来访者进行意象对话工作即可,解释会影响疗效。

**应对策略:** 第一,正确理解"个案概念化"(case conceptualization)。它是指心理咨询师运用某种心理咨询理论对来访者的心理问题进行理论假设。意象对话疗法并不排斥个案概念化。

个案概念化这个词最早由精神分析学派使用,旨在区别于"诊断",以避免病理化。精神分析学派的个案概念化认为,潜意识的想法和情感是一个人遇到困扰,并且前来接受心理治疗的原因,因而,帮助人们意识到他们潜意识中的想法和情感是一项重要的心理动力技术。不仅要帮助来访者注意到被忽视、被阻隔在意识之外的想法和情感,还需要帮助他们理解这些想法和情感是怎样发展出来的,经历了怎样的过程,经由怎样的心理动因或外在情境的影响而发生了这些事件,以及这些事件的出现对于来访者具有怎样的意义,对于内在的人际关系(如母婴关系、亲子关系、亲密关系等)或生活中的其他部分有着怎样的意义。简言之,就是针对发生了事件但没有解释的给出解释,让来访者在内心回到事件发生的场景,完成每一个故事情节的转换过程。

现在,个案概念化已经不限于精神分析学派,心理临床上也大量使用个案概念化一词,个案概念化成为心理咨询师必须掌握的一项专业技能。

第二,在操作层面,为了更好地帮助来访者解决心理问题、深入地探索内在、有觉知地成长自我,意象对话使用者需要根据具体情况,用通俗易懂的语言向来访者解释其心理问题的成因、动机、需要等。

# 第二章

# 意象对话疗法的历史和发展

## 一、 意象对话疗法的历史

谈及意象对话的过去，不得不从其创立者朱建军教授谈起。

朱老师的本科专业是气象学，从硕士研究生起攻读心理学，博士就读于华东师范大学，是著名心理学家曾性初先生的弟子。在攻读研究生期间，朱老师逐渐深入研究心理动力学，并对意象、象征意义及其应用产生了兴趣，曾接受德中心理治疗研究院的首期培训，主修精神分析。

朱老师是一位天资卓越的人，他的勤奋、执着、正直与智慧注定这一生会有所作为。青春年少时，他学习大气的状态、变化和现象，周转于风云雨雾、霜露雷电之间，后来又潜心钻研人类浩瀚的心灵世界，试图探索出一条通往潜意识、并在潜意识领域进行专业治疗的途径。也许，他这辈子与不同层面的"风起云涌"结下了太深的缘分吧。

在一开始接触心理学的时候，朱老师就对弗洛伊德所创立的精神分析充满了兴趣，尤其是对释梦技术兴味盎然。由于太过痴迷，他曾经一度言必称弗洛伊德。为此，同学们给他起了一个绰号"朱洛伊德"。

但是，随着研究的深入，朱老师越来越远离弗洛伊德关于梦的一些重要思想。他认为，梦并不仅仅是未完成的愿望的满足，即使是以愿望为主题的梦，也不总是在表达性的欲望；梦不是在伪装，而是在揭示。他更认同荣格的理论，主张梦是潜意识的语言，是在运用意象的象征意义表达丰富的内心活动，有着独特的认知方式和表达方式。他称梦为"原始人的来信"，由此发现，梦、艺术家的形象思维、精神病患者的思维、催眠状态下的一些心理活动……都是一种象征性的原始思维。

后来，他又吸收了人本主义等西方心理学、东方传统文化，以及佛学、道学的思想精华，开始致力于有实践意义的、具体的心理学研究工作。其中，有一项研究与意象对话技术（在1990—2000年的创立时期，意象对话是心理咨询与治疗技术，随着理论的完善及实践的验证，在2000年开始进入快速发展时期之后，逐渐成熟为一种心理咨询与治疗方法）的出现关系最大。

鉴于弗洛伊德学说的科学性和客观性常被其他流派的心理学家质疑，朱老师假设在催眠状态下的想象与梦都是同一个认知方式的表现，即被经典精神分析称为"原发过程"的表现。然后，在此基础上朱老师做了一个研究。他找了两组被试，先把一组人催眠之后，给他们提供一些词汇，让其记在脑海里。随后，他暗示说："你会看到一些形象。"他假设这些形象应该是在梦中用来象征这些词汇的意象。然后，他让另一组处于催眠状态的被试把这些意象转换为词汇，这个过程仿佛是在释梦。结果，他在词汇与意象之间看到了很多的相似与对应。

这一次研究的样本并不多，研究结果却印证了假设。这让朱老师兴奋不已："催眠状态下想象出来的意象和梦是同质的，我可以用同样的方法看待它们。"（朱建军，2001）

由于催眠比较花费时间，朱老师便尝试着只做浅催眠，甚至不做催眠，只是引导来访者放松地、自由地想象，看看想象出来的意象是否与梦中的意象同质。检验结果正如他所预想的。

于是，朱老师不再满足于释梦，而是决定参与到来访者"清醒的梦"中，并修改存有心理问题的梦境或想象。他开始相信，梦和意象是心理行为或心理活动的象征，改变了梦和意象，也就改变了梦者和来访者的深层心理，如此一来，就可以进行一种心理治疗了。

随后，从1990年开始，朱老师踏上了一条神奇而有风险的心灵探索之路——运用意象的象征意义与来访者展开潜意识层面的深度沟通。他把这个方法称为"意象对话"。

意象对话技术的应用，使朱老师体会到诸多益处，比如，治疗的速度大大加快；来访者的阻抗易被突破；可以避免来访者道德层面的尴尬或为难；促进咨访关系的建立；疗效显著而长久等。同时，他也谨慎总结这个治疗方法的局限性和风险性，比如，使用不当就有可能造成迷信；失去自我控制；沉溺于意象对话等，并研究其风险性的健康应对。

1995年以后，朱老师开始在自己身上使用意象对话技术。曾经在将近1年的时间里，他每天用十几小时对自己进行心理训练和自我催眠，甚至冒险诱发自己的幻觉体验和神秘体验。这一深入探索潜意识的艰辛历程让他获得了对人性的直觉的领悟。

2000 年以后，他陆续出版介绍意象对话的书籍，开始在心理学的相关会议上向同行们介绍该疗法，并在各种心理培训讲座或课程中受邀传授意象对话疗法。

为了意象对话的健康成长，朱老师及其核心团队一直兢兢业业，坚守着专业底线与操作原则，严格确立意象对话的培训、督导、资格评估、资格审核等工作的程序和标准。

## 二、 意象对话疗法的发展

意象对话疗法自 1990 年左右创立以来，大致经历了三个发展阶段。

第一阶段，1990—2000 年，意象对话创立期。

创立者朱建军教授在实践中逐步完善、丰富该疗法，在心理咨询与治疗领域尝试使用这个方法。1995 年后，华东师范大学的孙新兰博士也运用该方法进行心理咨询，并在人格意象分解技术的创立和基础研究中做出了开创性的贡献。另有少数同行尝试使用，并提出宝贵意见与建议。

第二阶段，2000—2008 年，意象对话快速发展期。

随着朱建军教授的个人专著《我是谁——心理咨询与意象对话技术》《你有几个灵魂》《意象对话心理治疗》等的出版，以及朱教授在昆明的国际心理治疗大会等学术会议对意象对话做的一些介绍，更由于一些优秀的同行专家的推介，意象对话疗法在全国范围内迅速传播。

2004 年，北京意象对话心理学研究中心正式成立。该中心是意象对话心理学的研究和临床机构。至此，意象对话疗法已经获得中国就业培训技术指导中心 CETTIC 认证，成为心理咨询职业专项技能。只有经过正规培训和考核，获得培训合格证书的心理咨询师才可以成为意象对话心理师。

2006 年，北京乾德意象文化有限公司正式成立。乾德意象以传播心理健康文化为己任，通过咨询、培训、成长督导和出版发行等多种方式，广泛传播心理健康的生活理念。作为全国意象对话的培训、宣传及操作的中心，公司严格实施系统化操作，执行规范化管理，承担、管理一切与意象对话相关的业务，成为推广和发展意象对话疗法的重要平台。

科研方面，公开出版"意象对话心理学丛书"（国家"十一五"重点图书），系列推出多部著作：《自我接纳与意象对话》《光影透析——意象对话看电影》

《见见内心的鬼朋友》《意象师科学解梦》《正与邪——金庸小说人物心理分析之〈笑傲江湖〉》《我画我心——意象对话解读人心》《爱本来可以不这样痛苦：意象对话心理咨询札记》《梦的糖盒——梦的心理测试和私人记录》等。

这个时期，全国有数千名心理学工作者和心理学爱好者学习过意象对话。赵燕程、张剑峰、蔡晨瑞、吴勤、叶前、郑玉虎、史晋、刘宪、王凤香、何明华、苑媛（排名不分先后）等许多人也对意象对话理论和实践的发展做出了贡献。我们无法一一罗列所有这些人的名字，但正是朱建军教授和这些核心成员的共同付出与努力才使得意象对话心理学更加成熟。

至此，意象对话已经成为国内最有影响的本土心理咨询与疗法之一。

第三阶段，2008年至今，意象对话转型期。

在此期间，我们完成了意象对话心理疗法从管理到学术双方面的转型，正式完成了从"朱建军个人的意象对话"到"团队的意象对话"的过渡。

值得一提的是，2008年，朱建军教授为中文作者、苑媛副教授为英文译者的 *The Psychotherapy from the Orient：Imagery Communication Psychotherapy*（《来自东方的心理疗法：意象对话疗法》，中英文对照）一书，由安徽人民出版社面向国内外同时出版发行。2016年5月，出版波兰语版。

2008年7月，在德国柏林举行的第29届国际心理学大会上，苑媛应邀做了题为"The Method of Imagery Communication Psychotherapy"（意象对话心理疗法）的口头报告，首次在国际心理学大会上向国外专家介绍意象对话，赢得好评。

2012—2013年，《意象对话临床操作指南》《意象对话临床技术汇总》和《意象对话案例督导集》三本著作先后在北京师范大学出版社出版，从理论、方法、微技术、技术、创新子技术以及案例解析、案例督导等方面，较为全面地、系统地梳理了意象对话心理学。

2014年5月，苑媛在第21届IFP世界心理治疗大会暨第二届中国心理治疗大会上做了题为"Accompanying Borderline Personality Disorder"（陪伴边缘性人格障碍）的口头报告，与国内外同行分享使用意象对话疗法帮助边缘性人格障碍患者的临床经验。

2014年5月，中国台湾地区出版了5本繁体版著作：朱建军的《解读人格意象》《解读意象对话》《解读人格魅力》和《解读性骚扰》，苑媛的《解读童话心理学》。

意象对话研究中心正式启动，全国意象对话理事会成立，中国社工协会心理健康工作委员会也设立了意象对话学部。意象对话流派的管理有了全面的革新。意象对话研究中心和学部，对意象对话新技术有统一的认证；对意象对话成员的个人资格有详细的认证制度；对意象对话学派成员的伦理有统一的规范和管理；对意象对话讲师等的培训有专门的计划；对意象对话的学术研究有鼓励和支持的方法；对意象对话市场化发展也有统一的指导和管理。每年8月，意象对话研究中心都会邀请国内知名心理学家参加一年一届的意象对话学术研讨会，并吸引全国的意象对话研究者和应用者前来参加。

这个时期的标志性事件还有：乾德意象文化有限公司的内部改革，如，优化讲师、朱建军教授从初级教育中退出、新课程体系的研发等。

在近三十年的积累和拓展的基础上，意象对话疗法正为进入一个比较平稳的发展时期做准备。目前正处于这个时期。无论是组织机构和学术科研，还是临床实践和团队建设，意象对话都在日新月异地进步着。

作为一种心理疗法，二十多岁是一个风华正茂的年龄，前面还有很长的路要走。大家只有细心呵护、认真行事、不断成长，才能推动意象对话健康的、和谐的、持续发展。

# 第三章

# 意象对话疗法的创新和局限

意象对话疗法与其他疗法相比较，既有创新，也有局限。

先来谈谈它的局限。

第一，意象对话疗法对咨询师的要求比较严格。

意象对话除了在专项技能方面对咨询师有要求之外，内部还有一系列关于咨询师的评级、考核和相互监督等管理制度。意象对话格外强调咨询师自身的人格完整、坚持自我成长、不断提升心理素质。因为需要咨询师不断地自我探索、自我成长，而且不能通过自学来完成，所以，意象对话的学习过程比较长。

第二，治疗过程并不总是轻松愉快的。

意象对话直入内心深处，经常触动来访者的各种情结、创伤性体验及其消极感受，而且意象对话从不追求在治疗过程中来访者是否快乐。这些不是所有的来访者都能够接受或坚持的。诚然，有经验的咨询师是能够陪伴并引导来访者渡过这些"难关"的。

第三，它有不适用人群。

意象对话与其他的心理疗法一样，无法包治百病。其不适用人群有：精神病患者、严重的人格障碍患者、某些躯体疾病患者和智障者等。

第四，意象对话入门容易，学精很难。

因为这一疗法使用的语言媒介是所有人的潜意识都懂的原始语言——"意象"，所以入门很容易。但意象对话同时又是博大精深的人生哲学和修行工具，融合着佛、道以及其他中国传统文化的精髓，因此，真正能够学"懂"、学"精"，则需要长年潜心、苦心的领悟与坚持不懈的实修与实践，非常不易。

再来谈谈它的创新以及与其他疗法的关系。

就系属而言，意象对话与精神分析、荣格心理学简直就是近亲。甚至可以骄傲地说，我们中国人所创立的意象对话疗法，是将荣格的分析心理学向前推进了一步，并成功地进行了本土化，同时又不失世界性文化意义。

## 一、 意象对话与精神分析

起初，意象对话的创立者是在释梦的过程中对意象产生了浓厚的兴趣。在对荣格心理学的强烈认同之下，创立者将意象的意义分析及其翻译引入心理学，极大地丰富了对于意象、象征和原型的理解，拓展和深化了精神分析的"心理能量假设""人格的深层理论"以及"心理动力学理论"。为了更好地帮助自己和他人了解自我、成长自我，为了推动心理咨询和治疗的实践工作，意象对话应运而生。

因此，意象对话是精神分析方法的新的分支和新的发展，它本身就是精神分析的释梦技术和催眠技术相结合的产物。但是，与精神分析相比，它又具有明显的差异和优势。

其一，深化了对"梦"的理解。精神分析理论认为，梦是一种伪装，而意象对话疗法主张，包括梦在内的所有意象都是原始认知的表现，是一种形象的认知方式，并非伪装的结果。

其二，拓展了对"昼梦"（day-dreams）的研究。弗洛伊德在《精神分析引论》中谈道："昼梦是幻想的产物……既和睡眠不发生关系，就第二个共同特性而言，又缺乏经验或幻觉，只是一些想象而已……昼梦之所以叫梦，也许因为具有与梦相同的心理特征；至于这个特征，我们尚无所知，只是仍在研究而已。"（弗洛伊德，1984）意象对话承认昼梦是一种想象，但不认为它仅是幻想的产物。从某种意义上说，意象对话就是一种昼梦式的心灵对话。但是，昼梦同样承载着人的心理经验、觉察、动机和心理能量，只不过可能比较弱、比较轻或者比较模糊。意象对话可以将其放大、深化和动态化，使其具有心理分析意义和治疗价值。

其三，翻译的对象和方法不同。精神分析对梦的意义做出解释，通过意识层面的翻译让来访者了解自己的潜意识，以达到心理治疗的目的。意象对话的翻译对象是意象，其外延远大于梦，包括夜梦、昼梦、想象、联想、回忆等所有以意象形式来表达的心理事物。进行意象对话时，意象出现在来访者清醒的情境里，咨询师并不需要翻译意象的象征意义，咨访双方始终保持在潜意识深层对话的状态。对话之后的认知面谈，也只在必要时告知对方某些有意义的分析内容。而这丝毫不会影响治疗效果。

其四，心理治疗的平台不同。弗洛伊德的经典精神分析是将原发过程的东西转化为继发过程，然后进行心理治疗。意象对话却是直接在原发过程里开展心理咨询和治疗工作。与精神分析相比，这不仅是意象对话的最大差异和创新，也是它的最大优势。很多受益者在体验之后发出"好神奇""真有意思"的感慨，大都来源于此。

## 二、 意象对话与荣格心理学

因为意象对话的创立者对荣格心理学的认同程度非常之高，所以二者的渊源也就更深、更近。

意象对话是以意象为媒介、用原始逻辑的方法进行深层交流，这与荣格的主动想象技术甚为相似。而这一相似点恰恰是荣格心理学和精神分析心理学的一大分歧——后者用理性的逻辑思维理解原始逻辑，前者却用原始逻辑本身理解原始逻辑。

意象对话的创立者曾这样形象比喻：若将人的潜意识比作大海，弗洛伊德和荣格都是研究大海的伟人，所不同的是，弗洛伊德站在海边、站在岸上，荣格下海了。

借用这个比喻，意象对话疗法不仅下海了，还要在浩瀚深奥的大海里畅游，治疗那些生病的"海洋生物"。因此，同样是研究大海，弗洛伊德像科学的译者，荣格像勇敢的冒险者，意象对话则像睿智的医生。

相比之下，荣格心理学的主动想象技术好似一个内向的勇者，独自想象、独自交流，咨询师给予指导和解释。意象对话更强调互动性——咨询师与来访者之间的互动，有时是来访者与自己的意象之间的互动（比如，引导来访者"盯"着某个意象看时，来访者主动或自愿地改变某意象时……）。归根结底，进行意象对话的时候，咨询师和来访者在一起——共同想象、共同面对、共同体验、共同解决——两个人共同探索充满生命力的意象。

意象对话疗法虽与精神分析、荣格心理学渊源甚深，却也融合了许多心理治疗理论和方法的长处，比如，人本主义的真诚平等、积极关注与倾听、无条件接纳，格式塔疗法的关注"此时此地"、建立现实感，现实疗法对责任感的强调及面质技术等。

## 三、 意象对话与 J. E. 肖尔的意象治疗

意象对话疗法吸收了 J. E. 肖尔的意象治疗中的一些方法。

J. E. 肖尔的意象治疗属于人本主义的疗法之一。它主张每个人拥有自己心中的世界，咨询师只有理解来访者心中的世界才能够帮助他。来访者的意象就被理解为来访者心中的世界。J. E. 肖尔的意象治疗是让来访者想象，以使咨询师了解其内心世界，作用类似于投射测验。来访者的想象过程不具备心理咨询与治疗性质，而是依靠其他的技术矫正来访者的心理问题。

不同的是，意象对话疗法不仅帮助咨询师了解来访者，更是一种促进来访者深层沟通、人格成长的方法。意象对话不仅呈现来访者的心理问题，也呈现来访者丰富的心理资源，更是在流动的对话过程中运用来访者自身的心理资源解决其心理问题。

## 四、 意象对话与认知、 行为疗法

在临床操作上，意象对话疗法经常与认知、行为疗法结合使用。所不同的是，行为疗法在使用意象时，是将其当作真实事物的替代品。比如，在系统脱敏治疗中，用想象中的老鼠代替真老鼠，治疗重点在于通过身体放松缓解来访者对于真老鼠的过度恐惧。而在意象对话疗法中，老鼠意象本身承载着心理能量，具有丰富的象征意义，如自卑、胆小、死亡等。

## 五、 意象对话与佛道精神

意象对话疗法融合了佛学和道学的精神，有着浓厚的东方韵味。

例如，意象对话的心理干预方式，实质上是道学的所谓"无为"——最小的干预，以及佛学的所谓"不拒不纳"。

再如，意象对话对待意象的态度采纳了佛学的观点，认为这些意象（相）本性为"空性"（emptiness），而因我们的心得到形式，通过观想这些意象（相），我们可以洞察到心理事件的因果，获得对因果的领悟，从而得以超越。

## 六、 意象对话与阿萨鸠里的人格理论

阿萨鸠里的心理综合理论和意象对话中的人格意象分解技术，有很大的相似性。虽然二者是平行地获得了近乎相同的发现，但是，毕竟阿萨鸠里发现的时间要比意象对话早得多，这曾经让朱建军教授怀疑人格意象分解技术的原创性是不是不够。不过，详细思考后，他认为意象对话和阿萨鸠里还是有着本质的不同的，而且意象对话更胜一筹。

意象对话疗法中，子人格之间在根本上是平等的——所有的子人格的总体就是我，每一个子人格也都是我，但都不是完整的我。阿萨鸠里则认为，有一个特殊的子人格叫作主我(I)，而且在调节子人格的过程中，这个主我会越来越“主”，这是他调节的一个目标所在。在主我占据绝对的主宰地位后，他会进入下一步，通过冥想等找到深层的核心自性(self)，并通过修炼让“self”成为一个盛开的莲花或者佛、菩萨的形象。我们认为，这正是他的错误。他似乎以为，只有主我才能真正代表我，才是核心自性或真我的化身。他不知道，其实任何一个子人格都是真我的化身。意象对话理论实际上是“无我”的，而心理综合理论本质上是以我为中心的。他让“I”做浅层的统治者，让“self”做深层的统治者，从而对其他子人格进行压抑。

心理综合理论也许是受到西方文化的影响，“self”就像上帝，统治一切，而“I”就像教皇，是上帝的代表。

意象对话理论是佛教的精神展现，每个子人格都有佛性。

心理综合理论用于实践，可以集中各子人格的力量于“I”，从而加强“I”的能量，使他能达到“self”，再加强“self”，就可以达到很高的能级。但是，归根结底这还是一种靠集中力量、剥夺其他子人格而使个别子人格达到实现的方式。这样的实现是不完整的，所以是虚假的。而且，“self”是傲慢无知的，因为他并没有真正达到实现，却误以为自己达到了。

意象对话理论用于实践，不会那么快地呈现效果，但是一旦有了效果，就是真正完整的，是全部子人格的能量提升。

综上所述，意象对话是一种相对独立的疗法，同时，又具有很强的包容性，在临床实践中，可与多种心理咨询与治疗方法、技术相结合。很多情况下，意象对话与其他疗法和技术结合使用疗效更佳。

# 第四章

## 意象对话疗法的基本原理

### 一、 心理现实

#### 1. 心理经验

作为一种心理疗法，意象对话是有理论基础的。该理论的第一个基本命题为：任何心理活动的基础都是心理经验。

心理经验是指我们觉察到的，但是还没有对之进行任何进一步信息加工的那些心理内容。心理经验是我们的心理内容，而非"客观物质世界"。客观物质世界中存在的事物，倘若没有在我们的心理世界产生任何影响，那么对于心理学而言，它就不具有任何意义。也就是说，只有对我们的心理产生了影响的客观事物才有可能成为我们的心理经验。

从理论上说，心理经验必须是被人觉察到的事物。完全未被觉察到的事物不能成为心理经验。在现实生活中，有些事物客观存在，但是常常不被人觉察，如血液的流动、呼吸的张弛、皮肤的新陈代谢……当人对这些生理活动完全没有意识的时候，它们就无法构成心理经验。

但是，实际上，心理经验大多存在于我们的日常意识所觉察的领域之外。看上去这似乎是矛盾的。这个矛盾仿佛是一个曾备受质疑的悖论：当弗洛伊德最早提出精神分析理论时，哲学家们大为不解，认为既然潜意识是我们无法意识到的，那么，它何以称为心理活动？精神分析理论指出，人确实可以进行一些潜意识的心理活动，可以在自己没有意识到的情况下，即没有觉察到的情况下，表现出有明确动机和指向性的行动。这个假设已经得到实证心理学的部分证实。

在意象对话看来，人对于这些潜意识活动其实是有低水平觉察的。只是觉察的程度很低，或者因为受到压抑，所以这些低水平的觉察无法进入我们日常状态下的意识主体。因此，所谓"潜意识"，是相对的，相对于我们日常的意识主体而言。从这个意义上说，心理经验还是被觉察到了，只不过是一种"潜在"的觉察。

### 2. 觉察与信息加工

在对"心理经验"的界定中，我们明确指出，它们在进入心理领域之后没有经过进一步的信息加工。

有人会问，我们有可能不进行加工而直接觉察到心理经验吗？也许有人认为不可能。但是，在东方文化中，人们认为这是可能的。觉察是人最基本的一种能力，人可以不进行任何信息加工而觉察到内心所能经验到的一切。只不过直接觉察到的心理经验本身，是不能用任何方式来"言说"的。因为"言说"是一种信息加工，接受了加工就不再是直接的心理经验了。

你是否有过这样的经历：面对某处风光美景，你的脑海里没有任何的词汇，没有任何的分析和判断，整个人只是沉浸其中，任由它唤起你心中的种种感受……在那一刻，你的觉察就是无信息加工的觉察——仅仅是"观照"，你所觉察到的就是直接的心理经验。

### 3. 觉察与符号化

任何信息加工的过程都是"符号化"。当心理经验接受了信息加工时，即被符号化了——心理经验变成了符号。

我们都知道，符号具有固定性，而心理经验千姿百态、变动不居，似流动的水。符号化的过程，就是把流动的心理经验用符号固定下来的过程。符号具有陈旧性，而心理经验总是新鲜、跃动的。符号化的过程，就是把新的经验归于旧的经验的过程。因此，心理经验符号化的过程永远是近似的、不完全的，总会有一些信息被忽略或被遗漏。

但是，通过符号化，我们可以觉察到符号。因为符号与符号之间相互关联，构成符号体系，主观世界由此产生。

大多数人很少能够清晰地接触到心理经验，我们的心理内容大多是经过信息加工或符号化的事物，我们的主观内心世界是一个由符号构成的世界。因此，对于大多数人来说，符号化是一种简化了的、模式化了的觉察，我们所觉察到的并非世界的全部真相。尽管如此，我们仍然可以借助符号化，促进对于直接的心理经验的观照。

## 4. 心理现实及其相对性

至此，这个世界存在两类"现实"——一类是客观现实，即客观物质世界；一类是心理现实，即人的大脑对客观物质世界的反映。

凡是"现实"，就具有实在性，具有自己的特点和规律。客观现实如此，心理现实亦如此。心理现实是符号化过程对心理经验进行加工之后的产物，因而，它不可能由心理经验单方面决定。对于同样的心理经验，由于符号化的具体过程不同，人们所感知到的心理现实也不尽相同。

许多著名的双关图都能证明这一点。例如，面对同样的一幅图画，有人看到的是美少女，有人看到的是老妇人，有人先看到美少女再看到老妇人，有人则忽而觉得是美少女，忽而又觉得像老妇人……这些有规律性的心理内容及其构成的心理世界，就构成了人们心理活动的背景，也就是心理学所说的"心理现实"。

由此可见，面对同样的刺激，即使产生同样的心理经验，人们却可以形成不同的心理现实。我们所赖以生存的世界其实就是一个"多关图"，不同的人对其进行不同的符号化，依此建构每个人各自不同的心理现实。甚至，同一个人，在不同的时期、不同的心境下，对同样的心理经验也能够形成不同的心理现实。

## 5. 会心、理解与传达

人与人之间的交流主要是借助各种符号，而不是直接的心理经验。一般情况下，我们很难直接感受到别人的感受。

人与人之间之所以能够相互理解、传情达意，主要是因为人们所使用的各种符号都可以一定程度地表达心理经验。当然，我们也必须承认，无论是每个民族，还是每个个体，使用符号的具体方式以及对于同样符号的具体理解都存在差异。

人们常常感叹彼此沟通之不易，就是因为你所传达的，未必是对方所理解的；同样，对方所传达的，也会被你有意或无意地"翻译"为自己所理解的。于是，彼此之间"各说各的"，还自信地认为"他/她就是那个意思"。如此说来，我们就不可能实现真正的"会心"和"理解"了吗？我们也不可能直接观照别人的心理经验了吗？

人本主义心理学始祖、心理咨询大师罗杰斯认为，在心理咨询与治疗过程中，咨询师的"共情"就能够实现这样的心理活动。罗杰斯指出，治疗师每时每刻体验到的情感和个人的意义正好就是当事人现在的体验，他似乎从当事人的"内心"洞察到这些情感和意义，如同他就是当事人一样，而且能够成功地把这种理解传达给他的当事人。

按照罗杰斯的解释，共情至少包括两个阶段：一是体验和洞察，二是传达。这里所说的体验和洞察，绝非通过某种推理、判断、假设和猜测来获得当事人的感受，而是一种更直接的方式——"从当事人的内心洞察"——"会心"。会心是人与人之间直接的心理经验的交流，无须借助任何语言、形象或肢体动作进行交流。

在意象对话看来，我们可以把罗杰斯所界定的共情描述得更精确。第一阶段是会心；第二阶段是心理咨询师对会心到的心理经验进行符号化；第三阶段是在前两个阶段基础上进行传达。这三个阶段亦即：会心、理解和传达。

## 二、 符号化

### 1. 肯定性符号化：认同

心理现实是心理经验和对心理经验的信息加工过程共同塑造出来的，而信息加工的过程是一种符号化的过程。因此，要了解人的心理现实，我们必须先对符号化的过程进行分析、思考和研究。

认同是最基本的符号化过程，也是一个心理动作，它是我们把一个新经验到的内容和过去经验到的内容或一个符号联系在一起，并把这两个东西看作"同样的"。

对应于语言，认同体现为最简单的句子："这"是"某物"。"这"就是我们新经验到的内容，"某物"是我们已经了解的某个东西，或一个符号。当我们用任何方式告诉自己"这是某物"的时候，无论是否说出口，我们就忽略了"这"与"某物"的区别，我们就会用同样的方式对待这两个事物。认同这个心理动作就会把这两个事物拉得更近，使二者更相似。

值得注意的是，认同不是一个情感淡漠的冰冷认知，它是在潜意识层面发生的心理动作，这个动作是富有情感的，或悲或喜。情感越强烈，认同越稳定。最重要的认同是对自我的认同。当我们说"这就是我"或"我就是……"的时候，便将当下所经验到的内容和"自我"这样一个心理结构联系在一起了，这个内容就会成为"心理现实"，从而引发一系列的行为和结果。

另一个重要的认同是对他人的认同。当认同某个他人的时候，如父亲、母亲、英雄、强者等，我们就把"自我"的心理结构和自己心目中那个人的心理结构进行了联结，随即会把自我的经验尽可能地塑造得和那个人相类似。这就是认同他人所带来的影响力。无论我们在潜意识当中认同的那个他人是谁，这个心理动作本身都会带来巨大的影响。

### 2. 否定性符号化：分辨

认同是肯定性的符号化，是"这是什么"，分辨则是否定性的符号化，是"这不是什么"。

认同忽略差异，分辨则强调差异，帮助我们区分或鉴别各种不同的经验，促使我们的觉察更精细、更清晰。

分辨也是形成"自我"的关键，对于"人我疆界""自我边界"的形成尤为重要。换言之，"我不是什么"就指征着自我与非我之间的差异和界限。有的时候，或者出于某种需求，人会刻意地强调乃至加剧自己与他人的不同。例如，每一代的年轻人都会强调自己与上一代人的不同，甚至会创造出标志着当代年轻人的用语、流行和时尚……目的不过是为了建立自我界限，获得自我同一性。

分辨与认同一样，也拥有情感的卷入。情感越强烈，分辨越深刻，区分度也越明显。通过厌恶、愤怒等消极感受，我们把一些不愿意接受或不敢接受的事物排斥在自我疆界之外，以奋力保护自己的疆界。

弗洛伊德很重视压抑，而分辨就是压抑所产生的基础，没有分辨，何谈压抑？只有在分辨的基础上，我们才能知道，有些经验与我们的自我概念、自我意识或自我形象是不相符的，用弗洛伊德的话说，就是有些本我(id)的冲动是不符合超我(super-ego)的要求的。所以，我们需要有所压抑。

罗杰斯也很重视这个心理过程，认为人们会否定那些和自我概念不同的经验。与弗洛伊德有所不同的是，在罗杰斯看来，人们所否定的经验，未必一定是"超我"认为的"坏"的或"不好"的东西，即使是在许多人眼里所谓"好"的东西，但只要与当事人的自我概念不一致，同样会被排斥在自我意识之外。

也许有人好奇：既然是积极的信息，我们为什么不去接受呢？接受了积极的信息，我们可以变得更自信、更快乐啊。原因在于，如果我们接受了与自我概念不一致的积极信息，就意味着我们必须打破原有的自我疆界，重新进行调整，那会怎么样呢？对此我们并不清楚。但是，一旦打破旧有的，而一时间还无法建立起新的自我边界，我们就会处于一种自我边界不清甚至模糊的状态，这将带给我们危险感或威胁感，这是令人恐惧的事情。

### 3. 符号联系及其任意性

经过了认同和分辨之后，进一步的符号化就是把符号都联系起来，形成符号联系。只要形成了一个符号联系，它就会成为一个心理现实。不论这个心理现实是否具有"客观"物质世界的基础或依据，在当事人的内心世界里，它都同样具有现实性和影响力。因此，哪怕是任意给出的符号联系，即使与客观现实不符，只要你接受了它，它就会成为你的心理现实。对于你来说，这个符号联系就是现实的，它就会对你起作用。

符号联系的这种任意性对于心理治疗是极为重要的。我们可以由此发现来访者的病因，也可以借此为其疗伤，树立新的、更健康的信念。正是由于符号之间的联系具有暂时性、可变性以及任意性，我们才有机会改变这些联系，改变或转化来访者的心理现实，建立新的、更健康、更有效的心理现实，使心理治疗成为可能。

所有的符号联系、所有的心理现实都负载着心理能量，能量一旦产生或被激发，是不会凭空消失的，犹如物理学中的"能量守恒定律"。因此，从操作层面上说，我们必须通过一些具体的方法，对某些心理能量进行转化或升华，使之"自然而然地"变得更健康、更积极、更有效。

童话故事《睡美人》就是一个很好的例证。当小公主刚刚出生时，一群女巫来做预言。善女巫们预言她将漂亮、聪明、幸福……一个恶女巫却诅咒她将在15岁时被纺锤刺死。只剩下一个好女巫可以说话了，但是她不能取消前面那个恶女巫的诅咒，于是，睿智的她进行了改释：公主不是死了，只是睡着了。

每一个女巫进行预言的过程，就象征着符号化的过程。正是由于最后一个善良女巫的智慧，小公主的命运才得以转化。

### 4. 不同的符号体系

符号联系组成结构，这些结构相互之间再联系，组成更大的结构，最后，形成了符号体系。这就是一个人的全部价值观、语言等认知结构。

社会中有一些已经形成的符号体系。每个人出生之后都在学习这个体系。符号联系的过程具有任意性，因此，最后形成的符号体系也不会是唯一的。

以语言为例，对于某一民族而言，用什么样的发音和文字符号来描述某个东西，刚开始时是任意性的。只是到了后来，本民族的人们都接受了这个单词，这个东西的叫法逐渐固定下来，后来在这个民族出生的人，就直接学会了这个单词。可以将该过程称为"接受"，接受不如创造那么任意——前人任意创造，后人接受。被接受的现实称作"社会现实"。

因此，这个世界至少存在着三种现实：客观物质世界由物质世界所构成，社会现实由前人的精神创造所形成，心理现实存在于每个人的内心世界，由自己所创造。

于是，同样的事物在不同的语种里有不同的叫法，心理学也就拥有了不同的学派，心理学家们使用不同的符号体系及其建构方式，关注不同的现实。

这是无可厚非的事情，并无高低贵贱之分，更不能以己之"格"衡量他派他说。某学说、某理论自身出现矛盾冲突，则另当别论。

## 三、 心理意象

### 1. 符号的主要类别

第一类：条件反射中的符号。

人类最基本的符号化过程是条件反射过程。相对于机体与生俱来的、对作用于感受器的外界刺激做出规律性反应的无条件反射，条件反射是后天习得的反射，是外在世界与机体之间形成联系的机制，通过在大脑皮质上建立暂时神经联系来实现。

心理学已经非常详细地研究过，人对条件刺激做出反应时，是把条件刺激进行符号化的。条件反射中"泛化"的存在，就是说人对类似于过去条件刺激的刺激物会有反应，也就说明了条件刺激是一种具有概括性的符号。

第二类：语言。

人类所使用的符号是多种多样的。其中，最重要的符号是语言。正是语言这样一种高效能的符号体系开拓了人类的思维，使人类获得远远超出其他动物的成就。

符号是需要运算规则的，语言也不例外。语言的运算规则就是逻辑。逻辑描述客观事物发展的规律性，构建思维的规律性。逻辑规则建立语言符号之间的关系模式，使语言符号得以成为体系。

人类除了使用日常语言之外，还在科学和哲学领域使用更为逻辑的语言符号，或者说，还使用能够更加精密地认识客观世界的符号，如数学、化学、物理学等。这些都可以被相对地称为"日常逻辑"。

第三类：心理意象。

相对于遵循"日常逻辑"的语言符号体系，心理意象则是另一类符号。"意象"对应的英文单词是"imagery"，是指想象中的、并不真实存在的某个心理图画。虽然这个图画在客观现实世界中并不实际存在，但是，在人的心理现实世界却是存在的。

心理现实不同的人，面对或经历同样的客观现实，会有不同的认知和感受。我们往往是依靠心理现实对客观现实进行观察、判断、体验和记忆等，因此，每个人的心理现实对于他自己来说，简直就是"真理"。

简单举例，假如现在面前没有花儿，让我们去想象一朵美丽的花。那么，我们每个人可能想象出不同的花：玫瑰、向日葵、郁金香、荷花……这些关于花的图景就是心理意象——眼前没有而心里有的东西。

并且，每一朵花都有迥然不同的象征意义：玫瑰象征热烈，向日葵象征仰望和崇拜，郁金香象征矜持，荷花象征含蓄和典雅。即使是相同品种的花，不同的状态又代表着不同的具体意义，例如，凋谢的玫瑰和盛开的玫瑰，自然给人以不同的感受。

再举例来说，我们的客观现实世界中没有"鬼"这种东西存在，没有这么一个实实在在的、有质地、有重量、有形态的东西存在。但是，当我们在恐怖电影或噩梦里看见"鬼"时，我们会害怕。为什么呢？这是因为，在我们人类的心理现实世界里，某种消极情绪积压到一定程度时，会以"鬼"的形式出现，而这种消极感受很可能是我们的意识和理智所不能接受的。所以，它一出现，我们就会紧张和害怕。

比如，抑郁情绪积压久了，会形成白衣长发、气若游丝的女鬼意象；通过剥削和占有获得满足而又严重缺乏满足感时，会出现牙齿尖利、口中有血的吸血鬼；对死亡的恐惧积聚到非常强烈的程度时，会形成阎王、无常之类的意象……

因此，所谓"鬼"不过是一种心理意象。进一步说，作为一种心理现象，"见鬼"是存在的。当一个人心中的消极情绪极为强烈时，睁着眼也能看到这样的意象。这里面没有什么神秘可言，更无玄机、邪乎可言。只是很多人不了解这方面的心理学知识，加之对自身心理问题的回避，才导致了对"鬼"的片面理解。

意象是一种符号，主要以视觉化的形象方式出现，也可以以听觉和其他感觉方式出现。意象是脑部的成像或反映，是我们的大脑对于不在眼前的事物的形象的反映。这种反映具有非常重要的象征意义，这也正是意象的存在价值和意义。在意识活动和潜意识活动中，人们都常常使用意象来进行符号化，并依此建构心理现实。

我们不禁追问：意象的基础是什么？它具有怎样的象征意义？

当代心理学家丹尼尔·卡尼曼（Daniel Kahneman）和阿莫斯·特沃斯基（Amos Tversky）所做的大量研究证明：个体的行为除了受到利益的驱使，同样也受到自己的"灵活偏好"及个性心理特征、价值观、信念等多种心理因素的影响。卡尼曼能够荣获 2002 年度诺贝尔经济学奖，更是学术界对于"有关不确定状态下人们如何做判断和决策方面的研究"的高度认可。他用大量的科学数据告诉我们，人的非理性对于判断和决策何其重要。这段文字看上去似乎与我们所讨论的意象没什么关系，其实不然。卡尼曼等科学家的努力与成就，绝非仅仅推动了经济心理学的发展，更是引起了学术界，特别是心理学界对于非理性及其功能的高度关注与认可。这一点，让人感到无比的欢欣与鼓舞。

分析心理学创始人荣格认为，精神分析的一个重要发现，就是在"理性"的专制之下发现了被压抑、受排斥的无意识。这一发现为 20 世纪许多重大问题（包括后来的语言及话语问题）的研究揭开了序幕，而无意识正是我们所讨论的意象的心理基础。

无意识这一概念，其最初的思想萌芽可以一直追溯到柏拉图。柏拉图关于"迷狂"的著名说法，被认为是西方无意识思想之根源。实际上，这一起源似乎还可以追溯到某些更为古老的神话。

尽管在弗洛伊德之前，莱布尼茨、歌德、叔本华、卡勒斯、哈特曼等人都对无意识的发现做出过突出的贡献，但真正在近代科学（医学、心理学）基础上为无意识概念奠定牢固基础的，却不能不说是弗洛伊德。

按照弗洛伊德最初的理解，无意识主要来自个人的早期生活，特别是幼年生活中那些受压抑、被遗忘了的心理内容。荣格则赋予无意识以极其深广的内容和意义。他认为，无意识具有非个人和超个人的特性。

在荣格心理学中，人格作为一个整体被称为"精神"（psyche），这个拉丁词的原意是"精神"（spirit）或"灵魂"（soul）。在他看来，这个"精神"便是人的灵魂。它包含一个人所有的思想、感情和行为，无论它是意识的，还是无意识的。精神是任何人生命存在的土壤。荣格在分析人的完整精神时，将其分为由浅及深的三个层次：意识、个体无意识和集体无意识。可以说，意象是无意识的语言——一种用象征性的符号进行无意识表达的语言；意象也是无意识的重要构成内容——无意识通过意象得以表达：个体无意识通过个体意象进行表达；集体无意识通过原始意象（primordial images）和原型（archetype）进行表达。

## 2. 运用意象的认知活动特点

在心理动力学流派里，有一个事实早已被发现：人类会使用一种不同于日常逻辑思维的认知和情感活动。弗洛伊德称之为"原本过程"（primary progress），并指出，这是另一个独立的"精神系统""精神机构"或"原始的精神机构"。荣格则更是高度强调象征性的心理意象的作用。意象对话承继心理动力学流派，特别是荣格的观点，其中心命题是：人有一种不同于日常逻辑思维的认知和情感活动，使用的主要符号是意象，意象的符号化过程具有独特的规律、特点和方式。

本书将用"意象活动"这一术语来表达"原始的精神机构"。

第一，意象的象征性。

意象之所以能够成为无意识的语言及其重要的构成内容，就在于它的象征价值。事实上，无论它是出现在梦中，出现在想象中，还是出现在白天的现实生活里，都具有双重意义：既是一种符号，也是一种推动和促进心理发展的力量。荣格称之为象征的"超验功能"。

意象对话心理学进而提出，象征是原始认知的主要方式。所谓原始认知，是指我们人类固有的一种原始的认识方式，是比较原始的人所常用的认识方式，也是我们在潜意识和梦中仍然使用的方式。

意象是象征性的，它能够表达意义。它所表达的，往往并非形象表面的、直接的意义，它能够反映出潜藏在形象背后的心理活动，或是意识层面的，或是潜意识层面的。

例如，某人梦见了蝴蝶。通常情况下，梦所传达的真正信息很可能与蝴蝶这种昆虫本身无关。因为蝴蝶拥有许多象征意义。在这个梦里，蝴蝶可能代表爱情，可能代表死亡，可能象征自由、轻灵或美，也可能象征纯精神。倘若这是一个西方人做的梦（比如，美国电影《沉默的羔羊》中的"野牛比尔"），蝴蝶还有可能代表幻化或转化，强调"change"，这是东西方文化差异使然。

总而言之，意象本身负载着心理能量（心理能量是一个比拟，实质是对心理经验的一种描述，它描述了一种生命的驱动力。这种驱动力符合物理能量的基本特征与定律，是守恒的、可转化的，但转化永远不可能是充分的，似物理学的第二定律），源于无意识，基于无意识，其存在价值在于它具有象征意义。一切心理的事物都可以用意象来表达。

第二，意象活动使用原始逻辑。

意象活动不同于日常逻辑思维，它所遵循的是原始逻辑。二者的区别有三：首先，象征的基本部件并非概念，而是意象，原始逻辑关注的是"相似性"，所以，更具模糊性和灵活性。其次，象征与情绪的关系更加直接，每一个象征都渗透着情绪，因此可以说象征是"心的语言"，而逻辑思维则是"头脑的语言"，更为冷静，与情绪间接相连。最后，逻辑思维的功能是客观地观察外部世界，原始认知则是"主观地"或体验性地观察，体察得更多的不是外部世界，而是自己的心理世界。

第三，意象活动不直接受意志控制。

日常逻辑系统的活动可以直接受人的意志所控制。我们可以有意识地开始各种计算、判断和推理等智力操作，也可以有意识地停止这些操作。然而，在临床工作中，心理咨询师总是能够看到，来访者无法控制自己潜意识中的观念。

例如，一个清洁强迫症患者，在理性上明明知道自己没必要每天把家里的地板、家具表面和拖鞋都用消毒水擦洗一遍，甚至通过查阅相关的心理学资料能够知道自己为何如此。但是，在情绪上，如果不那么做他/她就会焦虑，继而无法控制自己的行为，于是，每天一进家门，还是忍不住要把这些东西进行消毒。每当这么做了之后，他/她又会产生失控所带来的挫败感……周而复始，循环往复。

遵循原始逻辑的意象活动往往都是在没有明显努力的情况下发生的，而且这个时候发生的意象活动效率最高。经典精神分析以及荣格的主动想象技术都向世人证明了这件事。

因此，当需要来访者进入意象活动状态时，我们总是要想办法引导来访者尽可能放松，放弃日常逻辑的理性操作方式，不加分析、不加判断，不加推理、不加评价，从而让内心深处的意象活动进入自由的状态。这种半梦半醒的意象活动虽然不直接受意志控制，却可以间接地受到意志的影响。这一点对于保持来访者的现实感是非常重要的。

需要注意的是，当一个人强迫自己的意志去控制那些不受意志直接控制的心理活动时，这往往表征着某些心理问题的产生根源，但同时又是某些心理疗法能够行之有效的关键所在。

第四，意象活动中有更多情感、情绪卷入。

当人们运用日常逻辑思维时，他们处于更为理性的状态，所以与情感、情绪的联系也不够紧密和直接。换言之，人们可以十分冷静而不动感情地进行思考。惯用理性思维的人，固然可以把某个问题"想"得很清楚，但由于缺少了情感力量的驱动，而容易停留在思考的层面，不易有兴趣或动力去践行。

意象活动却因负载着心理能量而与情感、情绪紧密联系。这主要是因为，在原始认知活动当中，认知和情感、情绪尚未分离，在人类发展出了逻辑思维之后，认知活动才与情感、情绪相互分离。

意象活动中更加原始的部分——所谓原始意象，更是与情感、情绪密切相连。我们的心理能量所表现出来的最常见的方式，就是情绪。这就是为什么迄今为止尚无某种仪器能够精细地测量出我们的情绪，但我们仍然能够感觉得到的重要原因。

因此，对于心理咨询与治疗而言，意象活动与情感、情绪的密切关系，意义重大。心理咨询师可以借助意象去调节来访者的内心感受，这个途径比从逻辑思维入手要更直接、更深入，也更具影响力。

第五，意象活动中的异己感。

这里的异己感是指，我们感觉到有些想法不是我们自己想出来的，而是突然来到我们的脑海里，这些信息仿佛是异己的。

梦和灵感能够让我们体验到这种感觉。其原因主要在于，意象活动大多不是发生在意识领域，而是源于大脑的另一个区域——一个更原始的精神机构。

第六，意象活动更精密地表达心理现实。

日常逻辑思维的功能是客观地观察世界。因其对外在事物的明确界定，而能够做到"准确"。

原始逻辑思维的功能是主观地体验世界，反映内在的心灵以及心灵所映射出来的世界。因其擅长将具有相似性的事物联系在一起，又卷入更多的、细腻的、丰富的情感、情绪，而能够做到"精密"。

以愤怒为例。我们能够用词汇来表达的愤怒大概有十几种，如"愠""怒""忿""愤""生气""窝火""发脾气""光火""恼怒""气死了""气疯了"……但是有的时候，我们特别生气，很想表达出来，可就是找不到一个能够完全贴切地传达自己真实感受的词语来，即便找到一个近似的，感觉也不是十分贴切。

使用意象就不同了。我们不仅可以用意象表达复杂的情绪，还能描述出不同情绪间非常细微的差异。不仅自己能够精密、贴切地表达，也容易让别人理解自己想要表达的情绪。

仍以愤怒为例。我们可以根据自己所感受到的愤怒的性质和程度，进行细致的描述，如"我觉得自己像一头喷火的牛"。

这个意象传达着许多细节。火的强弱象征愤怒的程度，强弱的变化过程代表当事人内心愤怒程度的变化过程，任何一个微弱的变化都可以在意象里呈现得很清楚。火的颜色象征愤怒是否受到压抑以及受到压抑的程度，越接近正红色，压抑越少；黑色成分越多，则压抑越多。

牛也是一个重要的人格意象，可以象征踏实、固执、执着、不灵活等性格特点，结合火的象征意义，就可以更丰富地了解当事人的许多特点，甚至可以理解到其愤怒的原因。

如果这是在意象对话的过程中，我们还可以引导当事人有自知地释放愤怒情绪，觉察到愤怒的原因，进而化解这份消极的感受，或者自然地将愤怒转化为勇气，使这份心理能量得以升华。

以上只是简单地呈现了一下运用意象传达情感、情绪的优越性，以及如何借此进行深入的心理咨询与治疗。具体的操作方式及其注意事项，请详见后文的相关内容。

### 3. 运用意象的认知方式

运用意象的认知活动是原始精神机构的活动。运作方式如下。

其一，信息的粗加工储存。

信息储存通常有两种加工方式：一是深加工——逻辑系统；二是相对的粗加工——原始精神机构。逻辑系统中储存的信息主要是概念和命题，原始精神机构中储存的信息主要是意象。意象包括视觉意象、听觉意象、嗅觉意象、触觉意象等。

这里所说的"粗加工"仅是相对于概念和命题而言。由于是粗加工，原始精神机构所储存的信息，特别是意象，与事物的具体形式更加接近。或者说，粗加工信息的方式更低级，也就离现实或真实更近。因此，与逻辑系统的信息相比较，用原始精神机构的信息去把握世界，出现偏差的可能性会小一些。

其二，大量的信息储存。

列维·布留尔在研究人类的原始思维时发现，在原始人的思维中，"意象的关联通常都是与意象本身一起提供出来的""大量的意象关联的预存使得运算可以简单和减少了"。这就是说，在信息加工系统中，预存的信息越多，所需的运算就越少，反之亦然。

与逻辑系统相比，原始精神机构的运算比较少，而且比较不稳定，所以有更多的预存信息。于是，"记忆在原始逻辑思维中起着比在我们的智力生活中大得多的作用"。

斯宾塞和纪林在谈到澳大利亚土著居民时说："他们的记忆在许多方面都是非凡的。""土人能够认出他的每个熟人的足迹。"埃尔也感到非常震惊：为什么土人对于他们所居住的那个地区的每一个角落都了如指掌？下过雨之后，他们清楚地知道哪些山岩上可能会留下一些水，哪个坑里面的水留存得最久……罗特也曾感叹昆士兰西北部的土人们有着惊人的记忆力！罗特听见他们"吟唱了整整五夜才唱完一支歌，而且，演唱者和听众没有一个人能听懂（歌里的）一个词的意思。"

除了依靠记忆可以预存信息之外，还有一种先天的预存，就是荣格所说的"原型"。在荣格看来，人类世世代代所经历的事件和情感，最终会在心灵上留下痕迹，这痕迹可以通过遗传传递。他把这种遗传的原始痕迹称为"原型"。原型本身不是具体的形象，而只是一种倾向。但是，原型可以通过一种形象出现。

原型不是一些固定的形式，而更像一些潜藏在我们心灵最深处——荣格称之为集体潜意识——的原始人的灵魂。这些原始人在梦中以种种不同的形象出现。

原型是一代代的人类个体在经历了非常类似的情境并做出反应后，逐渐形成的一种"对于世界做出反应的先天性向或潜在倾向"。

关于原型的起源，荣格认为，原型作为心理反应、心理结构的基本模式，一方面固然"有可能"是人类远古社会生活的遗迹，是重复了千百万次的心理体验的凝缩和结晶；另一方面也完全"有可能"是生物本能的分化，是生命的内在性质和固有法则的演变，它的起源可以一直追溯到生命的起源。

"人……并不需要通过经历黑暗或与蛇的遭遇而习得（对黑暗和蛇的）这种恐惧，尽管这些经历和遭遇会强化或者再次证实他的这种性向。"（卡尔文，1987）

荣格还指出，原型没有固定的内容，只是一种潜在的倾向，在"被人意识到并因此被人用意识经验的材料充满时，它的内容才被确定下来"。他把没有内容的原型和有了具体形象后的原型都称为"原始意象"。原始意象介于原型与表象等感性材料之间，起一种凝聚和构型的作用。荣格说："原始意象……

是同一类型的无数经验的心理残迹。"他还曾说，每一个原始意象中都有着人类精神和人类命运的一块碎片，都有着在我们祖先的历史中重复了无数次的欢乐和悲哀的残余，而且总体上始终遵循同样的路径发展。它犹如心理上一道深掘的河床，生命之流在其中突然奔涌成一条大江，而不是像从前那样在宽阔清浅的溪流中向前慢淌。

总结荣格的观点，我们可以看到，荣格界定的集体无意识实际上是指有史以来沉淀于人类心灵底层的、普遍共同的人类本能和经验遗存。这种遗存既包括了生物学意义上的遗传，也包括了文化历史上的文明的沉积。它们以原型的构成存在着，表现为原始意象。作为人类心理中具有倾向性、制约性的心灵规律，它们对人类的行为、理解和创造产生着重大影响。

其三，利用相似性发现事物的本质。

原始精神机构要完成的第一件事情是——理解事物的本质。即在纷繁复杂的刺激当中分辨出已有的意象。

原始精神机构进行分辨的重要手段，就是通过比较去寻找相似性，并在大多时候遵循"相似即同一"原则。

对于原始人来说，这样的认知方式颇具益处。例如，在他们的心目中，老虎是非常威猛的动物。如果发现某个人爱吃肉，身体强壮，走起路来很像老虎，他们就会以为这个人是老虎转世，虽然长着人的样子，但其实是虎。有了这样的认识，与之相处时，他们就会多一分小心，以防这个人像老虎一样突然发怒。

我们发现，用意象的方式去认识一个人，比用日常逻辑思维的方式去认识一个人要简单得多、形象得多。被日常逻辑系统称作比喻、比拟、类比和象征的思维活动，都具有通过寻找相似性来进行分辨的功能。

其四，运用邻近性发现事物的联系。

除相似性原则之外，原始精神机构运用的另一基本原则是"邻近即有关"，即通过比较去发现邻近性，从而发现此事物与彼事物之间的相关性。原始人相信，以某种方式接触过的事物，相互之间就会建立起一种恒久的联系，譬如，狮子留下的足印、老虎蹭过的大树……就表明它们来过，这里很可能是它们的势力范围。原始人还相信，接触本身会带来某种交换或传递。尽管他们未必知道到底交换了什么、传递了什么，但他们相信，这种力量是存在的。

鉴于此，我们或许可以称之为"接触转移"，即在原始精神机构中，两个结构因接触而建立联系，各自的内容也因接触而相互传递。

其五，用凝缩等方式联结不同事物。

对于事物之间是如何发生联系的，原始精神机构与逻辑系统的理解是不同的。在逻辑系统看来，两个事物之间有了联系，但界限仍是分明的；但对于原始精神机构来说，两个事物之间有了联系，犹如两河相汇，并没有清晰的界限，甚至视之为一个更大的完整事物。在这个意义上，原始精神机构联结事物仍是分辨事物。完成这一工作的方式是对基本认识结构进行加工。基本认知结构的加工有三种方式。

第一种加工方式，是把几个基本认识结构结合成一个结构。类似于集锦。弗洛伊德提出，凝缩是梦的重要工作方式之一。第二种加工方式，是对基本认识结构进行改造。最明显的例子，就是通过突出某一特点来表征事物。我们经常在漫画里见到这样的加工方式。第三种加工方式，是启示。启示就是在不完美的认识结构的诱导下，直接获得完美的认识结构。原有的不完美的认识结构的作用，只是启发和诱导而已。

柏拉图曾用苏格拉底的话证明：一切探询和学习都只能是回忆。人在出生前其心灵曾经认识所有事物的最完美的形式。我们认为，苏格拉底和柏拉图正是看到了启示和回忆如此相似，才提出这种见解的。

心理学家鲁道夫·阿恩海姆在《视觉思维》一书中写道："柏拉图……心目中的理智活动并不仅仅是运用概念的技巧，各种形式之间共有的特征不是通过归纳发现的。换言之，不是先机械地捕捉所有形式共有的要素，然后把这些要素合成一个新的整体。相反为了发现它，我们必须在每一个个别意象中辨认出这种普遍性形式的全部，就像我们在一个模糊的意象中辨认出一个图形一样。"

鲁道夫·阿恩海姆是格式塔派心理学的传人。格式塔心理学最强调心理经验的整体性。因此，鲁道夫·阿恩海姆有能力从整体的角度看问题。他把从具体形式中获得普遍形式的活动叫作抽象。他所说的抽象不是把几个整体割裂出来，然后寻找其共有特性，而是在几个整体事物中发现事物的最具代表性的性质。启示就是一种阿恩海姆式的抽象。

启示具有一个突出特点：以偏概全。在逻辑系统看来，这种靠很少的根据就得出大量结论的方式，是不正确的，也是靠不住的，是认识不成熟的表现。但是，对于人们的实际生活来说，这种认识方式却是十分有用的，可以帮助人们去预知，从而减少行为的风险性。

其六，以拼凑等方式完成整体结构。

原始精神机构的最高成就，是完成一个复杂的整体认识结构。这种复杂的整体认识结构可以是一种宗教思想体系，也可以是一部小说、一首诗、一幅画……不可否认的是，要获得这样的成就，原始精神机构离不开逻辑系统的合作。通常，原始精神机构需要通过以下三种方式来完成这种高成就的认知活动。

第一种方式是拼凑。拼凑就是把一些零散的认识结构不断地拼在一起，直到找到一种准确的或良好的优美形式，类似于拼图游戏和七巧板游戏。原始精神机构的拼凑方式是从混乱中开始的，完全不同于逻辑系统的有步骤的推理过程，但其乐趣也正在于此：会有意外，会有惊喜。

第二种方式是扩展。扩展就是在一个特例中发现一个基本的构想或原型，然后用它同化各种经验，不断地拓展结构，或者，从基本构想或原型中引申出新的内容，最后形成一个完整结构。

第三种方式是启发。启发是指从现有的形式中获得启迪，从而创造出更复杂的形式或另一问题领域的形式。

需要注意的是，启发与前面所讲的启示不同。启示是看到部分而认识了全体，启发则是通过改造一种事物所体现的形式，去创造另一种事物。

## 四、 心理能量

### 1. 心理能量及其产生

早在心理学产生之前，人就有一种直觉：人的身体里有一种仿佛流体一样的生命力。生命力强，人就充满活力；生命力弱，人就萎靡不振。

弗洛伊德在《性学三论》中已经引入"力比多"（libido）的概念，认为人的生命力主要体现为这种"性的本能"。他在文中说，在生物学中用"性本能"的设想表明人类和动物有性需求存在的事实。与之相类似的滋养本能，就属于饥饿。但在日常的语言中没有和"饥饿"配对的词，为此科学中使用了"力比多"这个字眼。

按照弗洛伊德的定义，力比多这个词指的是一种独特的性需求，因而，他用力比多表示的每件事都必须理解为性的需求或性的欲望。但是，这个词的古典用法，正如在西塞罗（Cicero）、塞勒斯特（Sallust）和其他人那里所见到的，并不是限制这么严，在那里是用于更一般意义的热烈欲望。后来，在晚期著述中，弗洛伊德又称"性的本能"为"生的本能"。他认为，人需要某种刺激使自己兴奋起来，积累到一定程度再释放出去。

无论怎样，力比多概念所代表的动力因素，正是我们为了解释心理情景的变换而要寻找的。这个概念使得我们对那些有疑问的现象更容易明确地表示，也帮助解释性功能各种模式之间的相互关系，同时，脱离了多种性成分的原始观点。荣格提出，力比多概念为心理学完成的进展，正如能的概念被引入物理学中一样。

精神分析理论认为，本能的内驱力（drives）是产生心理活动的能量。这些本能力量表现的方式如同物理学的能量，因此，可以用能量的模式进行研究。这是心理学领域首次提出的心理能量模型。

需要注意的是，"心理能量"是心理学概念中的一个术语，而非物理学的术语。所以，不能将物理能量和心理能量进行类比。继弗洛伊德之后，荣格反对把心理能量看作仅仅是性的能量，而是应该视为一种更基本的生命力的体现——"力比多"，也可以直接说成是"心理能量"。荣格将"力比多"解释为：个体的普遍的生命能量。

在心理动力学看来，心理能量不是客观现实，而是心理现实，是对某种心理经验进行符号化的产物。换言之，在我们的心理经验中，有一种大致可以说成"有生命力""有活力"的体验。在心理咨询与治疗的临床实践中，咨询师们也常常能够清晰地体会到来访者带给我们的一种感觉，当他们处于顺境时，这种生命力表现为激情和欢乐；处于逆境时，则体现为一种顽强的精神，一种渴望恢复生命活力的愿望。

这些体验实质上是对生命意志、生命本能的体验。当我们把所体验到的事物称为"心理能量"时，实际上，我们已经在进行符号化了，即用"能量"的概念把这种体验或心理经验变成了心理现实。

那么，心理能量是如何产生的呢？心理能量的产生有两种形式。

第一种是在适当的心理状态下，心理能量自发产生。

从哲学的角度来看，心理能量是生命力的源泉，是宇宙中生生不息的一种能量，也是赫拉克利特所说的"宇宙是永恒的活火"。人类的最高境界，就是和宇宙中这"活火"进行沟通，然后在自发的情况下，从这"活火"中获得无穷无尽的力量，如同清澈的泉水汩汩涌出。

这时的心理能量，在我们的体验中，仿佛光明澄澈、一种极限的欢乐，好似一种没有内容的空泛却无休无限的创造力，如美丽的阳光源源不绝，如浩瀚的宇宙运动不息。

如此产生的心理能量是流动的、自然的，没有什么阻碍，或者极少有阻碍，没有和任何具体的情绪相结合，表现出来的是比情绪更原初的精神状态。

当你漫步在美丽的海滩，没有任何思绪烦扰，没有欲求和期望，只是单纯地感受生命时，你就会拥有这种自发产生的心理能量，从而体验到勃勃生机。这就是你对自己的生命意志的直接经验与表达。

第二种是本能力量被激发。

当某个情境需要心理能量的时候，由于本能的存在，就在本能中激发出了心理能量。本能不同，所激发出的心理能量也具有不同的形式。

心理能量最常见的基本形式，是性的能量和进取的能量。

一旦被激发，心理能量就由潜在的能量变为现实的能量，从而具有基本的形式，可以是一种兴奋或紧张，也可以是一种动机或需要，其中非常重要的形态之一就是情绪。当心理能量表现为某种情绪时，该情绪所负载的能量就表征着此心理能量的大小。

### 2. 心理能量的释放与固结

首先，我们来讨论心理能量的正常释放。

无论是自发产生，还是被激发，心理能量在没有任何阻碍的情况下，都应该顺畅地、自然地释放。

自然释放的心理能量会形成一种驱动力，使人产生一些内在的心理行动，比如，想象，也会使人产生外在的行动；再比如，高兴时忍不住放声歌唱。这种状态下，人都会产生相应的情绪，或喜，或怒，或哀，或惧……但都是畅快的，可以自由流动的快感。例如，当我们悲伤的时候能够号啕痛哭，当我们愤怒的时候能够痛痛快快地说出来，虽然我们体验到的是消极的不舒服的情绪，但由于顺畅地宣泄和释放，而能够感到一种放松。

其次，我们来讨论心理能量的两种"不正常"的运动。

在现实生活中，由于种种原因和需要，心理能量往往不能够正常地释放，而是进行"不正常"的运动。于是，心理能量被固结，无法自然流动。其方式有二。

一是被压抑。

被压抑的心理能量主要是本能的冲动。如果可以把心理能量比作水流，压抑就像是堤坝，用以堵截水流。弗洛伊德非常重视压抑的作用，他认为，压抑使"冲动的力量依然存在，但在记忆上不留痕迹""除了压抑，我们确实不知道是否还有任何其他形式的遗忘"。这就意味着，压抑迫使心理能量存留在潜意识里，而阻断其进入意识领域。

安娜·弗洛伊德也在《自我及其防御机制》中指出，压抑是防御机制的基础，其他的所有机制若不是去强化压抑，就是在压抑失败后起作用。

在此基础上，意象对话理论进一步指出，心理能量受到压抑而无法被意识到的时候，不能得到充分的释放，于是，被压抑的心理能量逐渐积累起来。

对于被压抑的心理能量，我们应该辩证地看待。

一方面，压抑本身具有益处。正如弗洛伊德所说，处身于外部世界众多困难之中的有机体从自我保存的角度来看，这种快乐原则（在经典精神分析的人格理论里，本我遵循快乐原则，本我的心理能量自由地释放）从一开始就是收效甚微，甚至十分危险的原则。在自我的自我保存本能的影响下，现实原则取代了快乐原则。如果人类完全自发地生活，丝毫不压抑自己的本能冲动，一定会遭遇危险。并且，经典精神分析还告诉我们，超我遵循的是至善原则。如果顺利的话，人可以升华被压抑的心理能量，去做一些创造性的事情。

另一方面，压抑过度是有害处的。本能以及心理能量不会自然消失。被压抑的心理能量不会自动消失，又无法充分释放，便会累积在原处，这种累积会导致不适的心理体验，并引发越发强烈的追求释放的压力。犹如大坝蓄水过多，将造成更大的压力，一旦溃堤，必是洪水猛兽、泛滥成灾。

某些心理疾病的形成就与此相关。这里以对人恐惧症为例。对人恐惧症患者的根本心理问题在于不健康的性观念。他们认为，只要与别人对视或直接面对别人，别人就会看出自己有"下流的想法""龌龊的欲望"，而这样的想法和欲望是不道德的，自己应该是"完全纯洁的""绝对不能想男女之事"。但是，当身体成长到一定时期，如青春期，他们自然就会产生关于性的欲望和想法。于是，他们强烈地压抑自己，回避一切"与性有关的信息"。可是他们没想到，结果适得其反。越压抑，越忍不住去想性，越想就越觉得自己"内心卑鄙"，也就越发地害怕与人交往。

多数人之所以没有出现对人恐惧症这样的心理障碍，是因为对于性的心理能量压抑得不彻底，也没有把性看成肮脏不堪的事物，所以允许自己通过某些方式进行释放，如和异性开玩笑、迷恋异性明星、互发黄色短信等，性的心理能量没有被堆积在原处，还是有很多释放"出口"的。

那么，当心理能量被压抑的时候，到底什么东西是始作俑者呢？实际上，压抑者并非他物，只是另一个心理能量——某种恐惧的心理能量。请别忘了，在我们心理世界出现的任何事物归根结底均是心理能量。

经典精神分析研究发现，被压抑的是本我，压抑本我的，是自我和超我，而自我和超我的能量，实质上是从本我的能量中分化出来的。

压抑通常有三种发展方向：第一，可能会保持长期的、稳定的平衡；第二，一方可能会压倒另一方，表现出来的往往是一种冲动性的行动；第三，冲突愈演愈烈，双方都增强了能量。

二是沉溺。

沉溺是心理能量固结的另一种方式。意象对话理论认为，沉溺是指一个情绪、思想（包括想象和回忆）或行为的正反馈的循环：情绪的释放激发了一些意象、思想，由此引起一些外在的行为，这些外在的行为创造出一个外在的环境。这些意象、思想、行为和环境都可以作为激发因素，再激发出新的情绪来。倘若所激发的情绪与原初的情绪是一样的，就构成了一个循环。这个循环好似一个旋涡，让人陷在其中，难以自拔。

沉溺有积极和消极之分。当个人沉溺于某一情绪、思想或行为当中时，他就会忽略很多其他的信息。

心理咨询师很容易在许多的心理问题和心理障碍中看到沉溺现象。其中，最突出的莫过于成瘾行为：酗酒、吸毒、暴饮暴食、性放纵、网络成瘾等。成瘾者在这些行为里感受到回避现实困境的轻松和愉悦。但这样的轻松和愉悦毕竟是暂时性的，而且妨碍了成瘾者以更健康的方式去生活、去与人沟通，也妨碍了去获得他们内心深处真正需要的成功、关爱和幸福。所以，每当发现自己不成功、缺乏爱、并不幸福的时候，他们就会感到不快乐，就会返回到酗酒、吸毒、暴饮暴食、性放纵里。于是，一个使人沉沦的恶性循环开始了……

相比之下，压抑源于"恐惧损失"，沉溺则源于"希望获益"。

压抑与沉溺可以同时存在，并且相互加强。一个人爱情不成功，可能沉溺于暴饮暴食，这就缓解了被压抑的痛苦，同时也避免了再度追寻爱情的心理能量的释放。相互加强的压抑和沉溺而导致的心理问题或心理障碍，要比单纯的压抑或沉溺更难以解决。

### 3. 心理能量的转化

心理能量发生转化的最重要的体现是情绪。一种情绪可以转化成另一种情绪，但情绪所负载的心理能量的总值保持不变。

认知心理学用大量的实验和数据向我们证明，当我们对于一件事的态度、解释和看法发生转变时，该事件所带给我们的感受就会随之而变。当我们改变了对某件事的不合理的看法，形成新的、合理的看法时，我们的情绪就会好转。在情绪转化的过程中,有意识或无意识的解释过程起着决定性的作用。这个解释过程蕴含着情绪转化的动因。

因此,我们可以利用情绪的转化原理进行心理治疗。美国心理学家艾里斯创立的合理情绪疗法(RET 疗法)就是很好的例证,即通过重新解释一个事件,帮助求助者建立合理的信念,使消极情绪转化为积极情绪。

心理能量是我们极其重要的生命能量,既然它一经产生就不会凭空消失,能量的总值保持恒定,那么我们唯有尊重它、面对它、接纳它,根据它的特点和规律进行转化与运用,以使我们更自信、更快乐、更幸福。

# 第五章

# 意象对话疗法的工作机理

心理障碍如何形成，是心理病理学的基本研究内容。如何消除心理障碍，是心理治疗学的研究重点。对于这两个问题，心理学已经进行了许多研究，也取得了丰硕的成果。

意象对话疗法的工作机理自然离不开这些研究成果，也非常感谢前辈们的努力。其中，精神分析心理学、荣格的分析心理学以及人本主义心理学，更是我们的思想基础。尽管如此，意象对话仍然需要站在自己的独特角度，以自己的视角和方式重新解释心理病理学和心理治疗性。因为如前所述，任何心理学理论本身也是一个心理现实，而心理现实从来都不是唯一的。

意象对话所看到的心理现实是独特的，也许与其他许多心理学家所看到的心理现实不尽相同，但在实质上也未必冲突。以自己的视角和方式对待心理病理学和心理治疗法，仅是为了让意象对话这种独特的"治疗语言"能够更便于解释各种心理障碍，进而便于开展治疗工作。

## 一、 心理障碍的形成

### 1. 创伤与消极意象

在意象对话看来，心理障碍产生的第一步，是在早期创伤性心理经验的影响下形成消极的意象。因此，意象对话关于心理障碍的第一个基本命题是：在创伤性心理经验的影响下或反复影响下，人的内心会形成一些概括性的消极意象。

这里所说的创伤，是指一切对当事人的心理有伤害的事件的经验。这种心理经验极少来自自然灾害，大多源于他人。

几乎所有的心理治疗模型都承认，社会文化因素是心理疾病产生的重要原因之一。经典精神分析理论指出，本我与社会道德的冲突是心理疾病的主要原因。人本主义心理学家罗杰斯认为，父母对儿童的有条件的关心（即"价值条件"）是心理疾病的重要成因。

作为社会的基本单元，家庭承载着传承社会文化的重要功能，所以，社会文化当中不利于个人健康发展的元素也就通过家庭影响到了个体。原生家庭的不良教养方式以及不良的家庭环境则是影响个体的最直接的因素。

影响个体健康成长的因素，不仅仅是某一次单独的巨大创伤，更包括那些看似并不严重，甚至在很多人眼里都称不上"创伤"的小事情。然而，这些所谓的小事情对于当事人而言却可能是非常有意义的，因此，对当事人的伤害绝不比某次巨大创伤的影响小。如果这样的日常创伤反复发生，甚至逐年累积，其消极影响很可能是剧烈的。

生活中常常发生这样的事情。在父母看来，某些事根本算不上什么创伤（比如，没能及时地称赞孩子，没给孩子做饭，没陪孩子做游戏，不去看孩子的运动会或演出……），或者，他们认为自己在努力地"爱"孩子（比如，给孩子很多钱而没时间跟他沟通，替孩子安排学习和生活，百依百顺地溺爱孩子……），但是，孩子体会到的却是受伤的感觉，甚至有些孩子坚信父母并不爱自己。这就是心理咨询师们经常告诉父母的一句话："你给予孩子的，未必是孩子想要的。"

意象对话理论认为，原始精神机构时时刻刻都在运作，并用意象去认知。因此，当遇到创伤性事件并由此引发某种消极情绪时，当事人的内心中就会形成一个消极意象，这个消极意象象征着当事人当时的内心感受以及他对该遭遇的认知。这个意象是人的心理结构中更深层次的基本认知图式。

在意象对话的临床实践中，这样的例证屡见不鲜。

譬如，某个大学生从小到大都生活在父母给很多钱而没时间陪伴、极少有情感沟通的环境里，她的物质生活很富裕，但她的人际交往不顺畅，很容易体验到挫败感，甚至产生自杀的念头。在意象对话心理治疗中，她想象中的自己是一个光着脚站在雪地里的可怜儿童，周围很荒凉。这个意象生动地呈现出当事人的内心感受："我很冷！""我好可怜！""我很孤独！"读到这里，也许你就能够理解这个孩子为什么活得不快乐了。

心理障碍产生的第一步往往发生在生命早期。在那个时期，形象思维占据主导地位，因此，创伤性经验引起的是与形象思维相对应的符号系统——意象的异常，情绪感受难免卷入其中。

皮亚杰在研究象征性游戏时发现，当儿童产生无意识冲突时，比如，性的兴趣，防止忧虑和恐惧，防止被攻击，防止与攻击者在一起，因害怕冒险或争夺而畏缩，他就会"需要一个更直接的象征作用"。

若多次遇到相似的情境，当事人内心的消极意象就会越来越概括化。概括性的消极意象不仅象征某一经历或体验，还象征着他心目中的世界、人生、自我处境和自我现实等。

同理，假如当事人的生活基本是美好的，或者，即使遇到过创伤性事件，但得到了妥善的解决或良好的结果，那么他心里形成的就是一个概括化的积极意象。拥有积极意象的人，往往都是心理比较健康的人。

概括性的意象，无论积极还是消极，都存在于潜意识领域。当事人虽然没有意识到，却受之影响。这个基本的心理意象会成为当事人看待周围事物的背景、参考和坐标系。

有的人经常想象到同样的场景，或者，在梦里经常出现同样的主题、人物或情境，有的人甚至多次重复做一个梦……这些现象都是潜意识里概括性意象的反映。

意象对话理论认为，任何一个有心理障碍的人都因过去的创伤性经验而形成了概括性的消极意象，这个意象歪曲着他对世界的认知，致使他眼中的"现实"不美好、不乐观，他困在其中，不知如何解脱。

各个心理意象因概括性不同，对当事人的影响也是迥然。概括性越高的意象，对当事人的心理影响也就越强烈、越持久。因此，在实施意象对话治疗的过程中，咨询师可能会随着工作的深入，逐渐发现更具有概括性的心理意象。越是碰触到更深层次、更具概括性的消极意象，治疗也就越深刻、越"治本"，从而使疗效更巩固。

## 2. 情结的形成

创伤性的经验内容会自发地组织起来，形成有组织的结构。消极意象逐渐走向概括化的过程，就是这些内容进行组织化的过程。最终组织化的产物，就是大家所熟知的心理动力学术语——"情结"（complex）。

在荣格看来，情结是一种经常隐匿的、以特定的情调或痛苦的情调为特征的心理内容的团集物。情结往往有一个基本的主题，而与该主题有关的各种心理内容会集合到一起。因此，情结比任何其他东西更多地反映了"精神生活的焦点"。

荣格在《语言结合的研究》一书中指出，"情结"这个词表示一个已有力比多投入并被它激励起来的概念系统，但即使一时或长久地没有投入力比多，这个系统仍然潜在，准备着可能的动作。

无意识的情结会把一些观察和情感吸引到自己的周围，无论人们是否意识到这一点，它始终存在。它们可能属于个体无意识，也可能属于集体无意识，如"救星情结"。荣格说："整个人类都有这种对救星的期待……在意大利与德国，我们看到的是作为大众心理的救星情结。实际上，救星情结是集体无意识的一种原型意象，在我们这充满灾难、迷惘的时代，它自然又被激活起来……"

本书主要探讨属于个体无意识的情结。

例如，一个人具有"金钱情结"（money complex），那么，凡是和金钱有关的回忆、联想、情绪、态度等许多的心理内容就都集结在这里，构成一团以金钱为主题的心理能量。一旦其中的一个内容被触动，比如，当听到"购买""钱"这类词语时，他就会被击中，该情结中其他的内容就都会被激活。这个过程仿佛一枚炮弹，能够穿透厚厚的人格伪装层而打进暗层之中。

可是，情结当中的心理内容是怎样集结到一起的呢？对此，意象对话填补了心理动力学的一项理论空白，研究分析了集结的方式及其规律。

首先，我们来看一下情结集结的方式。

前面已经探讨过，原始精神机构中联结不同事物的方法是凝缩、改造、启示等。这些方法可以把小的结构联结成较大的结构，然后再用拼凑、扩展或启发等方式组织成整体的结构。情结的形成过程，也是通过这样的一些方式进行的。

再者，我们看一下情结集结的基本规律。

原始精神机构中，最基本的心理活动规律是"相似性原则"。相似的东西常常被看成同一的。于是，相似的心理内容会相互结合，形成一个越来越大的"结"。在此过程中，心理世界中各个分散的事件，将根据心理内容的相似性进行分别组合，形成体现不同主题的结构，即一串或一簇带有情绪色彩的观念或组合——这就是我们所说的"情结"。

当心理内容集结在一起的时候，它们所负载的心理能量也随之集结到一起，从而使这个结构总体带有更大的心理能量。内容汇集得越多，心理能量的总量也就越大，最终形成的情结里面就会汇集很多的某种形式的心理能量。

于是，当现实生活中出现相似的情境时，当事人潜意识中的情结就会被激发，而一经激发，就将携带着该情结所有的情绪能量。也就是说，当事人所体会到的以及释放出来的将是累积的情绪的总和。

情结一旦形成，它所引起的活动大多是自发的。因此，荣格感慨："不是人支配着情结，而是情结支配着人。"

好在情结中的心理能量是可以被转化的。例如，前文讲到的"接触转移机制"，就是进行转化的心理机制之一。所以，在现实生活中，我们可以看到，并非所有带有"自卑情结"的人都沉溺在自卑的消极状态里，而是有很多人将自卑转化为动力，变得更加勤奋、进取、有毅力，并因此获得某种成功或成就感。

我们每个人都有许多情结，而情结是构成人格特点的重要基础。有些情结对人有好处，危害较少，还有一些情结很难用好坏来衡量。心理咨询师更为关注的是那些常常给人带来不良行为或消极感受的情结，而这些情结正是形成心理障碍的原因和基础。

既然心理能量不会自然消失，情结也不会自然消失，那么无论我们是否能够意识到情结的存在，它总是存在着，除非我们让它所蕴含的心理能量释放掉或者进行积极转化，情结才会失去控制力。

意象对话与精神分析的治疗传统保持一致，我们坚信，仅仅消除症状不是真正的心理治疗，只有消除引发这些表面症状的深层情结才是"治本"。所以，真正彻底的治疗必然撼动人格，导致人格的改变。

### 3. 情结、原型与心理意象

仅仅用后天的创伤来解释情结是不够的，我们还必须注意到先天因素的影响，因为情结是先天因素与后天因素共同作用的产物。

荣格提出了"原型"概念。按照他的理解，原型是一代代的人类个体在经历了非常类似的情境并做出反应后，逐渐形成的一种"对于世界做出反应的先天性向或潜在倾向"。这些心理内容属于一般人类，具有一种集体的性质。

荣格在《原型与集体无意识》中借用圣·奥古斯丁的话，把这种集体模型称为"原型"。原型意味着模式（印迹），这是一类在形式和内容上都包含远古特征的神话主题。神话主题以纯粹的形式出现在童话故事、神话、传奇以及民间传说之中。他曾列举《奥德赛》中尤利西斯到地狱去请教预言者提瑞希阿斯的故事情节，进而分析英雄和龙的主题的某种变式——"下洞仪式"。这个下洞主题在古代比比皆是，实际上也是全世界共有的现象。它所表现的，是人类有意识的心灵沉潜到无意识深层这一内向心理机制。非个人的心理内容、神话特征，或者原型，正是来自这些深层无意识。

荣格认为，原型是没有具体意象内容的一些心理反应倾向的总和；原型意象（archetypal image）是某个原型形成的具体意象，是原型的具象化。意象对话理论认为，原型与本能的关系非常密切，它们都有一种遗传的倾向，都带有一种意向性或欲求，也都有一些反应的倾向。二者的区别在于：其一，本能指动物的固定性的倾向，原型则具有一定的灵活性；其二，本能的关注重点是行为，原型的关注重点却是体验；其三，原型包含原始的认知。

朱建军教授提出，原型可以被理解为"在内省中发现的似本能的认识和反应倾向"。这就是为什么不同的人在恋爱的时候有着极为相似的反应，犹如恋爱是一种似本能的倾向。这是因为世世代代的人都在重复着这种倾向，每一次的重复都会加强其力量，以至于"遗传"到后代的身上。即使一个从未谈过恋爱的少年，当他的潜藏本能中所储存的这部分心理能量被激发时，他就会像他的祖辈们一样激动、兴奋，忍不住把对方想象得很完美，日也思念，夜也牵挂，恨不能时时刻刻都和自己的心上人相依相守……仿佛他是在继续前世的爱。

接下来，我们禁不住要问：原型与情结、与心理意象之间是何关系呢？

简言之，原型是情结的基础。情结往往以一个心理意象的方式储存于心灵深层，而原型几乎永远都是以心理意象（即所谓原始意象）的形式储存于更深的、被荣格称为集体潜意识的心理层。

具体说来，当某种心理能量被激发的时候，该能量往往出自某种原型，也可以说是来源于某种本能，并且当遭遇挫折时，我们可能出现的各种反应也受到了原型中各种潜在的反应倾向的影响，在原型这个核心的基础上，便产生了情结。

如前所述，意象是原始精神机构最常用的认知符号，所以，情结和原型都离不开意象。如果有些情结引起心理障碍，那么这些情结及其与之相关的心理内容都会在意象上得以体现，于是，我们可以通过意象去发现并解决心理障碍。这就是意象对话疗法的最基本的治疗原理。

## 二、 心理障碍的维持

临床实践中，心理咨询师有时会遇到难以消除的心理障碍，意象对话心理师也会遇到难以改变的消极意象。这是因为有些因素维持了心理障碍的存在。主要因素分析如下。

### 1. 恶性因果循环

在来访者的身上，心理障碍会造成一系列的内外兼具的后果，这些后果又强化了心理障碍的作用，从而形成一个恶性的因果循环。在这个过程中，心理障碍是"因"，因带来果，这些"果"又成为心理障碍的"因"……心理障碍导致来访者社会适应不良和社会功能受损。当他的生活不顺利、人际交往不顺畅，或者爱情、学习、工作不成功时，他就会认为自己是失败者，这件事便成为新的压力源和新的创伤，这些就可能强化他原有的消极意象（其心理障碍正是建立在这个消极意象的基础上），进而强化了他原有的消极行为模式，心理障碍也得以维持甚至强化。

除此之外，心理障碍还会引发许多内在的消极后果，如产生消极的信念、消极的感受、创造性减弱、灵活性降低、积极的心理资源被掩盖等。来访者的心理能量受到压抑或者沉溺，自信心就会减弱，不断地产生挫败感和无望感，变得越来越不容易改变自己，也越来越不相信自己可以改变。

最重要的恶性循环，是来访者会自发地寻找到一些并不成熟的心理防御机制进行自我保护，暂时性地缓解内心的恐惧、焦虑和痛苦感，而这些方法常常都是带有回避性质的，都是某种形式的自我欺骗，更不利于问题的真正解决。

如果来访者的这种消极状态影响到了心理咨询师，使咨询师也产生了类似的"不知所措""无可奈何"的感觉，反过来就会使来访者更加确信自己"无可救药"，如此的恶性循环就使得来访者的问题解决变得格外困难，心理治疗也随之变得举步维艰。

### 2. 执着的倾向

执着是一种心理惯性，倾向于保持原有的状态。作为人的一种基本的心理特点，执着使人倾向于用以往的行动方式寻求满足，心理能量保持在原来的形式和方向。

为了说清楚执着，这里需要引入另一个重要的概念——"投注"。弗洛伊德对这个概念采用了一个德语单词"besetzung"，翻译成英文，即"cathexis"（投注）。它是指投向某个人或某件事的心理代表物的心理能量的数量。也就是说，投注是一种纯心理的现象，是一个心理学概念。

心理能量不能通过空间直接投入或传递给外部的客体，它所能够传递的只是各种各样的记忆、思想、感受，以及组成我们所谓的心理代表物的客体的幻想。从心理学意义上说，投注越大，客体就越"重要"（对于当事人而言），反之亦然。

我们把心理能量投注到某个人的身上，当这个人离开我们时，我们无法立即将这份心理能量转移到他处，这个心理惯性就是执着。

弗洛伊德很早就注意到了执着对于心理障碍的巨大影响。他在分析神经症时提出，有些人"'执着于'（fixed）过去的某一点，不知道自己如何去求得解脱，以致与现在及将来都失去了联系"。

由于执着，消极意象一旦形成，不会轻易改变。

例如，一个人在童年时期经常被冷落，他的内心世界里就会形成一个总是被冷落的消极意象。在意象对话治疗中，当我们引导对方进入想象时，他们经常看到这样的自己：一个小孩子坐在一圈人的中间，但是没有人看他一眼；或者，在他的想象中，自己是一只四处流浪的瘦弱小猫，脏兮兮的，没人喜欢它，也没有人给它喂东西吃；等等。所以，在他们成人之后，即使周围并没有人真的在冷落他们，他们还是时刻能够体验到自己被冷落了。甚至，在周围许多人看来，已经给予他们很多的关注和重视，可他们仍然不满足，以致有人愤怒、有人委屈、有人恐慌。

这就是执着在起作用。当事人固守于某个早年形成的消极意象，他的心理现实好像凝固在了那里，以至于他看不到外界的现实，也体会不到不同的感受。

另外，强迫性重复也是一种执着。

有时，我们的潜意识似乎会强迫我们自己去重复过去的某个不幸。在心理治疗中，这样的例子不胜枚举。

若将这一观点推至极点，我们可以说，既然生物的出现产生于并晚于无生物，那么执着就不仅仅是人类的心理特点，更是整个自然界的一个特性。执着的最后状态，应当也是自然的初始状态。

按照弗洛伊德的观点，最初的状态中只有两种基本的力量。一种是生本能，是结合的力量；另一种是死本能，是分散的力量。简单地说，前者是吸引，更具有建设性；后者是排斥，更具有破坏性甚至毁灭性。

执着于死本能，正是心理障碍得以维持的根本原因。诚然，我们也不否认，执着于生本能，或者执着于其他的次级的欲望、思想和意象，也会促进心理障碍的持续。这是因为，执着带来一种倾向性的力量，使得任何心理障碍的模式都富有了自我维持的力量。当我们努力进行了一些改善之后，内心中仍旧存在一种把我们拽回到过去的惯性趋势，特别是面对那些我们不曾经历或很少经历的幸福生活时，我们会因为不大习惯而不太敢去接受，或者不太愿意去尝试。

理智上，我们是非常希望"趋乐避苦"的，而在内心惯性上，有时却是"愿意受苦"的，因为对于"受苦"这件事，至少我们是熟悉的、经历过的。因而，所有的心理咨询师都会在咨询与治疗过程中遇到各种各样的阻抗，而这恰恰是心理治疗的存在价值：帮助来访者身心合一、内外如一，完整地、幸福地生活。

### 3. 沾染

沾染是在符号化过程中，分辨不足所导致的后果，即混淆了不同领域的内容。沾染是原始精神机构的认识活动中必然出现的一种现象。从根本上说，有符号化过程就必定产生或多或少的沾染现象。只不过，过多的沾染会推动心理障碍的维持。

具体说来，沾染大致可以分为以下三种。

第一，混淆意象和现实知觉。

我们在观察现实时，必然会把过去储存的意象作为模板和参照，因此，我们对现实的知觉也必然在一定程度上受到意象的影响。但是，一般来说，我们有能力分辨自己所看到的哪些是意象，哪些包含着现实中的信息。这种能力使得我们可以根据现实去修改原来并不准确的意象。

心理障碍患者过去储存的意象往往都是比较消极的，甚至非常消极。在现实生活中，他们却有可能遇到一些不同于过往的现实事件。比如，在过去的心理经验里，他们有比较严重的爱的缺失感，但是，现在他们遇到了真爱。此时，现实事件与过去的消极意象构成了冲突。如果他们有能力分辨哪个是当下的现实，哪个是过去的感觉，发现这二者之间是有明显区别的，那么他们就有机会修改自己原来的消极意象，相关的心理障碍也会随之改善或消除。可是，倘若他们分辨意象与现实的能力不够健全或者分辨能力低下，他们不但无法根据当下所遇到的积极事件去修改过去经验留下的消极意象，反而会受到过去经验的沾染，不能清晰地觉察到事实是不同于自己的想象的，就有可能把想象当作现实。

有些清洁强迫症患者，在想象当中，房子里面到处都是垃圾、死猫、病菌等脏东西。这些是意象，象征着内心的肮脏感，是一种想象和感觉。这件事发生在他们的"心房"里，而非现实生活中他们所居住的房子。但是，他们分辨不清，误以为必须不停地对现实中的房子进行清扫和消毒，于是，他们产生了一种困惑：为什么无论怎么卖力，房子总是弄不干净？理性上，他们认为应该已经不用打扫了，可感觉上就是觉得不干净，不打扫就会不舒服。其实，他们不知道，真正需要清扫和消毒的是他们的"心房"。

进一步说，象征是一种意象——"有意义的意象"。当理性源泉不充足时，精神就会产生一种象征，"它自发地产生于无意识，并建立在无意识基础之上"。荣格曾经指出，一种象征，无论是出现在梦中，还是出现在白昼生活里，都具有双重意义：它不仅仅是符号，还是一种推动和促进心理变化和发展的力量。

心理障碍患者将象征当成了现实，也就混淆了意象和现实知觉。

与心理障碍患者相比，精神病患者的分辨能力更为低下，自知力也完全丧失，以至于会把心里的想象直接当成现实，会把妄想和幻觉都当成现实。所以，在他们的眼里，"妖魔""鬼怪""迫害者"都是真正的现实。如此一来，他们也就失去了现实检验能力，无法主动修改自己的消极意象了。

总之，对于心理障碍的形成和维持，消极意象的存在和缺少分辨意象与现实知觉的能力，这二者缺一不可。仅仅具有消极意象而不缺乏分辨力，或者虽然分辨能力缺失或低下，但未形成消极意象，在这两种情况下，心理障碍都难以形成和维持。

我们人与人之间，在意象和现实知觉的分辨能力上之所以有差异，不仅与先天差异有关，还有一些影响因素，比如，长期的自我关注，与外界联系较少，消极的想象，回避现实困境的心理动机，等等。

第二，混淆过去记忆和当前现实知觉。

当过去的记忆与当前的现实知觉发生沾染时，过去的记忆就会像阴影一样笼罩着当前的事件或情景，也会像一层灰暗的东西覆盖住当前的事件或情景，以致无法形成关于当下的准确知觉。

"一朝被蛇咬，十年怕井绳"就是这样的喻证。当事人因为曾经受到过蛇的伤害，就会把所有与蛇相类似的东西都认为是可怕的、有危险的、有伤害性的。如果当事人能够分辨清楚，就有机会知道那种可怕的、有危险的和有伤害性的都是过去的记忆，只是由于某种相似，过去的那些感觉被唤起了，被下意识地附着在眼前的事件或情景上。至于眼前的这个事件或情景，还需要自己重新来体会，重新体会到的这个感觉才是当前的现实知觉。所以，问题并不在于我们曾经有过多少或者多么严重的消极记忆，关键是，我们是否具有分辨能力。

决定我们当前真实感受的，不是那些过往记忆，而是我们区分过往记忆与当前现实的能力！

第三，混淆不同人的心理内容。

这里所说的"不同人"，有时是自己与别人，有时是此人与彼人。这样的混淆都会推动心理障碍的维持。心理动力学一直都很重视的"移情"现象，就是混淆了不同人的心理内容，或者说是一种沾染现象。

前面讲过，意象可以用"凝缩"等方式进行结合，我们有时会把对于不同的人的意象凝缩为一个意象，然后又用这个凝缩意象去理解很多相似的人。这是一种带有移情性质的沾染。

"投射"也是一种沾染，把自己的心理内容和别人的混淆了。

还有一种沾染容易出现在心理咨询师的身上。人类具有"会心"的基本能力，能够感受到别人的感受。因此，在心理治疗的过程中，咨询师有时候可以感受到来访者的情绪。此后，这些情绪有可能进入咨询师的内心，即发生某种"侵染"。如果这个咨询师很优秀，具有很好的共情能力，他就有能力分辨清楚："我只是感受到了来访者的感受，并未唤起我自己的感受，而且我不是他。"也就是说，心理咨询师所感受到的情绪说到底是来访者的感受，他犹如一面清澈的镜子照到了那份感觉，真诚地体验到了那份感觉，并向来访者表达了这个感觉。这就是人本主义心理学所推崇的"共情"。

心理咨询师确实需要不断提升自己的共情能力，这样不仅能够更好地帮助来访者，也能够减少很多沾染。意象对话疗法已经研究出一些具体的方法，来帮助心理咨询师提升共情能力，提升分辨能力，对此，后文将进行详述。除了上述情况之外，还有一些因素也会增强心理障碍的维持，如因病获益、觉察力的减弱……

## 三、 心理障碍的消除与化解

意象对话不仅是一种心理学理论体系，还是一套心理治疗方法，有非常实用的临床价值，能够用来消除或化解心理障碍。

### 1. 心理治疗为何有效

总体说来，意象对话以及其他所有的心理疗法之所以有效，理由大致如下。

（1）心理咨询师给来访者提供所缺少的心理要素

马斯洛指出："对于我们需要碘和维生素 C 这样的说法，任何人都不会产生疑问。我要提醒你们，我们有以完全相同的方式需要爱的证据。"除了爱，我们还需要其他一些心理要素，如尊重、理解、接纳、认可、自由等。为了安全舒适、健康快乐的生活，我们还离不开必要的生活知识与社会技能。缺乏这些要素就会造成创伤，而创伤正是形成心理障碍的重要原因之一。因此，要想消除心理障碍，一个心理疗法就必须有能力消除这些"缺乏"，给来访者提供他们所缺少的心理要素，做到了这一点，就具有了心理疗效。

针对来访者的不同情况，我们给予不同的心理要素。

当来访者的心理障碍不是很严重的时候，他们对于接受这些心理要素的阻抗也不会很大，咨询师只需单纯地给予就可以达到很好的疗效。

如果来访者缺少的仅是一些交往技巧或生活知识，直接提供给他们就行了。比如，行为疗法在这方面就很有经验。如果来访者缺少的是情感的满足，需要更多的关心、支持、鼓励、认可、理解或爱，真诚地给予他们这些心理要素，就可以起到心理治疗的作用。假如来访者的心理障碍比较严重，他们对于直接接受所缺失的心理要素存在阻抗，咨询师只是单纯地给予就很难达到理想的疗效。这个时候，就需要咨询师做更多的工作，如增加来访者的自知、引导情绪释放、化解情结、消解消极意象等。这部分内容会在下文有所阐述。

（2）让来访者有机会表达和释放

很多来访者都需要在心理治疗师的帮助下，在精神层面进行崭新的"新陈代谢"，除了需要补充精神营养之外，还需要将凝滞的或残存的精神代谢物进行疏导和释放。对于意象对话心理师来说，此时应做的就是引导来访者带着自知去宣泄消极情绪、表达内心感受、释放某个被压抑的心理能量。

请注意，在这个环节上，意象对话疗法非常强调"带着自知"！甚至认为，缺乏自知的情绪宣泄很可能具有危害性，可能会强化不恰当的、过度的心理获益，比如，可能会导致情绪泛滥、人我界限混乱、以情绪发泄作为新的心理防御机制，等等。

（3）引导来访者自我探索

在心理治疗的实践过程中，我们经常会看到，如果仅仅引导来访者进行了情绪的释放，即使是在"带着自知"的情况下，来访者所获得的大多都是一段时间内的顺畅感和放松感。为了让心理疗效更加持久、稳固，还需要引导来访者深入地探索自我。

在心理咨询室里，来访者可以享受巨大的自由，甚至是从未感受过的自由，比如，说出真心话而不会被指责，表达真实的感受而不会被评价，即便有了"不好的""坏的"想法或念头，咨询师都能够真诚地接纳和理解，并通过各种心理学的方法帮助来访者进行梳理和分析。这种真诚、宽容的沟通环境，就为来访者提供了深入探索自我、重新认识自我的机会，从而促使来访者健康地自我成长。

（4）用适当的思想、情感和行为替代不适当的

当一个人的脑海里存在不合理的信念，或者产生了歪曲的、偏激的认知，他就会产生消极的情感、情绪，继而行为也会变得不适当。因此，合理情绪疗法告诉我们，应该找到来访者的不合理的观念和想法，用合理的观念和想法代替不合理的，用积极的情感、情绪代替消极的，用适当的行为代替不适当的。

左右人的情感情绪的，并非事件本身，而是人对事件的态度和解释。所以，用适当的思想、情感和行为去替代不适当的，总是具有心理疗效的。

（5）增进自知，并削弱或化解情结

从"治本"的角度来说，仅用上述方法是不够的，还必须增进来访者的自知。当来访者有能力明白自己的"结"到底是什么，能够了解自己的内心活动规律与特点，特别是能够了解原始精神机构的活动方式后，他们才能够勇敢地接受来自心理治疗师以及外界给予的各种积极的情感，内心的自我阻碍才会消除。换言之，只有在自知的前提下，来访者固着的情结才会被削弱或者化解。"结"被解开了，心理能量才有机会自由流动。

（6）来访者有机会超越自我，并真正接触他人

在存在主义心理学家看来，所有的人都被封锁在一个监狱里，这个监狱就是"自我"。我之所以感到孤独，是因为"自我"的牢房中只有我一个人。只有心与心的相遇——"会心"的交流，人方能获得人生的意义以及真正的满足，这将是一件非常快乐的事情。罗杰斯把这种情境比喻为：单身牢房的囚犯听到了隔壁犯人敲墙的声音。

咨询师要为来访者提供这样"会心"的机会，让他们能够走出"自我"的拘禁，超越自我，学会有效沟通，学会真正接触他人，以使自己在现实生活中变得更加自信、快乐。

以上所阐述的，是所有心理疗法奏效的原因。意象对话也不例外，它能够消除心理障碍，必定是做了应该做的事。在这个问题上，意象对话与其他疗法的差异并不在于咨访双方所交流的内容，而是在于交流的方式和深度。意象对话疗法运用原始的认知方式，使用具有象征意义的意象来替代日常的语言交流，在人格深层与来访者进行沟通。

与其他疗法一样，意象对话也有自己的治疗重点，在消除心理障碍方面尤为如此。下面，就主要的方法做简要介绍。

## 2. 意象对话消除与化解心理障碍的方法

### (1)介入积极因素，改变恶性循环

心理障碍患者总是陷在一个恶性循环里。曾经的创伤性事件使他们形成了不适当的认知和行为，不良的内心环境带动了客观外在环境的消极变化，形成新的创伤性经验……如此循环往复，周而复始。

当新的、积极的因素介入其中时，旧有的恶性循环就会被打破，或者发生改变。在心理咨询室里，这个新的、积极的因素，就是心理治疗师向来访者提供的他们所缺乏的心理要素，如关心、尊重、理解、接纳、支持等。在使用意象对话疗法时，我们是在来访者的人格深层真诚地传达这些关心、尊重、理解、接纳、支持等。

其中，最重要的一种积极因素，就是帮助来访者不再回避问题，不再用消极的方式处理问题，而是勇敢面对，学会新的、有效的行动。例如，

一个抑郁的来访者正在想象："我走在沙漠中，四周没有任何生命，我孤独地走着，但是没有任何目的……我知道将发生的是什么，那就是我死掉，而我对这并不害怕。"

意象对话心理师可以这样向来访者表达情感支持："往前走，走就有希望，很多探险者都是在这种情况下最终找到生机的。再说，即使是沙漠，也不会什么都没有。你仔细看看，也许会有小虫子或者小草……"

意象对话心理师还可以更直接地表达："我想帮助你，我感到自己像一个救援者，正带着水和食物寻找你。"

这个来访者如果在过去的生活环境中十分缺乏爱，而在心理治疗中得到了，这对于他来说，就是一个机会——一个体验情感满足的机会，一个建立新的人际关系的机会，一个增加心理自由度的机会，那么他心底原有的那个恶性循环就会被打破。

刚开始时，来访者可能很难一下子接受咨询师所给予的全部的爱，而只是接受了一部分的爱，甚至是一小部分，但他的情绪会由于这种接受而得以改善，情绪的改善又会让他对世界的看法发生或多或少的改变。当他带着这些改善和改变走出咨询室，进入现实生活时，他的行为必然会有所变化，这样的改变就会令他的生活环境得到一定的改善，从而进一步打破恶性循环。

在咨访双方的共同坚持和持续努力下，积极的转变逐渐增多，新的、积极的循环逐渐建立起来。在这个改变恶性循环的过程中，起关键作用的是"可能性"。通过积极因素的介入，让来访者体验到某种新的可能性，是非常重要的一件事。

(2)消极意象自然地转化为积极意象

情结、消极的体验、消极的观念、不合理的认知、有问题的人格特点都可以体现在意象上。所以，意象对话疗法侧重于关注消极意象，并试图将消极意象自然地转化为积极意象。

这里，有三个概念需要界定，即"消极意象""自然地""积极意象"。

"消极意象"是指看起来不美好、不健康、不利于来访者健康发展的意象。它们在形象上大多是让人产生消极感受的意象，如恐惧、厌恶、愤怒、哀伤、内疚等。但也有一些意象虽然在形象上没有直接表现出不美好，在其象征意义上却是不健康的，如整洁得一尘不染的房子、黄金别墅、水晶做的透明房子、完美至极的坟墓等。

"自然地"是意象对话的治疗理念之一，是指尽可能运用来访者自身的心理资源，去面对问题、解决问题。换言之，"自然地"不允许意象对话心理师将自己的意愿或价值观强加给来访者，一般情况下，也禁止意象对话心理师使用替代方法，直接用积极意象替代消极意象。因为这里面带有压抑和回避的态度，不利于真正解决来访者的问题，也不利于其健康发展。当然，在临床上我们很容易看到，"强加"和"替代"只是临时抱佛脚，一时的掩盖而已，来访者的问题还会以其他形式的消极意象再次呈现。

"积极意象"是指有生命、有生机、看起来更美好、更健康的意象，但又不是好到极致（过分或不正常）的意象。这里面也渗透着意象对话的一个治疗理念：我们希望帮助来访者消除心理障碍，过上更自信、更快乐的生活，但不追求极致。

前面讲过，消极意象在概括性上是分层次的。低层次的消极意象是高层次消极意象产生的基础。消除了低层次的消极意象，就可以削弱更高层次消极意象的力量。同样，那些更高层次的消极意象也会努力抵御这种改变，企图还原我们改过的那些低层次消极意象。因此，转变消极意象是一项艰苦的工作，往往需要意象对话心理师具有高度的创造性。

当消极意象转化为积极意象之后，来访者所携带的心理能量也会随之转化为积极的心理能量。例如，来访者在意象中用"喷火的孔雀"代表内心的愤怒，在意象对话心理师的引导和帮助下，愤怒可以转化成勇气。于是，不自知的愤怒发泄被转变为有自知的勇敢的表达。并且，意象对话心理师还需指导来访者学会建设性的表达。

（3）化解消极意象

消极意象转化为积极意象固然有其优越性，但是，这不是最好的解决途径，更不是唯一的。其中，有几个很重要的原因。

第一，心理能量的转化从来都不彻底。从一种消极情绪转化为另一种消极情绪，心理能量不会完全转化，总会留下些许残余。同理，从消极情绪转化为积极情绪，从消极意象转化为积极意象，心理能量也不会完全、彻底地转化，必有残留。因此，转化之后的积极意象仍然或多或少地带有消极的成分。

第二，化消极意象为积极意象，形式上确实是转化了，心理能量却没有恢复到自由的状态。因为消极意象所携带的心理能量原本就是被固结的、被束缚的、被压抑或被裹胁的——不自由的能量。只有消解消极意象本身，心理能量才能获得自由。故此，对待消极意象更好的方式，是消解消极意象，解开这个意象所代表的情结。

第三，化消极意象为积极意象，可以消除一般的心理障碍，但是，来访者的心理能量容易固结于快乐，处于轻度的心理不健康状态，这是不利于来访者自我实现的。

只有心理能量自由的人，才是自己情绪的主人。

当我们探讨如何消除心理障碍的时候，其实，背后隐藏着一个价值观的问题：积极、乐观就是心理健康吗？

有些心理治疗理论认为是这样的，积极、乐观代表一个人的心理是健康的，所以治疗重点便是怎样将来访者的心态转变成积极的、乐观的。意象对话认为并不尽然，甚至有些情境下的所谓积极、乐观反而是不健康的。

按照意象对话的观点，真正的心理健康者无所谓积极或消极，重点在于他总是能够如实地认识这个世界。诚然，我们承认，如果一定要从积极和消极这个维度来看世界，这个世界总体上是偏于积极的，因而，心理健康者总体上是快乐的。

最后，我们来谈一下化解消极意象的方法。

意象对话主要是通过引导来访者在有觉知的状态下，让消极意象中的心理能量得以释放，从而化解消极意象，还心理能量以自由。

一般说来，当来访者已经形成心理障碍的时候，其心理能量已经经过了不止一次的转化。所以，意象对话心理师通常从来访者当前的情绪和心态切入(很多时候，这里所说的当前的情绪和心态都附着在一个具体的消极意象上)，先引导他觉察自己的情绪、欲望等，再解除压抑，让情绪、欲望等得以充分的表达和释放。完成了这一步，来访者就比较容易意识到自己当前的这个情绪是从什么情绪转化而来的。然后，意象对话心理师继续引导来访者去觉察那个更本原的情绪，去除压抑，使其得以充分的释放和表达……如此循序渐进，直到找到来访者形成心理问题的最初根源，并加以解决。此时，这个情绪及其生根发芽的情结才算是得到了充分的化解。

这个过程仿佛是分层的——一层一层地呈现问题、面对问题、解决问题。在操作的过程中，意象对话强调，每一步都要做"透"，每一步都要有自知、有觉察，让来访者尽可能充分地释放和表达。

值得注意的是，用意象对话疗法解决了情结之后，来访者可能会出现"意义空虚"，因此，需要治疗师稍微提前些做一点"意义寻求"的工作。

(4)以"返本归原"为治疗原则，减少执着

执着是心理障碍得以形成和维持的重要影响因素，所以，减少执着也是消除心理障碍的重要途径。

对于执着，意象对话疗法的原则是"返本归原"。

来访者执着于某个意象、某一个人或者某一种行为方式，无非是为了满足自己的某种需求。换句话说，为了满足某种需求，他们找到了一个方式或手段，这个方式或手段就是他所执着的对象。当他把"需求"和满足需求的"方式或手段"混淆时，心理能量就固结在了这些对象上，而"忘记了"自己的真实需求。

为了消除心理障碍，意象对话心理师就需要引导来访者看到这个事实，将这二者区分开来，然后，回归到来访者自己的真实需求上。

来访者所执着的某个意象、某一个人或者某一种行为方式，都可以用意象的方式来呈现。其中，人和行为方式往往表现为人格意象，所以，仍然可以用意象进行调节。通过觉察和减少执着，这些意象所携带的心理能量就能够"返本归原"，回到自己的起点了。

看上去，完成这件事似乎很简单，但实际上，想让一个人明白自己真正想要的是什么，并不容易，在心理咨询室里尤其如此。

当来访者很难"返本归原"时，我们还可以利用"沾染"(下文即述)，通过引导来访者找到相似性而转移自己的心理能量。其实，这部分心理能量的方向并未发生改变，只是不再让它固守于一个目标，而是尽可能地回到起点，

通过灵活性的增加而使"执着"开始松动并得以化解。

打个未必恰当的比方。经过心理师的引导，来访者发现其实他真正想要的是"甜"的感觉，以前只知道吃白糖，现在知道了原因但一时改不过来，放不下白糖。我们就可以帮助他发现，其实吃奶糖、水果糖、棒棒糖、巧克力、奶油蛋糕……都可以获得"甜"的感觉。甚至可以直接告知他：你要的是"甜"，又不是白糖，何必只抓着白糖不放呢。

（5）减少沾染，提高觉察力和分辨力

沾染是心理障碍得以形成和维持的另一要素。通过减少沾染，提高来访者的觉察力和分辨力，能够减轻或消除其心理障碍。

"现实检验"是自知力的重要内涵之一。整个心理动力学都十分重视现实检验，意象对话疗法秉承了这一观点，主张"现实检验"是消除心理障碍的一种有效方法。

现实检验可以消除意象和现实之间的沾染，意象对话把这个过程叫作"区分想象与现实"。其目的在于增强来访者现实知觉的准确性和有效性。通过不断的分辨和觉察，来访者就越来越有能力去判断哪个是想象，哪个是现实，就越有机会根据当下的现实去塑造新的意象。当反映现实越来越准确时，来访者的心理健康程度也就大大提高了。

在这个问题上，需要注意的是：

其一，区分想象与现实，是减少沾染的核心内容。

其二，区分来访者对自我的感受和别人的感受，以及自我意象和他人知觉意象，都是减少沾染的重要内容。

其三，区分过去记忆与当前知觉，也是减少沾染的必要工作之一。

其四，在意象对话治疗中，我们并非任何时候只要发现沾染就立即减少或消除，有的时候我们会利用沾染推进治疗，以达到某些治疗目的（上文已提及此例）。

因此，实际的意象对话治疗是灵活生动的，不会"执着"于某个僵死的固定程序，但原则是不变的，即以来访者为中心。

（6）寻找并启动来访者自身积极的心理资源

意象对话相信，每一个人都是独特的生命个体，每一个人都拥有丰富的心理资源，即使是心理障碍患者，甚至是精神疾病患者，也仍然具有这样的心理资源。

不容置疑，心理治疗师是精神层面的"引导"者。我们都知道，"引导"一词的英文表达是"lead out"，从这个意义上说，心理治疗师的重要工作就是

"引导"出来访者原本就具有的生命力及其积极的心灵资源。这也正是心理咨询与治疗颇具魅力的要义之一。

因而，意象对话在治疗过程中格外强调：要努力寻找并启动来访者自身积极的心理资源。这里，引用荣格的一段话：

我一直以为，生命就像是一种植物，依赖地下的根系供给养分。真正的生命隐藏在根系里。我们看到的地面以上的部分只能存活一个夏季，然后会归于枯萎——它的生命何其短暂！生命和文明永远更迭交替，这使我们感到一切都是一场虚空。但是，我也始终有这样的感觉：在永不停歇的变化之中，总有一种东西存活在我们脚下，我们只看到花开花落，而生命的树根却岿然不动，万古长青。

(7)运用共情的态度

罗杰斯提出，共情本身就具有心理治疗效果。对于共情，罗杰斯进行了大量的研究和论述。他认为，心理治疗师应该尽最大努力深入来访者的内心，试图和要表达的态度同生共存而不是仅仅观察它们。这是通过最深层地、持续地、主动地对来访者情绪的关注，排除了任何其他种类的关注而达到的。心理咨询师对于来访者的理解是"understand with"，而非"understand about"。

这种心与心的相遇，本身就是一种喜悦和力量的源泉。意象对话非常赞赏这一点。来访者在咨询师那里发现另一个真诚的自我时，他会处于一种"与自我对话"的状态，他看到自己的态度、困惑、矛盾、感情、知觉被另一个人精确地表达，但是剥离了它们附带的情绪，为接纳已经感知到的自我的所有部分铺平了道路，自我的重组以及更高的自我整合功能就此得到进一步的扩展。

共情是一种能力，更是一种专业素养，与心理治疗师的人格修养有关，所以，共情不是想做到就能做到的。倘若刻意地去表现共情，反而会损害咨访关系，降低疗效。因而，治疗师需要大量的练习和积累，最重要的是，不断地自我成长。

在共情方面，意象对话的优点是显著的。如果用日常用语去表达自己的情绪，很容易被误解，或者不易被理解。但是，当一个人用生动形象的意象来传达内心感受时，我们只要聚精会神地去感受他描述出来的那个意象，或者根据对方的描述去想象，就比较容易感受到对方，容易体会到他的情绪，这种状态是有利于到达共情的。

为了更好地做到共情，意象对话疗法还鼓励咨询师，注意在意象的细节上与来访者进行核实，然后根据对方的描述不断地修正自己脑海中的想象，不断地去贴近其想象，努力地去理解和体会那个意象所传达的感受。这样做，不仅能真诚地传递着我们对来访者的关心、尊重与接纳，还可以提升我们自身的共情能力，从而更好地帮助来访者。

# 第六章

## 意象对话疗法的操作原则

意象对话疗法有着自己的价值观，因而，在操作方面，也秉承着一些基本的原则。这些原则，既包括意象对话疗法坚守的原则，也包括意象对话反对的原则。

### 一、 意象对话疗法坚守的原则

第一，以自知为本——最基本的原则。

意象对话必须用于增加来访者对自我的认知，不允许只处理具体问题而忽略自知，更不允许削弱或掩盖自知。其他一切原则绝不能违背这个基本原则。即使在心理危机干预等特殊情况下，出于"紧急包扎"的短期目的，一时无法顾及启发被干预者的自知，也不能破坏和压抑其自知。

第二，以真爱为本。

意象对话以真实的、内心深处的爱为治疗之根本，反对刻意地追求爱和表达爱，鼓励让爱自然地、真实地发生。

第三，以信任与承当为本。

意象对话坚守"反求诸己"原则，特别是在人际关系出了问题的时候，多从自己身上找原因，尽量不归咎于别人。意象对话反对使用回避、隔离、合理化等自我欺骗的方法逃避问题，而是勇于承当，承当自己有责任面对的命运，承当自己生命历程中所遇到的苦难，承当心理问题所带来的痛苦，承当自己所恐惧的事物。同时，信任智慧、真爱等品质的力量，相信人的生命力和成长潜能。

第四，以现实中的行动为本。

只有接触现实，自身的精神价值才能得以实现。意象对话鼓励来访者勇敢地在现实中行动。这就是我们的"现实原则"。

第五，以生命与成长为本。

意象对话以生命为本，以心灵成长为本。生命是一种坚持，是即使痛苦也不放弃的态度。因而，无论是将意象对话疗法用于心理咨询与治疗，还是用于意象对话心理师的自我成长，都需要当事人在一定的时期内忍受不适感。这种不适感是心灵成长所必需付出的代价，是一个有价值的过程。

## 二、 意象对话疗法反对的原则

第一，反对对人的控制以及为控制他人而追求权利等。

意象对话以无条件接纳和平等尊重来访者为道德操守，所以，反对咨询师剥夺来访者的自由意志。

第二，反对过分"适应社会"。

意象对话认为，心理健康的人的社会适应是有选择的，因而，鼓励来访者适应社会中积极的事物。

第三，反对"心理健康意味着快乐"。

意象对话不以来访者快乐为基本治疗目标。心理健康者有时也不快乐。

第四，反对"心理健康意味着平静"。

平静只是生命的形态之一。一味追求平静无异于精神死亡。心理健康的人随情境不同，有时会平静，有时会激动。

# 第七章

## 意象对话疗法的基本过程与步骤

### 一、 意象对话疗法的基本过程

意象对话疗法的全过程分为：初始阶段、矫正阶段和结束阶段。

*1. 初始阶段*

(1)建立良好的咨访关系

意象对话疗法非常强调建立咨访关系的重要性。从根本上说，意象对话心理师的人格、心理状态和共情能力是关键。要点如下：

其一，在治疗过程中，咨询师要把全部的注意力集中到来访者身上。

其二，意象对话不鼓励咨询师刻意地表现爱心和关怀。当咨询师尽力地去理解来访者，能够真正体会到来访者的内心时，爱会自发地产生。

其三，意象对话鼓励咨询师尽可能的真诚。若发现自己的"真诚"有可能会伤害来访者，咨询师必须反省自己是否存在对来访者的不接纳或攻击性，并处理自己的情结。

其四，当来访者对意象对话心理师缺乏必要的、基本的信任时，咨询师可以采用一些技术增加其安全感和信任感。例如，先做一个简单的意象对话，解决来访者的一个小问题，让其看到疗效；有意识地激发来访者内心对自己的心理现状最不满意的那个子人格。

(2)初步诊断和评估

意象对话进行心理动力学模式的心理诊断和评估的基础有二：一是良好的咨访关系；二是对来访者心理问题的基本了解。意象对话的评估贯穿整个心理治疗过程，且不与治疗性干预进行严格区分。

第一，对心理问题和心理障碍种类的评估。意象对话疗法对心理问题和心理障碍的分类，基本沿袭现有的临床分类。评估方法主要是在治疗过程中寻找各类心理问题的特征意象，同时，观察并参考一般的诊断症状以及来访者的行为模式。

第二，对人格的评估。评估方法主要是人格意象分析。分析的内容主要包括：子人格关系图；人格内部和谐度；人格内部敌意度；人格隔离度；人格冷漠度；心理年龄；心理性别度；心理复杂度。具体的操作步骤，详见后文的"人格意象分解技术"部分。

第三，对心理健康程度的评估。意象对话主要是针对与心理健康有关的一些具体的心理要素进行评估。评估的内容主要包括：心理能量的大小；压抑程度；心理问题的持续时间；消极意象的量和特点。

第四，对咨访关系的评估。评估的主要内容是：会心关系在意象中的体现；爱与关怀在意象中的体现；真诚在意象中的体现；尊重在意象中的体现；信任在意象中的体现；移情和投射在意象中的体现。

此外，还可以通过双人意象的形式评估咨访关系。双人意象，就是在整个意象对话过程中，意象对话心理师始终与来访者在一起，并且参与来访者的意象经历，同时，意象对话心理师也会把这个过程中自己所看到的意象及其应对等告诉来访者。双人意象可以使用意象对话疗法中的所有起始意象，只需意象对话心理师在引导语中加入一句："请想象，在你看到这一切的过程中，我也和你在一起。"在此期间，来访者所描述的想象中的心理咨询师，象征他心目中的心理咨询师。

第五，关注心理转化过程的标志性意象。关注标志性意象可以评估来访者心理状态转化的方向。意象对话心理师的个人成长境界以及临床工作经验是此项评估的重要基础。为了避免或减少来访者不健康的心理动机，同时，也避免因初学者僵化地使用标志性意象而误导来访者，所有的意象对话心理师都应尽量不要告诉来访者这些标志性意象，也不通过发表文章或授课等方式将用于心理评估的这些特征性意象进行传播。

（3）治疗目标和计划的确立

意象对话倾向于深入的心理治疗。治疗目标为，削弱或消除引起症状的情结，进而重塑人格。意象对话往往不做十分精确但固定甚至僵硬的治疗计划，而会以治疗目标为宗旨，根据每一次的具体治疗情况进行灵活调整。

（4）与来访者达成共识

就治疗目标、计划、时间安排、咨询费用、意外情况的处理等问题与来访者达成共识。在此阶段，意象对话心理师有责任告知来访者，随着治疗的深入，他可能会经历一段时间的精神痛苦，这是人格成长所必需的，不过，意象对话心理师会在精神层面陪伴他、支持他、引导他。

## 2. 矫正阶段

矫正阶段的主要任务：化解来访者的消极意象，改善来访者的心理状态，削弱或消除来访者的心理问题或心理障碍。

（1）试探阶段

刚进入矫正阶段时，来访者会以一种试探性的态度接受治疗，并未下定决心改变自己。在此阶段，意象对话心理师必须能够敏锐地发现来访者的各种心理控制方式，同时，敏锐地反观自己，突破各种阻抗，及时地发现并解决问题，处理来访者的一些消极意象。

（2）犹豫以及初次决定阶段

治疗初见疗效时，来访者会在潜意识中产生很多犹豫和担心，需要意象对话心理师在继续解决问题的同时，耐心等待来访者在某一时刻自己做出决定。当来访者下定决心投入治疗时，他会发生明显的改变，而这种改变很容易被观察到。

（3）问题深入阶段

这是一个明显加速的治疗过程，很多消极意象及其所体现的内心问题会得以化解，来访者也会感到更多、更实质性的进展，产生满足感和喜悦感。当新的问题、新的心理冲突、新的情结和更深层、更具概括性的消极意象出现时，来访者会感到疲劳、困难，并再度犹疑。经过审慎评估，意象对话心理师若没有发现方向性的治疗错误，必须敢于坚持自己的判断，同时，理解和应对来访者的各种负移情、指责和犹疑。

（4）犹豫以及二次决定阶段

来访者和咨询师坚持走过上一阶段，即会迎来这一阶段。来访者发现，要想彻底解决问题，必须改变自己的人格，这是一个更加困难的选择。意象对话心理师不能强迫或诱导来访者做出决定，而是要更加具有耐心和信心，陪伴来访者度过这个艰难的时期。

（5）人格重组以及更深层问题解决阶段

来访者一旦做出二次决定，突破性的转变就会出现，他将具备自我探索和自我应对的能力，成为心理健康的人，甚至比一般人更有洞察力。在此阶段，意象对话心理师无须太多的干预，只做适度的指导和协助即可。

(6)犹豫以及三次决定阶段

这个阶段的来访者只是在犹豫，是否愿意超越自我。意象对话心理师对其选择没有多少影响，但是，意象对话心理师可以提供支持，保证在对方需要的时候能够给予适当的帮助。

(7)最概括性意象出现阶段

来访者一旦决定超越自我，最概括性的意象就会出现。这个意象和荣格所说的原型密切相关。此时，意象对话心理师和来访者唯一可做的，就是全然地体会和觉察该意象。

请注意，绝大多数来访者不会走到第七阶段，甚至很少走到第五阶段。

### 3. 结束阶段

意象对话治疗在哪一阶段结束，主要取决于来访者。无论心理治疗在上述的哪一个矫正阶段结束，意象对话心理师都需要做出较为客观的自我评价和疗效评估，做好与来访者的分离工作，让来访者感觉到真诚、接纳的态度。

## 二、 意象对话疗法的基本步骤

意象对话的实际操作是灵活多变的，不会完全按照下述的这个程序进行，但有些步骤不可省略，比如，治疗性的意象互动，治疗结束时要将来访者"唤醒"——将来访者从想象状态带回到清醒的意识状态。

### 1. 引入意象对话

引入意象对话包括姿势的调整、简要的说明和躯体放松。

(1) 姿势的调整

意象对话疗法对于外在条件的要求不多，在一般的心理咨询室都可以进行。为了有利于来访者身心放松，意象对话心理师常常会鼓励来访者尽可能选择一个舒服的姿势，或坐、或半躺。若咨访双方还不太熟悉，特别是心理师面对性格内向的异性来访者时，让其半躺并不合适，易引起来访者的紧张。一般不需要来访者完全平躺下来，因为这个姿势容易让一些来访者睡着，不利于治疗的进行。意象对话心理师发现来访者的姿势不利于身心放松时，如双臂抱胸、手托下巴、跷腿、双脚叠加等，应及时地指导他进行调节。

(2)简要的说明

在引导来访者进入想象之前，我们有必要、也有义务向来访者简要地说明意象对话疗法，以保证其安全感，打消不必要的顾虑。

面对儿童时，这个说明可以简单、有趣一些。比如，"我们一起做一个游戏吧。你闭上眼睛，我说什么，你就想象什么，然后把你想象出来的东西说出来"，或者，"我们一起编一个故事吧，故事的开始是……"

面对成人时，考虑到成人比较理性、防御心理也比较强的因素，我们的解释就要稍微详细一些。比如，"有一种非常有趣的心理测验，就是你闭上眼睛，在我的引导下开始一些想象，你把想象的内容描述出来，就可以测出你的心理状况"，或者，在此基础上，再多解释一点："当你说出你的想象时，我会和你对话，这个过程可以帮助你调节情绪、解决心理问题。"无须全面介绍意象对话的理论，否则会使来访者更加理性，不利于进入想象过程。

此后，简单说明治疗程序和相关要求，主要有：

其一，请来访者按照治疗师的要求进行想象。不必刻意地、努力地去想象，只要放松，意象会自动浮现在脑海里。

其二，在想象的过程中，请来访者不要询问自己的意象有什么象征意义，以免中断想象过程。如果来访者很想知道，可以在想象过程结束后做一些必要的解释。

其三，在整个想象过程中，来访者都是有意识的，能够自主的。

其四，这个想象过程具有心理治疗意义，是在潜意识里面进行的，因此，来访者最好不要在想象的过程中猛地睁开眼睛。请放心，在这个过程中，治疗师会一直跟来访者在一起。

无论是简要解释意象对话疗法，还是说明治疗程序和相关要求，其原则是一致的，即维护来访者的安全感，消除顾虑。

（3）躯体放松

做完调节姿势和简要说明之后，引导来访者进一步放松。让来访者保持身体姿势的放松状态，调节呼吸，引导来访者闭上眼睛，进行放松指导。这时所使用的放松方法与行为疗法中的放松方法是一样的。用平缓的语调指导来访者："放慢呼吸……现在，头放松、放松……脖子放松、放松……两只脚放松、放松。"在此过程中，若发现来访者有紧张表情，如皱眉、抿嘴、手指交错等，及时地针对这些部位进行放松指导。

如果来访者是第一次接触意象对话，或者心情比较紧张，放松的过程就要放得更加缓慢，时间长一些。如果来访者已经比较熟悉意象对话，熟悉这个放松过程，咨访关系已经建立，当来访者的心情比较放松的时候，这个放松步骤就可以很简练，甚至只需说一句"放松"就行了。

进行躯体放松时，还可以借助一些中性的想象。

例如，可以引导来访者把自己想象成一根蜡烛，从头顶开始被点燃，"头皮开始软下来……头部融化，变成温暖的烛油，缓缓地向下流……流到脖子，很温暖、很舒适……整个身体都变得很温暖，非常舒服和放松"。当确定来访者全身都已经放松后，就可以引导其进入第二个步骤的想象过程了。

◆ 引入意象对话时的常见阻抗 ◆

（1）来访者不能放松，或不肯闭上眼睛。

（2）来访者看不到任何意象，这是引入意象对话时最常见的阻抗表现。

（3）来访者能看到意象，却因"光线太暗""变化太快"等原因看不清楚意象。

（4）其他方式的阻抗，如有选择地睡着、跳跃话题、佯装笨拙、攻击治疗师等。

◆ 消除引入阻抗的方法 ◆

（1）打消来访者的顾虑和担心。

（2）引导躯体放松。

（3）使用特别意象进行引导，比如，将颜色意象化等。

（4）坚持、耐心地继续引导。

（5）迂回。

（6）解释。

（7）调控引导的速度，注意使用坚定、缓慢、稳重的语调。

（8）增加意象的奇异性。

（9）觉察躯体感受或姿势，并尝试对其进行描述和表达。

# 【注意】

对于消除阻抗而言，重要的不是方法和技术，而是意象对话心理师对来访者的理解与接纳。

## 2. 进入想象过程

确定来访者全身放松后，可以通过设定起始意象，引导来访者进入想象过程，也可用其他引入方法。

（1）起始意象

关于起始意象，将在后文（"起始意象的主题、原理及其运用"）详述。此处只简单列举几个常用的起始意象及其主题。

房子：基本的内心状态和情绪基调。

坑：当下所面临的心理问题。

藏着可怕东西的盒子：潜意识中真正恐惧的事物。

花与昆虫：对自己的性别和性的态度；对异性的态度；两性关系。

山洞：潜意识；退行（退行是一种自我防御机制）。（初学者慎用）

镜子：潜意识中的"自我"形象。（初学者慎用）

（2）其他引入方法

引导来访者进入想象过程时，可以使用起始意象，也可以使用其他的方法。常用的其他引入方法如下。

第一，从梦境引入。

梦是潜意识的语言，运用意象的象征意义表达内心活动，与意象对话的规律是一样的，都是同一个原始精神机构的认知活动。因此，可以从梦境引入意象对话。

在临床实践中，经典精神分析更注重梦的解析，把来访者的梦翻译出来，使其意识化。意象对话则不同，它是从梦切入心理治疗，从梦开始进行深层的意象对话。

在来访者放松的情况下，意象对话心理师会引导对方尽可能详细地描述梦境，然后就某些心理意象进行治疗性的操作。

这种操作可以引导来访者看清楚梦中的某个形象，如人物、动物或事物。例如，来访者说，在梦里有个人一直在追他，他拼命地跑，感觉很害怕，就醒了。我们可以让他闭上眼睛，回到这个梦境："你说梦里有个人追你，现在让我们一起回到梦里……你勇敢地回头看一下，追你的人是男的还是女的？长什么样子？"

这种治疗性的操作也可以引导来访者改变自己在梦中的某个行动。还以上例来示范，我们可以告诉来访者："你先别逃跑，因为你越跑就越害怕，那个人就越追你，你不如尝试着停下来，问问他为什么要追你，看看他想要什么。"

无论怎样的引导方法，遵循的都是意象对话的心理治疗规律。

第二，从身体感觉引入。

该方法适用于来访者出现明显的躯体化或躯体反应的情况。因为消极的心理活动有时候会下意识地转化为躯体的不适感。从身体感觉引入意象对话，能够及时地发现来访者躯体不适背后的心理问题或情结。最基本的操作方式是，引导来访者把感觉不舒服的身体部位想象成房子或容器，再想象进入其中看看里面都有些什么。

例如，面对一个经常感到头疼的来访者，我们可以说："你说你一直都头疼，现在想象自己像一个神奇的小精灵钻进了你的脑袋，看看里面都装了些什么东西。当然，可能不光是我们生理课上看到的血管和神经。"

有的来访者习惯于理性思维，习惯于被意识束缚，可能会报告只看到了血管、神经、肌肉等，或者，引导他看脏器时，他只看到了这个脏器本身。遇到这种情况，我们就需要增加想象的奇异性，做些格外的引导，比如，"你进去以后会发现，它像一个神奇的王国，里面可能有人物，可能有动物，也可能有其他的在现实生活中看不到的东西……"

从身体感觉引入意象对话时，还可以结合比喻的方法来进行。先让来访者用一个比喻来形容自己的不适感，再由这个比喻切入意象对话。

例如，某来访者说自己的胃不舒服，我们先引导她："能不能用一个比喻来描述胃的不舒服？"她说："好像有一团脏乎乎的东西在里面，感觉很恶心。"继续引导："它是什么颜色？有多大？是什么形态的东西，比如，液体，或是固体？"

第三，从语言引入。

咨询师可以抓住来访者的某句话，特别是带有消极情绪的某句话，引导对方进入意象对话。比如，来访者总喜欢说"算了吧"，治疗师就可以抓住这句话问："你经常说'算了吧'，这话更像什么人说的？"为了顺利进入意象对话，还可以多做一些引导："说这句话的，不是此时此刻现在这个样子的你，可能是另外一个状态的你，甚至连性别、年龄、衣服都跟现在的你不一样。"

第四，从描述感觉的比喻或日常意象引入。

先说比喻。

不是每一位来访者都善于描述自己的内心体验。很多时候，我们都需要提醒来访者可以通过打比方来描述自己的情绪或感受，然后借此比喻引入意象对话。比喻虽然不是典型的原始认知方式，经过了意识层面的逻辑思维加工，但它包含意象，因而，我们可以把比喻本身视为意象，直接向来访者询问细节，加深引导。比如，咨询师说："你觉得胸口不舒服，能用简单的形容词或是比喻描述一下这种不舒服吗?"来访者回答:"好像有个东西堵在那儿。"继续引导:"那你体会一下,是什么东西?"

再说"日常意象"。

这里所说的"日常意象"是意象对话的专有说法。有些来访者并未出现幻觉,完全能够意识到自己既不是在做梦,也不是在治疗师的引导下出现了想象,可是他们确实感觉到,在一段时间内,某个意象浮现在自己的脑海里,并且反复出现。对此,他们完全知道是自己的想象,不是真实的存在。其实,我们每个人的原始精神机构中都存在这样的意象活动。只不过,当这样的意象活动相当强烈时,相应的情绪强度和冲动都比较大,意象就会浮现在意识领域,被当事人直接感知到。

对于此种情况,我们只要从这个"日常意象"直接引入意象对话即可。

例如,某来访者说:"我最近很累,总觉得自己像一只骆驼,甚至好多时候我都能看见这只骆驼,它驮着很多很多的东西,不停地往前走,被压得喘不过气来。昨天,我抱着一个文件夹进自己的办公室,其实那个文件夹很轻,可我的脑子里又出现那只骆驼的形象了。"意象对话心理师直接切入意象对话:"那你现在就闭上眼睛,感受一下这只骆驼,如果它有人一样的年龄,它有多大?驮了一些什么东西?它要往哪儿去?"

第五,从姿势引入。

这个方法的使用需要心理治疗师具有敏锐的观察力。通常,当心理治疗是普通的会谈,而没有使用意象对话的时候,假如会谈的内容触及来访者的某个情结,他的情绪就会被激发,即使他没有用语言来表述,身体姿势也往往会有所变化。这样的变化有时几乎是在瞬间发生的,比如,某个特别的肢体姿势、手势或动作。这样的瞬间如果能够被咨询师捕捉到,就可以由此引入意象对话。

具体操作是,中断对话,突然要求来访者不要动,就像是拍电影时定格在某个画面一样,让对方注意到自己某个特别的姿势或动作。然后引导他去想象,做出这个姿势或动作的身体部分仿佛是一个单独的人,看看这个单独的人长什么样子、在说什么、想做什么……

有的来访者的阻抗比较大,会在我们不让他动的一刹那极其迅速地变换姿势。如果我们还能引导他返回到之前的那个姿势,就继续意象对话,否则就放弃这个方法,再寻找其他的机会。

例如,某来访者在谈到父子关系时,两只手绞在一起,两个大拇指不停地碰撞。此时,意象对话心理师便说:"现在你看一下自己的手,有没有注意到你的两个大拇指在不停地动。好的，请你不要停下来，继续让它们动，你仔细体会一下，这两个大拇指如果像人一样在说话，它们在说什么？"来访者低着头，沉默了一会儿说："怎么着吧你！"继续引导："很好，那你再看看这句话是谁说的？你可以闭上眼睛想象一下，这个人长什么样？性别？年龄？他在跟谁说这句话？他的心情是什么样的？"一段意象对话就这样开始了……

第六，用"倒带子"的方法引入。

当碰触消极感受或情结时，有的来访者会转移话题或回避问题，我们就可以运用"倒带子"的方法回归"正题"，适时引入意象对话。

比如，咨询师向来访者提出一个问题："妈妈错怪了你，你怎么了？"他没有回答或是绕过去了，咨询师可以再把这个问题"拽"回来："妈妈错怪了你，你是什么感觉？"或者"请打个比方来描述你的感觉……"

第七，用具体化的方法引入。

具体化是一个融和度非常高的心理咨询技术，能够与许多其他的咨询技术、治疗方法相结合使用，在意象对话的引入方法上亦是如此。

例："你刚才说爸爸总是瞧不起你，能举个具体的例子吗？体会一下当时是什么感受？"

第八，从讲解意象对话引入。

简单介绍意象对话，消除来访者的疑惑，再帮助他放松，开始想象。

第九，从绘画或任何艺术作品引入。

借助绘画、音乐、雕塑、文学作品等，引导来访者在放松的状态下深入体会，从而引入意象对话。

## 【注意】

引导来访者开始想象时，需要告诉对方："这只是一个想象，不论发生什么，都请你相信，我会和你在一起。"当进行到"进入想象过程"和"治疗性的意象互动"步骤时，若来访者出现了非常消极的、不愿或不敢面对的意象，可以重复此话，以起到精神陪伴和心理支持的作用。

### 3. 意象的分析和体会

当来访者进入想象，开始描述意象的时候，意象对话心理师就需要全神贯注地去分析和体会来访者的意象，从而获得对来访者的理解和共情性的知觉。

请注意，在第三和第四个步骤里，体会的意义远超过分析！

意象是携带着心理能量的符号，意象对话是依靠治疗师和来访者之间"心与心"的沟通而达到心理治疗目的的技术。因此，意象对话心理师要非常"用心"——用心体会来访者所描述的各个意象所传达的总体气氛和情绪，用心体会这些意象带给自己的内在感受。

体会的意义极其重要，但是，作为一位意象对话心理师，仍然需要"理论武装"，需要掌握关于意象象征意义的分析方法及相关知识。而且意象的象征意义具有一定的规律，掌握规律可以获得或增加对意象本身的了解。

这里以最基本的起始意象"房子"为例。房子意象既可以象征人的身体，也可以象征人的心灵。在心理治疗的情境中，房子更多代表人的"心房"，是内心世界的象征。根据临床实践经验，房子意象的具体特点分别象征着人的不同方面的心理特点。

房子的破败程度，往往象征来访者的心态是否自卑和消沉。一般说来，来访者意象中的房子越破败，其心态越差，内外观越好，其心态越好。

房子的颜色，往往是一个人性格和情绪基调的象征。暖色调代表性格比较外向或者比较热情，冷色调则代表比较内向或者情绪基调比较灰暗。每一种颜色都是相对独立的意象。除了可以象征性格和情绪之外，房子的颜色还具有其他丰富的意义，需要结合具体场景进行分析和体会，这里暂且不展开论述。

房子的高低、大小，往往象征一个人的"心理容量"，即是否"心胸开阔""有度量"。相对来说，房子大一些更好。但是，过于高大开阔的房子也未必是好事，比如，可能会涉及心理边界，是否有自我的问题等。

房子的材质常常与一个人的安全感有关，也和基本的人格特质有关。过分坚固的材质和过分单薄的材质，比如，石头和稻草，都象征着缺乏安全感，二者的差异在于，前者会使用过度保护的方式补偿安全感的缺乏，而后者没有这种补偿方式。采用自然材质的房子，如竹、木，象征自然、朴实、不虚饰、不奢华的性格特质。当然，这种材质在现实生活中"怕火"，其象征意义也可以解读为害怕激烈的人际冲突和愤怒情绪。关于材质的象征意义及其应对方式，意象对话疗法已经总结出了非常详细的临床经验。由于篇幅所限，也为了避免有些读者或者初学者机械记忆，这里就不一一列出了。

房子的层数和内部的房间数，代表一个人"心理的层数"和"心理的间数"，与性格复杂程度有关。一般说来，房子层数和间数越多的人，性格越复杂，如果还强调是很高的大楼或大厦，则与理性程度有关，房子越高代表人越理性。反之，房子结构简单的人，性格也比较简单、单纯。

房子的门窗的大小和状态，代表一个人心灵的"开放性"。门窗很小或者紧闭，开放性较差；门窗大而容易开启，开放性则较好。为了提高疗效，在意象对话的过程中，只要来访者愿意，我们总是鼓励对方开门开窗的，即使不愿或不敢开得很敞亮，主动打开总比一直紧闭着好很多、健康很多。

房子脏，往往象征消极的心态，常代表抑郁或恐惧的情绪，如果房子布满灰尘，则象征抑郁。

房子里面很乱，往往象征焦虑或烦躁的情绪。

房子里面光线不好，甚至很黑，象征来访者对自我的了解很少。自我了解、自我认识是心理健康的重要基础。因此，房子里面黑的人，心理状态不太健康；房子比较明亮，心理状态相对健康。当然，有的时候，由于来访者初次体验意象对话，内心很害怕，故想象出来的房子也会光线不好，甚至很暗。无论怎样，我们总是鼓励来访者用自己喜欢的方式让房子变得更明亮一些，这样既可以改善其健康状态，也有助于心理治疗的推进。

房子内部的具体摆设以及出现的人物、动物、植物、人造物等，都分别具有象征意义。总的分析原则是：联系"上下文"——结合整体房子意象进行解读。

在分析和体会来访者的意象时，有几点是需要注意的。

其一，极致的、过分"好"的意象，未必是心理健康的。

这个问题格外重要，前文已经阐述过，这里再次强调。如果来访者的房子意象过分整洁，往往是强迫症或者强迫型人格（未必是人格障碍）的表现；如果来访者的房子意象过分漂亮、豪华、美好……往往是癔症或者表演性人格（未必是人格障碍）的表现。

其二，本书所论及的各种总结性的象征意义，都只是盖然性的，并非必然。

象征意义不是僵死的、不变的、机械的，而是灵活多变的。同一个象征意义可以由多个形式不同的意象来表达，同一个意象又具有多种象征意义。并且，几个意象的组合以及意象整体，都会构成新的象征意义。

切不可采用"一一对应"、对号入座的方式机械套用意象的象征意义，对来访者进行"野蛮分析"！而必须本着"以来访者为中心"的治疗原则，灵活运用有关意象的知识，认真体会，深刻而有针对性地理解每一位来访者通过意象所传达的丰富内涵及心理意义。

其三，同一个意象具有多种变式，每一个变式都代表总体上接近、但又不完全相同的心理状态。

以水为例。水的基本象征意义有生命力、滋养、爱、性、女性、关怀、创造力、繁殖力等。这些基本象征意义之间具有相关性。意象对话心理师要想精准地解读水这个意象，就必须根据它每一次出现的具体变式、状态、性质等，并结合整体意象进行分析。当遇到大海、河水、小溪、泉水等的时候，就需要按照大海、河水、小溪、泉水等来解析。水还有很多的变种，如冰、雪、雾、云、血、奶、酒、毒品……这些变种虽然都离不开生命力、滋养等基本的象征意义，可是具体的象征意义会有所侧重。比如，"冰"会强调情感的冷冻、固封；"奶"往往与母爱、滋养、关怀有关；"酒"可以代表令人沉醉的情感；"毒品"则与有害的情感、沉溺有关。

其四，在意象对话的过程当中，意象对话心理师一般不向来访者解释意象的象征意义。

这与经典精神分析的做法完全不同。经典精神分析强调将无意识的内容意识化，而意象对话恰恰是运用意象的象征意义"下对下"地进行深层沟通与治疗，即在潜意识层面直接展开心理治疗工作。因而，我们不需要来访者理性地知道各种意象的象征意义。相反，如果在来访者进入想象过程之后，特别是进行到第五个步骤——"治疗性的意象互动"阶段，解释象征意义反而会把来访者带到理性层面上来，脱离或阻断潜意识层面的沟通，从而干扰治疗进程。

其五，为了增加来访者想象的自由度，减少限制，可以有意强化想象的奇异性。

有的来访者过于理性，或者比较紧张，在进入想象过程之后，描述出来的意象比较受限于日常逻辑思维。例如，在想象房子的时候，来访者看到的都是桌子、椅子、茶几等日常生活中"房子里面应该有的东西"。尽管这些东西都具有象征意义，也具有分析价值，但是，由于来访者受限较多，这些想象能够体现出来的内心活动不多、深度较浅。这时，意象对话心理师可以有意识地引导他们："在你想象的房子中，你可以看到一个奇异的世界，可能出现一些奇怪的东西，也可能有一些日常生活中不常见的东西，甚至现实生活中完全见不到的东西，只要你放松就可以看到……没关系的，我会和你在一起，你看到什么就说出来。"

## 4. 治疗性的意象互动

运用意象的象征意义和来访者进行深层互动。

根据来访者所描述的意象，意象对话心理师在了解到他的心理状态，感受到他的心情，知道他的自我防御机制和情结所在等情况之后，就可以采取相应的应对措施了。在此过程中，意象对话心理师可以根据治疗的需要，采用任何的心理咨询技术，如提问、倾听、面质、具体化……但是，必须将这些技术转化为"意象"的形式来表达。

示例一段意象对话：

来访者：我站在一个石拱门外，进去后是类似于苏州园林的花园，花园里有一尊石雕的老虎，灰白色，感觉像是少年虎。石虎身后有一道门，门后面还有一道门。进了这道门，看见一座高耸的石塔，也是灰白色的……

治疗师：你现在盯着那只石雕的老虎，看看它如果有人一样的年龄，大概是多大？

来访者：十二三岁。

治疗师：好的，你继续看着这只十二三岁的老虎，什么都不用做，只要看着它就行。

来访者：……它的脚下好像有水流过，嗯，是泉水。

治疗师：原来它的脚下有泉水，太好了！你愿不愿意尝试着捧一点儿泉水淋在老虎的身上？

来访者：嗯，愿意……它的头活了，眼睛会转。好奇怪，我一点儿也不害怕。

治疗师：那你的感觉是？

来访者(睫毛湿润)：心疼，我挺心疼的。

治疗师：那你想？

来访者：我想给它喂水喝……我用两只手捧着给它喝……它的身体好像有温度了……能动了……我好想摸摸它(此时，来访者的眼泪流了下来)……它活了！它活过来了……

这一段治疗过程，是在来访者原初的心理意象基础上，双方共同创造了一个新的"心理故事"。治疗师更像是一位耐心的智者，引导和陪伴着来访者在深层人格中进行新的探索，做出新的回应，形成新的、自觉自愿的决定。

大量的临床经验告诉我们，即使咨询师一时分析不出意象的象征意义，仍然可以继续意象对话。只要咨询师是聚精会神的，他就可以根据对意象的感受以及自己在治疗现场的感受，有时甚至是直觉，向来访者提供健康方向的建议。

当咨询师的心理健康程度好于来访者时，并且针对所面对的心理问题，咨询师也没有严重的情结，那么，他做出的引导或者给出的建议，通常都会比来访者原有的应对措施更加健康、有效。因此，意象对话疗法非常重视咨询师本人的自我成长。

在意象对话的整个过程中，咨询师是无可遁形的。咨访双方都是借助意象这个符号来表达自己，并依其象征意义进行深度对话，双方都可以感受到彼此，对话直接作用于来访者的人格深层以及原始精神机构。这正是意象对话的核心所在。

## 【注意】

每一次意象对话结束时，意象对话心理师都要引导来访者"回到"现实世界、"回到"意识状态，然后再让他慢慢地睁开眼睛——这是一个不可缺少的重要步骤，因为它会直接影响来访者的现实感。

5. 简单总结

每一次意象对话结束后，意象对话心理师可以简单询问来访者的感受，或者简要解答来访者的一些疑惑，也可以处理一些小问题。

但是，对于意象对话的过程本身，意象对话心理师整体上不做详细分析，无须逐一解释意象的象征意义，以免理性化的讨论减弱来访者人格深层的冲击力。

通常，简单总结之后就可以结束本次治疗。

◆ 特别说明 ◆

当来访者的心理问题超出心理咨询师的工作范畴（例如，出现典型的幻觉和妄想等症状）或者意象对话心理师本人的工作能力时，绝对不允许意象对话心理师拿来访者冒险！请本着为来访者负责的态度进行转诊。

6. 布置作业

必要时，可以通过布置意象作业强化疗效，要求来访者自己在家完成。布置这样的心理作业是因为，对于来访者而言，学习一种新的思维方式、建立一种新的行为模式、用新的意象取代旧的意象，不是一蹴而就的，需要反复练习、多次强化，才能内化为来访者自己的。意象作为一种内在的心理行为，更需要加强练习。

例如，在治疗刚开始的时候，来访者很抑郁，意象中的房子里面布满了灰尘。意象对话心理师都知道，灰尘是抑郁情绪的象征。于是，在意象对话的过程里，我们引导来访者打扫灰尘。在结束意象对话时，来访者想象中的房子已经变得窗明几净。可是，下一次做治疗时，意象里的房子可能又出现了灰尘，这就说明来访者的抑郁情绪虽有所好转，但仍有反弹，或者清除得不够彻底。

其实，这种现象在咨询室里是大量出现的。在这种情况下，为了强化来访者主动地打理自己的抑郁心情，主动地将消极情绪转化为积极情绪，我们就可以给他们布置一个心理作业"清扫灰尘"，要求来访者回家以后在想象中清扫房子的灰尘，每天练习 20 分钟左右。这个练习可以让来访者坚持做，直到他们再想象房子时，自然地呈现出干净、明亮的房子为止。

当然，意象对话心理师还需要向来访者清楚地说明，如果来访者自己在家做这个练习时，房子意象已经清扫干净，就无须强迫自己再努力想出一个有灰尘的房子，然后在想象中去清扫。

## 【注意】

强化练习不能涉及以下情境：

一是消极情绪程度较高的，如哀伤、恐惧、绝望等；二是具有危险性的，如鬼意象等；三是超过来访者个体想象能力或承受能力的，例如，让刚刚接受意象对话疗法的来访者单独完成完整的意象对话过程等。

以上就是意象对话疗法的基本操作步骤。

在临床实践中，并不是每一次心理咨询都需要做意象对话，也不是每一次都完全采用上述的标准步骤，可一旦进行了意象对话，在结束时务必引导来访者回到清晰的意识状态，回到现实世界，以确保其现实感。

# 第八章

## 意象对话疗法的适用范围与注意事项

### 一、 意象对话疗法的适用范围

意象对话疗法不太受来访者年龄的限制，只要来访者能够表达自己的想象内容即可。儿童和青少年由于想象速度更快，想象内容更丰富，故更容易进行意象对话。但是，这绝不意味着成年人不适合本疗法，只是说，就临床规律而言，儿童和青少年相对更容易。

在适用范围上，具体内容如下。

适应证：各种心理问题；心理障碍（含神经症）。

慎用人群：孕妇（避免消极情绪）；服刑人员；吸毒人员。

不适用人群：

A. 重性精神病；

B. 严重人格障碍，包括边缘性人格障碍、分裂样人格障碍、反社会性人格障碍；

C. 某些躯体疾病患者（如心血管疾病、癌症等）；

D. 智障。

### 二、 意象对话疗法的注意事项

*1. 以心会心*

意象对话是一种"心的语言"，以心会心的交流最可靠。所以，意象对话心理师能够体会、理解和表达来访者用意象所表达的感受最为重要。

也就是说，意象对话心理师只是借助意象这一媒介，治疗的重点还是在感受、体验和表达上，引导来访者将相应的心理能量呈现出来。这不仅是一种良好的执业习惯，更是意象对话心理师必须坚持的工作原则之一。

### 2. 意象对话心理师必须坚持自我成长

所有心理动力学学派的疗法都非常强调心理咨询师与治疗师的自我成长，意象对话尤其如此。

### 3. 意象对话心理师必须在团体中相互帮助、相互监督

对于意象对话心理师的资格认证和评估标准，"意象对话心理学研究中心"均有专门的章程和程序，详见《意象对话临床操作指南》一书的附录。

鼓励团体成员相互帮助，相互促进，相互监督，健康发展。

### 4. 注意语言的运用

第一，意象对话心理师在意象对话的过程中，语调要比较平缓、稳定、低沉，语速比一般的对话要稍慢，但不必追求催眠式的语调和语速。语调和语速的运用原则是：具有心理治疗作用，能够调节来访者的情绪状态，引导其想象和思维的节奏。

第二，尽量少使用可能引发来访者理性逻辑思维的语言。根据治疗的需要，如果必须说带有推理性的语言，则尽量不用复合句，而用简短、明确的简单句。

第三，指导语中，提醒来访者想象的语言要奇特。

### 5. 咬住和挺住

咬住：就是意象对话心理师在治疗过程中非常明确来访者此时需要解决的问题是什么，能够迅速而敏锐地分辨并抓住治疗时机。

挺住：就是意象对话心理师不会产生太大的反移情，能够识别自己与来访者的情绪，感受来访者强烈的消极情绪的同时，能够保持自己的内心基本稳定，使自己的心理状态能够维持在可以继续进行心理咨询与治疗的范围之内。

### 6. 解除意象对话疗法和意象对话心理师的神秘化

意象对话心理师承担一个重要的道德责任，即通过心理教育让来访者知道，所有的意象都不过是心理内容的形象化，是人的情感、情绪、情结、欲望、需求等的形象化，而非实体，不是鬼怪，亦非神灵，更不具备特异功能。

# 实践篇

第九章　意象对话疗法的基本技术与微技术

第十章　起始意象的主题、原理及其运用

第十一章　发现、领悟、转化及调节心理能量的技术

第十二章　结束的技术

第十三章　意象对话疗法关于人格的技术

第十四章　特殊情况的处理技术

第十五章　针对各种心理问题的意象对话技术

第十六章　意象对话心理咨询的方略

第十七章　意象对话疗法与其他心理疗法相结合

第十八章　意象对话心理师的自我成长和训练技术

第十九章　意象对话创新子技术

第二十章　意象对话技术与方法的分类

# 第九章

## 意象对话疗法的基本技术与微技术

### 一、 意象对话疗法的基本技术

第一，引入。

第二，克服阻抗，进入想象。

第三，意象的分析和体会。

第四，治疗性的意象互动。

第五，转化。

第六，结束。

这部分内容已经在前文的"心理障碍的消除与化解"以及"意象对话疗法的基本步骤"中详细论述，此处不再赘述。

### 二、 意象对话疗法的微技术

微技术是指心理咨询过程中，用于某个阶段的最小的技术单元。意象对话疗法的微技术内容丰富。

#### 1. 替代与修改

意象对话中最简单的干预技术就是替代。它是指在意象对话心理师的指导下，让来访者想象一个积极的意象，并用这个意象替代原来的消极意象。因为蕴含着不接纳的态度，也无法实质性地解决来访者的心理问题，所以，一般建议不使用"替代"。但是，在心理危机干预或来访者的消极情绪极其强烈的情况下，可用此方法使来访者的痛苦得到暂时缓解，而事后必须继续深入治疗!

修改是指在原来的消极意象基础上进行工作，更适合用于比较浅层的、概括性小的意象。有经验的意象对话心理师可用以处理比较深入、具有概括性的消极意象。修改可作为意象对话初级干预方法中的常规方法。当被修改的消极意象再次出现时，可以坚持多次修改，也可以使用更深入、更有效的方法，如面对和接纳。诚然，在修改和面对、接纳之间作比较，我们更鼓励使用后者。

## 2. 面对

与其说面对是一种微技术，不如说它是一种方法，更不如说它是一种最基本的治疗态度。在意象对话的语境下，面对是指在意象对话过程中出现了令人恐惧和不快的意象时，在意象对话心理师的指导和支持下，鼓励来访者坚持看着这个意象，不逃避、不攻击，不对意象进行任何应对，等待它自发的转变。

面对是一种主动的"无为"，非常适于处理令人恐惧的意象，是化解消极意象的最有效方法之一。面对的具体操作是：当令人恐惧的意象出现时，鼓励和建议来访者在想象中看着这个意象，不做任何行为反应，同时，指导来访者用肌肉放松等方法缓解紧张。当来访者使用各种方法逃避和自欺时，意象对话心理师一定要坚持。

面对的原则是：不逃避；不攻击；不对意象做任何应对。

最典型的恐惧意象是鬼意象。借此，我们简要解读一下鬼意象以及如何面对鬼意象。

鬼意象是我们内心中各种消极情绪和心理障碍的象征。不懂鬼的人，往往走入误区：要么把鬼误认为是一种现实的存在，要么误以为鬼根本不存在，要么误以为鬼是很少见的。实际上，客观物质世界里是没有鬼这个事物的，鬼不属于物质范畴。但是，在梦中、幻觉中、想象中、感受中以及其他的一些内心活动中，许多人都见到过鬼。因此，鬼存在于人的心理世界。

如果我们能够读懂鬼，能够在想象中勇敢地面对他们——看着他们，不逃跑、不毁灭、不攻击、也不被其诱惑，只是"看着"他们，就会发现，他们只是形象丑陋或邪恶，其实他们也是一种生命能量，而且是一种奇异的精神生命，像我们一样，内心充满渴望——渴望爱和被爱，渴望尊重与理解，他们只是因为不幸和创伤才变成了这个样子。

于是，当来访者的想象中出现了可怕的鬼意象时，我们会陪伴并支持来访者"看着他/她"。这样的面对是一个艰辛的、痛苦的过程，但是，只要坚持面对，来访者就有机会见到"鬼"的真面目，也就有机会将鬼意象所携带的消极的心理能量转化为相应的积极的心理能量。原来，张牙利爪的厉鬼只是燃烧的愤怒，身穿黑袍、格外肃穆的死神是人类对死亡的本能的恐惧，气若游丝的白衣女鬼不过是深深的抑郁……

朱建军教授在为意象对话优秀成员吴勤的《见见内心的鬼朋友——了解自己的消极情绪》一书作序时，标题即为"因为懂得，所以慈悲"。慈悲是面对的核心品质。而对于如何心怀慈悲去面对鬼意象，吴勤也在该书中做了精彩的解读："慈悲中的慈，意思是包容，当然是善恶都包容，特别是那些恶，恶不能被消灭，消灭恶往往会带来新的恶。恶只能被转化，用悲来转化。悲的意思是感同身受的理解。慈悲合在一起就是无条件的真爱。"

### 3. 接纳

接纳是所有的心理治疗师都应该具备的态度。

在意象对话中，接纳是一种非批判性的接受，但是，接纳不等于认同，更不等于纵容。接纳仍然具有是非鉴别力，只是在态度上不带有批判性。接纳非常适于处理令人厌恶的、有卑弱感的消极意象。同面对一样，接纳也是化解消极意象的最有效方法之一。

接纳的基本方法：不做任何象征不接纳的事情，不攻击、不伤害、不侮辱。当坚持这样做一段时间后，可以建议来访者在想象中与这些消极意象进行交流。

常见的令人厌恶的意象有：软体虫、蛆、蟑螂、老鼠、癫蛤蟆、腐烂的动物、愚蠢的人、下贱的人、丑陋的人、肮脏的人、懦弱的人、无能的人……

当遇到这样一些意象时，来访者很容易出现惯性的反应，或者产生一种拒绝性的冲动，诸如，冲它们吐口水，躲得远远的，把它们埋起来、烧掉、扔掉、杀死……

这些心理行为本身就代表着来访者的内心冲突——由于不接纳自我的某一部分而引起的内心冲突，其作用只能是压抑。用这些办法永远也不可能"消除"这些消极意象，也就失去了转化心理能量的机会。

因而，消除这些消极意象，需要意象对话心理师陪伴着来访者真诚地体会这些消极意象，引导来访者在想象中主动和这些消极意象交流，真诚地帮助它们、甚至拥抱它们。

这里，尤其提醒心理咨询师：切不可将拥抱作为咨询与治疗的技巧，无论是咨询师对来访者，还是引导来访者对待意象。因为真正起作用的是发自内心的真诚，否则就成了只有"人本"的姿态，而无"人本"的关怀，并非真实的接纳。

### 4. 意象支持和指导

意象支持和指导没有统一的格式和操作步骤，需要意象对话心理师根据分析和判断来进行。在某些意象非常缺乏爱和关怀时，意象对话心理师可以在意象层面使用支持技术。

前文说到一个石老虎的例子，其中，引导来访者在想象中把泉水淋在石虎的身上以及给它喂水喝，就是运用了意象支持技术。泉水在这里是生命力和情感滋养的象征，淋水象征着咨询师愿意给来访者一些帮助和关爱。当来访者内心深处石虎所代表的这部分心理能量被激活，或者说这个重要的子人格在关爱下"活"了过来，开始恢复生命力之后，来访者就有可能自发地去建设生命，于是，就出现了来访者自己想给老虎喂水的愿望——咨询师的支持悄然带动了来访者的自我支持。

在使用意象支持技术时要注意，不能过多使用，尽可能准确、适度，以减免来访者的依赖心理。在意象对话中，必要时还需运用指导技术。指导的目的在于帮助来访者做出准确的、更有利于健康的选择，以及施以正确的应对方式。毕竟来访者受到过去情结的影响，又不太了解意象的各种象征意义，所以，他们在想象情境下做出的一些选择未必是健康的、正确的，有时甚至是错误的、有危害的，此时，便需要咨询师加以指导，让他们知道健康的、正确的应对方式是什么。

有些来访者在想象中看到丑陋的、肮脏的形象时，如癞蛤蟆、蜥蜴、流浪的动物……就忍不住想要躲开或攻击它们。这时候，意象对话心理师就要做一些意象指导的工作，告知来访者躲避和攻击都不是好办法，只能带来更多的压抑和内心的厌恶感，而应该鼓励癞蛤蟆、蜥蜴、流浪的动物等意象在清水里洗澡，多晒晒太阳。清水和阳光既有祛污纳垢之效，亦有情感滋润之意。

### 5. 领悟和释放

意象对话高度重视领悟的作用。领悟是一种觉察。领悟的目的，在于促使来访者发现自己内心的真相。

领悟的内容：一是帮助来访者体会到意象背后的情绪和感受；二是帮助来访者看到由意象的相互关系所反映出来的内心情绪的转化过程；三是引导来访者去发现情结形成的原因和过程。

领悟的原则：越具体、越准确，效果越好。

领悟的辅助性小技术："倒带子"。当来访者的想象中呈现一个消极意象时，意象对话心理师可以引导对方"回放"想象——回到过去的某个时刻，看一看当下的这个消极意象是怎样形成的。"倒带子"能够促进领悟。

例如，来访者在想象中看到了一棵被拦腰劈断的树，我们就可以这样引导他："假如你现在看到的是一段录像，你想象自己回放一下这段录像，把带子倒回去，到这棵树被劈断的那一刻，看一看到底发生了什么？这棵树是被什么东西劈成这样的？"

在心理动力学倾向的心理治疗中，情绪释放始终受到重视。它能够起到释放被压抑的心理能量的作用，并因此成为产生疗效的关键因素。但是，释放的效果怎样，还受到其他因素的影响。

首先，有领悟的情绪释放作用巨大。意象对话认为，没有自知的释放，仅是情绪的宣泄，不但没有真正的疗效，有时还会带来副作用。比如，来访者会误以为有了消极情绪就应该宣泄，甚至以为不压抑自己就是心理健康的表现，从而不顾及道德底线和心理健康底线，会破坏现实层面的人际关系，会引发宣泄冲动……意象对话坚持主张：咨询师要引导来访者带着自知和觉察去释放消极情绪。

其次，释放本源情绪的疗效更好。我们都知道，情绪是可以转化的，而且很多时候都是在无意识的情况下发生了一连串的转化。如果来访者释放的不是本源情绪，而是转化之后的情绪，甚至是转化过很多次的情绪，那么，转化的次数越多，释放的能量就越少，治疗作用也就越小。

因此，意象对话心理师要尽量引导来访者在有领悟的情况下释放本源情绪。无论是自我成长还是临床治疗，在意象对话深入的阶段，领悟和有觉察、有自知的释放将成为主要的治疗技术，当进入很深的层次时，甚至会成为唯一的治疗技术。

## 6. 标定技术

标定是指咨询师对来访者自己无法说明的情绪、情感进行命名。该技术的作用，是帮助来访者了解自己的情绪、情感，使来访者能比较自己不同时期的情绪、情感，从而让来访者有能力管理自己的情绪、情感，并帮助来访者通过了解自己的情绪、情感变化规律而建构较为稳定的自我结构。我们可以将这一技术可以看作是一种教育，通过这种教育使得来访者学会对情绪、情感的分类，促进人格成熟的自然过程。

标定可以用于儿童，作用是帮助儿童的人格成熟，使儿童对自我的情绪、情感的管理能力提高。标定也适合于任何其他需要提高自己情商的来访者。标定最适合的人群，是带有边缘性人格特质的来访者。带有边缘特质的来访者往往自我边界不清，此技术可以帮助这些来访者完善人格边界，从而建构起更稳定的自我结构。

标定的原理就是命名，就是一种对情绪、情感的基本的符号化。通过标定，我们最终会建立起一个对情绪、情感进行分类的语言体系。这样的语言体系能让我们比较、管理我们的情绪、情感，也能让我们对自我的情绪、情感变化有一个明确的认识，也就是对自我的情绪、情感反应的特点有一个明确的认识，这个认识是自我认知中的一个必不可少的组成部分，因此，这个认识的建立对建构自我有重要作用。

标定的操作方式很简单，就是当来访者表现出某种情绪、情感的时候，咨询师告诉他这种情绪或情感的名字。例如，"我看到你现在很懊恼""我知道，你很气愤""在我看来，你现在对此很迷惑"。在一段时间内，我们要在来访者每次有这种情绪的时候都指出来，直到我们觉察到来访者自己有能力对这类情绪进行识别、分类为止。

带有边缘性特质的来访者对标定往往会有抗拒的心理。他们会指出，我们对情绪的标定太粗略，往往不足以"完美地"描述这种情绪。如果我们把他两次的情绪标定为一种，他们会指出，这两次他的情绪"并不完全一样"；他们会指出，他们的情绪"每一次都是全新的"。我们承认他们的说法是对的，用一个简单的词来标定一个有多个复杂层面的情绪不可能完美，每一次的情绪都不可能和另一个完全相同。标定归根结底是一种分类而已。但没有这种分类，我们就无法把不同时间发生的情绪进行比较，从而也无法更好的管理，无法建立起对自我的稳定的观点。人只有接受不完美但是有用的分类，才能建构稳定的、功能上有效的自我。因此，接受标定的过程就是接受人生必要的、不完美的过程，也是放弃魔鬼原型影响下对自我完美追求的过程。带有边缘性特质的来访者过去习惯于用意象、用比喻或用其他方式去更完美、更细腻地表达情绪，在我们一次次耐心的引导下，他们会逐渐认可我们的标定，建立起一个对各种情绪、情感的分类框架，从而更稳定地认识情绪、情感。

如果来访者内心已经建立起稳定的情绪分类框架，也建立了稳定的（虽然也许是有许多内在矛盾冲突的)自我结构,那么他们不大需要标定技术。也就是说,多数神经症性质的来访者不需要标定技术。他们已经有了对情绪的标定,他们所需要的,反而是如何更细腻地认识、表达自己的情绪,以及如何发现同一类的情绪在每次出现时都会有细微的不同。

在实践中,作者发现,如果我们有意识地使用标定,一般来说,来访者会在几个月后有明显的进步,对其自我建构会产生很积极的影响。

## 7. 其他微技术

以上阐述的都是意象对话疗法较为核心的微技术。在实际操作过程中,这些技术有时还需要与其他技术配合使用。下面,就对其他微技术做简要介绍。排序并无主次轻重之分。

(1)交替

**方法**:让来访者交替体会两个不同领域的事物,并比较双方的差别。

**目的**:减少沾染,增加现实感,避免沉溺。

(2)"心里的一句话"

**方法**:让来访者找到心里的一句话,反复重复,并逐渐加大声音,直至到达一个关键点,大声地喊出来。

**目的**:有自知地释放情绪,增加自信。

找到这句话的要点,是让来访者放松地体验自己的情绪,等待那一句话在心中出现。

这句话应当语句简单、富含情绪。如果来访者说出来的话很冗长,而且理智化,就说明所找到的不是这里所需要的那一句话。

(3)逼问

**方法**:步步紧逼地进行面质,绝不放松,直至来访者发现问题。此后,温和引导。

**目的**:增加自知。

(4)宁静思维与阅读

**方法**:短暂沉默,说出或指出切中要害的一句话。如果来访者很难做到这一点,先让他想象开阔的草地、大海或者无云的天空等意象,从而使他的杂念减少。让来访者把要思考的问题,用最简单的语言给自己说出来。如果问题很复杂,先把要思考的问题的第一步说出来。安静地体验这个问题,注意力放在自己的感受上。等待内心中对这个问题的答案浮现。当答案浮现后,和自己的体验感受相互对照,问自己:"是这样的吗?"等待内心中的感受。如果感觉不对，重复前面的过程。如果感觉对，继续下一步的问题。任何时候，如果发现心乱了，停止继续思考，重新放松并想象大海或天空，消除过多的念头。

**目的**：增强顿悟。

（5）意象表演

**方法**：让来访者把意象中看到的一切表演出来。此方法适合在团体训练中应用，团体中的其他成员可以扮演来访者意象中的角色。表演过程中，引导者可以叫停，要求角色体会并说出自己的感受。

**目的**：表达和释放。

（6）故事和口号

**方法**：分享来访者的意象故事，总结口号式的简短句子。这些简短句子，可以让来访者在以后生活中有需要的时候拿出来用。

**目的**：增加自知，促进领悟。

（7）自我启示语言

**方法**：编一组语言让来访者经常读给自己听。这些语言的内容是积极的暗示语。要保证这些语言是原始认知中所习惯的语言模式。这种语言的特点应当是：由短句子构成；语句流畅（可能是押韵的）；用词中没有生僻和学术性的词；能感动人。编这些话的时候，应处于原始认知的状态。

**目的**：增加自知，改变潜意识中的信念，让更积极的信念替代消极信念。

（8）情绪归属分辨

**方法**：让来访者在分析和体会中分辨"我的情绪、别人的情绪""过去的情绪、现在的情绪"等。还可以在放松的情况下，让来访者想象一个自己和别人有冲突的情景。然后，想象有一团浑浊的气体弥漫在两个人之间。想象自己和对方身边各有一个玻璃烧杯，中间的那团浊气会分开，被吸到双方身边的烧杯中。各自的情绪回到各自身边的烧杯里之后，会变成液体并逐渐沉淀分成几层。随后，可以感受一下，自己这边烧杯中的各层分别是什么情绪，对方那边烧杯中的各层分别是什么情绪。

**目的**：提高情绪自知力，减少沾染。

（9）洗清意识

**方法**：让来访者自发说出意识中的思维内容，但尽量减少任何进一步的符号化活动，不对这一思维做任何反映，让思维变成的语言像泡泡一样飞走。让来访者在这个过程中有意识地保持清醒。

**目的**：让来访者的意识更清醒，增强觉醒度和觉察力，处理情结。

（10）仪式化

**方法**：用和真实东西相似的东西来唤醒来访者内心中真的东西。具体做法复杂多变。

**目的**：挖掘内心潜能，增强感受力。

（11）愿望表达并等待

这是一种很深层的技术。

**方法**：让来访者用象征性的方式表达自己最深的愿望。表达出来之后，不做任何其他事情，只是告诉自己，我会等待这个愿望实现，让天意决定这个愿望会在哪个时候、用什么形式实现。

**目的**：加深自知，表达深层愿望，表示自己愿意等待愿望的实现，也愿意接纳愿望的不实现。

（12）发现"种子"

**方法**：从来访者表现出来的情绪、行为中追根溯源，以发现来访者"爱的种子""勇气的种子""力量的种子"等。

**目的**：寻找并启动来访者自身积极的心理资源，提升其自我接纳与自我认可。

（13）主动选择和承诺

**方法**：建议来访者"选择相信""选择爱""选择自知""选择行动"；当来访者接受这些选择时，要求其做出承诺。

可以引导来访者想象站在一个特殊的房子中间，房子的每一面墙上都有两扇门。四面墙上分别是："信、不信"、"爱、不爱"、"知、不知"和"行动、不行动"。让来访者分别打开每一扇门，看门后面的景象。但来访者要选择进入信、爱、知、行的门，并承诺以后还到这些门中来。

**目的**：提升生命品质。

（14）问话的技术

**常用引导语**："这个感觉如果用一句话来表达，是什么?"或者"这个感觉就好像在说……"后者更容易深入。

**目的**：增加情绪的自知性，进一步表达感受。

（15）认识常见原型、常见意象

**方法**：引导来访者认识其梦境或想象等所涉及的原型、常见意象。

**目的**：加深自我探索，促进自我觉知。

（16）电影、文学作品和梦的意象分析

**方法**：鼓励来访者有意识地练习意象分析，如电影、文学作品和梦等。

**目的**：提高感受力。

(17)分层共情

**方法**：针对来访者不同层次的情绪感受，分别进行共情。

例如，告诉来访者："你的攻击让我难受，你内心深处的受伤感让我感到难过。"

后文中曹昱的"分层共情法"，是在这个微技术基础上延展出来的一个技术。

**目的**：增加来访者的自知；让来访者了解当下分层的情绪；让来访者体会到治疗师发自内心的、细腻的共情；为来访者做出情绪表达的示范。

(18)细化询问

**方法**：将询问技术与具体化技术结合在一起，即具体化地询问意象的细节。比如，来访者说："我看到了一条鱼。"心理咨询师要询问："你看到的鱼是什么样子的？多大？什么颜色？有什么特点……"

**目的**：澄清问题，加深沟通。

(19)应对无自知询问

**方法**：面对来访者不自知的询问时，治疗师要提醒对方，让对方关注自己的情绪、动机等，而非简单地回答问题。

**目的**：还原问题，增加来访者的反观能力和觉察能力。

(20)立刻反例

**方法**：实质上是面质，即明确指出来访者身上出现的明显的不一致或矛盾。要点是"立刻"，也就是发现并迅速指出来访者的矛盾，如果不是马上发现，则没有冲击力。

**目的**：增加来访者的觉察力，提高自知力。

(21)包不同术

**方法**：当来访者试图迎合心理咨询师的时候，不论来访者说什么，咨询师都说"不是这样的"，即使来访者所说的是咨询师刚刚说过的内容，咨询师也要找理由说"不是这样的"，从而让来访者进入"无所适从"的困境。然后，再提示来访者去反观自己。

**目的**：打破来访者无自知的状态。

(22)绘画笔记

**方法**：听意象对话课程时，要求学员不能用通常的形式做笔记。如果要做笔记，笔记中几乎不能出现任何文字，只可以用漫画、简笔画等方式来记录自己所听到和理解到的东西，或者留下有助于自己回忆的记号。

**目的**：提高来访者的原始认知能力，学会用形象来表达，减少对逻辑思维的依赖。

# 第十章

## 起始意象的主题、原理及其运用

### 一、 起始意象的原理

在具体阐述起始意象之前，还是想再次强调：意象对话疗法并不是用一个固定的、僵死的、教条的、标准化的公式或程序来进行的，所有公开发表的意象对话的操作步骤和治疗程序，都可以本着"以来访者为中心"的宗旨、本着保证心理治疗最佳效果的原则，进行灵活变通。

同样必须反复强调的是，无论是遵守程序步骤，还是灵活变通，意象对话疗法的操作原则以及价值理念都不可动摇。

为了比较顺利地引入意象对话疗法，临床上可以使用起始意象。至于使用什么起始意象，取决于来访者存在哪方面的问题。

每一个起始意象的基本象征义都是比较确定的，我们在培训意象对话心理师的过程中，对这部分的知识会有专门的讲解及相关训练。

请每一位意象对话心理师以及本书的读者相信，如果你没有真诚地、用心地去体会对方，即使你在理论上掌握了这部分知识，在临床上仍然无法精准地体会到对方的感受，也就无法与对方深入互动，为对方所能提供的帮助会变得微乎其微。

作为一位意象对话心理师，掌握必要的知识与技能固然重要，但是，自身的人格与态度更为重要。

### 二、 常用起始意象

接下来，我们就对常用起始意象的主题、原理及其运用做一个概述。

### 1. 房子

房子意象即是"心房"，代表一个人内心的基本状态和情绪基调。房子意象是意象对话疗法中最常使用的起始意象，甚至可以当作一种心理测验，测查来访者的基本人格状态和情绪基调。这部分内容在前文"意象的分析和体会"中已有论述，此不赘述。

### 2. 车、船

车意象可以代表一个人自己的身体或情感。车所去的方向象征生活道路的方向或指向。

在梦境或想象中，车的具体状态代表自己的身体状态或情感状态。比如，刹车失灵，象征生活失控或害怕失控；掌握不好方向盘，象征无法掌控生活的方向，或者迷失了方向；车灯或雨刷出了毛病，象征自己看不清生活的方向；油箱里的油不足或油用完了，象征自己缺乏精力；车胎爆胎或泄气，象征自己"泄气了"；等等。

车的驾驶者代表控制生命的那部分潜意识机制，或者代表自己生命的控制者。如果在梦境或想象中没有驾驶者，或者自己没有坐在方向盘前，而只是一个乘客，就意味着自己尚未掌控自己的生活或其他某些部分。车是一个相对封闭的小环境，因此，也是一种"心房"的象征，可以当作房子意象来解读。

需要注意的是，火车是定时的，所以，除了上述汽车的象征意义之外，火车还经常用来象征时间、时机或时代。比如，错过火车可以代表错过某个机会。

在现实生活中，船与水有关，因此，船意象可以象征女性，譬如，象征母性、母亲或内心中的女性化部分。船可以是女性的性象征。乘船的摇晃可做性的解释。船也可以象征亲密关系，正所谓"千年修得同船渡"。

在梦境或想象中，如果强调船离开本国而驶向国外，就意味着进入陌生的领域。

船横渡一个比较窄的水道，通常有三种象征意义：一是象征死亡；二是象征从生命的一个阶段过渡到另一个阶段；三是象征与过去决裂，开始一种全新的生活。

当咨询师想要了解来访者的身体状态和基本的情感状态时，咨询师可以把车或船作为起始意象。

### 3. 花和昆虫

花和昆虫是意象对话疗法中非常经典的一个起始意象。当咨询师需要了解来访者在两性关系方面的情况，或者来访者存在两性关系方面的心理问题时，可以借助"花和昆虫"意象进入想象过程和治疗过程。

花和昆虫有三个基本的象征意义：对自己的性别和性的态度；对异性的态度；两性关系。

大家可以看到，除了两性关系之外，通过这个意象，还可以呈现出来访者自身关于性的观念和态度，以及自我的性别认同状况。练习该意象的最大优越性就在于，咨访双方完全不需要在意识层面探讨有关性的话题，可以巧妙地避免道德、评价、个性等因素的干扰以及在理性层面谈"性"的尴尬，而直接在潜意识层面呈现、交流与解决问题，可以最大限度地减少谈"性"的阻抗。

**常用引导语：**"在想象中，你来到了一个美丽的大花园。花园里有许多花，请你选择其中的一朵花，仔细看看它是什么花？什么颜色？是否开放……远处飞来一只昆虫，看看它长什么样子？……当这只昆虫飞向这朵花时，体会一下花的感受，再体会一下昆虫的感受……"

花是女性气质的象征，昆虫在这里是男性气质的象征。本书无法一一讲述所有常见的花与昆虫的象征意义，这是需要意象对话心理师不断去学习和积累的知识。即使遇到不熟悉、不了解、甚至现实生活中没有的花意象和昆虫意象，我们仍然能够帮助来访者，因为我们更关注的是二者的关系。

所以，在运用这个起始意象时，我们总是要去询问花对昆虫的感受，以及昆虫对花的感受。这种询问本身就具有心理治疗意义——引导来访者（无论男性还是女性）学会尊重异性，特别是男性对女性的尊重，学会尊重对方的感受，因为这是建设亲密关系的重要基础之一。

在这个起始意象里，花是否开放以及开放的程度，代表来访者对性的态度，或者是否经历过性。受伤、受损、破败的花，往往象征着来访者的情感创伤或者性创伤，格外需要意象对话心理师的关怀、呵护和治疗。

有的时候，象征情感创伤的花意象并不仅仅以形象来呈现，还可以用颜色来表达。对于成年女性而言，暖色调的花更富有激情或热情，冷色调的花更缺乏激情或热情。

比如，一位身体健康的已婚中年女性，在想象中看到的是一朵由红变白的花。这个颜色的变化就是在讲述她内心深处的情感故事。这里的白色，可以象征她渴望回到"少女般的纯洁",她在表达一个愿望,但是,更有可能是在象征她情感的褪色或者"精神失血"。因为红色代表激情,代表旺盛的生命力,而当一位女性情感受伤,逐渐放弃对爱情的信心和激情之后,她的情感就会"失血",甚至"贫血",花也就在意象中变成了白色。因此,在分析和体会花意象时,还需考虑来访者的年龄因素。

关于花意象,想再多说一些。如果意象对话心理师面对的是一个比较小的女孩子,她在意象对话中遇到了受伤严重的花,比如,某个动物、怪物或昆虫强行咬坏了花,或者强行采蜜等,这都很可能意味着她遭遇过性的创伤。我们除了要在意象对话的过程中对她进行疗伤、关怀、呵护、滋养、支持等工作之外,鉴于来访者的年龄比较小,缺乏必要的自我保护意识和自我保护能力,还需要在完成意象对话之后,在女孩处于十分清醒的意识状态时,教给她一些必要的知识和保护措施。

### 4. 种子与复活

这个起始意象主要用于在来访者消解了较大的情结或创伤之后,启动来访者内心的积极资源,帮他们树立健康的信念。

**常用引导语:** "请你在曾经受伤的地方埋下一粒种子,然后给它浇水,看看能长出什么来。"

为了更清晰地识别情结的处理效果,意象对话心理师还可以增加一句指导语:"如果现在离开它,你会感觉怎么样?"其背后的原理是在于,很多情况下,情结之所以形成和延续,是因为它能带给来访者一些心理益处。换句话说,心理获益会促进情结的延续,因而,当我们帮助来访者解决了情结之后,一时间,来访者很可能并不舒服。这句引导语可以起到分辨的作用,同时,也增加来访者的觉知。

该起始意象中的"浇水",大家都很清楚,是基于情感的滋养、唤起生命力的目的。"长出什么"象征着来访者的某种心理转化或新生。最理想、最健康的情形是,长出的是新的、象征意义更健康、更美好的东西。

如果在想象中,来访者种下什么就长出什么,比如,种下玉米长玉米,种下芸豆长芸豆,说明来访者的情结或创伤并未发生实质性的改变,甚至出现了助长的趋势。这种情况下,意象对话心理师需引领来访者重新处理那个情结或创伤,并尽可能做到彻底、不留后患。

如果在想象中,长出的东西与种下的种子在形式上有所不同,但是其象征意义未必更健康,很可能是由于来访者的心理问题发生了转化,这时仍需意象对话心理师引导对方觉知到这一点，然后重新处理情结或创伤。譬如，来访者在想象中埋下玉米，结果长出了钞票，这就象征着来访者用追求财富的方式代替了问题的解决。

长出的东西只有是全新的、更美好、更健康的，才是真正意义上的"复活"。

## 5. 领养动物

这个起始意象也被称作"盒子里的动物"，用于呈现来访者的依恋关系。我们可以根据来访者在想象中所看到的盒子里的动物，来分析他是否和他的养护者曾经建立过很好的依恋关系。

**常用引导语：**"请想象你来到一个奇特的动物寄养所。门口有一男一女两个人分别站在左右。看一看他们长什么样子，穿什么样的衣服。你走进去之后，会发现这个地方的动物都被养在封闭的盒子里。你想领养一个动物，但是你只能随意选择一个盒子，你不知道里面是什么动物，也猜不出来。这个盒子非常神奇，大小动物都能放在里面——你只能碰到什么就是什么。现在，请你打开这个盒子，看看里面是什么动物。"

需要注意，无论来访者领养了怎样的动物，都不允许他在想象中抛弃或更换动物，因为这样的心理动作代表不接纳，而该起始意象的目的是增加依恋关系方面的觉知，并解决相应的问题。所以，来访者若出现这样的心理动作，就意味着他本身呈现出了依恋问题，这正是咨询师进行工作的好时机。

若想借此了解亲子关系，还可以将"领养动物"演变为"上帝的礼物盒"。具体操作如下：

引导来访者想象自己的父亲和母亲分别收到了上帝的一个礼物盒，打开看看里面装着什么动物，父亲和母亲分别拿什么东西喂养这个动物，他们各自安排这个动物住在哪里。

**关注重点：**父母所给予的爱是否与孩子的天性相匹配。

**治疗意义：**促进内心沟通，建设亲子关系。

在运用这个起始意象的过程中，常常需要意象对话心理师引导想象中的父母去主动关注动物的感受。其象征意义是，关心孩子的内在需求，尊重孩子的真实感受。

如果来访者本人是父母，想象的是自己与孩子的关系，意象对话心理师还可以在必要的时候告诉他们：好父母不是天生的，是学习来的。

临床实践中，我们总是能够遇到这样的父母：他们由于意识到自己教养方式的伤害性而倍感自责，甚至深感愧疚。我们在陪伴这些父母有自知地释放相应的消极情绪之后，一定要引导他们，补偿孩子的最好方式是更好地去照顾孩子。

### 6. 草地上的动物

这个起始意象专门用于分解人格意象，目的在于呈现动物子人格。

**第一段引导语**："请想象你来到一片草地，今天你要在这里举办一个特殊的聚会。来参加聚会的是各种各样的动物。现在，你只要放松，等待着它们的出现就好……"

为了鼓励各种动物子人格的出场，减少阻抗，还可以增加支持性的引导："这些动物可能是你认识的，也可能是你不认识的，有的是你喜欢的，有的可能是你不喜欢的，甚至感到害怕的……都没有关系，这只是一个想象中的聚会。"

当来访者报告出意象中的所有动物之后，可以进入下一个阶段的想象。有时，考虑到咨询时间的关系，治疗师需要中断这个阶段的想象，而进入下一阶段的想象。如果咨询时间允许，一次性地分解动物子人格会比较连贯，一致性较高。至于是一次性完成，还是分为几次，需要依据具体情况而定。

**第二段引导语**："在想象中，让这些动物用自己喜欢的方式彼此打个招呼，然后围坐成一圈。如果愿意的话，它们可以一起唱歌、跳舞。"

该阶段想象的目的在于，增加来访者的自我认识，所以，尽可能引导来访者把画面结束在一个安全、祥和的氛围里。

有的意象对话心理师习惯引导来访者在想象中点燃篝火，让所有的动物围坐在一起开篝火晚会。临床实践表明，并非所有的来访者都适合于这个想象。因为有的来访者在想象动物前来参加草地聚会、彼此打招呼的时候，基本感觉是安全的、可以接受的，但是当被引导想象"点燃篝火"时，他们会非常紧张，甚至害怕，此时的紧张或害怕很可能与治疗师的引导有关。

因此，为了尊重来访者，为了避免不必要的紧张，建议意象对话心理师在进入第二段想象时，尽可能使用"如果你愿意的话……"这类用语。

另外，当来访者在想象中出现以下情况时，意象对话心理师需要直接切入意象对话，进行有针对性的治疗工作：生病或受伤的动物；带有明显消极情绪的动物；其中两个动物意象的关系很不友好，如鄙视、愤怒、敌对、害怕等。

综上所述，"草地上的动物"这一起始意象，可以用来分解动物子人格，也可能直接进入人格层面的干预工作，运用动物人格意象进行心理治疗。

### 7. 看镜子

这个起始意象的目的在于，了解潜意识中的"自我"形象。该起始意象由于涉入较深，又多见消极意象，所以，初学者请慎用！

操作时，引导来访者在想象中站在一面神奇的镜子面前，看看镜中出现的是什么。这是一个比较容易见到消极意象的起始练习，但很多来访者由于太过理性或某种直觉，不能很好地放松，会影响到想象的深度。因此，为了能够比较顺利地探索到深层的"自我"形象，意象对话心理师可以先引导来访者在想象中进山洞或下楼梯，然后在这个过程中遇到一面镜子，再站在镜子面前看看里面出现的是什么。比如，引导来访者："想象中，你在下楼梯，一个台阶一个台阶地往下走……走到拐弯处，墙上有一面镜子，你站在镜子面前看一看，里面出现的是什么？"

这里再次强调，意象对话疗法的初学者，以及从未接受过系统的意象对话专业培训而只是读过相关书籍的人，最好不要对自己或别人使用该起始意象！因为如果你缺乏自我探索的经验、缺乏应对各种消极意象的经验、缺乏处理各种强烈消极情绪（如恐惧、哀伤等）的经验，就很难应对该起始意象容易出现的情况。如果应对不了，容易造成想象者的现实感减弱或丧失、情绪沉溺或爆发、心理创伤被揭开却无相应的治疗等情况，这不仅对自己有危害，更会对他人造成危险。

请不要拿自己和别人冒险！

### 8. 看山洞

"看山洞"与"看镜子"一样，都是涉入较深、易见消极意象、易出消极情绪的起始意象，因此，请意象对话疗法的初学者以及从未接受过系统的意象对话专业培训而只是读过相关书籍的人，最好不要对自己或别人使用该起始意象！

"看山洞"的目的在于：一是探索自己的潜意识；二是了解自己的退行机制（退行是一种心理防御机制，指一个人在现实生活中遇到了某种困境，心理年龄及其行为无意识地退回到童年早期的水平，以缓解内心的焦虑）。

**常用引导语：**"请想象你来到了一个山洞，愿意的话，可以走进去。如果需要，可以在想象中带上火把进入山洞。走进去之后，仔细地看一看，里面都有些什么？"

由于山洞象征着我们的潜意识，也象征着母亲的子宫，探索到的都是比较深层或生命早期的心理内容，比较容易出现骷髅、鬼等形象可怕、怪异的意象，来访者往往需要一定的心理支持。因而，意象对话心理师在引导这个起始意象时，常常需要运用真诚的态度和温和的引导语支持来访者："无论你在山洞里见到什么，它们只是想象，请相信我会一直陪着你。你只需要把看见的东西描述出来，如果有任何不舒服的感觉也都说出来。"

### 9. 观想本尊

这个起始意象的目的在于，将某种积极、健康的心理品质意象化、拟人化，在内心层面进行认同。换言之，"观想本尊"是联结心理品质的一个想象练习。

"观想本尊"这个说法源于密宗，它是密宗的一种个人修炼方法。修炼者选一尊佛像，想象这尊佛像进入自己的胸膛，越来越大，直到和自己一样大，充满了自己的身体，和自己融为一体。他们相信，这样做可以让自己得到佛的智慧、佛的慈悲，使自己渐渐接近佛。

意象对话借用这个说法来表达相似的心理技术：通过想象自己和别人融合而获得别人的心理品质。

操作方法如下。

首先，选择一个自己的"本尊"，或者叫榜样，可以是名人，也可以是自己认识的一个普通人。如果想提高自己的口头表达能力，就选择一个这方面能力很强的人作为自己的"本尊"。选择原则：性别相同，身材、气质、性格等方面有很多相似或相同之处，最重要的是"本尊"是一个积极、健康的人。

其次，读"本尊"的传记资料，或者多和他/她接触。有可能的话，找一张他/她的照片，尽可能地了解和熟悉他/她。

最后，每天选择一个不受打扰的时间，想象"本尊"和自己的身体融为一体。每天练习10~20分钟，一般需要持续练习一个月。可以想象自己的胸膛里融入了他/她的照片，照片越变越大，直到和自己一样大，完全融合在一起。

请注意，运用该起始意象进行练习时，只需要放松下来投入地想象，不需要思考，不需要分析，也不需要刻意地模仿或表演。

### 10. 坑或者盆地

该起始意象的目的是了解来访者当下所面临的心理问题。

**常用引导语：**"在想象中，你的面前有一个坑（或者盆地）。看一看，这个坑有多大、多深，里面是否有东西，它距离你又多远。如果你已经在坑（或者盆地）里了，体会一下现在的心情……"

这个意象是用来测查和了解来访者当下所面临的心理问题的，所以，并非所有的人在想象中都能看见坑（或者盆地）。如果当下没有什么心理问题，或者想要解决的不是当下的问题，来访者很可能在想象中看不到坑或盆地。因此，建议意象对话心理师在确定来访者当下存在心理问题，但需要进一步了解其具体情况时，运用此起始意象进入意象对话。

还有一点需要注意，意象对话心理师不要强迫来访者在想象中"跳入坑中"。

**引导原则：**既要抓住时机切入治疗，也要尊重来访者的心理节奏。

### 11. 家庭照片

这个起始意象是为了增进来访者了解自己内心深处的家庭面貌，促进自我探索与心灵和谐。

**常用引导语：**"你的脑海里逐渐浮现出一张家庭照片。仔细观察，照片上面都有谁？每个人的位置、样子、穿戴、表情是怎样的？看着这张家庭照片，你是什么感觉？"

如果来访者对于照片中的某个人或某几个人有格外的感觉，或者有想说的话、想表达的心情，就引导其实现，必要时引导其想象照片中的每个人都是可以表达自我的。

或者也可以进一步引导："想象你用一种神奇的液体涂到照片上，原来的图像就会渐渐消失，而显示出一个新的图像来。照片上的每个人都变成了新的样子，也许是人形，也许不是。照片上的情景也会改变。看看现在照片是什么样子？"

这部分内容所涉及的具体技术，请参考后文讲述的如何运用人格意象进行意象对话。

该段意象对话结束时，可以引导来访者将家庭照片保存在自己身体的某个部位。如果来访者在对话过程中经历了感动、感激、压抑心情的释放、愿望的表达等，还可以在结束时强化这些积极的感受。

### 12. 双人意象、咨询室意象

意象对话疗法非常强调建立咨访关系的重要性。良好的咨访关系对于心理咨询与治疗相当重要，甚至是事半功倍的。从根本上说，意象对话心理师的人格、心理状态和共情能力是治疗的关键。

为了直观地呈现咨访关系，深入了解当下的治疗师和来访者，以及来访者心中的心理咨询，意象对话还专门设计了两个起始意象——双人意象和咨询室意象。

双人意象用于评估咨访关系，促进建立良好的咨访关系。

双人意象，就是在整个意象对话过程中，意象对话心理师始终与来访者在一起，并且参与来访者的意象经历，意象对话心理师也会把这个过程中自己所看到的意象及其应对等告诉来访者。

双人意象可以使用意象对话疗法中的所有起始意象，只需意象对话心理师在引导语中加入一句："请想象，在你看到这一切的过程中，我也和你在一起。"来访者所描述的想象中的治疗师的样子，象征他心目中的心理治疗师。

咨询室意象则用于了解来访者心中的心理咨询，促进建立良好的咨访关系。

咨询室意象的常用引导语与"房子意象"相似："请想象，你现在所处的心理咨询室是另外一个样子，它是什么质地？什么颜色？光线如何？里面有什么东西？你待在里面的感觉是什么？"

## 13. 学成归来

学成归来通常有两种用途：一是在团体培训或团体治疗时，用以进行心理评估；二是做个案咨询时，用于进行阶段性的总结。

**常用引导语：**"想象你是一个学生，毕业了，看看你有哪些收获？"

有时，可以通过增加奇异性，促进来访者的想象，例如，引导语变为："在想象中，你曾经去过一个很远的地方，现在你坐着飞机回来了，越过高山、越过大海，你回到了出发的地方。看一看，你带了一些什么东西回来？"

最常规方式的引导语大略是："想象你到一个山洞中游览，山洞的主人是什么样子？""当你离开山洞的时候，主人让你进入一个洞中的宝库，那里有许多各式各样的东西，你可以选择一样带回自己的家。同时也放一件东西，作为你留给别人的礼物。你要带走的是什么东西？"

所带走的东西，象征着这个人在培训或咨询过程中的心理收获。

有意思的是，在做个案咨询时，随着心理问题的解决，随着心灵的成长，很多来访者都会自发地产生梦，在梦境中表达这种"学成归来"的感受以及具体收获。

### 14. 权威意象

我们每个人的成长都离不开权威的影响，而每个人心中的权威形象都不尽相同。为此，意象对话设计了一个起始意象——"权威意象"。

就象征意义而言，很多意象都可以代表权威，如王冠、龙头手杖、权杖、高高的椅子、光环……

**常用引导语：**"在想象中，你的面前有一把高高的椅子，椅子上面有一个人，你看看这个人是什么样子？"

有时，我们也可以借助咨询现场的一把椅子，引导来访者进行想象。为了促进来访者的自我探索，除了观察高椅上的权威形象，还要体会面对他的那部分自己，即想象中面对高椅的人长什么样子，是什么姿势？什么神情？感觉如何？……然后，意象对话心理师帮助这两个人格意象真实地表达自己，真诚地沟通，从而增进来访者关于权威的自知，协调人际互动。

### 15. 抽屉

抽屉起始意象用以将心理问题进行分类和清晰化，有助于标定各层心理问题，便于针对性地咨询与治疗，也便于治疗师的个人成长。

该起始意象中的抽屉以及抽屉中的具体内容代表各层的心理问题。有的时候，也可以象征心理内容或某些记忆，未必是"问题"。

**常用引导语：**"想象你的面前有一些抽屉，每个抽屉都贴着标签，请看清标签的内容。如果你愿意的话，现在可以打开其中一个，看看里面是什么……"

在运用这个起始意象的过程中，意象对话心理师除了关注抽屉以及抽屉中具体事物的象征意义之外，需要更多关注的是来访者每一次具体的心理动作，特别是那些带有防御性质的心理动作，如压抑、隔离、回避等。

**治疗重点：**增加自知，强化现实感。对于未经处理或者处理欠妥的"抽屉"，作为下一次咨询的主要内容——通过寻找抽屉上的标签来确定咨询内容，这样就不易出现遗漏和忽略了。

### 16. 主动选择和承诺

这个起始意象也可以叫作"抓周"。中国有一个传统习俗：当孩子过一周岁生日的时候，父母会在家里举行一个"抓周"仪式，即在孩子的面前摆放一些东西，孩子抓上哪个，就预示着他/她将来做什么。比如，抓书，意味着他/她将来会成为读书人。

这个仪式是一种选择。与起始意象的"抓周"不同之处在于，传统习俗中的孩子抓周是随意选择，因为一岁的孩子是随手去抓；而作为起始意象的"抓周"带有更多的自主性，并且可以更换。如果来访者选择了象征意义不好或不健康的东西，就引导他重新选择；如果选择了象征意义积极的、健康的东西，就鼓励来访者直接将东西进行"保存"。

这种选择是主动的、深刻的，并且是一种承诺。

### 17. 荒岛鬼屋

这是意象对话深度体验时所运用的一个起始意象，因而，不适合初学者使用。

**常用引导语：** "我们将要去荒岛探险，需要的话，你可以准备一个工具箱或急救箱。准备好之后就出发了。仿佛穿越一般，你离开了当下的环境，经过一片大海，进入隔离区，来到一个荒岛。你四处走走，一边走一边看，看看是否有鬼屋？如果发现了鬼屋，请描述……"

引导语中的"准备一个工具箱或急救箱"是为了增加来访者的自我支持，减少他对治疗师的依赖。

"荒岛鬼屋"意象，既能发现来访者的深层心理问题，也能集中解决这些问题，同时，还锻炼了来访者独自生存的心理能力。鬼屋意象及其具体内容往往都是比较消极甚至非常消极的，治疗的时间会比较长，所以，一般情况下，一次只探索一个鬼屋。

**治疗原则：** 不求多，但求透。

### 18. 藏着可怕东西的盒子

这是意象对话中一个经典的起始意象，用以探索潜意识中真正恐惧的事物。意象对话心理师如果能够确定来访者内心中存在恐惧，但是不太清楚他到底恐惧什么，这时就可以运用"藏着可怕东西的盒子"。

**常用引导语：** "请想象在你的面前有一个盒子（有时，为了消除阻抗或增加奇异性，可以将这句改为：请想象在你的床底下有一个盒子），这个盒子里面藏着可怕的东西，只有打开它才能知道是什么。不用担心，这只是一个想象，而且我会和你在一起。好，现在打开它……"

该起始意象是专门用来呈现和解决恐惧问题的，因此，从未处理过自己的恐惧心理的咨询师，或者说，没有处理恐惧情绪经验的咨询师，请勿拿来访者冒险！

### 19. 危险和防御

这个起始意象的目的在于，呈现来访者内心深处的危险以及应对方式。

**常用引导语：**"请想象最危险的场景……想象你就在里面，最可怕的是什么？你如何应对？"

该起始意象的关注重点是来访者的防御方式。如果来访者所使用的防御方式缺乏建设性或有效性（这里所谓的有效性是指积极有效、健康有效），就鼓励其通过"面对"的方法解决问题。

### 20. 丛林探险或荒岛探险

这个起始意象与其他起始意象有所不同，一般不做治疗之用，而是更适于意象对话学习之初使用，目的在于了解意象对话学员的学习愿望、期待和目的。

**常用引导语：**"在想象中，你要去丛林（或者荒岛）探险，走之前你想放下什么？希望得到什么？带的行李是什么？去探险的路上有一条河（或者有一片海），你是如何通过的？你看到的丛林（或者荒岛）是什么样子？……想象探险结束，丛林归来（或者荒岛归来），此刻，你又来到那条河（或者那片海），看看它怎么样了？你此时的交通工具是什么？回到出发的地方，检查一下你的行李，看看是否有增加的东西？或是少了什么东西？"

在团体中分享探险的心理历程时，意象对话心理师要注意，哪些话是针对全体学员说的，哪些话则是针对某位学员说的，这一点一定要澄清。

### 21. 重要关系

"重要关系"起始意象是由曹昱创立的。其内容为：想象重要他人和自己在一个房间里，先看各自的位置、目光朝向等，然后变成动物，看彼此的关系。

如果考察的是亲子关系，在完成上述步骤之后，可以引导来访者想象：父亲、母亲和他自己这三者关系中的某一个退出之后，其余的两者变成了什么动物。

无论怎样，这个起始意象的重点在于呈现"关系"，因而，治疗的重点也在于彼此关系的互动与沟通。

## 22. 愿望商店

"愿望商店"起始意象是由曹昱创立的。在现实生活中,任何愿望的实现都需要一定的付出和努力,这就是价值体系的交换。内心世界同样如此。所以,运用此意象作为表象对话的起始时,需要引导来访者:"想象你走进一家神奇的商店,它叫愿望商店。店里摆放着许多抽屉,每个抽屉里都有一个愿望,你只能选一个,并且要去交换。体会一下,你选择的愿望是什么?你准备用什么去交换?"如果来访者在想象中选择用手表去交换抽屉里的金砖,这就意味着他希望通过付出时间而获得财富。

这个起始意象可以帮助我们回观人生的选择——取舍,既厘清当下的思路,帮助自己做出有觉知的选择,也对过去进行重新解读,还能够呈现出自己想要的未来。因此,它的治疗意义是,增强来访者的现实感和自我责任感。

# 第十一章

## 发现、领悟、转化及调节心理能量的技术

### 一、 发现和领悟的技术

前面在探讨"意象对话的微技术"时，已经谈及这方面的部分内容，重合部分这里仅作简要回顾。

*1. 心中的一句话*

**方法**：让来访者找到心里的一句话，反复重复，逐渐加大声音，直至到达一个关键点，让来访者大声地喊出来。

**目的**：有自知地释放情绪，增加自信。

*2. 宁静思维*

**方法**：在需要想明白一个关于来访者自己的问题时，先让他放松，尽可能没有念头，然后让他把这个问题说给他自己，并安静地体验这个问题。

**目的**：增强顿悟。

*3. 逼问*

**方法**：步步紧逼，绝不放松，一层层询问来访者在某个心理冲突上各个层面的感受，直至来访者发现问题。此后，温和引导。

**目的**：增加自知。

*4. "盯着"看*

**方法**：陪伴并支持来访者比较长时间地"盯着"某个意象看，直至来访者

体会到表面情绪后的真实情绪。

当来访者经过很多努力，还是不能领悟某个意象的象征意义时，我们可以用这个方式来促进其领悟。有时，这个意象被"盯着"看了一段时间后，会发生转化，变成其他的意象。这个新意象和原来的那个意象，象征意义往往是一致的。因此，来访者可以借助观察先后两个意象的共同模式，领悟其象征意义。

表演型人格或癔症型人格的来访者，或其他一些来访者，有时会出现虚假的"好意象"，比如，金碧辉煌的房子，全身发光的佛等。这些意象并不是他们心理状态的真实象征，而是一种自我欺骗，源于自我防御心理。如果我们"盯着"看这些意象，它们会转化为更真实地反映来访者心理状态的意象，比如，金碧辉煌的房子可能会变成灰暗的草房。

**目的**：增加觉察和领悟。

## 二、 转化行为的技术

自觉行为矫正技术，是用于矫正不良的行为习惯的方法，可以使我们持续很久的不良行为习惯得到消除、转化。

意象对话能让我们深入地了解自己的心理，知道我们人格深层中对自我对他人、对世界的认知，也能让我们的原始认知发生转变，变得更加和谐、健康。原始认知的转变会自发地对我们的行为产生影响，使我们的行为发生积极的转变。但是，有些行为习惯因为历时良久，稳定性很强，即使我们在原始认知层面已经认识到这个习惯不好，也未必能突破行为惯性而使其较快地转变。这个时候，我们就需要一些更主动地操作，促使这个行为转变更快地发生。

自觉行为矫正就是用于促使行为转变更快发生的方法。其原理是，结合意象对话技术和行为干预技术，引导来访者对自己行为习惯的原因有觉知，通过意志努力改变自己的行为，并且通过记录自己的行为对自己的改变给予强化。

意象对话善于发现问题的内在原因，并在根源上加以干预，是发现潜意识中行为动机的好方法。认知和动机上的改变当然会影响到行为，但是仅仅靠它改变长期的行为习惯还是不容易的。我们需要更直接地运用意志努力去改变行为。

如果我们用行为疗法去矫正行为会更有效。但是，在矫正过程中，来访者对自己的情结并无觉知。无知的情况下，行为虽然可以改变，但是潜意识中往往没有改变，治愈只是表面的。意象对话和行为矫正相结合就是自觉行为矫正技术。这个技术结合了两个技术的长处，并避免了双方的不足。

自觉行为矫正可以用于任何人。它最适于矫正长期的不良行为习惯或成瘾性的行为，如抽烟、酗酒、人际退缩、易怒等。

自觉行为矫正的步骤大致如下。

### 1. 确定自己想矫正的行为

最基本的问题是：必须非常明确被矫正的行为是什么。来访者往往会含糊地描述自己想矫正的行为，比如，"我想让自己别再那么暴躁"。这个表述就很模糊。什么叫作"暴躁"？没有一个明确的、可操作性的定义，我们就没有办法观察和记录成果，也没有办法知道经过我们的心理咨询后，他是不是不暴躁了。因此，对被矫正的行为必须有可操作的定义，必须把它界定为一个可观察、可记录的实际行为。

例如，对于"我想让自己别再那么暴躁"的来访者，咨询师应当先引导他细致地列出对于自己而言什么叫作"暴躁"。也许在工作中，当别人和自己的意见不一致时，他会大声地叫喊，这可以是暴躁的一个表现；也许在家里，当妻子和自己争论时，他会不耐烦地摔门而去，这可以是暴躁的一个表现；也许当他自己做什么事情不顺利时，他会随手把工具扔掉，这也可以是暴躁的一个表现……所以，他应当确定：第一，自己想要矫正的行为是什么？第二，自己是想矫正所有这些行为，还是先只改变其中的某一个行为（例如，不顺利的时候扔东西）？

### 2. 确定矫正的目标

目标也必须是明确、可操作的，仅仅说"我想改的更好"是不行的。还以上述例子说明，如果想矫正的行为是"不顺利的时候扔东西"，那么，矫正的目标可以是："现在我在不顺利时，用力扔掉手头的工具的概率为100%，使得工具被损坏。我希望在自觉行为矫正之后，我会用力扔掉手头的工具的情况只有10%，其他时候我会把工具放好，仅用跺脚等方法发泄不愉快的情绪。"

### 3. 做一次深入的意象对话，找出此行为背后的心理原因

我们可以通过意象对话中的各种方法，去寻找此行为背后的心理原因。最常用的一个方法是，当来访者出现了那种需要矫正的行为——靶行为或目标行为时，咨询师指导他去体会："如果去想象这样做的你，外貌和你现实中的样子

不同，他会是一个什么样的人?"或者，如果来访者知道人格意象分解，就直接问他:"这样做的子人格是谁?"找到这个子人格后，我们就可以做意象对话，分析为什么这个子人格有这样的行为，找到其深层的原因和心理发展的来龙去脉，并按照意象对话的方法，在意象中解决目标行为背后的心理问题。

诚然，我们也可以不借助子人格，而从其他意象入手，寻找原因和解决方式。这一步和其他时候我们所做的意象对话一样，通过感受和分析意象、调节意象，解决目标行为背后的心理问题，从而使得目标行为不再被需要行为背后的心理问题。

### 4. 伴随意象对话，在现实生活中改变行为

深入的意象对话可以让不良行为背后的驱力减少甚至消除，但是，现实中长期习惯性的行为，大多都不可能在仅做过一次意象对话之后就不再出现。在现实中，当再次产生这个行为的冲动时，来访者可以从社会活动中退出一小会儿。这一会儿，他可以短暂地重新做一次上一步骤中的那个意象对话，也就是看到是哪个子人格有这种行为，看到该子人格为什么要这样做，并且在意象中和该子人格对话，在意象中再次体会其深层的原因，并去解决。这个过程像是重温或者复习一次以前的意象对话过程。

在这样一次短暂的"复习"意象对话过程后，来访者会再次在原始认知层面知道那个习惯动作的意义，并且在原始认知层面不再那么需要继续靶行为，于是他就可以用更好的方式行动，用一个更好的行为替代那个不良的行为。

其实，在实际操作的时候，改变习惯行为并不容易。我们往往会发现，即使我们通过意象对话搞清了心理发展的来龙去脉并解决得很好，旧的行为的惯性还是会很大，这个时候还需要做一些有意识的努力，用新的行为去代替旧的。

在情境触发下，我们常常会产生一种冲动——继续不良的习惯行为。每一次遇到这种情况，我们都可以有意识地"复习"意象对话，同时，在行为上用新的行为替代不良习惯。

我们在实践中总结出一个规律:一开始，"复习"需要的时间比较长，后来就会逐渐减短。几次之后，我们可能只用两三分钟完成一次意象对话的"复习"，之后就可以去进行行为改变了。

### 5. 记录行为改变

每次行为改变后，我们都可以做一个记录。记录很简单，比如，成功地完成，就在日历上画一个圈;未能成功，旧行为习惯占上风，就在日历上画

一个叉。

要矫正一个行为习惯，至少需要三周时间，比较合适的时间是半年到一年。这段时间内应尽力做好行为改变的记录。如果做得好，也可以给自己一个小小的奖励作为强化，但是奖励不宜太大，否则会喧宾夺主，效果适得其反。

我们可能有很多希望改变的行为习惯，但是当使用自觉行为矫正技术的时候，我们一次只能选择一个去矫正。直到半年以后，这个行为习惯矫正有了明显效果，我们再选择另一个去矫正。有时，我们会发现，几个不同的行为习惯可能是同一情结的反映，这让我们期望可以同时矫正这几个习惯——但是经验告诉我们，最有效的方法还是逐一进行。

这个方法虽然不难，但能做到的人却很少。也许最难的并不在于事情有多么复杂，而是我们的坚持。有这样一个小故事：皇帝找到一个隐士，据说这个隐士实际是个神仙。皇帝向他询问长生之术，这个神仙说了一个很简单的方法，吃某种并不罕见的草药。皇帝以及他的近臣们很高兴地吃了一阵子，但是时间久了，大家就开始腻了，而且有些怀疑，慢慢地，都不再吃了。只有一个人心思比较简单，他就是每天吃下去，也不多想。最后只有这个人得到了效果，他活了一百几十岁。自我矫正技术大概也是这样一种便宜而不罕见的草药吧。

## 三、 调节心理能量的技术

### 1. 利用染

"染"是一种常见的心理现象。当人的内心疆界发生混淆时，"染"就会发生。所谓"利用染"的方法有很多。比如，我们可以引导来访者通过外部动作的模拟去控制内部感觉，然后去"染"，达到自主。还有，我们可以设计一种仪式，让这个仪式可以有积极的象征意义，通过做这个仪式，可以让意象和心理状态有积极的转变。

还可以通过有意的"染"——置换练习法，进行心理能量的调节。例如，交替看两个房间等。

### 2. 宣泄

宣泄即释放，通过宣泄可以释放存留在意象中的消极的心理能量，帮助来访者从中解脱。宣泄的效果好坏取决于两个要素：一是觉察的是否清晰，二是表达的是否准确和恰当。意象对话非常强调带着自知去释放情绪。

觉察和表达分别具有不同的水平。表达可以有不同的媒介，如感受、躯体、行为、意象、逻辑语言。临床操作时，咨询师需根据具体情况灵活运用表达媒介。遇到阻抗较大或表达能力比较局限的来访者时，咨询师可以引导来访者切换不同的表达媒介，帮助其找到适合自己的表达媒介及其方式。这个心理动作本身就具有成长意义。

咨询师鼓励来访者无论是在心理咨询过程中，还是在现实生活中，都尝试着多表达，学习建设性的表达和有力的表达。比如，写出来就比只在脑子里想更有力。

### 3. 人生画卷

"人生画卷"仅限于意象对话高级班使用。其目的在于，整体了解自己的人生和人生脚本。

具体的方法大致是：让来访者想象自己进入一个山洞，一直走到头，山洞里有一个大厅。从那里再走回来的时候，看到山洞的洞壁上有一幅幅像连环画一样的壁画，每幅画都标注着几岁到几岁，每幅画都反映着人在这个年龄阶段的心理历程。

从整体上看这些人生图片，体会人生的主题、基调和氛围。在这个练习中，重点是引导来访者能把所有这些图片，作为一个整体来体会，从而获得对整个人生的总体体验。

### 4. 保存成果——纪念物

纪念物方法，是一种用意象或实物作为载体，保存积极的心理体验的方法。

当需要把一些积极的心理体验保存下来的时候，我们就可以使用这个方法。在心理咨询中经常有这个需要。来访者可能在咨询过程中，偶然体会到了什么是真正的爱、喜悦、幸福、与人相互融合等积极感受，或者说在某些时刻，爱、自由等积极心理品质得以实现。但心理体验是变动不居的，如果我们不加以保存，也许它消失之后，来访者以后会忘记这个体验，也难以再度唤起这个体验，那么我们只能等待下一次，靠咨访双方的大量努力加上机缘，才能再度得到这个体验。如果我们采用了这种"保存"方法，则可以在未来回忆、重现或者再度唤起这个体验，这对来访者是有意义的。

这个方法的原理是，我们可以通过意象，将一种心理体验符号化，从而使得这个心理体验被保存下来，并且在以后借助意象的符号再度唤起。当然，我们必须承认，在这个符号化的过程中，心理体验不可避免地会多多少少被扭曲。但是，符号化依旧是有意义的。打个比方，我们腌制的咸菜或酸菜虽然已经不是鲜菜了，但总比保存不下来的青菜都烂掉要好得多。

基本操作步骤是，当来访者正处于某种积极心理体验状态中的时候，意象对话心理师做出指导："你现在这个心理感受很好。你可以用心体会这个感觉，让自己完全沉浸在感觉中，体会并且享受这个感受……如果这感受可以变成一个形象，它会变成什么？"等待来访者说出他想象中的形象。随即，告诉来访者："你可以记住这个意象，它就是你刚刚那种心理体验的象征和代表。当你以后想回忆或者再度唤起这种心理体验的时候，你可以将回忆的这个意象作为辅助。"

操作过程中，要注意分辨来访者想象中出现的意象是这个感受本身的象征，还是和这个感受有关的其他意象。最常见的情况是，来访者想象中出现的形象是引起他感受的来源，而不是感受本身。这时，咨询师应当引导来访者找到象征感受本身的意象。

举一个例子：在心理咨询中，一个来访者体验到一种很纯粹的爱的感受，这个感受对他来说非常新奇。这个爱来源于一个确定的对象，是来访者的女友的某一句话给他带来了这个感受。咨询师要求来访者把这个感受转变为一个形象。来访者说："我看到的形象就是我女朋友的样子。"这时咨询师可以告诉来访者："是的，你的女朋友使得你有这种爱的感受，她是你触发你的爱的一个来源和契机。不过我们现在要看看，你的爱的感受本身可以转化成什么形象？你的爱像什么？"来访者辩解道："我觉得我的女朋友就是爱的化身，我的爱就是她的形象。"咨询师说："是的，你的爱可以用女朋友的形象来象征。它也可以用其他形象来象征。如果用其他形象来象征，它会是什么形象？"来访者体会了一下说："像一块红色的水晶。"咨询师说："好的，这块红水晶就是你今天的这个体验的'纪念物'。"

我们之所以要求他找到另一个形象，而不用女朋友的形象，是为了避免他把爱和这个具体的人固结在一起所带来的风险。如果他觉得这个女人是爱的唯一象征，那么万一他以后失去了这个女人，对于他来说，就等于失去了爱——这太危险了。如果这个爱的象征，是他心中所想象出的红水晶形象，那么，只要他不失忆，这个象征就永远不会失去。

要补充说明的是，在找到合适的意象后，我们也可以用实物作为辅助载体。

在上面说过的例子中，我们就可以建议来访者去珠宝市场找一块和他想象中的红水晶类似的实际存在的实物水晶，如果他有这个经济能力，就把这块水晶买下来保存。当需要的时候，他可以把这实物水晶拿出来，作为唤起自己爱的感受的辅助物，届时，这个实物水晶就是"纪念物"。实物纪念物的意义不在于它值多少钱，它只是一个象征，其价值取决于它对这个来访者的意义。

诚然，用实物作为载体也有一个危险，那就是失去这个实物的时候，来访者会觉得仿佛失去了那种美好的心理体验。但是，这个危险相对于用另一个人作为载体还是安全一些。物不会自己离开你，保存得好的话会比较安全。而且我们对这个物的心理投注毕竟比对人少一点，我们也比较容易记得这个物只是一个载体而不是那种心理体验本身，所以，我们也会比较容易另找一个实物代替。

# 第十二章

# 结束的技术

结束技术分为两种：一是未实现目标的结束技术；二是实现目标的结束技术。

## 一、 未实现目标的结束技术——稳定撤退

在运用意象对话中的"面对"时，有一个原则叫作"一不做，二不休"。其基本意思是，对某个困难的心结，如果我们还完全没有把握，可以先不去用意象对话触及其核心，这叫作"一不做"；但如果我们开始了意象对话，在意象对话中出现了令人恐惧的意象，如毒蛇、猛兽、鬼怪、魂灵等，我们就应该面对。即使在这个过程中，来访者感到恐惧，我们也尽量鼓励他继续，直到我们所面对的可怕意象耗尽了它的能量，变得不可怕为止。我们可以鼓励来访者、支持来访者，甚至在必要时命令来访者，让他们坚持面对直到达到这个目标，决不轻易放弃，这叫作"二不休"。

但如果遇到来访者实在不能坚持的情况，怎么办呢？意象对话疗法的建议是，还是要让他们坚持。如果实在坚持不住了，怎么办呢？我们可以用"稳定撤退"的方法，让来访者在想象中，尽可能从容不迫地远离那个可怕的意象。比如，面对着一个鬼意象时，让来访者在想象中逐步后退，直到离开那个鬼所在的地方，退到一个阳光明媚的地方。在此过程中，来访者不转身、不逃跑。

"稳定撤退"之前，咨询师要对来访者说："你今天已经坚持了很久了，你已经成功地完成了今天的任务。你现在可以在意象中转移。"这样，来访者才不会有一个"失败了"的感觉。在"撤退"后，咨询师还要告诉来访者："以后，当我们做了更多、更好的准备后，我们再来看这个意象。下一次我们会更成功地面对它。"这样，暂时的撤退就不会变成一个长久性的恐惧回避。

## 二、 实现目标的结束技术——存盘技术

存盘技术为曹昱所创，属于意象对话的创新技术。由于它是可以广泛用于意象对话完成治疗目标时的结束技术，因而，在这里单独列出。

### *1.* 设计背景

心理治疗和咨询师的自我成长过程中，经常会出现阶段性的"反复"——我们会发现，一些以前已经处理过的重大创伤性情结，在经过一段时间后又反弹到了原点。这常常会让我们困惑："我们以前做过的工作到底有没有用？"

我们发现，一个对我们影响很深远的创伤性事件，往往已经潜移默化地渗透到了我们潜意识的方方面面，已经作为一个潜意识的消极脚本和信念、一种消极的行为反应习惯、我们自我的一部分存在着。因此，仅仅割裂地解开一个单一的情结是不够的，因为和这个情结相关的种种继发的问题和习惯依然存在，它们就像一个"势"一样，无形地推动着我们回到原来的系统中去。

这就像一个老板基于某种信念创立了一套企业文化体系，然后，当企业做大以后，老板改变了他的信念，但他的两千名员工依然继续受到原来企业文化的影响，这种集体的大势会推动着老板回到过去的那个心理位置上去。而对老板而言，因为这个新生的信念还没有在自己心中"站稳脚跟"，旧有的那个几十年的信念也并没有消失，与此同时，旧的信念符合员工心理舒适度，不断受到员工的支持和滋养，而新的信念缺乏心理支持，所以在坚持一段时间以后，这个老板也就不知不觉地"反弹"了。

### *2.* 工作原理

针对上述困难，曹昱根据人类的心理规律，设计了"存盘法"这个技术。"新的来了，旧的依然存在"，时间线上的及时覆盖，使得"旧文件"被修改过的"新文件"替代，从而成为一个"升级"的心理版本。这样，在原始认知层面，我们内心深处的新旧两个信念就有了一个下意识的关联。我们的潜意识开始知道，"旧文件"已经是过去的"作废文件"了，从现在起，我们的信念基础将是这个被更新过的"新文件"了。

"存盘法"旨在弥补被处理过的情结出现反弹这一不足，尤其在不可能一次性处理完的重大情结中，不断加入并固化每一次注入当下的新资源，并通

过对过去和现在建立有觉知的连接来促使反弹时的自动更新。这个技术经过大量的实践应用，被证明可以有效地防止情结反弹。

### 3. 基本操作

在一次咨询中，当一个情结被相对完整地处理并好转之后，引导来访者马上回到刚开始呈现问题的消极意象或生命脚本照片中，带着当下的觉知，在同一视野中同时看旧版本与新版本，并用新版本对旧版本进行更新、命名、存储。然后，请来访者根据自己的感觉，把要存储的"新文件"放在身体的某一位置，以备日后需要新资源的时候能够连接、提取、应用。

值得注意的是，临床经验显示，一般将"新文件"存在心区或本能区较好，存脑区易反弹。但是，出于对来访者的尊重和接纳，在实践操作时，意象对话心理师不必急于引导，只需针对具体情况增加来访者的自知。

例如，当来访者将处理过的升级版心理脚本存于脑区时，意象对话心理师可以鼓励并引导对方："今天你迈出了非常重要的一小步！以后我们会继续关注它。"这句话的目的有三：一是充分认可来访者；二是提醒来访者，这个被处理过的情结将来可能会以某种方式呈现反弹；三是增加觉知，鼓励来访者，即使某一天有所反弹也不必担心，因为有了今天所种下的"新的种子"。

### 4. 应用范例

为了便于读者和使用者理解，这里列举研发者的一个工作范例。

在意象中，来访者看到一个人格意象——一个正承担着来自所有家庭成员压力的人，衣衫褴褛，弓腰驼背，愁苦不堪。引导来访者继续"盯着他看"时，这个人物形象在想象中变成了一个肮脏、破烂、堆满垃圾的垃圾桶。通过意象对话，来访者把它输送到垃圾发电站，并清理、维护了这个又脏又破的垃圾桶。电能输送到身体的各个部分，成为心理资源。这时，再引导来访者在想象中看着这个垃圾桶，它已经变得焕然一新，最后变成了一个健康、快乐的环卫工人。

此时，使用"存盘"技术——引导来访者有觉知地看着这个环卫工人过去的照片，承认这个过去的存在，然后，用环卫工人的新形象覆盖原来的形象，并为这个过程命名，最后存盘。

这段意象对话结束后，咨询师告知来访者：现在这个子人格虽然已经是环卫工人了，但他可能还会在将来某个时候想到自己的过去，那也没关系，到时候就可以提取这个"新文件"，让他自己明白现在的自己和过去是不同的。

大约两年后，这个来访者反馈，在面对高强度压力的时候，他有两三次感到自己又回到了原来的状态，但随即那个旧形象就自动唤起了新的环卫工人的意象，之后他就会感到自己已经有了新的应对模式。他甚至都不用去主动提取"新文件"，就已经自动化地认同了更健康的压力应对模式。

## 5. 适用范围

"存盘"技术适合用于一般性心理问题、各类神经症和轻度边缘型人格障碍。适用人群为：心理创伤群体、自我成长的心理咨询师。

## 6. 注意事项

第一，在"存盘"的时候，请注意，如果来访者选择把"新文件"放在头部代表他可能还有理智化倾向，那么在下一次咨询的时候，建议意象对话心理师引导来访者主动提取，再次体验新模式的积极资源并进行巩固。通常，经过一次主动提取和体验后，文件就都被放入了胸区。

在应用中我们发现，如果咨访关系足够安全，来访者在对新的积极意象有了充分体验后，绝大多数都会自动存放在胸区（代表情感区）。

第二，极少的时候，存放部位有各类屏障或紧箍类的意象，如果出现这种情况，则说明来访者还存在一定的阻抗，往往对这个新的积极模式还不习惯。这时，可引导来访者看看那个存放的部位有什么东西挡着或箍着，先突破阻抗，再带着自知去体会，最后完成存放步骤。

第三，如果一个消极意象还没有完全转化成积极意象，来访者尚有明显阻抗，或者咨询师对意象有不当操作，请不要使用"存盘法"。

第四，为了谨慎起见，请意象对话的初、中级学者不要使用"存盘法"。

# 第十三章

## 意象对话疗法关于人格的技术

### 一、 分析人格的基本技术——人格意象分解

#### 1. 何为人格意象

每个人的性格都有不同的侧面，不同侧面的性格可以用不同的形象来表达。当利用意象的象征意义将整体人格进行分解时，人格就形成了一个个特点鲜明的具体形象，我们称其为"人格意象"。被分解出来的各个人格侧面被称为"子人格"。

#### 2. 人格意象源自何处

朱建军教授在《你有几个灵魂》一书中，将人格意象的来源分为五种。

（1）固有的子人格

所谓固有，是指一个人与生俱来的某些人格特性。一个人多数的人格特性都是属于固有的。

（2）内化的子人格

发展心理学论述过儿童内化父母性格的过程。经典精神分析心理学在阐述超我的形成机制时指出，儿童会出于某种动机而把自己父母的性格特点进行内化。除父母之外，其他的人也可以内化成人格侧面，诸如，青春期所崇拜的偶像，某个具有重要意义的亲人或朋友等。

（3）时期性的子人格

我们在不同的成长时期具有相异的性格特点。我们的一些子人格印刻着早年甚至幼年的影子，这种人格侧面很可能是某种固结了的心理能量的形象化身。

因而，时期性的子人格非常具有心理诊断意义。意象对话心理师可以通过了解来访者某个时期性的人格意象，来了解来访者在当时的这个年龄（段）发生了什么，体验到了什么，留下了怎样的心理创伤以及他/她真正需要的是什么。

（4）内容性的子人格

这是最常见也是最多的一类人格意象，源于后天的心理经验，虽强调后天，却也不乏先天的基因作用。当我们对引发情感、情绪的内外事因做出某个判断、产生某个观点时，当我们习惯于用某种行为方式对待某种情感、情绪时，这些生动的心理活动就会积聚成为一个鲜活的人格意象。

（5）角色性的子人格

这种人格侧面是个体内化的社会角色。为了适应社会，为了取得社会与他人的认可，我们需要了解社会角色。当我们对某个社会角色产生认同时，这个社会角色的公认形象及其性格特点就会被内化。

### 3. 子人格的象征意义

意象对话心理学称人格意象为"子人格"（sub-personality）。

首先，子人格无所谓好、坏之分。

譬如，代表神秘和直觉的动物意象有很多，如蛇、蝙蝠、乌龟、猫、蜘蛛、黄鼠狼等。对于子人格，我们很难说谁好谁坏，关键要看来访者的心理发展如何——心理发展得不好，人就会比较"阴"；心理发展得好，人就会正面发挥神秘和直觉，拥有良好的洞察心理的能力，会成为优秀的艺术家或心理学家。

我们在意象当中常常觉得有些东西"不好"，那是因为我们对它不接纳，对它有消极的感受和体验，所以排斥它、害怕它、不喜欢它。

其次，子人格因具有人格意象上的象征意义，才具有心理分析价值，也才会对个体的自我接纳和心灵成长产生深远影响。

最后，从理论上说，大致可以从五个方面简述人格意象的象征意义。

其一，人物。人物意象在人格意象中是最为常见和普遍的。通常，他们源于某个原始意象，抑或某几个原型的结合。例如，女性的人格意象中经常出现"母亲"这一类的人物，可能是慈眉善目、和蔼宽容，也可能是严肃苛刻、管教严格；可能是老年女性，也可能是中年女性；可能与自己关系好，也可能不好；可能心理健康，也可能不健康……

但是，这一类意象都有个根源性的原型——大地母亲或大母神（Great Mother），这是典型的母亲原型。因为她源于大地、土地，所以，有的时候她又以不同形态的大地、土地形象出现。

总之，"母亲"类的人格意象，虽然不一定叫"母亲"（这里指来访者给人格意象起的名字），却会凸显其生育、滋养、养育的功能，突出其善良、爱心、宽容的性格特点，诚然，也可能展示"母亲"的另一特性——吞噬性，犹如大地汲取落叶、尸骸的营养。

其二，动物。动物意象通常"代表一个人天赋的素质特点、神经系统的特点，或者按照苏联心理学家的说法是气质。气质是性格的基础，所以，我们知道一个人的子人格中包含几种动物，就可以大致知道他的性格"（朱建军，2003）。因此，总体说来，动物是象征性格的。

动物意象的分类与现实中的动物有关联，但不完全一致，主要是根据它们的性格特点以及拟人化的形象意义进行划分。若以土、水、火、风来划分动物意象，则大象和熊属于土性；鱼为水性；狮子和老虎是火性；鸟类当属风性。它们分别具有某一类的基本特性：土的厚重、实在、坚定、承载、宽容、接纳、温和、现实；水的滋养、关怀、情感；火的阳刚、激情、坦率、危险；风的自由、灵动、不稳定。

了解某一动物意象的象征意义时，既要考虑其整体类别的意义，还需认真体会细微的性格差异。

其三，植物、矿物、器物。植物、矿物和器物不太容易拟人化，但在人格意象中仍然具有象征意义。它们在人格意象中处于更为深刻的层次，比人物、动物和鬼神都要深刻。因此，很多人在初次分解人格意象时，不太容易见到这些象征物。实际上，它们存在于我们每一个人的人格构成里，而且是原型层面的。

先说植物。以树为例。荣格提出，树有时象征生命，也许是因为土地代表潜意识。通过观察和体会树意象的具体状态，可以帮助我们了解这个人当下的生命状态。面对一棵枝繁叶茂、高大挺拔的松树和一株细细弱弱、随风摇曳的柳树，我们肯定会有不同的感受。

再说矿物。矿物意象可被视为荣格理论中的"自性"，代表深层潜意识中的自我，是自性的现状。比如，原油象征潜意识中的心理能量；不同的玉或宝石象征着真实自我达到的不同程度的整合、完成和纯净状态，因而是一个人心理健康程度非常好的标志。

最后说器物，即物品。例如，武器代表性或男性气质，有时也代表攻击、敌意和愤怒；电话和电视机的内容往往是潜意识心理的体现。

其四，死神、恶魔、鬼。鬼意象是强烈的消极情绪的象征。各种鬼意象只是源于几个典型的原型——死亡原型、恶魔原型和巫术原型。死亡原型可以化身为死神。他们可能是阎王、死神、鬼或黑白无常等。恶魔原型尽管并不象征死亡，但它常与死亡原型相结合，可以幻化成魔鬼。魔鬼意象的长相可能很丑恶，穿着大黑袍子或根本就是个黑影，非常强有力，有时头上长出牛角；他也可能装扮得衣冠楚楚，一尘不染、十分整洁的样子，但给人的感觉并不舒服，不招人喜欢。

不论来访者在意象中看到的是抑郁女鬼、吸血鬼、厉鬼，还是色鬼、胆小鬼、吊死鬼，现实生活中没有哪个人真的是魔鬼。这类意象不过是人的死本能象征而已。

## 【注意】

无须在意象中主动找鬼。

巫术原型可以化身成各种巫师。"巫"代表内心的直觉能力。当有邪性的巫出现时，意象对话心理师千万要提醒自己或来访者：不要过于追求神秘的东西，应以现实人生为主。我们活得幸福与否，并不在于是否具备特异功能。即使有人有，也没什么。

其五，神灵、菩萨、佛。作为人格意象，神灵、菩萨和佛都具有一些容易让人向往的特性，如慈悲、智慧、自信、博爱等。因此，这类人格意象也容易产生诱惑，有的人以为在梦或意象里见到佛，就代表自己真的成了佛。

这可能是幸运，但也可能是危险。关键在于对待这类意象的态度——如果只是看见它、承认它，而不利用它，心理就会比较健康；假如迷信它、依赖它，就会非常危险。

### 4. 人格意象分解的作用

第一，有助于更直观地加深自我认识。人格化的具体形象能够帮助我们更明朗地认识自我，不断地化解心理问题，消除心理障碍，完善整体人格。

第二，作为一种人格测量，人格意象分解有助于治疗师迅速了解来访者的行为模式和总体人格，利于诊断，促进治疗。

第三，人格意象分解以原始认知为工具，可借此引入多种心理治疗方法。

第四，人格意象会随着来访者心境的转换、心理健康水平的变化、某一特定时期出现的心理问题或心理障碍、情绪的起伏等而有所改变，所以，人格意象分解还可以用来加深治疗以及检验疗效。

第五，在分解人格意象的时候，可以将各个时期的人格意象进行并列，从而获得人生格式塔，更全面地、完整地、多角度地看到自己，促进自我成长。

### 5. 人格意象分解的基本操作步骤

人格意象分解的操作步骤符合意象对话疗法的一般方式。

第一步，简单介绍一些人格意象分析，引发来访者的兴趣。针对来访者的担心和疑问，意象对话心理师应适当做些解释，打消其顾虑。

## 【注意】

事先不必告诉来访者人格意象中可能会出现植物、矿物或鬼神形象，因为这些较深层次的人格意象总是自发呈现的。临床规律是，当来访者的人物子人格出现一些之后，意象中就会很自然地出现一些动物的形象，或者鬼、神、菩萨的形象，个别时候会出现植物甚至矿物的人格意象。

第二步，引导来访者放松。确保周围环境安静，光线适中，避免强烈刺眼的光线。让来访者选择一个舒服的姿势坐好或半躺，随即引导其放松。

第三步，引导来访者在想象中自然呈现子人格。可用房子意象或草地意象进行引导。几乎所有的来访者在出现了几个或十几个人物形象之后，会突然说："哎，怎么又有动物出来了？"意象对话心理师可以回答说："是的，都会出现动物的，你看见的是什么动物？"

第四步，仔细观察。当某个子人格充分表达时，来访者的神情、声调、身体姿势等都会发生明显的改变，变得和这个子人格的性格一致。这个时候，仔细观察可以帮助意象对话心理师快速而深刻地把握住来访者子人格的交替状态。

第五步，对于出现的人物子人格，引导并记录其各方面的特点。记录的具体方式及内容请见下文的"矩阵图"。

每个人的子人格通常都有几十个，所以，做一次完整的人格意象分解，需要花费比较长的时间，一般是2～4小时，有的人还需要更多的时间。

对此，可以采取以下两种处理办法。

一是将一次的心理咨询时间延长为2～3小时。这种处理办法的优点是可以一次性、连贯地完成来访者的整个人格分解，缺点是来访者和治疗师都会感觉疲劳。

二是将人格分解工作分成几次咨询来完成。这种处理办法虽然不如一次性的完成那么连贯，但是，它的好处也是显而易见的：当找到一部分子人格，发现并解决了他们相互之间的矛盾和冲突之后，来访者的心理问题或心理障碍症状随之消除，也就不需要再去分解其他的子人格了。

此部分的研发由朱建军和孙新兰合作完成。以下部分的人格意象分解的研究由朱建军完成。

## 6. 人物子人格的特点记录——矩阵图

为了完整、细腻地了解每一个人物子人格，意象对话心理师需要记录其特点：姓名；年龄；性别；外貌；喜欢什么；不喜欢什么；性格；备注（指其他有用的资料，如子人格之间的关系等）。

为了清晰地呈现出各个子人格之间的关系，进行人格意象分解的时候，可以用矩阵图（表13-1）来记录。具体操作如下。

画一个矩阵图，横向和纵向都列上各个子人格的名字，然后在表格中的每个格子里填上代表关系的符号："＋"代表喜欢，"－"代表不喜欢，"/"代表不认识，"＝"代表认识但是不关心。

对矩阵图进行计算和分析，就可以了解到来访者的潜意识事件与意识事件是怎样对应的，可以促进来访者的内省，也可以让来访者通过意象对话进行内在冲突的化解及子人格关系的调解。

即使不做任何其他的心理咨询性质的操作，仅仅让来访者自己分析各个子人格之间的关系，对于来访者而言也是有益处的。因为在画出矩阵图以及分析图表的过程中，来访者就有机会看清自己。这个过程宛如来访者自己照镜子——关注心灵之镜本身具有积极意义。

**表 13-1　某来访者子人格矩阵图示例**

| 姓名 | 年龄 | 性别 | 外貌 | 喜欢 | 不喜欢 | 性格 | 备注 |
|------|------|------|------|------|--------|------|------|
| 傻瓜 | 二十四五岁 | 男 | 个子不主高，蓝色休闲衣服 | 看女孩（漂亮的、长头发的、高高的） | 被别人看着 | 快乐、懒散 | 与小猪是爱人 |
| 小猪 | 20 岁 | 女 | 个子矮矮的，脑袋大大的，黑色小裙子 | 做梦，做成熟的梦（长大的梦） | 被别人欺负 | 不合群、不随和 | 与傻瓜是爱人 |
| 爸爸 | 40 多岁 | 男 | 蓝色破衣，邋遢 | 喝酒 | 玩 | 颓废 | 不认识别人 |
| 烦人妈妈 | 40 多岁 | 女 | 一脸的劳累，无精打采，枣红色夹克 | 没什么喜欢的 | 平淡的生活 | 一会儿高兴，一会儿不高兴（叹气） | 不认识别人 |

### 7. 如何运用子人格进行意象对话

子人格并非实体，只是意象对话心理学将人格侧面进行意象化的一个特定称谓，所以可以转化。但是，要想改变子人格及其行为模式，最重要的前提是：对情结根源、常见表现的充分自知！

在临床操作时，意象对话心理师不引导，也不允许来访者攻击或消灭任何消极的人格意象。这是非常重要的治疗原则！

以下是运用子人格进行心理治疗的方法。

(1)子人格替代

子人格替代是指，在某个特定情境下，用某个子人格替代另一个子人格。

一些心理困难之所以产生，是因为来访者在某个情境中运用了不适合这个情境的子人格。如果意象对话心理师发现来访者自己的子人格中存在适合这个情境的子人格，就可以引导对方使用子人格替代的方法。

子人格替代的基本操作方法很简单，就是来访者呼唤这个子人格的名字，让他"出场"，同时体会这个子人格的感受，想象他的样子。随即来访者就会"成为"这个子人格，也就可以更好地适应某个情境。

运用子人格替代的方法，必须注意一个问题，那就是"任何一个子人格都必须有自己的出场机会"。如果我们不断地使用某些我们认为好的子人格，而不允许其他子人格出场，时间久了，那些不能出场的子人格就会越来越压抑，越来越具有破坏性，我们的总体心理健康程度就会有所减弱。

(2)子人格相互认识

子人格相互认识，就是让相互不认识的子人格之间能相互认识。这个方法本身就具有心理治疗意义，其目的在于增加自知，对于那些隔离程度较高的来访者格外有帮助。

在相互认识之后，这些子人格之间就会出现或者相互喜欢，或者相互不喜欢的关系。如果是前者，这些子人格的相互认识和喜欢会立刻带来某些有益的效果。比如，两个新认识的子人格之间可以取长补短，共同进步。如果是后者，我们还需要进一步调节这两个子人格的关系，让他们从不喜欢变为喜欢，即使达不到喜欢的程度，也需要调节到彼此接纳。

在实际的心理治疗中，后一种情况远多于前一种情况。甚至有些子人格之间之所以不认识，就是因为他们以前关系不好，不愿意交往，时间长了就互不认识了。调节他们之间的矛盾固然有一定的困难，可是一旦成功，来访者的改进也将非常明显。

（3）子人格关系调解

这个方法主要是针对那些相互不喜欢的、有敌意的、有轻视的、有冲突的子人格。通过意象对话心理师的有效调节，使这些子人格之间的矛盾得以发现和解决，彼此关系得以改进，从而化解来访者的内心冲突，促进心灵和谐，改善外在的人际交往状况。

同一个人的两个子人格之间，敌意可能达到非常惊人的程度。意象对话的临床实践中，常常发生一个子人格去暴打甚至虐杀另一个子人格的事情。刀砍、枪击、投毒、投陷阱无所不为，目的就是毁灭另一个子人格。这两个子格之所以不能共容，往往是因为双方所象征的事物之间有冲突和矛盾，而来访者又没有办法解决这个矛盾，于是，造成了两个子人格各执一端，互不相让的局面。

常见的一种情况是，一个子人格有一种过分保守、不近人情的性观念，而另一个子人格则有一种放荡不羁的性态度。实际上，人不能没有性，也不能放纵性，最适宜的状态是二者处于均衡状态。但是，当一个子人格过分偏向一个极端的时候，另一个子人格就会矫枉过正地走向另一个极端，所以，双方的冲突愈演愈烈。

常见的另一种情况是爱憎分明，虽未达到仇恨和敌意的程度，但某一个子人格却轻视另一个子人格。骄傲的子人格一定会有某个长处，如强大、美丽、聪明或幸运，而他所轻视的另一个子人格则弱小、丑陋、愚蠢或倒霉，并且很自卑。与自卑的一方一样，骄傲的一方也往往希望另一方最好不存在。但实际上，他们是并存的。自卑的一方越是自卑，出于一种补偿的功能，这个人心中就会出现一个十分骄傲的子人格。骄傲的子人格越是骄傲，原来自卑的子人格就会更加自卑。最后，双方的差距越来越大，也越来越没有良好的关系。

虽然一方的子人格很想除去另一方，但是，我们知道这是完全不可能的。任何一个带有心理能量的意象都不可能任意消失。除去对方的努力由于起到压抑的作用，只能使心理内部的矛盾和冲突更加剧烈。

当一方严重压抑另一方的时候，来访者有可能不承认被压抑的那个"坏的""弱小的""丑陋的""愚蠢的"或"倒霉的"子人格意象是自己的一部分，而宁愿把这个意象说成是别人的，把空虚意象投射到身边的亲友、同事、老师或宿敌身上。这个做法必然把内部的心理冲突转化为和别人的人际冲突，而想要在人际关系中解决自己的内心冲突几乎是不可能的。

假设某个老板把自己讨厌的子人格形象投射到员工身上，就会出现这样的事情：老板由于十分不喜欢某个员工，便找机会把他开除了，过些日子，发现还有这样的员工，就又开除掉……只要老板心里的子人格关系状况不改变，他就会接连不断地把这个形象投射到员工身上。于是，他会发现，身边总是有讨厌的人，一个接一个，没完没了，好像永远也开除不完。

其实，真正有效的解决方法是重新认识自我。首先，勇敢地承认这些子人格都是自己的一部分，这是非常重要的前提。然后，在心理专家的帮助下，调解他们之间的关系。子人格之间的关系好转了，心理矛盾也就化解了。需要说明的是，如何调节则要根据子人格矛盾的具体性质以及子人格的具体性格进行处理。

（4）子人格互相补充

这个方法一般是让子人格在想象中互相有"身体接触"，如拉手、握手、拥抱等，以交换彼此缺少的心理要素。

意象对话的临床经验表明，每一个人都具备自我实现的潜质，这个潜质的表现之一就是：如果某个子人格缺乏某种对心理健康非常重要的心理要素，则同一个人身上必定会有另一个子人格具备这个心理要素。

换句话说，每个人的性格特点都是"成对儿"出现的，如鹰和鸽子、狮子和羊、坚强和懦弱、执着和灵活……只不过，对于我们自己能够接纳的、喜欢的或自认为"好的"性格特点，表征此特点的子人格就经常"出场"，相反，我们不接纳的、不喜欢的或自认为"不好的"性格特点，就会受到压抑、排斥，表征此特点的子人格也就很少有机会"出场"，或者变得陌生、可怕、被忽视、厌恶等。

意象对话运用子人格的互相补充，更充分地唤起来访者原本就具有的心理能量，提升自我接纳，增加心理自由度。在实际操作时，有时需要将子人格关系调节和子人格互相补充这两个方法结合使用。

（5）子人格定位治疗

在意象对话心理治疗中，不一定总是需要对来访者做全面的人格意象分析，也不一定总是有时间去做全面的人格意象分解。因此，实际做治疗时，常常需要用子人格定位来访者的某一个心理问题或心理障碍，并加以解决。

一般说来，当来访者出现强烈的消极情绪时，或表现出某种很有特征性的行为模式时，意象对话心理师可以引导来访者："看一看现在表露出情绪的'人'是谁，这个子人格长什么样子，叫什么名字……"

当然，这样做的前提是来访者已经知道什么是子人格了。如果来访者做过意象对话但是从来没有听说过子人格，我们的指导语可以是："你放松地去想象一下，假如现在出现强烈情绪的不是你，是另一个人，这个人长什么样子？叫什么名字……"

通过定位的方法，我们可以把与心理问题或心理障碍相关的子人格找出来，而不用去管关系不大的其他子人格。这样，不仅可以节约时间，提高效率，还能够进行有针对性的心理治疗。

这种"定位心理处理"恰恰是最大的治疗优势。因为有一个事实是不容忽视的：同一句话，这个子人格听到是有益处的，而另一个听到却可能有害。如果不用意象对话而用平常的方式做治疗，我们很难知道我们所说的某句话是被来访者的哪一个内心部分听到了。当我们很难知道、也无法把控时，干预效果就有可能被抵消很多。

(6)子人格扑克分析

该技术由左辉发明，适用于展示人际交往，辅助人际交往的心理调节。具体操作如下。

准备好一些纸袋，把它们设计成一套"子人格档案"。每个纸袋的一面是某一个子人格的基本信息。信息可以用表格的方式展现，内容包括：编号；姓名；性别；年龄；喜欢的事情；不喜欢的事情；性格；和"别人"的关系；其他。纸袋的另一面写上该子人格的姓名，如果可能的话，还可以画上"画像"。然后，在每个纸袋里面放入一些扑克牌大小的硬纸卡片，卡片上写着与纸袋信息一样的那个子人格的姓名和编号。在分析一段社交情景的时候，就像打扑克牌一样看看每个子人格的"出场"条件、频率等。

例如，在这段社交情景中，来访者做出了一个行动，或者产生了一个内心活动，意象对话心理师就引导来访者分析，是哪一个子人格做出了行动或产生了内心活动，随即在相应的纸袋中取出一张卡片放在桌子上。当这个子人格出场后，另一个子人格可能会有所反应，再分析有所反应的子人格是哪一个，把相应的卡片也取出来放在桌子上……以此类推，就可以分析出在这段人际交往中，都有哪些子人格"出场"了，他们彼此之间的交流方式是怎样的。

如果同时有几个子人格出场，就把占主导地位或主导行为的子人格的卡片摆在最上方，其他的依次放在下方。

这个方法也可以用于分析两个人的交往状况。两人分别拿着自己的一套子人格卡片，只是无须像现实中的扑克牌游戏规则那样轮流出牌，当一方出牌时，另一方可以不出牌。这种方式能够呈现双方的心理互动情况。

根据来访者的具体情况以及心理治疗的需要，对于这套子人格扑克牌，意象对话心理师可以多角度、多层次地运用。比如，当来访者应对方式不当时，可以鼓励他换一个子人格出场。

无论怎样，子人格扑克只是一个沟通手段，治疗重点在于促进来访者的自知，化解内心冲突，营造和谐人际关系。

> ◆ **说明** ◆
>
> (1)技术是次要的，意象对话心理师的人格最重要。
> (2)不必要时，不要使用过多的技术。
> (3)意象对话不排斥任何其他流派的咨询方法与技术。
> (4)意象对话有能力结合使用其他流派的咨询方法与技术。

## 二、 改善人格的技术

在改善人格方面，近年来有些新研发的技术，将在本书的最后一个部分"意象对话创新子技术"中进行详细阐述。这里，先概要介绍几项较为经典的技术。

### 1. 增加对界限的觉知和自主的技术

许多心理问题都来源于不自知。学会分辨子人格，增加觉知与自主，这本身就具有心理治疗意义，足以促使心理状态发生改变。

技术一：通过"去染"和"定位"，进行子人格的区分，以及情绪归属的分辨。例如，引导抑郁的来访者在人格分解的过程中将抑郁情绪"定位"，使其意识到，抑郁的只是他的一个子人格，并非他整个人，从而使抑郁由弥散、不可控变为不弥散、可控。

技术二：运用大视角增加觉知和自主。例如，引导来访者想象有两个人存在冲突，仔细观察这两个人物形象的体貌特征、言语性格以及冲突的具体内容，然后将视角拉远，看看会如何。

### 2. 解咒的技术

这里所谓"咒"是指消极的自我暗示。它可能源于某种认同，可能源于某些创伤性体验，也可能源于自我防御性的认知。

如果能够了解"咒"的来源，知道其真相，对其进行科学的解释，并引导来访者带着自知去宣泄其能量，就可以达到改善人格的目的。

技术一：愿望表达和等待。

技术二：爱心帮助别人。

技术三：种子（套娃）。

技术四：忏悔（清理）。

### 3. 强化对生命的选择

**方法**：让来访者想象进入一个房间，这个房间的四面墙上都有门。第一面墙上有两扇门，门上分别写着"信"和"不信"；第二面墙的两扇门上分别写着"爱"和"不爱"（或"冷漠"）；第三面墙的两扇门上分别写着"知"和"不知"；第四面墙的两扇门上分别写着"行动"和"不行动"。让来访者在想象中逐一打开这些门，看门里面是什么样子，有什么东西。建议来访者"选择相信自己""选择爱""选择自知""选择勇敢地行动"；进入信、爱、知、行的大门。

**目的**：提升生命品质。

### 4. 自我启示语言

**方法**：编一组语言让来访者经常读给自己听。

自我启示语言必须用原始认知中的语言形态，才能起到自我启示的作用。原始认知中的语言特点是：流畅、有韵律性、不用生僻词、往往不用从句等。编写自我启示语言的时候，必须在原始认知状态。如果发现所编的语言不符合原始认知中的语言特征，则说明这些语言不是原始认知状态下产生的，就应当重新编写。自我启示语言听起来比较类似于原始人的诗歌、咒语。

**目的**：强化积极的信念。

### 5. 洗清意识

**方法**：引导来访者自发说出意识中的思维内容，但尽量减少任何进一步的符号化活动；在说出脑子里冒出来的任何念头时，不对这些念头做任何选择，同时保持高度的觉知。

**目的**：让来访者的意识更清醒，增强觉醒度和觉察力，处理情结。

与弗洛伊德的自由联想不同，在使用这个方法时，我们会随时提醒来访者，要带着觉知，而不是只要说出来就行。

# 第十四章

## 特殊情况的处理技术

### 一、 强阻抗的处理

**处理原则**：打消来访者的顾虑，增加他对心理咨询与治疗以及心理治疗师的信任。

**处理方法**：

在治疗开始之前，意象对话心理师向来访者简要解释意象对话疗法及其益处。

坚持。来访者出现强阻抗时，意象对话心理师要有耐心和信心。

辅助性想象。例如，对高度理性化的来访者，可以做"被绑架"的意象。让他想象自己被蒙上眼睛，乘车转了多次方向。然后，他被救出来了，在蒙眼的布被拿掉的时候，他睁开眼睛看到……

迂回。先引导来访者看其他意象，当来访者的阻抗较小之后，再引回一开始的那个意象。

无论怎么引导，来访者的想象都是"一片白"，这种情况的"一片白"本身就是意象，直接进行体验和分析即可。

### 二、 移情的处理

移情是一种"沾染"。

**处理原则**：分辨。

我们可以运用各种具体的意象对话技术，帮助来访者进行分辨：哪些是自己心目中的心理咨询师形象，哪些是心理咨询师真正的样子。其中有一种方法是，在对心理咨询师有一种特别的情绪和感受的时候，闭上眼，问自己，他的形象让我想起了谁？当找到那个被回忆起的人之后，体会那个人所带来的情绪，并宣泄。当宣泄完成之后，再睁开眼看心理咨询师，分辨"现在看到的心理咨询师和刚才的样子有没有不同？有什么不同？"这个不同，就是有"染"的时候和"染"较少的时候的不同。

发现移情后，我们也可以通过提示，让来访者意识到自己的移情。

## 三、 转介的技术

**处理原则**：对来访者负责。

在转介这个环节上，一定要本着对来访者负责的态度，耐心讲解，获得对方的理解与同意。

### 1. 转介给更适合来访者的同行——心理咨询师或意象对话心理师

出现以下情况之一时，需要征得来访者本人同意，将其转介给同行：一是心理咨询进行了一段时间之后，无效果或效果不明显；二是来访者的心理问题超出了咨询师的工作能力；三是来访者明显不信任咨询师，咨访关系不匹配。

转介的技术要点：第一，要对所转介的新咨询师有所介绍，让来访者能对这个咨询师建立初步的信心；第二，要让来访者知道，自己并非"抛弃"来访者，而是为来访者的利益出发，希望提供更好的帮助。

### 2. 转介给精神病专科医院

2012年10月26日，全国人民代表大会常务委员会通过了《中华人民共和国精神卫生法》，该法自2013年5月1日起施行。根据本法的规定，心理咨询人员不得从事心理治疗或者精神障碍的诊断和治疗等相关活动。

意象对话心理师必须清楚自己的工作界限，如果不是精神科医生，不得对来访者进行精神障碍的诊断和治疗等。一旦发现来访者出现精神病性的前兆或症状，意象对话心理师应立即通知其家属或相关人，建议他们带来访者前往合法的精神病专科医院就诊。

《中华人民共和国精神卫生法》的相关条例：

第二十三条　心理咨询人员应当提高业务素质，遵守执业规范，为社会公众提供专业化的心理咨询服务。

心理咨询人员不得从事心理治疗或者精神障碍的诊断、治疗。

心理咨询人员发现接受咨询的人员可能患有精神障碍的，应当建议其到符合本法规定的医疗机构就诊。

心理咨询人员应当尊重接受咨询人员的隐私，并为其保守秘密。

第七十六条　有下列情形之一的，由县级以上人民政府卫生行政部门、工商行政管理部门依据各自职责责令改正，给予警告，并处五千元以上一万元以下罚款，有违法所得的，没收违法所得；造成严重后果的，责令暂停六个月以上一年以下执业活动，直至吊销执业证书或者营业执照：

（一）心理咨询人员从事心理治疗或者精神障碍的诊断、治疗的；

（二）从事心理治疗的人员在医疗机构以外开展心理治疗活动的；

（三）专门从事心理治疗的人员从事精神障碍的诊断的；

（四）专门从事心理治疗的人员为精神障碍患者开具处方或者提供外科治疗的。

心理咨询人员、专门从事心理治疗的人员在心理咨询、心理治疗活动中造成他人人身、财产或者其他损害的，依法承担民事责任。

# 第十五章

## 针对各种心理问题的意象对话技术

### 一、 意象对话在 EAP 中的应用

EAP 的英文全称是"Employee Assistance Program",直译为"员工帮助计划",也被译为"员工协助计划"或"员工支持计划"。它是企业为员工设置的一套系统的、长期的福利与支持项目。通过专业人员对组织的诊断、建议和对员工及其直系亲属提供的专业指导、培训和咨询,旨在协助解决员工及其家庭成员的各种心理问题,提高员工在企业中的工作绩效。

EAP 在国外发展的相当成熟,截至 20 世纪 90 年代末,世界财富 500 强中,有 90% 以上的企业建立了 EAP 项目。在美国,四分之一以上的企业员工常年享受 EAP 服务。在中国,越来越多的大中型企事业单位意识到心理健康教育的重要性,也表现出为员工提供 EAP 服务的强烈需求,因此,近些年来,EAP 在国内开始迅速发展。

作为一种心理疗法,意象对话可以针对中国企业的共性与个性,以团体培训、团体辅导、个案咨询等方式,帮助企事业单位达成 EAP 式的一些目标,诸如,团队建设、增加人际信任与沟通、减缓压力感、提升幸福感、协助职业生涯规划等。

这里,仅以减缓压力感为目标,列举几个常用的意象对话技术。

#### 1. 放松的意象:树上的豹子

这个方法主要用于单纯的放松。通过想象可以让肌肉松弛,并同时让心理上得到放松。任何感到紧张、焦虑和压力的人,都可以借助这个想象得到放松。

**基本原理：**豹子是猫科动物，所有猫科动物都有一个特点，就是当它们警觉时很警觉，而当它们放松的时候，它们可以让肌肉非常松弛，而心理上也会很有安全感。我们可以在想象中认同树上的豹子，这样的认同会在心理上产生效果，让我们获得豹子所具有的品质。

**操作方式：**先让来访者以一个舒适的姿势坐好，引导来访者从头到脚一步步放松自己的肌肉，逐步让他们的呼吸加深。

然后，引导来访者想象前面有一片草原。当来访者说能看到草原时，让他们想象在草原和自己之间有一些树木，视野再放到更近处，发现前面有少许树枝。之后，想象自己发现原来自己是趴在树上的一只豹子，懒洋洋地看着远处的草原和近处的树枝。这只豹子的四肢从树枝的两边耷拉下来，全身松弛地趴在粗大舒适的树枝上。引导来访者仔细想象这个情景，并体会作为豹子的感觉。

让来访者带着这样的感觉放松一会儿之后，用常规方式唤醒他们。

这个练习也可以在团体中一起做。如果有人不愿意想象自己是豹子，也可以让他们想象自己是猫。如果有些人不愿意想象自己是任何猫科动物，那就不适合使用这个方法了。

### 2. 归巢的蜜蜂

这个方法适用于思虑过多的人，让这些人能够得到放松。办公室工作者、管理工作者、教师、医护人员等在紧张焦虑的时候，都适合用这个方法。该方法可用于团体培训。

**基本原理：**对一个高度紧张的人来说，一开始就让他想象很平静的情景，是难以做到的。我们可以让他先想象一个不很平静的情景，然后逐步想象情景越来越让人平静，就可以让他放松下来。在这个过程中，蜜蜂象征他心中的念头，想象蜜蜂归巢的过程，也就可以让其心境逐渐平静下来。

**操作方式：**先让来访者以一个舒适的姿势坐好，引导来访者从头到脚一步步放松自己的肌肉，逐步加深呼吸。

然后，引导来访者进入想象："你正坐在一个街心花园的长椅上。这个街心花园不大不小，在这里能听到外面街道上的声音，有汽车声、广播声、人声等。公园中有些人走来走去，但是总体上还算安静……想象周围有一些蜜蜂在盘旋，这些蜜蜂是安全的，但是你能听到'嗡嗡'的声音……天逐渐黑了，街道上车声、人声都渐渐沉寂下去，公园里的人也越来越少。这里是安全的……你只听到蜜蜂在周围盘旋的声音，而蜜蜂中逐渐有一些也回到树上的蜂巢中，盘旋在蜂巢外的蜜蜂越来越少，蜜蜂的'嗡嗡'声也越来越小……最后只有一只蜜蜂……它也回巢了。四周安静而舒适。享受这个感觉，并记住这个感觉……"

完成这些想象和体验后，唤醒来访者。具体想象的内容，可以根据情况有所调整。

### 3. 兵马俑的复活

这个方法主要用于因职业面具、职业角色等职业活动的要求而压力过大的人。如果他们放松自己比较困难，这个方法可以让他们得到一次较为深度的放松。

**基本原理：**通过想象中的认同作用，诱导一个人从身体到精神都松开僵化的外壳，让身体和精神都变得更柔软，从而起到放松的作用。

**操作方式：**先让来访者以一个舒适的姿势坐好，引导他们从头到脚一步步放松自己的肌肉，逐步地加深呼吸。

然后，引导他们在放松的情况下进入想象。想象离开这里，沿着一条路走到一个博物馆。让他们想象出博物馆的一些样子，博物馆中有一个兵马俑（如果想象中出现了多个兵马俑，让他把注意力放在其中一个兵马俑身上），感受兵马俑的质感。

接着，想象奇异的事情发生了。在兵马俑的头顶有一个喷头开始喷出水来，淋在兵马俑身上，仿佛是兵马俑在沐浴。随着水流的淋浴，兵马俑先被润湿，然后，身上的泥土开始一块块脱落。脱落的地方，里面露出来的是光润的肌肤，仿佛鸡蛋皮剥开后，露出鸡蛋的样子。让被引导者反复、清晰地想象这个情景，直到想象中兵马俑身上的所有泥土完全脱落了，变成了一个人的样子并清洗干净为止。然后，再想象他转到一个浴缸中浸泡，让自己完全松弛下来，躺到床上舒适地休息。

做完这些想象后，唤醒来访者。

这个练习可以在团体中一起做。

这个练习让人非常放松，所以最适合在周末做，或者在休假前做。它可以让人从日常工作状态完全地转入休息状态。但这个练习不适合在很短的工作间隙中做，因为那可能使被引导者在做完后变得懒洋洋的，不适合工作。

有些长期高度压抑的人，往往不敢用这个方法做放松体验。我经历中最常见的就是警察中有这样的人。他们会担心，一旦突然松弛下来会有问题。

这个担心并非全无道理。如果习惯于在极大压力下生活的人,突然放松得比较彻底,有时会感到身体不适甚至可能出现身体疾病——这不是放松带来的结果,而是他们过去长期压抑而积劳成疾。但是,引导者还是要有所警觉,对这样的人,放松要逐步进行。

## 4. 美丽度假区

这个方法适用于工作节奏较快、工作密度较高或容易焦虑的人,可以让这些经常处于应激状态的人得到放松。从事办公室工作的人、管理工作者、医生、教师等在紧张焦虑的时候,都适合用这个方法。

**基本原理:**几乎所有的人在疲惫、劳烦的时候都希望能够离开当下的环境,外出旅游或度假,让身心得以休息和放松。美丽的风景总是能够带给人们轻松、愉悦、清新、舒畅的感觉。意象对话可以帮助人在想象中完成这样的心愿,从而体验到身心放松的感受。

**操作方法:**先让来访者选择一个舒适的姿势坐好,引导他们从头到脚逐步地放松自己,渐渐地放慢呼吸、加深呼吸。

然后,引导他们带着放松的心情进入想象,想象他们离开当下的环境,沿着一条路来到了一个美丽的度假区。每个人看到的度假区可能都是不一样的。没关系,只要是自己喜欢的度假区就好。

在这个引导的过程中,语速要放慢,语气要轻柔,让来访者尽可能细致地去观察和体会,比如,鼓励他们在想象中的度假区尽情呼吸新鲜的空气,感受阳光和微风,享受花草树木的芬芳和鸟儿的鸣叫……来访者体会得越细微,放松的效果就越好。

想象结束后,用意象对话的常规方式唤醒来访者。

如果遇到恋恋不舍、迟迟不愿睁开眼睛回到现实的来访者,我们可以指导他将度假区中最美丽的图景拍成照片,存放在心里,带着那份美妙的心情逐渐远离想象、回到现实。还可以告诉他,即使离开了想象中的美丽度假区,放松的美好心情仍留在身体里。

这个练习可以在团体中一起做。

这个练习能够让人在较短的时间内感受到全然的放松,所以,非常适合在倍感疲惫的时候做,或者在周末做。它可以让人从紧张的工作状态完全地转入放松状态。因此,它也就不适合在很短的工作间隙做,因为即将面临和应对的紧张状态会使放松效果大打折扣。

### 5. 环境意象

**基本原理：**很多时候，人之所以产生压力感，是因为对自己所处的当下环境并不自知，或者存在认知偏差。

比如，有的人一走进办公室，就觉得像是进了战场，时时刻刻都要提防各种危险。所谓工作业绩就是在战场上"抢山头"，同事宛如敌人，领导的批评犹如枪林弹雨……再如，有的人上班之前在家里或者路上遇到了不顺心的事，带着一份糟糕的心情来到单位，由于不自知，便下意识地将消极情绪像泼脏水一样不分对象地泼了出去，结果影响了人际关系和工作绩效。

环境意象就是基于这样的心理规律设计出来的，目的是将来访者现存的工作环境意象化，呈现其真实的内心图景，增强自知，释放消极感受，将消极的心理能量转化为积极的心理能量。

**操作方法：**先让来访者选择一个舒适的姿势坐好，引导他们从头到脚一步一步地放松自己，逐渐地加深呼吸、放慢呼吸（这里，放松的主要目的在于消除理性的干扰）。

然后，使用常用引导语："在想象中，你现在所处的环境像什么？"为了更好地消除阻抗，还可以说："如果你每天工作的环境不是你白天看上去的那个样子，你觉得它像什么？"

这个练习也适用于团体。

使用"环境意象"技术时，重点在于增加来访者的自知，让来访者能够清晰地知道自己的压力源是什么，能够带着自知去释放消极的感受。尤其需要注意的是，尽可能挖掘和启动来访者自身积极的心理资源，使其能够独自面对压力、解决问题。

## 二、 运用意象对话辅助减肥

意象对话可以用于减肥。

当代人非常厌恶肥胖，因而，希望减肥的人会很多。但是，并非这些人都真的需要减肥。如果进行深入的心理分析，很多人会发现，产生这种困扰的根源不是自己体重过高，而是另有原因。许多中国人之所以有减肥的愿望，是因为追随西方的价值观。西方某些国家的人，如美国人，总体肥胖程度远高于中国人，他们希望减肥是合理而必要的。可是在中国，许多体重正常、本不需要减肥的人也在试图减肥。意象对话研究减肥，不是针对这些人，而是针对体重确实超标的群体。减肥，对这些人来说，不仅对生理健康有益，在许多情况下也对心理健康有益。

单纯用意象对话并不能减肥，因为肥胖说到底是生理的原因。如果从食物中摄取的热量过多，而运动又过少，我们不可能仅仅通过做一个想象活动，就可以减少脂肪的产生。减肥还是需要用控制饮食、合理运动等方法，不过意象对话可以在这个过程中起到一定的辅助作用。比如，意象对话可以降低食欲，或者降低对某些高热量食物的食欲；意象对话可以让人更容易忍耐节食时的痛苦，或者增加做运动的意愿，从而达到更好的减肥效果。

意象对话减肥的第一步：做出诊断。看来访者是否属于生理肥胖，确实需要心理调节；看来访者是否有足够的改变动机；看来访者是否能做到减肥所需要的努力；看来访者的身体状况是否适合减肥。

第二步：找出肥胖的心理原因。先帮助来访者放松，再引导他进入意象中的一个情境，诸如，一间房子或一个厨房。然后，让他请求那个和肥胖有关的子人格出场。意象对话心理师引导来访者看清楚这个子人格是什么样子的人，特别要看看他的体型，问他叫什么名字，了解一下他的性格、喜好等。

一般来说，如果能够找到这个子人格就能知道来访者为什么会肥胖。常见原因有二：一是肥胖会带来心理获益或者积极的感受；二是强烈的缺失感驱使来访者过度饮食，从而导致肥胖。出于前者原因的意象，与肥胖有关的子人格多为胖体型。

例如，某来访者意象中的相关子人格是"弥勒佛"。这表明在他的潜意识中，胖代表心宽。他的潜意识不允许自己变瘦，因为瘦就不心宽、不像弥勒佛了。再如，某女士曾经留学国外，其房东是一个非常胖的女士，为人和善，心态也非常阳光。此女士很喜欢这个房东，因此，在内心中愿意认同她。潜意识中的认同使得她自己的子人格中出现了一个很胖、心地和善的女性形象，也使得她自己的体型变得更胖了一些。

有强烈缺失感的那类人，意象中的子人格则有可能很瘦，常常出现瘦弱的乞丐、饥民等形象。这些瘦人的形象实际上并不代表他们的生理瘦，而是代表不满足、匮乏的心态。这类人所真正缺乏的并非现实的食物，而是精神食粮，或叫精神营养——爱、关心和精神的滋养。精神上的强烈缺失感形成瘦弱的子人格意象，这些瘦弱的子人格意象引发饥饿感（这是由于来访者把精神的饥饿和肉体的饥饿混淆了，是一种"染"），从而使来访者进食过多，导致肥胖。因此，这样的人无论肉体已经多么肥胖，只要精神不满足，他意象中的子人格就仍是瘦弱的乞丐或饥民，现实生活中的他也就总想吃很多的东西。

所以，当我们帮助这类来访者找到和肥胖有关的子人格后，要引导他在意象中和这个子人格对话，针对性地转变他的想法，从而让他理解并接受减肥行动。比如，那个像"弥勒佛"的人，我们可以告诉他，其实弥勒佛的化身也可以身材很匀称，印度的弥勒佛像身材就很匀称。

面对一个"饥民"子人格，我们可以告诉来访者，在他想吃饭的时候，可以先让他的饥民在意象中吃饭，并且被人关爱，但那是意象中的饥民，所以不需要在现实中吃那么多的饭。可以让他体会一下，现实中的身体是不是已经饱了。这样，他就可以在现实中减少饮食。还有一种方法是，让来访者在吃饭的时候，一边吃一边想象那个饥民得到了这些食物，吃得很饱，感到很愉快，并且觉得自己得到了爱和关心。这个做法的减肥效果可能会慢一点，但是对增加内心满足感很有帮助。一段时间后，心理的饥民形象就有可能转变为一般的民众，内心满足的民众。

我们还可以用其他一些方法来帮助减肥。朱老师本人曾经减肥。他分析发现自己饮食上的一个缺点：喜欢喝大量的啤酒，吃很多的红烧肉。他发现他的动物子人格中有一只老虎，老虎的饮食习惯就是喝酒吃肉，无肉不欢。于是，每当吃饭时，他就想象吃饭的是一匹马。朱老师很自然地改变了饮食习惯，竟然爱吃蔬菜了。这个改变使他在一个多月的时间里轻松地减掉了14公斤。

运用意象对话的同时，必须调整生活方式，尤其是饮食和运动。在减肥过程中，出现任何情绪困扰，都可以用意象对话疗法辅助解决。实际上，在减肥过程中，来访者有关的情结可能被唤起。因而，意象对话在减轻体重的同时，往往也会附带解决一些相关的心理问题。

整个意象对话辅助下的减肥，一般需要大约一个月的时间，可以减少4～16千克的体重。要注意的是，每天都要坚持做意象对话，尤其是在吃饭或者运动的时候。如果只做一两次意象对话就停止，效果是非常小的。

# 第十六章

## 意象对话心理咨询的方略

基于对来访者的评估，在确定了心理咨询的大致目标后，心理咨询师需要有一个总体方略。

"心理咨询方略"是一个框架性的脚本，是整个心理咨询过程的概要。它对将要发生的心理咨询过程，有一个预测和简要描述。

举一个简单的例子，某来访者因恐高症来做心理咨询。心理咨询师在初步了解了他的情况后，判断他的恐高症来源于他和父母之间的关系问题。于是心理咨询师和来访者商量，如果恐高症只是家庭关系问题的表现，来访者是不是还愿意进一步追根溯源？来访者表示愿意，并且也有时间去完成更多的心理分析。

心理咨询师在初步评估的基础上，评估了两种不同的方略。第一种方略是，先用系统脱敏等方法缓解来访者的恐高症。在此症状缓解后，来访者对心理咨询有了更大的信心。然后，再分析恐高背后的情结，消除情结，从而使恐高症不再复发或者转为其他症状出现。第二种方略是，先不管恐高症，直接从情结的心理分析入手。当心理分析取得一定成果，来访者对恐高症的心理来源了解了之后，恐高症背后的动力已经减少，再从行为上进行矫正就很容易。

比较一下这两种方略。如果执行第一种方略，而第一阶段就可能比较成功地减轻了恐高的症状，有可能会大大增加来访者对心理咨询的信心，从而使心理分析更容易成功。这是我们希望的结果。但是，也有可能来访者恐高的症状一消失，他也就不愿意再做心理分析了。而根本问题还没解决，也许过了一两年，症状会复发或转成别的症状。到那个时候，来访者的信心反而会受损，感到心理咨询解决不了根本问题。或者，第一阶段没能成功地减轻恐高症状，那后面的咨询也就比较难做了。如果执行第二种方略，可以先扫除内在障碍，然后再消除恐高就很容易。但是，如果我们做了很久的咨询都在谈别的，而没有直接涉及恐高症，这也许会让来访者渐渐地感到不耐烦。如果来访者放弃了继续配合，那么我们就也很难继续做了。究竟应采用什么方略呢？这就需要心理咨询师在对来访者的具体分析基础上，做出自己的判断。

做一个比喻的话，心理咨询的方略有些类似于政治军事上的战略。比如，诸葛亮的"隆中对"，或者蒋百里的"以空间换时间"的抗日战略。

方略和计划有所不同。计划是更加固定的。我们做一个计划的时候，要对内外条件有更多的了解，我们每一步做什么，计划中都有确定的要求。计划虽然也可以改变，但是一般尽量不变或不做大的改变。方略则是心理咨询过程的一个故事粗略脚本，是我们在知道大体条件的情况下，如何去做的梗概。计划是日常逻辑思维的活动，方略则是叙事性思维的活动。所有的心理咨询中，都有意无意、或多或少地运用方略。但是意象对话心理咨询由于更主要运用原始认知，对叙事性思维的运用也远远多于日常逻辑思维，因此，也更多运用方略。

方略的作用是为潜意识中的原始认知提供方向和目标。心中有了"这次心理咨询会这样发展"的故事梗概之后，在心理咨询中，潜意识会对所发生的每件事给予一个相应的意义，有一个理解，对下一步要做什么会有一个想象的基础。举例说明，有四个男子旅行到某个国家，那个国家的某美女一下子爱上了其中的一个男子。这个故事下一步应该怎么发展呢？这就要看这个故事中，基本的故事梗概是什么了。如果基本故事梗概是这四个男子周游世界，到处留情、享受人生，那么下一步的情节将是他们和这个女子的恋爱故事；如果故事梗概是唐三藏师徒四人西天取经，经历种种磨难，那么这个美女也仅仅是磨难的一部分，下一步将是如何摆脱其纠缠的故事。

## 一、 方略的不同类型

方略可以有各种不同的类型，心理咨询师可以从中选择适当的那一种。

### 1. "先补"或者"先泄"

"先补"是一种类型的方略。大体上，选择这类方略的心理咨询师，要先运用支持等方法，在早期先致力于提高来访者的自信、自尊，提高某种具体的能力，或者先满足来访者的某种心理需要。这样做的目的，不仅仅是让来访者心理获益，更重要的是让来访者因此有资源、有力量、有信心去接受后面的心理干预。以"先补"为基础，以后的心理干预才能够有条件实施。

"先泄"是另一种类型的方略，运用这个类型的方略，先要让来访者宣泄其长期郁积的种种消极情绪。在消极情绪宣泄之后，再进行其他的心理干预，如行为的指导等。

### 2. "考验"或者"套牢"

"考验"式的心理咨询方略，基本故事脚本是：心理咨询师在前面的阶段，先向来访者提出种种困难的要求，或者以很严格的标准考验来访者，通过这样做，强化来访者的求治动机等，然后才会用较为温和的方法与其交流。

"套牢"式的心理咨询方略，基本故事脚本是：先给对方很多的鼓励、支持和帮助，让对方在心理上接受了这个心理咨询师和心理咨询，然后，再提出一些来访者不容易接受的要求。这有点儿像恋爱中追求者追求被追求者时所采用的那种方式，先是献花、请吃饭等，当被追求者接受了追求者，双方结婚后，追求者再提出要求，让对方去洗碗、做饭、带孩子等。

### 3. "先砍枝蔓"或者"砍树根"

"先砍枝蔓"的方略，是在心理咨询中，先解决一些具体的心理问题和困扰，而不急于深入分析发现最根本的情结的根。这样，遇到的阻抗会比较小，也比较容易见效。等解决了一些具体问题之后，再去深入寻找根源并试图解决。有时，当具体的心理困扰解决了一些之后，我们在解决更深的问题时，就不会被这些具体的、琐碎的问题牵制，解决根本问题会比较容易。

但是这个方略存在一种风险。在深层情结的根没有被触及的情况下，有可能一个具体问题刚解决，又有一个新的具体问题出现，深层的心理问题换成另一种形式，以新的行为方式表现出来……这样，对表层问题的解决过程会无休无止，让我们纠缠其中，总也没有办法腾出手去解决更深的问题。

"砍树根"方略，是在心理咨询中，不纠缠于具体问题，不先解决那些表面的、琐碎的心理问题，而是一门心思深入地直接走向越来越深的深层心理，找到最根本的情结，发现根本情结发生的原因和卡住的地方，直接去解决这个根本的东西。当这个根本的情结解决后，再返回来看各种具体的心理问题，就会发现那些问题很容易解决。

这种方略的风险是，我们试图不纠缠于具体问题，但是这些未被解决的具体问题却会阻碍我们。我们想一下子找到最深的根，却会因具体的心理问题迷惑视线，而找不到最深的情结。这样，我们会找不到根源，而且也没有解决具体问题，最终无功而返，反而使以后的心理咨询更为困难。

以上是较为常见方略的示例。在实际的心理咨询中，方略还有很多其他类型，这里就不一一罗列了。

## 二、 选择方略的方法

如何选择和确定方略，要根据种种条件而定。

### 1. 来访者各种心理品质的基础，是决定所用方略的一个重要条件

例如，觉察力或者内省的基本能力比较高的来访者，可能就更适合"砍树根"式的方略。因为在心理咨询师的帮助下，他们有能力在林林总总的心理问题当中找到主要的线索。觉察和内省能力低的来访者，就适合先"砍枝蔓"。如果来访者的内省力较低而行为自控力较高，也更适合先"砍枝蔓"，因为他们更容易保持住行为上的改变，对以后的心理咨询有帮助。

此外，影响心理咨询方略的因素，还有来访者的信心、决断力、意志力、决心大小、爱心的多少等。例如，如果来访者对咨询师、对心理咨询有足够的信心，我们就可以选择那些比较困难但是效果也比较好的方略。选用这样的方略，在咨询过程中，可能会在某些阶段，因为心理压抑的问题被揭露，让来访者会感觉好像"更糟了"。遇到这种困难的时候，来访者有信心就可以坚持过去。但如果来访者的信心不足，我们就必须选择比较保守的方略，咨询节奏也需要慢一些，以免来访者因怀疑而放弃咨询。

### 2. 来访者心理发展的阶段，是决定所用方略的另一个重要条件

来访者人格在哪个心理发展阶段有固结，对我们使用什么方略很有影响。一个孩子年纪小，我们要给他吃奶；年纪大，我们给他吃饭——心理层面也是一样。如果一个来访者的心理固结在一岁前，我们需要给予他更多的无条件积极关注；但是如果心理固结发生在心理发展的后期，就不能完全无条件积极关注，而需要对来访者有一定的要求，从而增加其现实感。来访者固结在早期，心理的消极印刻所带来的影响相对就更大，因此在干预的方式上，也要更多地考虑如何处理印刻。

在意象对话心理咨询中，我们可以通过观察来访者的意象，判断其心理

固结所在的心理发展阶段。比如，"吸血鬼"子人格的存在，也许是因为来访者在孕育期有心理创伤，并且有固结。原始意象很频繁的直接出现，提示固结可以是在一岁以前。而最简单的判断方法是，固结发生在哪个年龄，一般来说就会有一个此年龄的子人格存在，并且这个子人格的状态很不好，譬如，是一个死婴或者一个瘦弱而害怕的小孩。

### 3. 评估来访者自身具备的心理条件和资源

来访者的身体、年龄、躯体疾病、孕期等，都会影响方略的选择。例如，面对体质虚弱或者有躯体疾病的来访者，我们在选择心理咨询方略时，就要避免情绪冲击太大的操作步骤，避免来访者的身体难于承受；面对年龄很老的来访者，一般应选择比较保守、安全的方略，而不追求很深入，也不要有过于激烈的咨询步骤；面对有躯体疾病的来访者，咨询师一定要考虑到其躯体承受能力，如果心理干预的力度太大，引起的心理冲突太强烈，也许会不利于躯体疾病的治疗；面对孕期来访者，一定要考虑到咨询对胎儿的影响，尽量避免强烈的心理冲突。

另外，来访者的知识背景会影响咨询方略。比如，对待那种自然科学背景的"理科脑袋"的来访者，我们的意象对话就要更为出其不意，从而避免他把意象对话的结果转化为理智化的知识。但是我们是否这样做，还需要看对方是不是对心理咨询有信心，如果信心很弱，出其不意的方略可能会破坏对方的安全感。

再者，来访者的宗教信仰也会影响方略的选择。一般来说，一开始的时候，心理咨询师的做法最好和来访者所信仰的宗教中的方法比较类似，这样来访者更容易适应。

### 4. 不同的心理问题有不同的方略选择

普通心理问题、人格问题、临终关怀以及心理咨询师的自我成长……各自具有不同的目标。这些都影响到我们采用什么样的对治方法。

比如，强迫型人格的来访者，通常习惯用理智化等方法来保护自己，他们的内心深处实际上是很恐惧的，意象反映出他们通常有比较硬的"壳"。对于他们的心理咨询，较为激进的方略会打破外壳或者让他们弃掉外壳，这时他们会转为一种自我混乱的状态，此时如果勇敢地面对这种状态，就会建立新的自我；较为平稳的方略，则是让他们把僵化的外壳转化为"可以穿上也可以脱下来的盔甲"，从而对自己的心理防御有更多的自控，然后再慢慢解决问题——这样虽然慢，但是比较安全。

对那些冲动型人格的来访者，选择的方略则不是让他们或快或慢地放弃外壳，而是让他们学习在受到刺激时，更多地觉知，避免做出自动反应。

再如，对抑郁症或抑郁类的其他问题，选择方略时要综合考虑。如果我们支持性的、补养性的行动太多，则来访者有可能因病获益，这不利于治疗。而且在来访者的信念系统没有改变的情况下，我们对来访者提供心理支持，他的意识层面也并不感到对自己有用。但是，如果我们一开始就不给予支持而使用更多的面质，来访者就会感到受挫。所以，必须综合掂量种种因素的影响，我们才能选择一个合适的方略。

### 5. 咨询目标不同，所需方略必然不同

比如，来访者咨询的目标只是解决具体的心理问题，没有兴趣关心内在的深层情结。这种情况下，我们就可以选择"砍枝蔓"方略。解决了一些具体问题后，如果来访者仍没有兴趣继续，心理咨询就可以结束。但是，如果来访者后来产生了探索深层问题的兴趣，我们就可以继续深入。

### 6. 评估来访者的外在资源，如家庭成员的态度

如果家庭成员对来访者做心理咨询这件事不是很赞同，那么心理咨询师要先解决一些具体的问题，让其家庭成员看到心理咨询的成效，这样，后续的心理咨询就比较容易得到来访者家庭成员的支持。并且，来访者外在资源的调动与运用，能够使来访者获得更多的社会支持，这本身就具有心理咨询意义。

### 7. 咨询师的个人特点、心理技术特点、咨访关系模式不容忽略

心理咨询师的个人特点，决定着他更善于运用什么方略，他有哪些心理资源，适合什么方略。用动物狩猎做比喻：豹子跑得快但耐力差，因此，适合突袭的战略；狼没有豹子那么快，但是其耐力远远超过豹子，因此，适合长途追击的战略。如果心理咨询师是那种有急智的人，也许适合等待机会一举突破式的方法，那么方略上就要设置一个适合等待机会的条件，然后等待；如果心理咨询师是有耐心但不善于应变的人，则就更适合按部就班的方略。

心理咨询师善于哪种技术，也影响着方略的选择。如果心理咨询师善用子人格拓扑图的分析，则更适合在方略选择中，先鸟瞰全局，再深入局部的

方法；如果心理咨询师不是很擅长这个图的分析，则可以从一些具体意象出发，先解决几个最主要的结，再看整体情况，由于先有了对一些局部的了解，这个时候再看来访者及其整体人格，也比较容易找到主线。

咨访关系的模式不同，方略的选择也有所不同。如果咨询师感觉自己像来访者的好妈妈，则在方略的选择上可以先借此补充来访者缺乏的心理资源，然后再去处理困难的问题。如果一开始咨询时，双方是一种比较理性的关系，则可以用先在理智层面了解，然后学习进入感性层面的方略。

总之，方略是一个简要的叙事脚本，是描述意象之间的互动和意象改变过程的概要。有这样一个脚本，意象对话心理咨询会更有序，也更有效。

# 第十七章

## 意象对话疗法与其他心理疗法相结合

### 一、 从意象对话看精神分析

起初，意象对话的创立者朱建军教授是在释梦的过程中对意象产生了浓厚的兴趣与灵感。在对荣格心理学的强烈认同之下，朱建军教授将意象的意义分析及其翻译引入心理学，极大地丰富了对于意象、象征和原型的理解，拓展和深化了精神分析的"心理能量假设""人格的深层理论"以及"心理动力学理论"。为了更好地帮助自己和他人了解自我、成长自我，为了推动心理咨询和治疗的实践工作，意象对话技术应运而生，后来，又逐渐成熟为意象对话疗法。

因此，意象对话是精神分析的新的分支和新的发展，同样深入潜意识世界去探索和改变人格。但是，与精神分析相比，意象对话又具有明显的差异和优势。

其一，意象对话深化了对"梦"的理解与运用。精神分析理论认为，梦是一种伪装，而意象对话技术主张，包括梦在内的所有意象都是原始认知的表现，是一种形象的认知方式，并非伪装的结果。运用梦中意象的象征意义，可以引导来访者从梦进入意象对话，不仅让来访者深刻领悟梦境本身的意义，更能润物细无声地以梦切入心理咨询与治疗。

其二，意象对话拓展了对"昼梦"（day-dreams）的研究。弗洛伊德在《精神分析引论》中谈道："昼梦是幻想的产物……既和睡眠不发生关系，就第二个共同特性而言，又缺乏经验或幻觉，只是一些想象而已……昼梦之所以叫梦，也许因为具有与梦相同的心理特征；至于这个特征，我们尚无所知，只是仍在研究而已。"（弗洛伊德，1984）意象对话承认昼梦是一种想象，但不认为它仅是幻想的产物。从某种意义上说，意象对话就是一种昼梦式的心灵对话。但是，昼梦同样承载着人的心理经验、觉察、动机和心理能量，只不过可能比较弱、比较轻或者比较模糊。意象对话可以将其放大、深化和动态化，使其具有心理分析意义和治疗价值。

其三，翻译的对象和方法不同。精神分析对梦的意义做出了解释，通过意识层面的翻译——即意识化，让来访者了解自己的潜意识，以达到心理治疗的目的。意象对话的翻译对象是意象，其外延远大于梦，包括夜梦、昼梦、想象、联想、回忆等所有以意象形式来表达的心理事物。进行意象对话时，意象出现在来访者的脑海里，咨询师并不需要翻译意象的象征意义，甚至尽量突破理性分析的防御与干扰，咨访双方始终保持在潜意识深层对话的状态。对话之后的认知面谈，也只在必要时告知某些意义分析内容。而这丝毫不会影响治疗效果。

其四，技术手段不同。精神分析的临床技术主要有催眠、自由联想、移情、梦的分析等。而意象对话在技术层面更为丰富，多数意象对话技术、微技术以及子技术，都是精神分析当中没有的。

其五，心理治疗的平台不同。弗洛伊德的精神分析是将原发过程的东西转化为继发过程，然后进行心理治疗。意象对话却是直接在原发过程里开展心理咨询和治疗工作。这不仅是意象对话与精神分析相比的最大差异和创新，也是它的最大优势。

## 二、 从意象对话看荣格心理学

意象对话的创立者对荣格心理学的认同程度相当高，所以，意象对话与荣格心理学的渊源也就更深、更近。

意象对话以意象为媒介，用原始逻辑的方法进行深层交流，这与荣格的主动想象技术甚为相似。而这一相似点恰恰是荣格心理学和精神分析心理学的一大分歧——精神分析用理性的逻辑思维理解原始逻辑，荣格却是用原始逻辑本身理解原始逻辑。

意象对话的创立者曾形象比喻：若将人的潜意识比作大海，弗洛伊德和荣格都是研究大海的伟人，所不同的是，弗洛伊德站在海边、站在岸上，荣格下海了。借用这个比喻，作者认为，意象对话心理学不仅下海了，还要在浩瀚深奥的大海里畅游，治疗那些生病的"海洋生物"。

因而，同样是研究大海，弗洛伊德像科学的译者，荣格像勇敢的冒险者，意象对话则像睿智的医生。相比之下，荣格心理学的主动想象技术好似一个内向的勇者，独自想象、独白交流，由咨询师给予指导和解释。意象对话则让意象"活"了起来、"动"了起来，更加强调互动性——咨询师与来访者之间的互动，有时是来访者与自己的意象之间的互动（例如，引导来访者在想象中"盯"着某个意象看时，来访者主动或自愿地改变某意象时……）。

归根结底，进行意象对话的时候，咨询师和来访者在一起——共同想象、共同面对、共同体验、共同解决——两个人共同探索充满生命力的意象。

## 三、 意象对话沙盘疗法

沙盘游戏治疗（sand-play therapy）是荣格的学生卡尔夫（Dora Maria Kalff）命名的心理疗法。卡尔夫本人曾接受荣格的夫人埃玛·荣格的心理分析，并在瑞士荣格心理分析研究院学习了 6 年。因此，沙盘疗法基本上是荣格分析心理学方法的一种发展。

在沙盘游戏的过程中，从来访者双手触及沙盘中的沙子的那一刻开始，所有的细节（诸如，沙盘图画所面对的方向，留在沙上的手动痕迹，沙盘中玩具模型的动感，某个玩具模型的出现、转移或消失，整体图画所显现的能量流动……）都在"十指连心"间勾画着他的内在感受。因而，面对一幅沙盘图画，我们是透过图画的外在形式去感受来访者发自心底的表述，去感受他无意识的自发呈现。

于是，我们可以运用意象的象征意义让沙盘图画说更多的话。例如，某位儿童来访者在摆放沙盘时将一只老虎的脑袋埋在沙子里，咨询师问："为什么把老虎的脑袋埋在沙子里呀？"孩子咬咬嘴唇，低语道："她是母老虎，太厉害了。"咨询师又问："那她厉害的时候做什么呢？"孩子用小手往老虎脑袋上又添了一把沙子："考不好她会打人，她最喜欢打头。"咨询师："你想不想把你的感觉或者愿望说给老虎听？"……在这段意象对话沙盘治疗中，老虎意象不仅象征孩子的母亲，也象征孩子的孤独与害怕。治愈与成长便可由此展开。

意象对话疗法与沙盘游戏相结合，是将"非言语的心理治疗"与"象征性言语的有声治疗"相结合，促使沙盘所蕴含的心理能量更形象、更生动地流动起来，增加来访者的自知，更丰富地体现沙盘游戏原本就具有的重要特点，即"得之于心""应之于手""形之于沙"。

对于阻抗较大的来访者，也可以运用沙盘游戏的趣味性来降低他的防御，巧妙地引入意象对话。

## 四、 意象对话子人格的系统排列

意象对话是在探索深层的人格过程中进行工作的，子人格的自知、沟通与整合对于心灵成长至关重要。将这项工作与德国伯特·海灵格（Bert Hellinger）所创立的家庭系统排列（constellations）结合在一起，疗效极为显著。

家庭系统排列的治疗威力是震撼性的。它强调爱要遵循"伟大的整体"中的隐藏法则。爱的系统法则对我们每个人的影响极为深刻、长远。当石头沉没在河水的上游，它所引起的波浪和涟漪都会扩大，影响下游。

意象对话之所以能够与家庭系统排列结合使用，是因为它们都在人的潜意识世界工作，都相信爱的智慧与力量，都主张进行心理治疗时做最小的介入，都强调心灵感触与觉察，都坚持"面对""接纳"和"领悟"……同时，也存在明显差异，譬如，意象对话使用的语言工具是意象，语言规则是意象的象征意义，语言逻辑是原始认知……

但是，这些丝毫不影响二者的结合。在操作时，二者的结合既可以引导来访者在意象层面将子人格进行系统排列，也可以将子人格外化成某种形式，如写在纸上、团体中的其他成员辅助家庭角色的排列等。关键是，意象对话子人格的系统排列对于心理咨询师有比较高的要求。

## 五、 意象对话心理剧

1921 年，精神病理学家莫雷诺（J. L. Moreno）首先在维也纳于他的精神治疗中心采用心理剧疗法。四年后他去了美国，开始传播该疗法。心理剧通过呈现来访者内心深处关于过去、现在或未来的纠结，令其在富有创造性和自发性的过程中获得意外的发现与成长。莫雷诺始终相信，唯有行动才能帮助个体把不曾察觉的事物唤醒。心理剧强调帮助来访者在表演时充分地"经验"和"体会"问题，常用技术有空椅技术、角色扮演、替身技术、镜像技术、魔幻商店技术、超现实的童话扮演等。

意象对话疗法与之结合，主要是将来访者的意象世界动态地、外在地呈现出来，心理剧的"剧情"可以是来访者的梦境，也可以是一段意象等，除了关注体验与感受，关注"角色"的关系与互动之外，仍然运用意象的象征意义进行心理咨询与治疗。

操作之前，咨询师有必要提醒所有心理剧的参与者，心理剧不是演给别人看的演出，而是一种心理治疗的方法，每个人只要真诚地体会，自发地表现和表达即可。关于表达，也有必要提醒参与者，即使想表达消极的感受，也不允许伤害自己和他人。

操作时，根据咨询目标，可以将意象对话的各种技术与心理剧的各种技术灵活地结合使用。

## 六、 意象对话音乐治疗

音乐治疗属于艺术治疗，按照前美国音乐治疗协会主席天普（Temple）大学教授布雷舍尔（K. Bruscia）的权威定义："音乐治疗是一个系统的干预过程，是在这个过程中，治疗师利用音乐体验的各种形式，在治疗过程中发展起来的一门学科，作为治疗的动力的治疗关系，帮助被治疗者达到健康的目的。"

与所有的有心理动力学倾向的心理疗法一样，音乐治疗同样强调内在感受的体验与表达，强调心理能量的流动与发展。诚然，音乐治疗不是一种简单的、单一的疗法，而是一个科学的系统治疗过程，其中包括了各种方法和流派理论的应用。

在意象对话看来，音乐本身就是一种意象符号，一切与音乐有关的活动形式，如听、唱、器乐演奏、音乐创作、歌唱创作、即兴演奏、舞蹈、美术等等，都具有象征意义。正如美国音乐治疗之父加斯顿（Gaston）所指出的："音乐的力量和价值正在于它的非语言的内涵。"因而，将意象对话与音乐治疗结合在一起是再自然不过的事情。

大家可能听说过用音乐或舞蹈治疗心身疾病，还有中医的五音对治五脏治疗等，这里，仅以胎内环境的心理治疗为例，来说明意象对话音乐治疗。

当人处于软泥状态下，可以用音乐（也可以用香味）提供新的环境，甚至改变胎内环境。现在越来越多的人重视胎教，音乐胎教是最为常见的一种，比如，让孕妇每天听舒缓、轻柔的音乐。那么，对于出生之后的人呢？对于已经成年的人呢？我们还有机会"再现当年"，甚至"改写历史"吗？胎内环境始终是意象对话非常关注的一个治疗点，因为大量的临床实践表明，很多来访者之所以出现各种心理障碍以及更严重的精神障碍，往往与出生前，即在母亲子宫内的心理经验有关。

意象对话运用音乐表达实现其另一面——介入。众所周知，所有表达性强的媒介都可以反过来作为介入性干预工具，因为表达性强意味着更容易被他人接受。这是一种强大而直接的人际影响力。现代表达性治疗的界定是分裂的，过分强调向外的表达而忽略了反作用的介入性影响。音乐表达彻底打通了个体的内在连接通路，形成了一个由最内向最外的半圆。而我们可以反过来沿原路返回，用音乐畅通无阻地介入意象所无法打通和介入的部分，完成由最外向最内的半圆，最终实现一个圆。

以心跳节律为中心的疗愈，心跳快慢强度反映了躁狂或者衰竭无力，反映了个体的生命力状态。所以，以胎内健康心跳声为中心节律的音乐干预，可用于营造有影响力的宫内新环境，尤其是在软泥状态下。

具体操作：第一，测试来访者的生命现有节律和状态，初步评估；第二，以现有节律的音乐为切入点，在演奏过程中逐渐快慢变奏，如果快一个标准差就最后休止在慢一个标准差上，实现矫枉过正的干预；第三，当来访者能够接受和原有模式相反的新节律后，以健康心跳节律为中心进行最后的标准化调试和巩固。

# 第十八章

## 意象对话心理师的自我成长和训练技术

心理咨询与治疗是一个深入人类灵魂的庞博领域，从事这项工作的人需要具备更高的心理素质以及不断提升心理素质的能力，如真诚、觉察、共情、敢于深入、自知、真爱、成长、承当……唯有具备这样的能力，心理咨询师与心理治疗师方能更好地帮助来访者，实现自己的职业价值乃至人生价值。

这种能力既包含先天的成分，又包括可以通过后天的专业训练得以提高的能力。意象对话心理学认为，咨询师的自我成长和专业训练至少包括三个方面：自我探索、素质训练与能力提升。

### 一、 自我探索

*1. 意象对话心理师自身的深入探索*

(1)人格的分解与整合

详见本书第十三章的相关内容。

(2)性格的色彩

色彩本身亦是意象。人可以用色彩表达自己的性格。

**方法**：想象自己是什么色彩或色系。

**探索重点**：一是稳定性的色彩或色系；二是情绪性的色彩或色系，受到环境或情绪的影响时，原本比较稳定的色彩或色系会发生变化，发现其规律及特点。

(3)情绪的变化

**方法一**：逐一体验基本情绪——喜、怒、哀、惧、耻、辱、愧、疚。

**方法二**：体验自身感受到的各种情绪，如快乐、优越感、成就感、空虚感、委屈、焦虑等。

**探索原则：**

A. 在体验之后，要进行建设性的表达；

B. 无法进行建设性表达而不得不压抑时，要有觉知，并采用安全的方式进行情绪宣泄或释放，如画画、撕废纸等，绝不允许伤害他人的财物、人身安全及心灵；

C. 探索情绪变化的总原则是增加觉知、鼓励建设性表达，底线为安全性释放。

（4）躯体的反应

**方法一：**体验并觉察唤起情绪的躯体反应（比如，冷或热、通畅或憋闷等）。

**方法二：**体验并觉察躯体所携带的情绪感受。

**方法三：**体验并觉察内脏意象：心、肝、肺、脾、胃、肾、肠。

内脏既是心灵脏器，也与生理对应，当感觉不适时，应先就医，并遵照医嘱。

**探索原则：**积极就医与心灵成长同步进行。

◆ **注意事项** ◆

A. 有意识地分辨心身疾病和身心疾病。

B. 只要感觉身体不适，请先去正规医院就医，并遵照医嘱。

C. 越是深度成长，特别是回观早期经验时，越容易出现躯体化，就越要注意积极就医。

切记：心理治疗或心灵成长不能替代生理医疗！

（5）行为模式

可以通过动物人格意象的分解来了解自己的行为模式。

（6）人际关系

运用意象对话的所有方法和技术探索自己各方面的人际关系，如亲子关系、亲密关系、依恋关系、权威关系、上下级关系等。

## 【注意】

在意象对话的现有技术当中，某些意象练习专门用以测查和调节特定的人际关系。比如，"花与昆虫"——亲密关系，"领养小动物"——依恋关系，等等。

(7)常用的自我防御机制

**方法一**：掌握自我防御机制的相关理论知识。

**方法二**：发现并觉知自己惯常使用的自我防御机制。

**方法三**：发现并引导来访者觉知其常用的自我防御机制。

(8)情结的发现及处理

在以上自我探索过程中，均有机会触及本人的情结。

运用意象对话的所有方法和技术去发现、了解自己的情结，并进行相应的处理。尤其需要发现、了解和处理核心情结。

### 2. 意象对话心理师的原生家庭及家族的深入探索

**目的**：了解自己在原生家庭及家族中的位置，自己与原生家庭及家族的互动模式及其相互影响。

**方法**：经典精神分析；意象对话；其他所有的心理咨询与治疗方法。

## 【注意】

自我探索的目标在于，提高意象对话心理师的自我觉察和自知力。

所有的探索内容里都蕴含着我们原本就拥有的心灵资源，请注意发现并积极运用！

## 二、 素质训练

作为心理咨询师，意象对话心理师与其他咨询师一样，必须加强知识面的拓宽和理论修养，不断夯实自己的专业基础；必须坚持最基本的伦理操守，严格遵守法律、社会公德、道德规范和心理咨询师的基本职业道德；具有健康、良好的生活方式。

此外，意象对话心理师还需要不断加强专业素质训练，具体如下。

### 1. 提高共情能力的训练

(1)训练对他人心理体验的"直接的知觉"

这是一个自发的过程，对于过程本身我们做不了什么训练，但是，可以通过一些训练促进该过程更容易发生。

A. 身体放松，做"相对放松的心理咨询与治疗"。

B. 以身体放松为基础，自发并自然地模仿来访者的姿势（切勿刻意或夸大，以避免来访者产生被冒犯的感觉）。

C. 在咨询与治疗过程中，集中注意力，全程关注来访者。

D. 以理解、想象以及其他所能想到的过程为辅助，激发对来访者的直接感受并促进共情（切记：这些过程虽然可能引起共情，共情却并非这些活动的结果）。

E. 在日常生活中，习惯于关注自己的身体感觉和内心感受。

（2）训练对他人的感受和自身的感受的分辨能力

A. 多做心理分析，了解自己的情结，了解自己在各种情况下所容易产生的主要情绪和感受。

B. 如果意象对话心理师总是在很多来访者身上体验到同一种心理感受，就需要提醒自己，很可能是自己在投射。

C. 团体训练：以心理咨询师（或意象对话心理师）的专业素质提升为目标，受训成员共同去感受一个对象，共同尝试体会这个对象人物的情绪和感受。

D. 做心理咨询与治疗时，尽量全神贯注于来访者。

E. 借助优秀的督导，学习分辨共情与自己的感受。

F. 在意象对话的过程中，不断地按照来访者的意象来校对自己的意象。

（3）训练表达感受的能力

A. 扩大描述情绪与感受的词汇量，注意细微差异。

B. 习惯于表达自己的身体感受。

C. 多使用形象化的比喻（即心理意象）来表达感受。

## 2. 提高接纳能力的训练

接纳是指能够允许来访者表现其消极面，不去有意识或者无意识地对来访者嫌弃、攻击或排斥。从更积极的角度看，接纳是指能够以一种关心和有爱心的方式与来访者相处。

第一，体验来访者所产生的厌恶、愤怒、恐惧或不自信等感觉，分析起因，若有情结，及时地进行处理。

第二，运用意象对话的相关方法进行训练，即让意象对话心理师在不同的消极意象中，区分哪些是难于忍受的，哪些是相对可以接受的。要求意象对话心理师忍耐不适感，保持继续观察的状态。训练要点：不要克制或压抑自己的不适感，"带着不适感，继续看着这些图像"。

## 【注意】

意象对话心理师不得在想象中杀人（包括动物）、毁物；不得表现出嫌弃、厌恶的行为；不得排斥、贬低或压抑意象中的人和动物，只是带着不舒服的感觉去看着这些意象。

第三，发现自己的缺点和弱点，从而增加对他人的理解和宽容。

第四，深入理解来访者的行为、思维与情感、情绪。

第五，以自己的生活经验和临床经验为依据，有意识地想象来访者在没有心理疾病之前的样子，以及心理问题改善之后的样子。

第六，训练表达爱与接纳的能力。

A. 使用"平常化"的语气回应来访者"不平常"的表述；

B. 当来访者说出担心不被接纳的事情后，意象对话心理师可以温和地询问一些问题，以示关注和关心；

C. 对来访者表达共情。

## 【注意】

在表达爱与接纳时，意象对话心理师要避免一个误区：不要为了表达而表达，不要混淆健康和不健康、美好和丑陋、是和非的界限。可以宽容，但是不能纵容。

*3. 提高尊重能力的训练*

第一，了解他人与自己的不同之处。

◆ **团体训练示例** ◆

每个人分别写出：自己喜欢做的事情，感觉最快乐的事情，不喜欢的事情，感觉最痛苦的事情。每种事情可以写不止一件。轮流读出来。然后每个人说一说，别人的这些事情，哪些和自己的类似，哪些和自己的不同但很容易理解，哪些是自己感情上很难理解的。

小组讨论：哪些情况是病态的？哪些可能需要有所改变？哪些只是不同的偏好而已？对于后者，建议受训者表达："我们是不同的人，所以我们有不同的偏好。"

第二，分析人和人之间的一些基本差异及其不同影响。

◆ **团体训练示例** ◆

可以用各种人格测量的量表进行测量，把受训者分成不同的人格类型。然后，小组讨论：不同人格类型的特点，对他们的感受、思考和行为模式有什么影响。

第三，区分自己的需要和他人的需要。

◆ **训练示例** ◆

让受训者看一些来访者的症状报告或者问题报告，谈谈自己希望如何改变来访者，先从何处入手。再问来访者的希望是什么。然后比对这两者的异同，分析咨询师和来访者的需要分别是什么。

## 【注意】

咨询师要多分析自己，以了解自己在多大程度上有控制来访者的需要。

第四，运用意象对话的相关方法进行训练。

◆ **示例** ◆

引导受训者想象来到别人的院子外，看院子外有什么样的屏障，如篱笆、院墙……看院子的样子，想象如果没有人请你进入，而你却需要进入，那会是什么样的情况……

训练重点：意象对话心理师对于他人的界限有何种程度的尊重，以及对什么样的界限更尊重等。

## 【注意】

在尊重训练中，要避免过度地强调尊重，以免在必要时，也不敢突破来访者的心理界限。

第五，表达尊重的最基本一点，是关注对方。同时，注意基本礼仪。

第六，表达尊重的另一种方法，是多询问来访者的意愿。

### 4. 提高真诚能力的训练

真诚，是指不给来访者提供虚假信息，如实地表达自己的看法、感受和情绪。提高真诚能力，包括两方面：一是有能力看到真实；二是有能力恰当表达。这两者往往相互交织，无法截然分开。

第一，需要有勇气面对真诚所带来的问题。

第二，训练判断力，以明白何时需要说出真相，说出多少真相，用什么方式说出真相。真诚的基本原则：适时、适度，有益于来访者的成长。

第三，可以在团体训练中做一个练习："你们不知道的我。"

◆ 示例 ◆

小组人数在 3～7 人为宜。有组长做引导。每个人可以轮流做自我表露，表露的时间控制在 5 分钟以内。所说的话以"你们可能还不知道，我……"这个句子开始。内容要求说一件别人不知道的，关于自己的事情。在这个人说完之后，其他人可以进行反馈，每个人反馈的时间控制在 1 分钟。然后，这个表露者再有 3 分钟左右的时间表达自己的感受。

## 【注意】

这个练习中，表露者所表露的内容，在其对自我的威胁性上最好是轻微的，最多是中度的，不适合把一些对自我很有威胁的隐私事件暴露出来。

第四，可以用角色扮演的方法，练习如何真诚地表达而又避免伤害，尤其是不能带有攻击性（即建设性表达）。

例如，可以练习不说："你让我如何如何……"而是说："当你这样做的时候，我感到如何如何……"

第五，意象对话心理师仅做行为训练是不够的，更重要的是进行心理分析，找到妨碍自己表里如一的内在原因。

第六，表达真诚的另一个方法是自我开放，即在心理咨询与治疗的过程中，在恰当的时候，开放一些自己的信息，目的是帮助来访者。诚然，自我开放的时候需要有自我保护意识。

## 5. 提高洞察力的训练

第一，运用意象对话中的"看树"练习，训练对来访者气质的洞察力。

### ◆ 示例 ◆

让模拟来访者的人站在面前，受训咨询师只是看和感受。看大约 1 分钟后，咨询师闭上眼睛。闭眼后，利用记忆把来访者的形象保持在脑海里。培训者告诉受训者："你脑海里的这个形象将逐渐转化为一棵树的样子，请尽量仔细地看清楚⋯⋯"看完后，受训者大略画出这棵树，也可以用标注的方式在画上写出这棵树的特点。

同时，模拟来访者也可以看看自己"是什么样子的树"，同样把所看到的写下来。把模拟来访者所看到的作为一个"参考答案"，以此看受训咨询师所观察到的准确度有多高。也可以比较多个受训咨询师所画的树，分析其共性和不同。一般来说，多个心理咨询师所画的树的一致的方面，往往能真实反映模拟来访者的气质特点。

### ◆ 说明 ◆

这个练习的难度比较大，因而，即使是洞察力不错的心理咨询师，其所画的树也不会和模拟来访者的完全相同。训练时，培训者要说明这一点，以避免受训者产生受挫感。

第二，训练对情绪的躯体反应的觉察能力。

### ◆ 训练步骤 ◆

第一步，先确定一种情绪，要求受训者找一件引起该情绪的事情。

第二步，受训者尽量生动地想象这件事情发生，注意观察：情绪所引起的感受在身体的哪个地方先开始；情绪所引起的感受随后向哪个方向流动；流动时的感受是什么样的；最后的感受如何。

第三步，报告自我体验到的躯体感受。先让受训者自由选用表达方式，随后用颜色、声音、轻重、快慢、冷热、流动方向等来表达所体验到的情绪感受的状态。也可以用一个综合性的意象去表达躯体感受。

## 【注意】

当培训者发现受训者的躯体反应不符合事先设定的情绪，反而类似于其他情绪时，可以通过分析和访谈来判断，受训者是否存在其他情绪。

## 【注意】

心理咨询师如果有情结，身体对情绪的反应将会受到这个情结的影响。这样的话，来访者出现某种情绪时，心理咨询师所感受到的，将会是来访者的情绪和自己的情结两者共同作用所引起的效应。

为此，心理咨询师，特别是意象对话心理师必须尽量消除自己的情结，或者至少了解自己有什么情结，从而能够在反应中把自己情结所带来的反应"减去"。

◆ 说明 ◆

这个练习是很有价值的，但有待完善。

### 6. 提高信任能力的训练

第一，可以借助自己的身份、咨询机构的信用、咨询环境等增加来访者的信任感。但是要注意，宣传内容必须真实。

第二，对于咨询过程中可能发生的困难、不利之处或者让来访者感到不适的事情等，要事先告知来访者。

第三，不要过于热情主动，对来访者说明必要的情况后，要让他们自己决定是否做心理咨询，是否接受意象对话疗法。

第四，心理咨询师应合理收费，不能盲目减少收费或过高收费。

第五，发现自己无论怎样都不信任来访者时，可以在督导的帮助下，做一下自我分析。

意象对话心理师需要牢记：专业素质的提升，是一生中都不能停止的！

◆ 特别说明 ◆

作为意象对话心理师，在进行到一定程度的自我成长阶段时，还应该进行"生死"以及"爱、知、信、行"的意象训练。简而概之，意象对话强调生命的主动承诺和选择，"爱"是指以真爱为本；"知"是指以自知为本，主张向内觉察；"信"是指以相信和关注生命为本；"行"是指以承当为本，承当自己应该承当、也能够承当的责任。

但是，该训练必须符合以下条件之一：

(1)参加过意象对话初级班和中级班的学习，并通过考核；

(2)参加过意象对话全程班的学习；

(3)在意象对话心理师的督导下进行该意象训练。

## 三、 能力提升

### *1.* 熟悉各种意象类型的体验及其象征意义

详见本书实践篇的相关内容。

### *2.* 掌握基本起始意象的使用方法

详见本书实践篇的相关内容。

### *3.* 基本功训练：解析梦境、电影、神话、童话和图画等

意象的表达形式非常丰富，在我们的生活中随处可见，如梦境、电影、神话、传说、童话、各种艺术作品、建筑、服饰……如果能够有意识地去体会、感受、分析和分享(之所以在这里讲"分享"，是因为意象对话心理学反对闭门造车和自我陶醉)，不仅能够帮助我们练好基本功，增强感受力和敏锐度，保持学习兴趣，也能为学习和运用意象平添许多乐趣。

值得一提的是，这种基本功本身就是一种心理治疗思路——通过传说性的治疗，追踪某类人的心理发展过程。

以经典童话《灰姑娘》为例。若从象征的视角去解读：故事中的"水晶鞋"为眼泪所化，为幻想所化；"灰姑娘"代表的抑郁、自卑和悲伤，源于原生家庭中不受宠的成长氛围；变成"公主"去交往，意味着在异性交往中有短暂的公主表现，担心异性看到自己的抑郁、自卑和悲伤，所以将其补偿为一种骄傲，当心仪的"王子"前来寻找、主动示爱时，她就会退缩；"王子"拿鞋找公主，第三次才找到，鞋是亲密关系的象征，这个故事情节代表王子经过两次的婚姻磨炼成长后才找到灰姑娘；从柴房中接出灰姑娘，象征着接纳。正是由于真诚的接纳，灰姑娘变成了真正的公主——自尊、自信、快乐。

## 4. 掌握心理危机干预的基本知识和方法

意象对话心理师首先是一名合格的心理咨询师，应该掌握心理危机干预的基本知识和方法。

广义的心理危机干预，是指在灾后（天灾或人祸）急性期为当事人提供情感支持。它的主要目的是，避免当事人自伤及他伤，助其恢复到平衡状态。

危机干预一般分为两个层次：一是第一级干预，又称心理急救，为当下能应付过去而提供支持（reestablish immediate coping），往往由第一到达现场的人提供，如警察、消防队员、急救人员等；二是第二级干预，又称危机治疗，目标在于重建生活，修通危机，将变通融入生命，往往由助人专业人士提供，如心理咨询师、社工、精神科护士等。

危机干预需要介入以下要素："二安"——安身（指人身安全、医疗需求、生存需求、消息和通信需求）和安心（指隐私、保密、重获掌控感、不会因危机后的身心反应而被批判）；"二解"——纾解（指当事人能说出创伤的心理经验）和了解（指助人者表达出听到并知道当事人所说的）；"二预"——预测（指预测现实问题和相关的情绪反应）和预备（指对于接下来几天可能遇到的问题有何打算和计划）。

危机干预的重要原则：

一是必须团队合作。需要尊重、配合指挥系统，并且融入基本物质救难系统去帮助幸存者及工作人员。

二是做最平实的接触和沟通。询问目前自己可以帮忙之处；为其提供舒适的环境，如食物、饮料、衣物、防晒物品、杂志、报纸、通信工具（纸笔及电话）。

三是听他们的故事，做见证。聆听而不给建议；陪伴及情绪调节，强调当下的安全。

四是态度胜过技巧，注意肢体语言及接触。专注、尊重、支持、关怀，舒适的肢体接触（询问对方的意愿）。

五是评估转介需要。评估其危险因素及症状，给予适切的帮助，以及进一步的转介。

做心理危机干预工作时，除了掌握灾后受害人常见的身心反应及其应对等相关知识，还要有"自助"意识。自助的要领包括：建立"提供服务者也是灾难受害人"的观念；预防替代性创伤，寻求团队支持；注意饮食与休息；保持自我觉知，懂得寻求协助；有效的压力管理。

### 5. 具备基本的鉴别诊断能力

具备基本的鉴别诊断能力要求意象对话心理师能够鉴别神经症、人格障碍、重性精神疾病、自杀及伤害他人，以及意象对话疗法的所有禁忌证。这就需要意象对话心理师不能仅仅掌握意象对话这一种心理疗法，还需要掌握心理学的基本理论和所有心理学流派的基本思想、方法，掌握咨询心理学与异常心理学的基本知识，具备基本的心理诊断技能和心理咨询技能。

# 第十九章

## 意象对话创新子技术

自 20 世纪 90 年代初朱建军创建意象对话心理疗法以来，经过意象对话研究者团队二十多年来的研究探索，意象对话心理疗法已经逐步成熟。在意象对话的基本理论和技术框架下，一些优秀的研究者已经研发了一些具有创新性的子技术。

为鼓励意象对话团队的技术创新，促进意象对话心理疗法的学术发展，并对研发者的创新贡献给予应有的认可和肯定，经意象对话心理学研究中心常务理事会研究讨论，决定从 2011 年 8 月 15 日开始，正式启动意象对话创新技术认证工作，并授予子技术研究者对其所研发的子技术的终生署名权。

以下所介绍的，均为经过意象对话心理学研究中心认证的创新子技术，请所有的引用者、实验者以及使用者充分尊重每一项创新子技术的研发者的终生署名权。研发者顺序按姓氏的首写字母排序。

### 一、 蔡晨瑞： "意象画"

**（研发者：职业心理咨询师）**

2008 年 8 月，蔡晨瑞撰写的《我画我心——意象对话了解人心》一书由安徽人民出版社出版。诸位同仁看后，都希望他能用课程或工作坊的形式来讲解和演示如何看画、如何运用画画来进行心理咨询与治疗。于是，他开始在社会上讲授"意象画"的课程，同时，把这种方式应用于他的意象对话小组活动、督导及个案咨询。"且学且做，且做且学"，他一直坚持到现在。

"意象画"心理咨询技巧，是在遵循意象对话心理学基本原理的基础上，引导画者(来访者)对其画作进行体验，在体验过程中对画作(或求治问题)有所发现、领悟，从而使画者的现实心理困扰有所消解。

这里需要说明的是，"意象画"的"画"就是普通意义上的画画，而不是画出意象；看画时，则需要用"看"意象的方法来"看"画。所以，这也是"意象画"心理咨询技术与意象对话疗法的共通之处，即"看"。

### 1. 目的

"意象画"的根本目的，即解决来访者所求治的心理问题或使症状消解。虽然该技术运用的是画画的形式，但不具有投射测验(如房、树、人、技术等)的功能。因此，该技术不运用于对来访者画作的程序性评估和结构分析。就像我们通常所理解的："你(咨询师)从画中能看出我有什么问题吗?"——"意象画"不做此事。

它的直接目的在于帮助画者"体验到画作本身存在的问题"，从而进行反思和领悟。

### 2. 适用范围

从心理咨询所解决问题的难易程度来说，"意象画"咨询技术适用于一般心理问题、严重心理问题和神经症的早期；在非心理咨询的场合，可以把"意象画"设计成团体游戏或其他活动；年龄上的适用范围，基本在8～60岁；最主要的适用标准是，被试需基本具备自我觉察能力和反观能力。

适用形式：个案咨询；团体治疗。

### 3. 原理

"意象画"的基本原理与意象对话是一致的。在"意象画"里，画就等同于意象。比如，画者说"我不会画或画不出来"，转换成意象对话的语言就是"我看不到意象"。

对于出现的意象，我们需要"找感觉"；对于"意象画"，我们需要"体验"。

当来访者对自己看到的"意象"有所领悟了，来访者的问题得以消解；画者对于自己的画作有所领悟了，画者的问题得以消解。

所以，"意象画"心理咨询技巧仍然属于一种潜意识层面的调节，一种"下对下"的调节。意象对话的工作对象是意象，"意象画"的工作对象是画。

### 4. 看画的前提

当画者完成了画作，在看画之前，咨询师和画者须遵守两个前提条件：一是不探究画者的作画动机和意图；二是不探究画者的绘画技能。

这是因为，咨询师的直接目的和任务就是"看画"，这两个前提条件的内容都与眼前的这幅画作本身无关。

### 5. 看画的基本原则

"意象画"心理咨询技巧的独特之处就在于它所采用的看画方式。研发者将看画的方式总结出"二十字方针"：奇特之处、眼见为实、自圆其说、就画论画、回到画中。

咨询师只要按此方式看画，并引导画者对画作进行体验和讨论即可，容易记忆，简单又实用。该方针在实际运用中是非常灵活的，就像游击战的十六字方针一样，需要经过一个从熟练掌握到艺术创造的过程。以下是对"二十字方针"的具体说明。

（1）奇特之处

当画者把画作放在咨询师面前时，引人注目的就是画作的奇特之处，这个奇特之处该是自然而然出现在你面前的。如果把奇特之处展开一下，就是画面上特殊、特别、奇怪、奇特之处。还要强调的一点是，这个奇特之处是公认的，如果别的人见了也是如此的反应才算，这样就避免了因咨询师个人喜好带来的偏差。

如房子飞在天上、房子没有门窗、人物缺少"部件"等，任谁看都认为是奇特的地方。画作的奇特之处有时一处，有时多处。然后，选择一处就可以进行讨论了。比如，人物画中的人缺少（其实就是没画上）耳朵，就可问问画者："这个人要是没耳朵，他怎么生活呀？"以此引起画者的思考。

这个原则在"看"画中所起的作用是创造讨论的起点。

（2）眼见为实

眼见为实，就是画上的内容是什么样子，就视为什么样子。早先朱建军先生把它概括为"所画即所见"。这个原则的作用是，让画者从自我想象中回到眼前的实际图画上。

举例来说，人物画上的一个人，头上画着三根头发。画者一般会说，这三根就代表很多。看画的咨询师说，他就看到三根，要是很多，就请画上去。其实，这个头发很多是"想象"中的，而不是眼前画中人的实际情况。这个原则的要点是"较真","较真"可以帮助画者从想象中回到现实；同时，也会成为咨询师与画者交流的一个起始处，比如，针对三根头发的人，咨询师问："如果这个人真就长了三根头发，他怎么了?"

（3）自圆其说

在五条原则中，这条原则是使用起来最有难度的一条。因为就奇特之处或眼见为实之处提问后，还需要画者给（编）出一个理由，并且是比较符合现实逻辑的理由。仍以三根头发的人为例，画者可以说："这个人为了时髦，专门留了三根头发。"这个就是符合逻辑的自圆其说。画者如果说："风给吹掉的。"这就不算是符合逻辑的理由。

还有一个难度在于，画者说："我不会画头发，就画了三根代表，这就是理由!"这样的话，前文所述的"前提条件"就用上了，即不考虑绘画技巧。当然，这样似乎会进行不下去。那么，先说能进行下去会出现的情况。

接着说"三根头发"的故事。咨询师围绕它提出一系列问题："只留三根头发的难度也很大，是怎样做到的?""这种时髦和其他种类的时髦有何不同?""为什么不是四根或两根?""如何保持三根的状态? 这个形象保持多久了?""当初是怎样决定留此发型的?"对于这些问题，只要画者能自圆其说，画者对画上的人物就会越来越了解，越来越能体会到画上人物的心境，仿佛画上的人物活了一样。这样我们"看画"的直接目的就达到了。

再说进行不下去的情况。进行不下去的具体原因较多，常见的有阻抗、想象力、熟练程度等。这时，为了保证咨询能够继续进行下去，咨询师可用以下规定问题进行提问：a. 画上的人（物）如果真是如此，会给他（她、它）带来什么实实在在的好处；b. 如果真的这样，会给他（她、它）带来哪些弊端。把这两个问题谈得透彻一些，比较一下得失，然后讨论怎样才能避免弊端的出现。这样也能帮助画者进一步体会到画中人（物）的感受。

（4）就画论画

就画论画，只探讨画作中的内容，或者说画作呈现的现实样子。比如，一位画者画了一只宠物狗，讨论画时，画者基本上都是谈论他家里现实的那只狗，因为他坚信他画的就是家里的那只宠物狗。这时，咨询师要和画者当场讨论画上的狗，一切讨论以画上的狗为中心。

该原则的另一个意图，是防止画者把视线从画作上移开，弃画作而不顾，只谈论现实之事。在"看画"的时候，不谈论现实之事，就是为了把画者外投的注意力转向自我反观，而"画"此时就充当"镜子"，当然要就画论画，不离开"镜子"了。

(5)回到画中

在看画的过程中，画者完全不谈现实也是不可能的。例如，一位女大学生画了一个躲在角落里的孩子(人物的性别特征不明显，经画者确认为男性)。当运用"自圆其说"原则时，咨询师问她，画上的男孩子躲在角落里会给他带来什么益处？她想了想说，可以不在众人面前出丑。当说完这句话时，她突然想到自己上小学时的一件事。她说，四年级时，自己是各方面都非常优秀的学生，总是被表扬。一次，她迟到了，被老师关在教室门外。老师在教室里隔着门批评自己，同学们都听着，她当时觉得非常窘，从那以后好长时间都觉得在同学们面前抬不起头。

画者本来是在说画上的男孩子，说着说着想起了自己小学时的创伤性事件。这时，咨询师一定要允许画者把想到的事件说完，包括其中蕴含的情绪也要获得释放。之后，再回到画中。咨询师可以这样来"接话"："你那时是被老师当众批评，觉得自己出丑了。那么画上的男孩子是怕出什么丑呢？"这样，画者就会继续对画进行"观察"，去发现画上男孩子怕出丑的原因。

灵活运用以上五条"看画"原则，咨询师和画者一定会在画作中共同发现一些"问题"。顺利地解决这些"问题"，就是治愈之径。

原则是一种底线，也是一种尺度，所以，留给咨询师的创造空间很大。只要把握住了原则，就不会出现太离谱的偏差。

### 6. 操作步骤

(1)陈述问题

咨询常规都是要来访者诉说求治的问题。问题一般为两类，一类是现实问题，如考试焦虑、夫妻关系、失眠等，是有外在事件支撑的；一类是存在一种不适的内心感受，不以外在事件是否发生为转移的问题。在遵循咨询前访谈的基本规则的前提下，意象对话心理师一般会鼓励来访者较为充分地描述内心感受。虽然来访者会讲现实问题，但我们仍会着重关注来访者在现实问题困扰中的内心感受。当来访者的内心感受得以充分描述时，即完成"意象画"的第一步。

之后就将咨询重点放在画作上。

(2)展开绘画

展开绘画的总指导语是："现在你把这种感受画出来，想怎样画都可以。"同时要对来访者提出三个小要求：a. 必须是画，而不是抽象图形或涂鸦；

b. 画上不得出现汉字、英文字母、数字、符号(如＋、箭头等)；c. 自己看得懂就可以(意思是鼓励画者不要考虑绘画技能的因素)。

绘画的时间设置在 10 分钟以内，一般不需要强调绘画时间，只有当画者因长时间犹豫不决或追求完美而导致绘画时间超过了 10 分钟的时候，咨询师需要提示："还有 2 分钟，到点即视为画作完成。"

临床实践表明，画者一般都会在 5 分钟以内完成画作。

(3)讨论

画作完成之后，按照看画的"二十字方针"与画者(来访者)讨论。下面提供三种讨论技巧，以供参考。

第一，姿势法。如果画中有人物姿势比较独特，可令画者模仿画中人物摆出同样的姿势(未经咨询师允许的情况下，画者不得擅自移动身体；必要时给予鼓励)。这时，询问画者三方面的感觉：身体感觉、心理感觉、情绪。一般通过姿势模拟，画者在两三分钟后即可体会出上述感受。这些感受都可视为画中人的感觉。这个方法可以帮助画者更多地了解画中人物的真实感受。

特别注意：危险姿势或可能带来伤害的姿势不要模仿！

第二，换人法。在画者对画作的主观解释过于强烈时，建议使用这个技巧。咨询师引导语："假如这幅画不是你画的，刚才你对画的哪些说法或解释就不存在了吗？或者说，假如这幅画不是你画的，你(在画上)会有什么新发现？"这样"特殊之处"就会自然显现了。

第三，时空法。这个技巧可以帮助画者发现画中存在的矛盾之处或局限之处。时空的内容包括年龄、时间、季节、年代、地域、场合等。

(4)展望

经过讨论，画者就会发现画作中存在的问题。然后引导画者展望一下，如果重新来画，会做怎样的改变？在这个过程中，要注意的是，对新画的改变要合情合理，切勿贪多求大。如果画者坚持重来，也要给予尊重，但对新的画作也要进行展望。这个过程中，咨询师可以提出自己对"新画作"的意见，但采纳与否由画者决定。

(5)布置作业

要求画者在家里完成"新画作"，可以是一幅，也可以是多幅(不断改进的结果)。需要提醒画者的是，不可一口气画多张，这种情况出现的原因有：突击完成作业；对每一幅画作都不满意，希望一下子画到最好。以一天一张为限。

（6）对画作的保存

第一，画者每次咨询都要把所有画作带到咨询室。

第二，画者用结实的文件夹或档案袋保存画作，以防止污损、折叠，咨询结束后要将画作妥善保存。

（7）再次面谈

画者带来"新画作"，一幅或多幅（包括草稿画）。如果是多幅，则由画者自行选定其中一张。咨询师询问作画过程，并和画者就选定的"新画作"再次展开讨论。如果画者没有完成作业，或忘记带来"新画作"，那么就请画者在咨询室现场完成，然后再与其就画作进行讨论。

## 7. 变式

上述"意象画"展示的是自由画方式。还可根据具体情况采用其变式。

变式一：基于画者的不同特点，采用回忆画的方式，即鼓励画者回忆一下曾经画的东西（人、物），然后画出即可。

变式二：写实画。给画者摆放一个简单的物品（器皿、玩具等），让其照着画。

万变不离其宗，只要是来访者自己画的画就可以。变式的看画原则与步骤皆与自由画相同。

## 8. 禁忌

第一，不得在非咨询或心理学活动场合使用该技术。

第二，不得对无自我觉察和反观能力的人使用该技术。

第三，不得将房、树、人等投射测验的分析方式与本技术混用。

第四，不得擅自损毁、丢弃来访者的画作。

## 9. 注意事项

其一，对于实在不会画的内容（如汽车、楼房、鞋、手等），可鼓励画者学习，但要注意提醒画者，完成作业时不能印着画。

其二，画的讨论是无穷尽的，以来访者求治问题症状消解为结束咨询的标志。

## 二、 曹昱： 分层共情法

*（研发者：职业心理咨询师）*

*1. 目的*

当来访者所表达的内容与内心的情绪、情感不一致的时候，能够在既不否定也不赞同来访者言语表达内容的情况下，与言语表达下层的情绪、情感进行镜映式的互动。

*2. 原理*

人的脑与心——理性与情感，经常是不一致的。当我们有意识地表达出一个内容的时候，内心的情绪、情感常常与之不一致，而这个不一致，大都是无意识的。

在表达的时候，我们常常会把内心真实的情绪、情感与我们所表达的言语粘连起来。因此，当言语表达的内容被否定时，我们会自然而然地感到自己的情绪、情感也一同被否定了。这就给咨询师带来一个两难困境——有时候为了能够镜映来访者真实的情绪、情感，我们不得不违心地把他的"歪曲的言语表达内容"也一同镜映了。

"分层共情"技术很好地解决了这个困境。咨询师可以温和地对来访者的言语表达和情绪、情感表达进行分层镜映，在不让来访者感到被否定的同时，也能够有效唤醒来访者的觉察，从而将被无觉知地沾染在一起的意识内容和潜意识内容进行分离，也更有效地还原了心理真相。

*3. 适用范围*

该技术适用于：未觉知到自己的言语表达与情绪、情感表达不一致的来访者；咨询师的自我成长。

适用形式：个案咨询；团体治疗。

*4. 操作步骤*

第一步，咨询师对来访者表达出来的意识层面的内容进行共情——不但共情他所直接表达的内容，还要共情这个内容中的因果逻辑。这样，来访者会感受到自己所表达的内容被听到了、被容许了，并被理解了其合理性的一

面。（这个咨询过程对于来访者还具有示范效应）

第二步，咨询师对表层情绪背后的原发情绪进行共情。

第三步，咨询师与来访者进行核对和情感对接。如果深层共情有误差，咨询师及时校正自己的误差，并跟上来访者的节奏。

## 5. 变式

在面对表演性很强的来访者时，这个技术可以稍加调整，变式为：对上层"戏剧"的一句话共情之后，紧接着共情"导演"和"观众"的感受。

## 6. 注意事项

其一，在对表层共情的时候，切忌急于澄清或对质，更不要鲁莽地强行打破来访者的阻抗，而是用不评判、不防御、不讨好的"不拒不纳"的态度来进行镜映。在这个过程中，尽可能不要有咨询师的"我"参与进来。使用这个技术的关键是，在第一个步骤中，咨询师的功能只是一面"镜子"，清晰而如实地把来访者表层的情绪、情感及其内在信念等内容呈现给他，增加其觉知。

其二，在对更深层内容共情时，首先，咨询师要有足够的感受力作为使用这一技术的基本功。其次，在表达给来访者的时候，咨询师一定要给自己和来访者留出余地。因此，这个过程通常使用这样的语式："但与此同时，我好像还感受到在这个情绪下面还有一些未表达出来的内容，比如……"这样，会给来访者一个空间去感受一下自己的内在，而不只是卡在并聚焦于表层的继发情绪中，同时也给咨询师一个不与之对抗的退路——一旦共情不准确，或是来访者干脆不承认自己有更深层的情绪，咨询师也不至于让来访者感到被强加、被野蛮分析，而导致咨访之间的对峙。

其三，第一个步骤和第二个步骤要在一次表达中使用，中间不要有空隙，否则来访者很容易由于表层情绪被共情而聚焦于表层情绪，并随即变成对表层情绪的讨论。该技术中表层共情的最主要目的，并不是只为了共情表层情绪，而是为了松解来访者表层的阻抗，并在他感到表层内容被共情到因而阻抗松解的一刹那，把来访者的觉知引向更深层的原发内容。

## 7. 案例解析

来访者：这一切都是你造成的！本来我没做咨询的时候还没有这么痛苦，现在，我一见到我父亲就会想起那件事！我简直没有办法再去面对他了！你已经彻底毁掉了我的生活！

咨询师：我听到你在表达你对我的愤怒，因为你觉得是我让你想起了那件不堪回首的往事，而这件事让你无法再若无其事地面对你的父亲。但与此同时，我好像还感受到了你没有表达出来的内容，比如，这件往事所带给你的受伤感，以及现在的无能为力感。

◆ 解析 ◆

第一句话是对来访者意识层面的共情，咨询师用接纳的态度面对了来访者投向自己的愤怒，并对此进行毫无主观评判的理解和镜映，既没有对此防御、与之战斗，也没有对此进行肯定和讨好，仅仅是把这个内容中立地包容进当下的咨访关系中来，没有因为自我保护和澄清的需要而与来访者对质或对立。由于镜映其表达内容及其因果的合理性，咨询师反而与来访者保持在友伴的联盟关系中，无形之中化解了来访者潜意识中的敌对和阻抗。第二句话是在对来访者意识中所表达的内容进行共情之后的、更深层的推进，对来访者尚未觉知到的潜意识内容及其情感进行镜映，并通过这种理解式的镜映，使来访者在有咨询师陪伴的资源下，开始关注到自己更深层面的情绪、情感，不知不觉中放弃了表层防御，从而由陷入过去而回到当下。

来访者（眼圈红了）：是的，我现在完全不知所措了！不管怎样，我都得面对他呀！不管他曾经做了什么，他都是我的父亲。而且，他现在已经老了，我总不可能抛弃他呀！

咨询师：是啊，所以，你现在陷入了一个困境：一方面，你太受伤了，还无法原谅他，不想再见到他了；可另一方面，你无法做到抛弃他、眼不见心不烦，因为他是你的亲生父亲，你是他的亲骨肉，你还是爱他的。

来访者：嗯……（流泪）可是，我究竟该怎么办呢？我不想这样下去！

咨询师：你现在很想解决这个困境，这意味着我们开始有机会关注解决方法了。如果一个工程师想要修好一件电器，他首先该做些什么呢？

来访者：首先他得先知道问题出在哪里。

咨询师：是呀。那么，你想要解决的问题，究竟出在哪里了呢？

来访者：我的问题是，我的内心里老是有两个声音！一个说："他死有余辜！永远不要再见到他！"另一个说："你怎么忍心？！他毕竟是你的父亲，而且，你小时候他曾经对你那么好！"

咨询师：这两个声音分别是从什么样的两个人嘴里发出来的？

来访者：第一个是一个十五六岁的女孩，第二个是一个小一点儿的女孩，大概有七八岁吧。

咨询师：哦，原来是这样。她们两个一定都有自己的道理。我们一起来听听她们的故事吧。

来访者：好。怎么听？

咨询师：你觉得这两个女孩子，谁现在离你比较近？

来访者：七八岁的那个。

咨询师：她长什么样子？

来访者：白白胖胖，娃娃头，很开心的样子，穿着白色带斑点的小连衣裙，很干净。

咨询师：她现在愿意和你交流，说说心里话吗？

来访者：她告诉我说……（进入故事中）

咨询师：难怪她反对十五六岁的女孩子不要她的爸爸了。

来访者：是啊。

咨询师：可是，我相信那个十五六岁的女孩有这样的念头也一定有她的道理。你愿意听她也说说自己的故事吗？

来访者：她穿着蓝紫色的宽大袍子，脸色很难看，也有点儿发青，她现在正在很仇恨地望着我。

咨询师：这个仇恨如果能够说出来，她想说什么？

来访者："我恨你们！你们统统都不了解我！"

咨询师：听起来她在表达一个愤怒的情绪，因为我们都不了解她。但与此同时，仔细体会她的内心，我似乎感受到了一份孤独和失望。

◆ 解析 ◆

这个子人格是一个创伤性事件所形成的子人格，所以在碰触到伤口之前，会自然而然地有所阻抗。这时候，她开始用愤怒和攻击来保护更内在的受伤感，而这也正是来访者惯用的模式，和前面如出一辙。咨询师依然用了分层共情法，第一句话用理解的态度镜映了她表层的愤怒，第二句，咨询师用"我在用心体会你的感受"的态度，温和地镜映出来访者愤怒背后更深层的感受。

### 三、 曹昱：封闭整合法

"封闭整合法"是曹昱研发的创新子技术，专门用于改善子人格。该技术既可与前文所述子人格的相关技术结合使用，也可单独使用。

*1. 目的*

用于整合过度分裂的子人格——分裂且拒绝"见面"的子人格，使长期无法调和的内心冲突得以化解，从而提升自我接纳度。

*2. 原理*

许多时候，看似最无法调和的内在冲突，其实是由于过分使用了一种自我防御机制——分裂，而分裂的获益就在于，个体可以把自己认同为自己所接纳的那一部分，而把不接纳的自我部分持续地压抑在人格阴影中或是抛弃在"自我"之外。这样，个体就会认为自己是自己所接纳的那个样子，而把分裂出去的、不接纳的那个部分持续地外投给现实世界中的他人，使内部冲突转化为外部冲突，由此引发尖锐的外部人际矛盾。

封闭整合法就是创造一种机会，让分裂的两个自我部分发生联系、打破隔离，并逐步在关系互动中调和，最终使内部水火不相容的分裂部分达成和解，甚至整合，使得个体内部原有冲突得以化解，并不再把现实中的他人外投为"坏客体"，从而使得个体的人际关系也变得更和谐。

这个方法其实是"解铃还须系铃人"——两个分裂或隔离的子人格来自超我的强迫分裂，所以，还要借用超我的强迫整合加以还原。

*3. 适用范围*

该技术适用于：想要解决强迫性神经症、恐惧症、焦虑症、同性恋、性变态等问题的来访者；惯用分裂和隔离防御机制的个体；致力于进行自我成长的个体。

*4. 操作步骤*

第一，如果分裂的子人格双方没有双双"现形"，首先需要找到不被接纳的、被分裂的"另一半"。

第二，如果分裂双方处于隔离状态，或是拒绝见面，咨询师就引导来访者在意象中把有意愿解决冲突的子人格联合起来，将分裂的子人格双方强制放在一个空间里，并观察双方的状态，让双方适时进行消极情绪的有觉知的宣泄。

第三，给子人格双方提供一个必须发生关系的中介物，使之被迫发生互动关系，双方的冲突得以呈现；让来访者的潜意识领悟到，不论自己意愿中多么不想让他们见面，他们还是会在某些情境下见面并发生冲突，所以，隔离不能解决问题。

第四，在意象对话中，用改善子人格关系的方法处理内在冲突。

第五，和解或整合自然发生后，咨询师给予充分肯定，并及时强化这个有效的内部调解模式。

## 5. 变式

引导来访者在想象中将两种分裂和隔离的心理能量分别转换成两种动物，并将这两种动物关在同一个笼子里。告知来访者：其中一个可能会吃掉另一个，但没关系，继续跟踪被吃掉的能量，直到最后用另一种方式和解。

比如，来访者将"软弱"和"强大"分别想象成羊和狼，羊被狼吃掉后变成狼的粪便，粪便又被分解，成为大地母亲的一部分，而狼也在自然死亡后成为尸体，被微生物分解，也和羊一样成为大地母亲的一部分。此时，貌似势不两立的两股心理能量，终于在大地母亲的怀抱中泯灭了分裂，重新成为一体。

## 6. 注意事项

其一，本着尊重和接纳来访者的工作原则，咨询师并不需要强迫两个过度分裂的人格侧面互相接纳，只是不断提供促使其互动关系发生的中介情境。

其二，不要求分裂的子人格双方每次都必须整合。只要和解了，目标就达成了。当然，如果两个分裂的子人格自然而然地整合成了一个新的子人格，那也很好。有兴趣的朋友可以参见《意象对话案例督导集》中的"爱，本来可以不这样痛苦"双性恋案例。

其三，鉴于意象对话疗法的局限性，面对具有人格分裂倾向（例如，在意象中有以外星人形象为代表的多个子人格等）或身份识别障碍的患者时，请谨慎！切不可单一地使用该技术。必要时请转诊。

借此，以外星人为例，做简要说明：梦见外星人，往往代表着那些做梦者自己没有办法理解的、和自己性格截然不同的人。作为子人格，外星人主要出现于分裂性人格障碍、自闭性人格障碍、精神分裂症初期。

外星人子人格的形成，是由于来访者自我的内部隔离太严重了，以至于他心灵的某一部分已经完全和其他部分隔离开了，完全失去了和人格其他部分的结合与相互理解。这个部分已经从他的整体人格中被剥离了——人格的真实的"分裂"。因此，比较好的应对方式是，在意象对话中，引导外星人和其他子人格多多交往，增加了解，直到外星人变成人，懂得人的情感。例如，可以引导外星人先和子人格当中的儿童交朋友。

这样的工作对于咨询师具有极大的挑战性，因为它需要咨询师高度接纳来访者。并且，咨询师不得不面对另一个现实：依据心理科学发展的现状，彻底解决人格分裂的问题尚属世界性难题。

## 7. 案例解析

来访者：我最容不下他们那种烂人！简直看都不想看他们一眼！

咨询师：如果有一个人的形象能够概括他们那种烂人的话，这个人会是怎样的形象？

### ◆ 解析 ◆

咨询师在这里试图让来访者投射出去的"坏子人格"显形，促使来访者把注意力从外部世界转移到自己的内心世界。

来访者：一个下三烂的叫花子，男的，四十多岁，土里土气的，自轻自贱，蓬头垢面，衣衫褴褛，又脏又臭，经常用黑黑的手指甲抠鼻孔，还当着人搓泥。别人看不起他，吐他脸上一口痰，他也嬉皮笑脸满不在乎的样子，真让人作呕。

咨询师：谁在作呕？

来访者：就是我以前经常见到的那个淑女，二十岁左右，穿一身雪白的裙子，戴着白玉的项链和手镯，一尘不染，很精致的妆容，很高贵。她只要一出现，那个叫花子就不见了。向来如此。

咨询师：哦，她一出现，叫花子就不见了。但叫花子出现的时候，她会出现，并感到作呕，是吗？

来访者：不是，只要有叫花子的地方，她就绝对绝对不会出现！

咨询师：原来是这样啊。那如果他俩狭路相逢了，会怎样呢？

来访者：根本不可能发生那样的事！他们势不两立，因为他们本来就是两个世界里的人！

◆ 解析 ◆

当咨询师试图把"叫花子"和"淑女"这两个对立的子人格放在同一个觉知界面上，让来访者看到"淑女"对"叫花子"的不接纳时，来访者似乎出尔反尔，否认了刚才"淑女"对"叫花子"的反应。这并非来访者有意"说谎"或"强词夺理"，而是她如实地呈现了自己的潜意识内容——分裂与隔离。因此，在这里，咨询师不要与来访者对质，而是把这个不一致作为一个"呈现"的机会来推进下一步的工作。

咨询师：明白了。难怪在现实生活中，叫花子这样的人一出现，你就会那么难以忍受。

……

咨询师：这么说的时候，我能感受到一种悲哀和绝望。

（来访者慢慢流下了眼泪。）

咨询师：如果这眼泪能表达一句话，它想说什么？

来访者："我爱你，可是我真的无法接受和你生活在一起的日子！所以，我们只能两地分居。"

咨询师：是淑女对叫花子说的吗？

来访者：不是，是淑女对"绅士"说的。淑女根本就不会和叫花子见面。

◆ 解析 ◆

来访者强烈的"不接纳"使其无法觉知到"淑女"其实一直都和"叫花子"在一起这个心理现实。而心理上的隔离，就外化为夫妻的两地分居。

咨询师：说真心话，你愿意为解除这个痛苦付出一些努力吗？

来访者：当然愿意！所以我才来咨询啊！

咨询师：愿意解除这个矛盾的子人格是什么样子？

来访者：就是美惠啊。可是她什么也做不了啊！

咨询师：没关系，我们可以让美惠去找一个有能力解决这个问题，同时又不在这个系统中的人。如果有这个人，会是什么样的？

　　当来访者被卡在无法解决的矛盾中时，咨询师试图把她的注意力拉出这个小系统，在她的内部子人格中，寻找一个更中立、并且有意愿调解矛盾的第三者子人格与咨询师形成联盟，一同进行调解。这里应用了另一个技术，叫"子人格第三方协调技术"。

　　来访者：一个比较理性的男人，大概四十多岁，很沉稳，有掌控力。

　　咨询师：我有一个表面上看起来好像是个馊主意的好主意，你觉得他愿意和我们合作来尝试解决这个问题吗？

　　来访者：愿意。反正死马当活马医呗，大不了问题还是老样子。

　　咨询师：那很好，现在请他把淑女和叫花子关在同一个封闭的房间里，这个房间里什么东西都没有。你看看，他们俩分别在房间的什么位置上？有什么样的身体姿势和表情？

　　先充分唤起来访者想要解决问题的意愿，然后进行"封闭整合"。

　　来访者（皱着眉头看了好一阵子）：他俩在房间的对角线上。淑女背对着叫花子站着，懒得看他一眼。叫花子也不嫌脏，直接坐在地上，看着淑女的背影笑。

　　咨询师：这笑就好像在说……

　　来访者："你看你，穿着高跟鞋站着，也不敢靠一靠墙，怕弄脏白裙子，多累啊。"

　　咨询师：叫花子好像还挺关心淑女嘛。淑女知道了叫花子的想法会有什么反应？

　　来访者：没反应。她根本不知道，因为她根本就不关心他的想法。

　　咨询师：好，现在想象，一天过去了，没吃没喝，房间里什么都没有。那会是怎样的情景？

　　来访者：淑女实在累得站不住了，已经开始歪靠着墙了，白衣服也蹭脏了，脸上的妆也花了，头发也一天没梳理，乱了。但她还是不看叫花子一眼。

　　咨询师：叫花子看到她这样，心里有什么感觉？

　　来访者：这姑娘怎么这么死心眼？怪可怜的！

咨询师：叫花子有点儿心疼了？

来访者：心疼也白搭！淑女才不在乎他怎么样呢。

咨询师：接着想象，又一天过去了，还是没吃没喝，房间里什么都没有。那又会是怎样的情景？

来访者：淑女已经饿得没力气了，高跟鞋也脱掉扔在一边，瘫坐在地上，背靠着墙，衣服又脏又乱，两天没洗脸、没刷牙，已经蓬头垢面了。

咨询师：叫花子看到她这样，心里有什么感觉？

来访者：叫花子看到淑女已经变成了和自己差不多的落魄样子，很想过去安慰安慰她，但她根本不屑一顾，就没去。

咨询师：淑女和叫花子面对面坐着了？

来访者（点点头）：但淑女还是不看叫花子。

#### ◆ 解析 ◆

在这个艰辛的过程中，咨询师耐心地引导来访者去"成为"叫花子，并与他的情感进行连接。虽然在意象中，淑女依然不看叫花子，也不知道他是个怎样的人，但在来访者内部，开始穿越叫花子的表面对其内在品质有所理解——连接开始建立。同时，我们看到，淑女从一开始鄙夷地背对着叫花子，到不带情绪地面对着叫花子，她的躯体姿势已经为进一步接纳叫花子敞开了大门。

咨询师：好，继续想象，又一天过去了，房间里还是什么都没有，但终于有人送来了一个面包、一杯水，又会出现怎样的情景？

#### ◆ 解析 ◆

设置中介物，两个分裂的子人格必须分享食物——被迫发生互动关系。

来访者：叫花子一下子就扑过去把食物抢到手了，刚要吃，忽然觉得淑女也挺可怜的，自己是个男子汉不能欺负弱女子，就把面包和水推到了淑女跟前。淑女看了食物一眼，咽了口唾沫，但一想到食物被叫花子的脏手摸过，就没胃口了。于是，叫花子把食物吃掉了。

咨询师：好，又一天过去了，他俩成了什么样子？

来访者：淑女已经快饿死了，整个人蜷缩在墙角里躺着，衣衫褴褛，头发像个叫花子一样，手脚黑乎乎的，都是泥。叫花子昨天吃了喝了，居然变得精神起来，衣服也干净了一点儿，脸色也红润了一点儿，身体也强壮了一点儿。

咨询师：这时候又有人送来了一个面包、一杯水，又会出现怎样的情景？

来访者：淑女再也顾不上面子了，想要扑上去抢吃的，但她已经没有一点儿力气了。叫花子很可怜她，想要把食物给她送过去，又怕自己弄脏了食物她不吃，有点儿不知所措。

咨询师：那淑女该怎么办？

来访者：淑女只好请叫花子帮她把吃的拿过来。叫花子扶她坐起来，喂她吃喝。她靠在叫花子怀里休息了一会儿，脸色好点了，衣服也没那么又脏又破了。这时候，看着叫花子，她忽然觉得他其实挺好的……（在意象中，两个子人格终于开始对话，最后和解，淑女不那么苛刻了，叫花子变成了一个朴实厚道的青年男人。）

◆ 解析 ◆

从隔离，到消极关系，再到积极关系，这就是封闭整合法的必经过程。通常，隔离是为了避免冲突。因此，分裂的消极能量被卡住，变成了无法解决的困境。而借着封闭整合的情境设置，隔离的能量开始通过面对、连接而发生互动，在消极的关系中宣泄和化解以往固着的消极心理能量，最后自然地达成和解。

当然，这个案例中自然发生的和解只是一种常见的可能性。另一种常见的可能性是，其中一个子人格攻击并摧毁了另一个子人格，之后，渐渐对受害的对方动了恻隐之心，乃至愧疚、懊悔，并通过采取爱的行动使之复活，并与之和解。

## 四、 曹昱：资源引入法

### 1. 目的

打破"资源匮乏—无能为力—资源更匮乏—更无能为力"模式的死循环，使来访者可以从"缺乏心理支持"到"逐渐建立心理支持系统"，再到"自主、有觉知地使用心理支持系统"，来应对各种内外压力，恢复生命活力与心理健康。

### 2. 原理

资源引入的对象，包括个体内外部的心理"品质资源"和"关系资源"。其中，对无形的心理品质资源的发掘、培养与强化的方法，叫作"品质资源引入法"；对外部有支持力的客体关系的发现、引入和内化的方法，叫作"榜样内化法"。

在咨询中，我们经常遇到一些"困难来访者"。他们大多在早期生活经验中极度缺乏支持和各种资源，导致他们形成了一种"没有资源""没有支持"的主观感受，日积月累，这种消极感受就变成了深深根植于来访者潜意识中的基本信念。"预期效应"的影响，使这样的信念在其后来的生活中不断被"验证"和确认，他们越发地对这种信念深信不疑，并据此形成一系列的心理防御模式和行为应对模式。

面对这样的死循环，咨询师常常感到一筹莫展。而通过唤醒来访者对当下的内部心理资源和外部心理支持系统的觉知，可以使之有意识地主动内化这些被呈现的心理资源，使主观感受到自己缺乏心理资源的来访者，能够领悟到由于心理能量固结而被忽略的那些已有的、后来的资源，从而在其心理世界中逐渐建立起一个自助的"内部支持系统"和"资源库"，使来访者能够更有力量立足于当下，并学会自主地调用自己的内在心理资源，面对目前和未来的生活。

其中，"品质资源引入法"是使来访者发现某种有资源的心理品质，通过内化而逐渐达到自主应用这种心理品质资源（见本文案例片段）的状态；"榜样内化法"是使来访者发现当下对其有心理支持意义的某个外部客体，通过内化这个客体意象，而逐渐达到这样的状态，即可以随时自主调用这个子人格所携带的心理资源。

例如，某来访者的意象中出现一个死婴。意象对话心理师先问来访者对死婴的态度，是否对其有同情、爱和接纳等情感。如果来访者说是，就找出说"是"的这个子人格，给这个子人格取名，让这个子人格成为死婴的代理母亲，并养育死婴。如果来访者内部没有对死婴持有接纳态度的子人格，一个常用方法是（前提是来访者已经和咨询师建立了良好的、富有支持力的关系），可以先让来访者内化咨询师的意象，并通过"去染"，变成植入的、新的、有资源的子人格。"榜样内化法"的本质是，唤醒来访者当下内在最有资源、最适合修复和养育创伤子人格的成人帮助者，并通过与这个更有资源的"成人帮助者"连接，帮助来访者在心理世界中打破旧有的破坏性客体关系模式，建立新的、建设性的客体关系。不断使用这个技术，渐渐地，来访者就会在心理世界建立一个自我帮助的"内部支持系统"，让那些新的、有资源的子人格们帮助旧的、创伤性的子人格们，使来访者的自我疗愈系统被启动和应用。

### 3. 适用范围

该技术适用于以下来访者：不承认自己内部有积极资源；极度不自信；早期成长资源严重匮乏；抑郁性神经症；轻度边缘型人格障碍；轻度自恋型人格障碍等。

### 4. 操作步骤

第一步，引导来访者发现某种有积极资源的心理品质或客体意象。

第二步，通过来访者在意象中的细化，使之在自己内部塑造一个完整的积极意象——这一步的本质是，借助外在的积极资源或理想陪伴者、支持者，唤醒来访者内部与这个积极品质或理想客体相似的心理能量。

第三步，去染，并把这个积极意象逐渐内化成来访者自己的子人格。

### 5. 变式——原型意象导出法

简要地说，原型意象导出法就是通过在来访者内部唤醒一个合适的原型，并将该原型呈现为意象，逐渐细化，并最终内化成自己的一个疗愈者子人格的方法。最常用的原型有母亲原型、菩萨原型和智慧老人原型。

边缘型人格障碍来访者很适合内化母亲原型。边缘型人格障碍来访者和母亲的连接通常都非常糟糕，所以，他们在意象中常常见到大地是黑洞、旋涡等。自恋型人格障碍来访者很适合内化智慧老人原型。自恋型人格障碍来访者非常难以和他人甚至咨询师建立连接，一个很关键的原因是，他们无法把自己托付给一个"没有能力"的人。但麻烦的是，当咨询师终于能够通过他们的重重考验被认为"足够有能力"时——也就是说，当他们终于能够和咨询师建立连接时，却往往是出现心理危机的时候。因为一旦他们发现自己居然不是最强大的人，一直以来用于自我保护的自恋坚甲就会崩塌，他们会无法承受自己的"脆弱"和"无力感"，并因此自动化地想要把咨询师"拒之门外"，以恢复"强大"的自我感。这时候，来访者会陷入强烈的抑郁和无意义感，咨询师将面临非常严峻的考验，因为一些自恋型来访者会在这个阶段自杀。

此刻，咨询师绝对不能以一个"拯救者"的样貌来出现。原因在于，如果咨询师能够把来访者从抑郁和无意义感中解救出来，那么咨询师就是拯救者；如果不能，来访者可能会心理崩溃，就像一个人赖以生存的旧房子突然坍塌了，而新房子还没有建好甚至还没有找到，他会觉得这个"自我"已经无处立足。

在这种情况下，一个有效的办法是，让来访者成为自己的拯救者。基本做法是，引导来访者深入集体潜意识，和"智慧老人"连接，并内化成自己的一个子人格。这样，他就可以拯救自己，并会重新感到自己很强大。即便他感到自己曾经借用了"智慧老人"的力量，对个体的自恋来说，也是可以接受的。毕竟，和大自然、天地、人类集体潜意识比起来，作为个体的自己更渺小和无力也没什么大不了的。

### 6. 注意事项

其一，"原型意象导出法"是在来访者的集体潜意识层面工作，如果操作不当会有很大风险。因此，严禁自我成长不够、不熟悉所采用的原型以及尚未全面、系统掌握意象对话疗法的咨询师使用该技术。

其二，当来访者的内部"没有资源"（当然这个"没有资源"只是来访者的信念）或已经资源被毁灭性地破坏掉了时，不要尝试"修改"应用"抛弃者"或"完全坏的客体"的内在资源（一些咨询师会企图通过把这些坏客体"修好"而使之变成"好客体"）。在那种情况下，在来访者的心理现实中，所有的内在陪伴者和支持者都是"极坏"的。因此，在来访者内部尚未建立起其他资源的情况下就聚焦于他们，不但没有帮助，甚至还可能由于来访者被毫无心理支持地暴露在创伤中而受到伤害。

### 7. 案例解析

这里，与大家分享一段"品质资源引入法"的案例。

咨询师：在这个世界上你最爱的人是谁？

来访者：没有！别人好歹都有点儿什么，而在这个世界上，唯独我一无所有！没有朋友，也没有真正关心我、爱我的人——你想，这个世界上还有连自己的父母都不知道是谁的人吗？

咨询师：听你这么说，我感到很难过。但看到现在的你，依然能够长大成人，让我觉得你内在有很强的生命力。

来访者：那你就错了！我根本就是个行尸走肉，哪里有什么叫作"生命力"的东西？！

咨询师：那么，是什么让你能够长大成人，能够在社会上找到一席之地呢？

来访者：那不过是因为我怕死，所以瞎活着罢了！你不用拍我的马屁，我知道我是谁。

咨询师：那你告诉我，你是谁？

来访者：我不过是个一无所有的弃儿罢了。

咨询师：这么说的时候，你有什么感觉？

来访者：没感觉。早就习惯了。

咨询师：这么说，你很坚韧，能够在一无所有的情况下坚持下来。

来访者：我说过了，我不过是怕死罢了。你不用恭维我，我知道我没有任何优点！

咨询师：好吧，我不打算把自己的看法强加给你。我只是想知道，在这个世界上，你觉得有什么是美好的或是你想要得到的呢？

◆ **解析** ◆

咨询之初，咨询师试图帮助来访者从人际关系中寻找资源，失败了；试图从其内部心理品质上寻找资源，也失败了。从对话中我们可以看到，来访者的心情很不好，说了很多不符合客观事实的话。但是，咨询师明白这正说明她在表达非理性的情绪，而不是理性的内容。所以，咨询师没有和她对质，譬如，"如果没有任何人关心你、爱你，那么你是如何活到这么大的？"，或是"这个世界上除了你，真的没有任何人一生下来都不知道自己爹妈是谁吗？"取而代之的是，咨询师把关注点扩大到了来访者人际关系或自我之外的"世界"，启发来访者把目光投向更大的范围，去发现被忽略的一些积极的心理品质。当然，这个过程依然充满张力，来访者显然对此有阻抗，但咨询师毫不防御的接纳、不放弃的友好陪伴，有力地包容了来访者的消极状态——事实上，咨询师对自己反复尝试受挫的接纳态度，会下意识地为来访者对自己反复受挫做出一个榜样；与此同时，咨询师善解人意的"不较真"，也下意识地传递了自己对来访者"不合理情绪"所持有的人性化的理解。这些使来访者在充满阻抗的情况下，依然有机会为咨询师的"启发诱导"敞开一小扇窗户。

来访者：没有什么是美好的，我也不想得到任何东西。

咨询师：你是说，对你来说，爱也不够美好，你也不想被爱吗？

◆ 解析 ◆

当来访者依然习惯性地"什么也不看"的时候，咨询师做了一个"聚焦"。

来访者：这个嘛…… 其实，爱这玩意儿倒还算是个好东西，不过，对我来说根本就无所谓。

咨询师：那你说说看，爱为什么是个好东西？

◆ 解析 ◆

咨询师选择性地聚焦于"爱"，而不是"对我无所谓"，开始有力地跟进——这就是资源取向的聚焦。

来访者：它可以让人觉得温暖、有依靠，在这个世界上活得不那么孤独、不那么没有意义。

咨询师：如果它有颜色的话，你觉得像什么颜色？

来访者：红色的，像一滴动脉血。

咨询师：哦，挺鲜活的比喻。如果它能够进入你的心脏里，会怎样？

来访者：进不去，我没有心脏。

咨询师：什么时候没有心脏的？

来访者：本来就没有，我一出生就没有心脏，我和别人不一样。

咨询师：原来是这样。那这滴动脉血如果能够变成一粒种子，会变成什么样？

来访者：变不成种子，它没有生命，最多只能变成一块石头罢了。

咨询师：那它变成了怎样的一块石头呢？

来访者：一块很小很小的鸡血石，还有像白内障那样的杂质。

咨询师：为什么会有像白内障那样的杂质？

来访者：我哪知道！它本来就这样吧！你问我，我还想问你呢！

咨询师：你真的想知道吗？

来访者：你这个人真有意思，连话都听不明白。我说想问你是表示我根本不关心这个问题！

咨询师：这块鸡血石有多大？

来访者：像我的小拇指头肚这么大。

咨询师：光滑的还是粗糙的？

来访者：光滑的。

咨询师：凉的还是温热的？

来访者：凉的。

咨询师：当你把它放在手心，什么也不说，就这么看一会儿，你会有什么感觉？

来访者（看了一会儿自己摊开的手掌）：我想要把它握紧。

咨询师：为什么？

来访者：我贪财呀！我想把它占为己有。毕竟，它也算块宝石嘛。

咨询师：好主意。那你就把它占为己有吧。不过，你会把它放哪里保存呢？

来访者：吞肚子里算了。

咨询师：你不怕拉臭臭给拉出去？

来访者：也是。那放哪里好呢？你有什么建议？

咨询师：如果是我，就放百宝箱里。

来访者：也是，宝石就该放百宝箱里。

咨询师：如果你的胸腔和腹腔各有一个百宝箱，你愿意放哪个？

来访者：我愿意各放一颗。

咨询师：好主意。

来访者：可是我只有一颗呀。还是放小腹里的那个百宝箱吧。

咨询师：好呀。不过，人家鸡血石怎么想，人家愿意待在那里吗？

来访者：它说想去上层的那个百宝箱，不过如果我愿意放下层的，它也愿意。

咨询师：它很照顾你的感受和意愿。

来访者（微笑）：当然了，它是爱嘛！

咨询师：恭喜你，今天赚了。

◆ **解析** ◆

咨询师不断询问"鸡血石"的细节，目的在于深化来访者和自己心中的爱的品质建立连接。但我们看到，由于习惯性模式的影响，这个连接的建立过程依然一波三折。咨询师每推进一步就做一个试探，发现行不通就随即做出调试。经过艰辛的试探与推进，来访者终于慢慢地和"爱"有力连接，并愿意让"爱"进入"自我"。来访者把鸡血石放在下腹，象征这个"爱"依然被来访者存放在了本能层中，离情感区（通常用胸区代表）还有些隔膜。不过，当咨询师询问鸡血石的感受时，来访者的"爱"已经活起来了，并开始作为生命的一部分和来访者发生交流，对来访者的观点也开始产生影响了。鸡血石愿意去"上层的"胸区，象征着来访者的潜意识非常清楚：爱除了和生命的本能有关，更恰当、更高级的位置是和情感有关。

来访者：呵呵。不过，我是不是占了别人的便宜？

咨询师：你是说，这颗鸡血石是别人的？

来访者：也不是，它就是自己在地里，让我给发现了。

咨询师：哦，这么说，它就该属于你。

来访者：嗯，这我就心安了。

◆ 解析 ◆

来访者开始关注"心"的感受，说明爱已开始被有觉知地启动。

咨询师：你还挺有良心的嘛。

来访者：哈哈。没办法，天生的。

咨询师：不过我忽然有点儿为它的命运担忧，你会不会把人家往百宝箱里一关就完了，人家等于被打入了冷宫。

来访者：你多虑了，我会经常去摸摸它。你不知道吗？玉要人养，多摸多养，以后就会越来越润。

咨询师：想不到，你还懂玉的脾气。现在我放心了，因为你配作它的主人。

来访者：那当然。而且我还不嫌弃它，因为是我发现它的嘛，它和我有缘。

咨询师：那倒是。人家说，玉最有气节，它不嫌贫爱富，只找那个和自己最有缘的主人。

来访者：我打算以后把它做成玉佩什么的戴在身上，这样就可以形影不离了。

咨询师：你把它都藏肚子里了，不也是形影不离吗？

来访者：那不能随时看呀！你要是有个恋人，是愿意把他藏在心里，还是天天看着他？

咨询师：哈哈，也是！你说得对，我被你说服了。

来访者(突然睁开眼睛)：哈哈。哦，我突然想，我其实真的可以去买一块鸡血石戴身上。

咨询师：说到做到，还真有你的。

来访者：对，就这么办了。我去买一块和它长得像的。

咨询师：好主意！不过，你从意象里出来了，感觉还好吗？

来访者：好呀，神清气爽，都有爱了嘛！今天咨询没白来。

◆ 解析 ◆

当来访者从"人类世界"中发现了"爱"这个品质，并通过"资源引入"，开始容许"爱"通过内化进入"自我"内部之后，来访者就直觉性地应用了"借染"技术，即在现实中买一块和心里的玉相似的玉来佩戴，提醒自己时时都在和爱连接。在意象对话心理咨询中，把内心里不易被感知到的积极能量外化，并投注到一个我们可以随时看到、摸到的物件上，是"借染法"的一个具体应用，其作用有点儿类似于"良好的过渡性客体"。

曹昱发现，无独有偶的是，辩证行为疗法(DBT，dialectical behavior therapy)中，甚至有一个专门的技术叫"拇指石"。该技术是让来访者把安全或安慰等积极的心理能量投注到一块小石头上，在自己不安的时候紧握它，和它连接并唤醒投注于它身上的积极心理能量。只不过，在意象对话心理咨询中，如果我们用了"借染"，过后一定要"去染"，把外投的心理能量回收到个体内部。否则，个体总是把心理能量投注于外部的客体或物件上，不但在获益的时候不能充分觉知，还会对外部的客体或物件产生某种程度的依赖。一旦失去这个客体或物件，个体就会感到自己丧失了资源，因为这个"积极能量"不是自己的。

除此之外，我们还看到，在这个过程中，来访者开始自愿地、一步一步地和鸡血石所象征的"爱"发生更深的连接……原本抑郁、愤怒的她开始体验到一些欢快。这是一个良好的转折，但这只是一个开始，后续的工作还有很多。

## 五、 曹昱：顺势借染法

### 1. 目的

化解意象对话咨询过程中的阻抗，或是绕过阻抗，使投射自然"回收"到投射者的内心，促进来访者对外投模式的领悟。总之，借染的最终目的，还是为了去染。

### 2. 原理

在强烈的情绪对抗中反观自己很难，在强烈情绪中去染也很难——因为染越强越是由于情绪能量太大而突破了现实界限。所以，在实践中，我们发现，染得越厉害，越难以去染。就像旋涡中的水越浑浊，越难以通过反作用力使之澄清。除非让浑水先静止下来，水和沙就自然而然地被看清了。

因此，在去染之前，不去与"染"进行对抗，而是反其道而为之。适当地"借染"，是一个强大、有效的方法。而在使用"顺势借染法"的过程中，由于不与来访者的消极情绪对抗，反而给消极情绪一个充分呈现和表达的空间，就像是釜底抽薪，有力地减少和化解了来访者内部的强大消极情绪驱力。待内部对抗的情绪张力有所削减时，再去染就容易了。

具体说来，就是当来访者出现强烈的对抗情绪时，咨询师不急于与之分辨和去染，而是先给其外投出来的内容一个安全、包容的"屏幕"，等来访者充分呈现投射内容后，投射内容与被投射目标自然地发生区分，从而轻易绕过阻抗，把投射内容"回收"到投射者的内心。

### 3. 适用范围

该技术适用于：惯用外投模式或外归因模式的来访者；对外投模式缺乏自知的来访者；带着较强攻击性外投的来访者；外投时阻抗较强的来访者；心理边界模糊或现实感较差的来访者；在心理咨询中躯体化较严重而难以自我觉知的来访者；特别理性的来访者；咨询师的自我成长。

### 4. 操作步骤

第一，当来访者把心理内容投射到咨询师身上时，咨询师在自己内部分辨、去染，避免对来访者投射认同。

第二，咨询师容许来访者把自己作为一个"空白屏幕"，呈现其心理内容。

第三，通过询问投射内容的细节，使来访者投射的心理内容逐步清晰化，并在呈现的过程中引导其有觉知地宣泄，使投射内容所附着的心理能量得到一定程度的"回收"。

第四，当投射内容被安全而充分地呈现时，投射内容与咨询师之间的差异会自动地显现。在差异足够大的时候，咨询师通过温和的态度及发问，使来访者放掉对现实世界中"被投射对象"的抓取，从而反观自我。

第五，引导来访者对比现实世界中的客体与心理世界中的客体意象，进行理性层面的"去染"。

## 5. 变式

（1）主动借染法

当我们莫名其妙地对一个人有特殊的好感、憎恶或是其他特别的感觉时，我们可以在这种感觉出现的时候，先想象自己面对着这个现实中的人，然后，想象他的形象逐渐消融，变成了另一个形象——这个形象，通常就是我们内心的一个子人格。如果想要进一步自我探索，我们就反过来看一看，对这个子人格怀有那种特殊情感的人是什么样子的——这个人往往是我们内心的另一个子人格。而这两个子人格之间的情感及互动模式，就是我们与现实中某一类人之间的情感及互动关系模式。

（2）自主牵连法

当来访者的躯体感觉无法被锁定觉察时，引导其用手在相应的身体外侧进行"跟踪"，并想象在手和躯体感觉之间建立连线。一开始，手被动地追踪躯体感觉，后来，手渐渐地自主引导躯体感觉。

例如，当来访者出现躯体化，报告有一股疼痛在腹腔中乱窜，不但无法把觉知锁定在躯体感觉上，就连忍受痛苦都很难做到时，咨询师可请来访者把手放在腹部，跟随着内部的疼痛移动，同时想象在手与疼痛之间有一根无形的连线。渐渐地，当连线感越来越清晰时，来访者可渐渐尝试，通过让手慢下来使疼痛的移动慢下来，再通过调整手的速度和方向，使疼痛慢慢地停在某处。最后，想象疼痛变成了一个球体，让来访者用自己的手将其向外拉开，同时想象通过连线把这个球体拉出了体外，疼痛停止。

自主牵连法还有一些优点：使定力较差的来访者增加一些定力，不完全被躯体化卷走；使躯体化的内部活动能够被外化呈现，让来访者和咨询师都能一目了然地观察到；加入了一些理性能量的参与和使用，使来访者不至于完全陷入自己的"心理疼痛"中，也便于咨询师更有方向地干预；把"自主"的心理能量向外部行为转移，通过加强来访者外部行动控制力，来削弱内部消极能量的控制力（让潜意识知道，我自主的外力控制也可以起作用）。

但它可能带来一个问题：如果不能很好地去染，来访者的现实感就会被削弱。所以，这个变式只能应用于严重躯体化的紧急干预。

（3）幸运物件法

这个技术尤其适用于不承认自己有积极心理资源的来访者。它常常和"资源引入法"以及"去染法"结合使用，其操作过程分为三个阶段。

第一阶段，先让来访者从"外部世界"寻找一种资源，然后在意象中呈现，通过细腻地感受这个积极意象而与之发生心理连接，继而内化。

第二阶段，让来访者把内化的这种心理资源的意象，外投到现实中的某物体上（通常要求这个物件易于找到，也方便携带）。来访者通过在生活中佩戴或频繁接触这个物件，使投注于它身上的积极心理资源不断地被唤醒、强化。

第三阶段，"去染法"，使来访者明白，物件上的积极心理资源都是自己外投上去的，其实，这个积极的资源就在自己内部，即便没有这个幸运物件，自己也能够随时和自己的心理资源连接。

## 6. 注意事项

其一，当来访者把心理内容投射到咨询师身上时，请咨询师留意自己心中自然出现的阻抗，注意不要做任何评论和解释，也不急于去染。否则，咨询师带着"自我保护"的防御做这些工作，会让来访者感到咨询师只关心洗清他本身而不关心自己，会容易感到自己不被接纳，甚至被咨询师所对抗，导致来访者的阻抗和对抗加强。

其二，在来访者把咨询师作为一个"空白屏幕"，像放幻灯片一样去呈现自己的心理内容的过程中，咨询师切记：只协助来访者呈现心理内容，而不施加任何评论或自我感受的分享。否则，一旦咨询师有了个人的态度或评价，就失去了静止的"空白屏幕"的作用，并卷入了来访者的"自娱自乐"中，从而呼应了来访者的心理现实。

其三，在逐渐把来访者的投射推回到他内心的过程中，请注意人称代词的使用（参见案例）。

其四，在意象对话结束后，咨询师一定要与来访者"去染"。

### 7. 案例及解析

来访者：别装腔作势了！你以为我看不清你的真面目吗？我就是不想揭穿你罢了！

咨询师：是吗？那我的真面目是什么样子？

◆ 解析 ◆

这里，咨询师用了"我"，暗示着对来访者投射的接纳，有力地化解了咨访双方之间的对抗，给来访者提供一个包容的空间，允许他呈现自己内心的投射内容。但使用这个技巧的前提是，咨询师非常清楚，自己只是接纳并包容了来访者的投射，并没有对来访者的投射给予认同。

来访者：表面上很柔弱、很无辜，实际上你内心阴暗、肮脏，很会控制别人，以达到自己的目的！

咨询师：表面上的我像个什么样的人？实际上的我又是个什么样的人？

◆ 解析 ◆

咨询师询问了两个意象，实际上是给来访者一个自由选择的空间，让他选择一个自己当下最有感觉的意象，由此进入下一步的呈现。

来访者：表面上的你像一个柔弱的小女孩，一副受人欺负的样子，实际上你就是装可怜，好利用别人达到你内心不可告人的目的！

咨询师：表面上的我像一个多大的小女孩？受了什么人的欺负？

◆ 解析 ◆

咨询师先锁定一个意象进行回应和递进，以免两个子人格搅在一起。实际上，把来访者的投射推回到内心，只要从一个意象入手就够了。

来访者：像一个十四五岁的少女，受了男孩子的欺负。

咨询师：那个男孩子什么样？他真的欺负了这个女孩吗？

## 【注意】

咨询师使用的人称代词不再是"我"，而是"这个女孩"。这就是"去染"。

来访者(攥拳、脸红)：当然没有！他是冤枉的！

咨询师：你看起来好像有情绪。

来访者：是的，我很愤怒！

咨询师：如果愤怒的情绪能够被允许表达出来，你想说什么？

来访者：我是冤枉的！

咨询师：这句话是对谁说的？

来访者：对那个老巫婆！

◆ 解析 ◆

来访者最初对咨询师的投射——"表面上的你"和"你的真面目"，被完整地呈现出来。

咨询师：什么样的老巫婆？

来访者：手爪子尖尖的，伸得老长，指甲里还黑黑的，都是脏东西，穿着黑袍子，戴着尖帽子。

咨询师：再看看她的脸。

来访者：狰狞的脸，黄黄的，都是皱纹，奸笑着……

◆ 解析 ◆

现实中的创伤被呈现，来访者已经回到了自己的内心。去染成功，来访者内在的领悟悄然发生。

咨询师：她是个什么样的人？

来访者：很阴险，很会利用机会达到自己的目的！

咨询师：她利用了什么？想达到什么目的？

……

(来访者开始进入过往的创伤事件中。经过修复，咨询师带着来访者做了"去染"，使来访者在意识层面也看到了自己的外投模式。)

## 8. 其他应用范例

以下范例主要适用于意象对话初级班和中级班练习。

比如，引导房子意象时，来访者报告看不到房间。意象对话心理师可让其闭眼回忆现实中房间的细节，当那些和现实不一致的想象越来越多地出现时(说明来访者已经越来越多地进入了自己的心理世界)，就借机引入该技术(例如，"现在，请你推开窗户，看隔壁的房间是什么样的?")。在房子意象结束后，和来访者对比其意象中的房子和现实中房子的差异，进行去染。

再如，来访者报告看不到子人格。意象对话心理师可让其在当下的现实环境中随便选一个比较有印象的人，闭眼回忆细节，具体操作过程同上。最后，请记得让来访者为看到的子人格意象做一个重新标定(取一个和现实中的人不同的新名字)，并在意象结束后，与之讨论二者的差异(辨认意象中的人物与现实中的人物在细节上的不同)，让来访者明确指出哪一个是现实中的人，哪一个是他意象中的子人格，进行去染。

## 六、 曹昱：连通器法

### 1. 目的

解决个体早期情结；化解家族情结对个体的深刻影响；对原本消极的心理印刻进行积极的重新印刻。

### 2. 原理

心理学研究发现，一个人的早期印刻往往发生在出生后的婴儿早期甚至胎内。当退行到这个阶段的时候，个体往往难以明确描述和表达消极情绪，并会被无力感淹没，导致个体被暴露在巨大的创伤中却无法疗愈。临床实践和心灵成长经验显示，成长到这个阶段的个体所出现的问题，往往是共生时期(宫内或胎内)其亲生母亲所面临的问题。

因此，追根溯源，我们通过婴儿或胎儿这个载体，进入到"母亲"的心理世界，把受困于其中的婴儿或胎儿剥离出来，让"母亲"独自面对自己的问题，并利用"母亲"这个成年个体的心理资源来进行解决。

### 3. 适用范围

该技术既可用于来访者，亦可用于咨询师的自我成长。鉴于该技术触动较深，初学者请在意象对话心理师的陪伴和帮助下使用。

该技术主要适用于：边缘性人格障碍患者；心理层面处于共生阶段的个体；在处理情结时自动退行到共生期的个体；个体早期情结处理；家族情结处理等。

### 4. 操作步骤

第一步，当个体退行到婴儿早期或胎儿状态时，通过对其母体的询问而使来访者的心理能量投注到"母亲"子人格上。

第二步，对"母亲"子人格的消极情绪进行有觉知地宣泄。

第三步，促使"母亲"子人格看到心理创伤的因果，并对其进行疗愈。

第四步，被疗愈后的"母亲"子人格重新体验自己腹中的胎儿，并与其连接，对其进行重新印刻，使消极的心理能量转化为积极的心理能量。

第五步，在意象中重新完成"孕育"与"出生"。

### 5. 变式

(1)分容器法

某些易受他人情绪感染的来访者，当出现对他人的情绪过度感应时，也可以应用这个技术。

操作如下：引导来访者想象自己是一个容器，通过一个连通管道与另外一个容器连通，对方容器中的内容源源不断地来到自己的容器中；可引导来访者先阻断连通管道或拆分两个容器，并聚焦于另外一个容器，对其内容进行处理；等那个容器中的消极内容被化解后，再回头检视自己的容器，如果自己的容器中还有剩余的消极内容，则对其进行化解。

(2)拆包法

该技术的目的是，把死也死不了、活也活不成的、纠结在一起的两部分心理能量松解开来：让该离去的离去，达到想要的休息和安宁，然后放下；让该活的部分好好地活、负责地活，去延续继续存在下来的部分。

例如，某来访者一直无法接受外婆去世的现实，总是感到外婆还活着或是自己已经死了，在意象中表现为：来访者心中的孩子子人格坚决不许外婆子人格死去；"外婆的灵魂"子人格则感到，自己一辈子都是为这个活、为那个活，却从没为自己活过，早已心力交瘁，想要去休息了，但为了小孙女的意愿，外婆的灵魂无法安宁地离去，只好痛苦地彷徨在阴阳两界的边缘。

研发者通过应用"拆包法"，引导孩子子人格——小女孩进入"外婆的容器"看到这一点，愿意放弃自己的一厢情愿，而允许外婆为自己的生命选择一次——哪怕是死的时候。在来访者的意象中，外婆子人格得到休息和安宁。小女孩终于接受了外婆去世的现实。

来访者的孩子子人格和外婆有着深刻的"情感共生"，由于外婆实现了自己的愿望,小女孩的愿望也代偿性地得到了实现。因此,她终于接纳了外婆离世这一现实。

在这个个案中,通过分开"想要安宁地离去"和"想要好好生活"两部分心理驱力的打包,让代表想要安宁离去的"外婆"部分去安息(对应着现实中外婆的去世),让代表想要好好活下去的"小女孩"部分继续活,(小女孩领悟到,自己的生命就携带着外婆的生命中想要继续存在下去的部分)。"外婆"和"小女孩"这两部分心理能量在潜意识层面完成了告别。来访者终于走出了"死也死不了,活也活不好"的心理困境,决定让自己的生命好好地延续下去。

### 6. 注意事项

其一,当来访者退行到婴儿早期甚至胎儿期时,请注意:不要过度聚焦于婴儿或胎儿本身,更不要勉为其难地让来访者对情绪进行分辨和表达。因为当来访者对这个时期产生心理认同的时候,他也认同了"没有能力分辨和表达"。因此,我们要在来访者陷入消极情绪并感到无能为力之前,及时地把来访者的觉知引向母体。这样,通过来访者对母亲的身份认同,来访者的成年自我功能就会自发启动。

其二,面对死亡主题时,请慎用变式中的拆包法。如果使用不当,会加强个体潜意识中的死本能。

### 7. 案例解析

来访者:我整个人淹没在黑乎乎的冷水里,在飘。我变成了一个小胎儿。(突然缩成一团,浑身发抖,脸色发灰)好难受!没法呼吸!我要死了!我要死了!

咨询师:想象镜头向外拉,逐渐脱离妈妈的肚皮,看看此时妈妈有什么感觉。

◆ **解析** ◆

在处理情结时,来访者自动退行到胎儿期,出现了一系列躯体化的反应(在个体早期,情绪往往以躯体化的形式呈现和表达)。此时,如果让她对情绪进行更清晰地描述不但很困难,还容易使其沉溺其中。于是,意象对话心理师让来访者关注母体,以自然地启动来访者的成年自我功能。

来访者(渐渐平静了许多,皱起眉头):妈妈感到很难受!

咨询师：这个"难受"里面，都有些什么情绪？

来访者：害怕。

咨询师：如果妈妈的害怕能够表达出来，她想说什么？

来访者："我还这么年轻，我以后该怎么办？"

咨询师：妈妈担心以后怎么了？

来访者：担心丈夫不疼爱自己了。

咨询师：为什么丈夫会不疼爱她了？

来访者：因为有了另外一个孩子来跟我争！

咨询师：听起来，你有些生气？

来访者：我怎么能不生气呢？我自己还是个女孩子呢！我怎么可能会照顾其他孩子呢？而且，这个我必须照顾的孩子还要和我争夺爸爸！

咨询师：现在的你（来访者的妈妈）是个多大的女孩子？

来访者：八岁。她刚刚失去了妈妈（来访者的姥姥）——她出车祸死了。所以，她只有爸爸了！

（来访者的眼泪夺眶而出，于是在意象中，咨询师处理了她八岁丧母的哀伤和愤怒。当来访者感觉好些时，又回到怀胎的场景。）

咨询师：你现在怀上了一个小生命，感觉怎么样？

来访者：挺欣喜的，觉得自己的生命在延续。不过，好像同时也有点儿失落。

咨询师：如果这个"失落"能够表达出来，她想说什么？

来访者："我才刚刚过上两天被人照顾的好日子，马上又要照顾别人了！"

咨询师：你觉得肚子里的孩子是个儿子，而且他会夺走老公对你的疼爱，是吗？

（来访者点头。）

咨询师：这个你是多大的你？

来访者：十二岁的我。

咨询师：那个和你争夺疼爱的男孩子多大？

来访者：刚刚出生。他就是我的弟弟！

◆ 解析 ◆

通过让来访者重新体验心理经验中的母亲，来化解关于母亲的两个心理创伤，同时也看清了创伤的因果，增加了来访者的自知。于是，来访者心中的"母亲"转化为一个更健康的母亲——一个更健康的印刻源。

咨询师：现在你感觉怎么样？

来访者(露出微笑)：很好，很幸福。

咨询师：就要做妈妈了。你微笑的时候很美丽。

来访者：我的孩子也会很漂亮。我感觉到了，她是个可爱的小女孩。

咨询师：你爱她吗？

来访者：嗯！我很爱她！

咨询师：如果肚子里的小女孩知道妈妈很爱她，会有什么感觉？

来访者："我就在妈妈的肚子里，我觉得很安全、很温暖。我现在想要好好睡一觉。"

咨询师：好的，就在妈妈的肚子里好好睡一觉吧。这里是属于你的世界，很安全、很温暖。

(来访者微笑着，似乎睡着了。几分钟后，她忽然说："我要出生了!")

咨询师：欢迎你来到这个世界上！

来访者："我出来了！我见到了妈妈的样子——她真年轻，白白细细的皮肤，大大的眼睛，真漂亮!"

咨询师：妈妈见到你，有什么反应？

来访者(微笑)：妈妈见到我也很高兴，她把我抱在怀里。她的胸好温暖、好柔软，我听见了她的心跳。

咨询师：你可以在妈妈的怀抱中静静地待一会儿，把这份美好保存在心中。

(几分钟后，咨询师温柔地将来访者唤醒，并询问她的感受。她面色粉红："感觉真好，这是我有生以来第一次感到这么安全。")

◆ 解析 ◆

重新印刻完成。来访者的早期安全感得到一定程度的修复。

## 七、曹昱：梦想成真法

### 1. 目的

通过"完成未完成"，给被固结的心理能量一个机会，去释放、化解或转化成更符合当下现实的新愿望。

## 2. 原理

每个人的一生中都有过许多愿望和梦想，有的付诸努力过，有的从未尝试付诸行动。我们的心理经验显示：那些曾经为之努力过的愿望和梦想中，有一部分愿望和梦想实现了，另一部分虽然实现了，却发现并不是自己真正想要的——前者由于欲望得到了满足被"放下"，后者由于欲望经过现实检验而被"更新"为更符合现实的新愿望。对于那些从未尝试过努力的梦想，我们却往往耿耿于怀、难以放下，正如一句名言："当人离开这个世界的时候，最后悔的往往不是做了什么，而是没做什么。"

其实，许多梦想和期望都禁不住事实的推敲。如果能够借助意象在心理层面被允许实现，给"完成未完成"（本质上是释放那些因理想化而没有机会去释放的、固结的心理驱力）和"现实检验"一个机会，那么，这些固结的心理能量经由潜意识的"被允许完成"，以及在这个心理过程中被重启的预测智慧，就会使固结的理想化驱力在重新评估中被松动、被解构。

与此同时，原有"打包"的未满足的情绪、未被允许的欲望、"刻舟求剑"式的信念（其实随着时间的推移，过去的愿望早已不再是当下的愿望，但当下的个体依然牢牢执着于过去未实现的愿望）被逐一拆解开来，于是，有机会被逐一化解或重构。

在操作过程中，具体技术被细化后，还可被设计为成套的小练习，用于训练和咨询。

## 3. 适用范围

该技术适用于：所有固结在"未完成的愿望"中的来访者和心理成长者。

## 4. 操作步骤

第一，回到过去未完成愿望的时间节点中，引导来访者充分表达未完成的遗憾、懊悔以及渴望等，对一直固结在心里的能量进行有觉知地宣泄。

第二步，在意象中尝试完成该愿望。

第三步，未完成的愿望被完成，心理自发得到满足。或是在实现的过程中，个体发现该愿望已经不再重要，固结的心理能量依然得到化解或转化。

第四步，当来访者的心理能量不再被毫无希望地固结于过去时，引导其收回卡在过去的心理能量，真正立足于当下，自由地面向未来，实现与这个愿望有关情结的心理完形。

## 5. 变式——"幻想影集抽屉"

该变式可以与梦想成真法结合使用，并作为梦想成真法的结尾。

"幻想影集抽屉"适用于这样的来访者：梦想在心理层面被允许实现后，依然执着于这一梦想，且无法"放下"；在现实中，"梦想"无法被化解或重构。

例如，因为一次误诊，某来访者被截去了下肢。来访者多年来一直幻想着"如果没有那次误诊，我的人生就会这样好、那样好"。通过"梦想成真"技术，来访者在心理层面回到当初，和一直怨恨的医生和解后，一部分固着的消极感受被释放，但"身体完整"的幻想仍无法被放下。于是，意象对话心理师使用"幻想影集抽屉"技术，让来访者把幻想中由于身体依然完整而得到的幸福人生脚本作为一部影集作品，珍藏在自己的"灵感库"或"资源库"中，在需要的时候可以随时翻看，并由此获得人生的灵感和各种体验。

这个技术的原理是：承认人生中会有一些无法被实现的美好梦想，并面对已经既成事实的丧失；允许并接纳人生中的遗憾和不完美；容许美好的、不可能实现的梦想拥有存在的空间。拥有人生幻想，却不失现实感，而是带着现实感和尊重的态度，容许人生的遗憾和不完美作为生命中的宝贵体验及灵感资源，甚至"有希望的人生脚本"而继续存在。

这样，"幻想"不再占据"现实"的心理位置，停止无望地继续消耗本该用于建设现实世界的心理资源，而将"幻想"还原为"幻想"，存在于应有的、合适的位置。我们承认生命中有现实，也有幻想，但现实要在现实的位置，幻想要在幻想的位置（而不是在"现实"的位置上继续存在）。各归其位之后，来访者原来被卡住的心理能量就会得到疏解。

当幻想中的"毒素"被消化，而转化成"人生作品"的一种形态，以一个美好的、有希望的"人生脚本"的样貌，并被作为"幻想"或"梦想"本身继续存在的时候，这个脚本所携带的积极的心理资源，就会在个体与之连接的瞬间被不断地唤起，变成未来生活的心理资源。

临床实践时，研发者会在之后的咨询中与来访者一起温习这个"梦想"，确认它所携带的心理"毒素"都被消化了，并与来访者讨论如何在现实中，以建设性的方式来代偿性地实现这个"美好的人生脚本"。令人欣喜的是，做了这些工作之后，来访者总能获得一些智慧的启示，将过去的"梦想"转化成新的、可能被实现的梦想。

仍以那位被截肢的来访者为例，他后来把"梦想影集"中的人生脚本转化为新的生活目标——通过网络，为那些在地震中被截肢的人提供心理援助，和他们交朋友，并为一家媒体提供文字和摄影作品。在此，请与我们一起分享他的一句名言："当真正接受失去的那一刻，得到的大门才真正打开。"

### 6. 注意事项

其一，使用"梦想成真"技术之后，咨询师还要引导来访者在意象中重新回到过去或当下，使被收回和疏通的心理能量能够真正开始立足于当下，并朝向未来开始流动。这样，这个系统才算真正启动了正向循环，心理完形圈才得以完整。

其二，使用"幻想影集抽屉"技术的关键点是，要逐一化解各种消极的心理能量，诸如："梦想"中所固结的"怨恨造成这一切的他人""拒绝承认和接受现实""不愿意或无法生活在当下""绝望感""人生无意义感"……而给"梦想"中所携带的"美好""希望"等积极的心理能量以继续存在的空间。一个"无法实现的梦想"，会同时携带积极和消极两种心理能量，我们要给这两部分进行"拆包"。就像癌症难以被治愈是因为癌细胞和健康细胞一荣俱荣、一损俱损一样，当我们有能力把健康的细胞和"病毒""病菌"分解开，并化解掉那些病毒、病菌时，健康的细胞就可以在身体的"自然康复能力"中逐渐再生了。

### 7. 案例解析

来访者：我当时要是鼓足勇气接受他的爱就好了！现在，一切都无可挽回了！

咨询师：听起来你很懊悔，看来当初的那个选择直到现在都困扰着你。

来访者：是的。我非常后悔！当初要是勇敢一点儿就好了！

咨询师：如果你能够回到过去，面对当时的他，你会对他说什么？

◆ **解析** ◆

先共情，然后引导来访者回到过去的情结固结点上去。

来访者（流泪）："亲爱的，请你原谅我！我知道，我永远错过了你，我永远都不可能再有幸福了，这是我的报应！"

咨询师：你一定也有你的难处，所以才不得不做出那样的选择。或许，你可以把你的难处也告诉他，获得他的理解。

来访者："亲爱的，你知道吗？我放弃我们的爱情也是迫不得已——不是我不想要我们的爱，而是我没有勇气面对社会舆论，毕竟，我是一个第三者！"

咨询师：他会怎样回应？

来访者：他理解了我的难处，不再恨我了，但他还是很遗憾，他觉得就算是这样，我们的爱情也值得为此付出代价！

咨询师：你对此怎么看？

来访者：我同意他的看法。

咨询师：如果回到当初，能够重新选择一次的话，你会怎么做？

◆ **解析** ◆

"梦想成真法"开始应用。此刻有一个机会，即未完成的梦想被尝试完成。不论结果如何，这个过程都是对固结的心理能量的一个释放。

来访者（闭眼，回到过去的意象）：我会义无反顾地选择他，和他在一起！其实，别人说什么不重要，重要的是幸福！

咨询师：如果你们在一起了，会怎样？

来访者：他离婚了。我们终于结婚了。

咨询师：然后呢？

来访者：我和他，还有他的女儿生活在一起。我尽量做好一个后妈……我们三口人幸福地生活在一起。

咨询师：然后呢？

来访者：好像出了问题。孩子的妈妈很生气，觉得我不仅夺走了她的老公，还夺走了她的孩子！她开始对孩子施加压力，孩子很挣扎……

咨询师：你感觉如何？

来访者（泪如雨下）：我非常地委屈、受伤，我感到自己完全被孤立了……

来访者：我想离开他们。但是，我依然爱着他，我无法转身而去……然后，我怀孕了。可是，老公一点儿也不开心……我再次心碎了……这不是谁的错，我也不怪他。但是，我累了，我明白真正幸福的爱情是需要被现实所祝福的。这次，我真的想要离开了。我做了人工流产，一个人离开了他。

咨询师：你带着伤放弃了你们的爱情，是吗？

来访者：是的。早知道这样，我当初就不该选择这样的开始。我想要和他在一起，本来是为了我们俩能够幸福。但现在，痛苦远远多于幸福——甚至，原来的幸福，早已经在生活中被蛀空了。我现在才明白，当初的幸福爱情，只是一个不堪一击的幻想。

咨询师：现在，请你"倒带子"，再次回到当初。

> ◆ 解析 ◆
>
> "梦想脚本"经过一系列的细化，原来被来访者忽略掉的"梦想中的消极因素"被逐渐呈现，来访者自发领悟到"美好的梦想"也许变成现实后并不像当初以为的那样美好。与理智层面的对质和讨论相比，这种沟通要更加有效和深刻。因为固结的心理能量是发生在潜意识层面的，无法通过理智层面的讨论被触及、转化或重构。在来访者的潜意识对当初一直执着的梦想产生了新的领悟之后，原先固结的心理驱力得到释放和自发转化。此时，通过再次回到当初做出选择，新收回的心理能量得以应用于当下。

来访者：我回去了。现在，面对着他，我的心情释怀了。

咨询师：你会对他说什么？

来访者："亲爱的，我非常非常爱你，发自内心地爱你。我好想选择和你在一起，像童话里写的那样永远幸福地生活在一起。可是，生活并不是童话。所以，我还是选择祝福你，我将告别这段爱情，自己离开。我不后悔爱过你，也终生感谢你的爱。但作为一个女人，我真正想要的，是一个更完整、更幸福的人生。现在，亲爱的，我要启程了，请你也祝福我吧。"

咨询师：他如何回应？

来访者：他流下了眼泪，心里有点儿不舍。但他也明白，我是对的。他知道，人生很难两全其美。

咨询师：他的不舍如果能够对你表达，会想说些什么？

来访者："宝贝，你是我这一生中最爱的女人。可惜的是，我们遇到的太晚了。孩子是无辜的，我没有办法只是成全我们两个人的爱情，而不考虑孩子的感受，不对我的过去负责。请原谅我无法给你一个完整的人生、一个属于我们的孩子。作为一个爱你的男人，我很抱歉。谢谢你的爱，谢谢你的理解。虽然我们没法实现童话里的幸福人生，但我的爱永远属于你。"

咨询师：你听了这些有什么感受？

来访者：我很理解他，也很感动。其实，当初爱上他的时候，我就不图什么，我只是爱他——只要爱过了，就足够了。我也相信，我永远在他的心里。我很安心。

咨询师：他会祝福你吗？我是说，如果你去寻找一份新的、更完整的爱情，你会得到他的容许和祝福吗？

来访者：会的。他说："宝贝，我爱你就要你幸福。我衷心地希望你放下过去，好好地去等待一个能够真心爱你、给你幸福的男人！我无法给予你的，我希望他能够给予你。只要你幸福，我就满足了。"我感动得流下了眼泪。我们深情地拥抱，吻别了。

咨询师：现在，你在哪里？

◆ 解析 ◆

在告别中，释放掉残余的、固结的心理能量，来访者便会自发地进入一个新的"旅程"。咨询师通过核实来检验来访者的过去是否已经完成重构，她对未来的预期是否积极。

来访者：我已经站在一条新的路上，身后是一个岔路口。我刚刚迷路了，但现在知道要去的方向了。

咨询师：这条路的路况如何？

来访者：宽宽的，是一条刚刚修成的路，路面很平整，但前面的远处还没有完全修好，还铺着沥青。不过没关系，我可以走一段，休息一下，前面的路段正在施工，很快就会修好的。

咨询师：你现在心情如何？

来访者：很清爽，就好像忽然放下背负了很久很久的东西。我看到太阳正在升起，路边的小草长得毛茸茸的、嫩绿嫩绿的。

咨询师：好的，现在请你深呼吸三次，慢慢地把注意力拉回到现实中的咨询室。

## 八、曹昱：情绪命名法

### 1. 目的

标定情绪本身就具有心理治疗意义。情绪命名法通过一次或若干次咨询，对觉知度不够的各种情绪进行逐一命名，使原本混杂在一起的心理内容被有觉知地分辨和再认，有助于进一步的情结解决。

### 2. 原理

许多时候，我们的心理困扰之所以难以解决，是因为我们无法分辨混杂在一起的各种心理内容。如果能够逐一分辨，我们就有机会进一步看清楚每一种心理能量所携带的情感、情绪、欲望及其因果等，从而把卡住的心理能量逐一拆解开来，逐一"攻克"，最终达到疗愈的目的。

### 3. 适用范围

该技术适用于以下来访者：对自己的各种情绪识别不清；几种混杂的情绪在某一时刻同时呈现；边缘型人格障碍。

### 4. 操作步骤

第一步，当来访者出现消极情绪时，咨询师首先在自己内部对其进行共情和分辨。

第二步，依据来访者各种情绪的强弱程度，咨询师把自己共情到的最强烈的心理内容和来访者进行交流，并与之一同分辨、核对。

第三步，一边引导来访者有觉知的宣泄，一边与其共同对该情绪进行命名。

第四步，待来访者情绪平复之后，及时与之讨论，加深来访者对这种情绪的认知。

第五步，再如法炮制，对来访者出现的更多的情绪进行分辨、认知与命名。

### 5. 变式

个别时候，咨询师根据咨询深度和来访者的状态，会和来访者一起，在一次咨询中对来访者出现的多层情绪逐一进行命名，并与之分辨这几种情绪之间的异同及其相互转换关系，从而促进来访者更深刻的领悟，以提升其情绪管理能力。

### 6. 注意事项

其一，一般情况下，在一次咨询中，咨询师只引导来访者探索一种情绪，并为之命名。这样能够避免觉知度不够的来访者再次被各种情绪淹没，或是再次出现情绪混淆。上文提到的变式，只适用于某些特殊情况。比如，来访者对一种情绪进行命名之后，第二种情绪又自动浮现出来（如本文中的案例片段）；或者是，来访者经过之前的咨询，已经可以熟练分辨自己的愤怒、恐惧和悲哀，那么当这三种情绪混杂出现时，咨询师可结合来访者自身的体验，与之一起讨论这三种情绪的异同及其相互转化关系，并进一步让来访者觉知到自己的情绪模式。

其二，临床操作时，除了快乐、悲哀、恐惧、愤怒这四种基本情绪之外，建议咨询师鼓励来访者自己对其他情绪（如委屈、耻辱感、满足感等）进行精微的赋意与命名。意象对话相信每个人都是独特的生命个体。对不同的个体而言，每一种情绪都可能具有独特的意义。比如，一个人对耻辱感的定义是"没脸见人"，另一个人则将其界定为"个体或集体的尊严遭到贬低、侮辱和践踏"。所以，情绪命名法充分尊重个体的内在差异性。

## 7. 案例解析

来访者：够了！

咨询师：你现在很激动，是什么情绪这么强烈？

> ◆ 解析 ◆
>
> 来访者在谈话中突然爆发了情绪。咨询师基于内部的共情能力，感受到有几种情绪混杂在来访者的心里——表层最强烈的是愤怒，但愤怒下面可能还有伤心，甚至是不愿意面对这个创伤的恐惧或无奈，而伤心和恐惧等可能是原发情绪。

来访者：这我说不清楚，但一听到她的名字，我就很想摔门而去！

咨询师：我完全相信你说的话，因为我能够感受到此刻你身上的愤怒，就像忽然着了一把大火。

> ◆ 解析 ◆
>
> 咨询师先对来访者最明显、最表层的愤怒情绪进行镜映。

来访者：不是着火，是火山马上要喷发了！

> ◆ 解析 ◆
>
> 来访者的真诚表达不仅修正了咨询师的镜映，更重要的是，对于自己的愤怒情绪，她开始关注、觉知和表达了。

咨询师：是啊，火山马上要喷发了。我看到你的拳头都攥紧了，整个身体的肌肉都绷起来了。

> ◆ 解析 ◆
>
> 咨询师紧跟来访者的感受，并引导来访者去察觉自己的躯体，以便达成对情绪更完整的体验和认知。

来访者：我现在全身发热，眼珠胀得发痛！

咨询师：是啊，你的眼睛都充血了。你真的很愤怒。

> ◆ 解析 ◆
>
> 在镜映来访者躯体感受的同时，咨询师为当下的情绪感受引入了"愤怒"的名称标定。

来访者：没错，我真的很愤怒。

> ◆ 解析 ◆
>
> 由于一直在关注和表达情绪，并被咨询师不断镜映，此刻，来访者下意识地接受了这个名称标定。

咨询师：人在愤怒的时候就会出现你这样的感受和反应。如果你实在很愤怒，可以跳起来大吼几声。

来访者立刻跳起来大吼：哈！哈！

咨询师：你可以更用力、更大声地说："哈！我很生气！我很生气！"

> ◆ 解析 ◆
>
> 咨询师鼓励来访者进行初步的、有自知的情绪宣泄。在这个过程中，宣泄所带来的释放感会增强来访者对"愤怒"的觉知。

来访者：哈！哈！我很生气！我很生气！我真的很生气！

咨询师：现在好点了吗？

来访者：好多了。愤怒的劲儿过去了。

咨询师：你在愤怒的时候，通常会出现什么躯体反应？

……

◆ 解析 ◆
来访者基本恢复平静后，咨询师开始和她讨论她的"愤怒"。

咨询师：现在，我注意到你的声音越来越小，而且全身都瘫软在椅子里，你感觉累了吗？

来访者：是的，我现在感到浑身没劲儿，有点儿筋疲力尽的感觉。

咨询师：像是无力感，耗竭感？

来访者：是一种耗竭了之后的无力感。

咨询师：你感受一下，在你身上，耗竭感和无力感是一样的吗？

来访者（沉默了片刻）：不大一样。无力感好像主要在身体上，心理上是一种没了欲望、没有心气儿的感觉，是懒懒的、静静的、往下坠的感觉。耗竭感好像更主要是在心理感受上，有点儿力不从心的意思，心里头还有欲望，还想拼命抓，只是抓不动了，透支了，但还是执着着这股劲儿，好像还有点儿什么能量——大概是有点儿怨恨的感觉吧。

咨询师：哦，原来是这样。你分辨得真清楚！那你现在觉得是无力感还是耗竭感呢，还是两者都有？

来访者：两者都有。无力感是表面上的，耗竭感更多。

◆ 解析 ◆
当继发的愤怒得到一定程度的宣泄之后，来访者更底层的情绪开始显露。

咨询师：你什么时候容易出现这样的感觉？

来访者：一般是在暴怒之后吧。

◆ 解析 ◆
咨询师启发来访者对自己的情绪模式进行觉察与反思。

来访者：嗯。不过这会儿，我确实很明显地感到耗竭感。

咨询师：也就是说，你心里头还有点儿什么没实现的欲望？

来访者：是的。

咨询师：你愿意现在就谈谈，还是放着以后再谈，或者，以后也不谈，你回去自己好好理清楚？你决定。

来访者：那还是下次咨询咱们再谈吧。我现在确实累了。

◆ 解析 ◆

　　来访者主动把话题引到当下的耗竭感上来，说明她有意愿和动机去解决相关的情结。咨询师便顺水推舟，这也是一个积极的镜映和表达。但与此同时，咨询师敏锐地注意到，在来访者当下的耗竭与无力状态下处理情结，未必是好时机，于是进行确认。果然，来访者发现自己有些"力不从心"——而这个"力不从心"，正好是她自己为"耗竭感"所赋予的内容之一。

## 九、 曹昱：顺藤摸瓜法

### 1. 目的

　　在应对阻抗方面，顺藤摸瓜法是一种非常实用的技术，特别是在来访者难以面对某些意象时，可以有效地化解阻抗，促进面对和呈现；另一个目的是，帮助来访者去完形只有部分觉知的"心理碎片"，从而看到更大的全貌，提升自知，促进领悟。

### 2. 原理

　　对个体而言，各种心理能量往往以意象的形态呈现。当个体受到心理创伤后，为了自我保护，一些消极的心理内容就被个体下意识地放入看不见的"阴影"中，在意象中常常表现为局部的"残片"。比如，意象里出现动物的一条腿，或是一个人的一只眼睛、破碎的尸块等。

　　通过顺藤摸瓜的方法，可以促使来访者立足于能够接纳的那部分心理内容，逐渐扩大觉知域，一点一点地面对不被接纳的心理内容，从而增强面对和呈现，使接纳和领悟在不经意中悄然发生，从而达到一定的治疗效果。比如，当来访者无法面对一个可怕的人物意象时，可以引导来访者先看他的鞋子、裤子、衣服、脸，直到全身。也就是说，当来访者不愿或不敢一下子面对某个意象整体时，咨询师应该接纳他的状态，先陪伴他面对阻抗小的那些局部，再通过面对局部的边缘，逐渐地延伸到整体。

　　另外，就子人格关系系统而言，我们相信，没有孤立存在的子人格，只有尚未觉知的客体关系。因此，这个技术也可用于子人格图的完形，以及在咨询中寻找"卡住的情结"背后的"幕后黑手"。

### 3. 适用范围

该技术适用于：人格意象的分解与调节；在意象中只能看到局部"碎片"的来访者；创伤后应激障碍；缘型人格障碍；康复期精神分裂症的心理辅助治疗。

请注意，对于康复期精神分裂症的心理辅助治疗，咨询师需要具有更多的精神病学知识以及十分丰富的临床经验。建议初学者勿用。

### 4. 操作步骤

第一步，引导来访者充分看清已呈现的意象局部残片。

第二步，引导来访者带着自知去释放消极情绪，为下一步的呈现奠定基础。

第三步，引导来访者关注并体会意象残片的边缘，逐步地扩大心理"视野"，直至觉知到这个意象的全貌。

### 5. 变式

在寻找"暗藏着的子人格"时，可以通过某个局部的线索，如一句评价、一个态度等，顺藤摸瓜地找到对来访者施加影响的"幕后人物"。比如，找到恐惧症或强迫症来访者心中暗藏着的"窥视者"的眼睛，引导来访者逐渐看清眼睛的主人，理解其窥视背后的目的。

边缘型人格障碍来访者的意象中，也常常出现动物或人的"一个器官"或"肢体碎块"，可用同样方法帮助来访者看到动物或人的全貌。这对边缘型人格障碍"一叶障目不见泰山"的"碎片式"认知方式及情绪、行为表达方式，有一定的矫正作用。

### 6. 注意事项

随时关注来访者的身心感受，特别是面对一些比较困难的意象时。一旦来访者出现阻抗，引导其进行有自知的情绪释放，为来访者提供一个安全的心理空间，作为能够继续面对问题的心理资源。

## 7. 案例解析

来访者：我只能看到一只手。

咨询师：左手还是右手？

来访者：左手。

咨询师：这是一只什么样的手？像是大人的还是孩子的？

来访者：大人的。

咨询师：男人的还是女人的？

来访者：好像是男人的。

◆ **解析** ◆

来访者的报告不清晰，很可能是出现了阻抗。咨询师重点关注来访者的感受，并对其进行处理。

咨询师：看到这只手，你有什么感受？

来访者：有点儿紧张。

咨询师：紧张给你当下的躯体带来了什么样的感受？

来访者：后背发凉，后脖子发紧，我的手攥紧了。

咨询师：好的，我们就这样关注着你的身体感受，陪伴着它，观察一下，看它还会有怎样的感觉。

来访者（过了几分钟）：不凉了，也不紧了，我的手也松开了。

咨询师：你做得很棒。那我们继续看看这只手还有什么特点。

来访者：手的皮肤很粗糙，有很多汗毛，指关节有点儿变形，手掌上有很多茧子。

咨询师：这只手的手腕是什么样的？

来访者：很粗壮，皮肤粗糙，还是有很多汗毛，青筋暴起。

咨询师：你现在躯体感觉如何？

来访者：还好。没有不舒服的感觉。

咨询师：好，那我们继续看这只手的小臂是什么样的。

来访者：粗粗的，像是很有力量的样子。特别是上臂，肌肉很发达。

咨询师：那肩膀呢？

来访者：也很强壮。

咨询师：脖子呢？

来访者：好像很使劲地梗着，青筋暴起。

咨询师：你现在的躯体感觉如何？

◆ 解析 ◆

每往前推进一步，咨询师都引导来访者去体会，这会增加来访者的安全感和被支持感，有助于继续面对，并使之有一个时间和空间，把经由面对所转化的恐惧"回收"到自己内心。

来访者：脖子有点儿硬邦邦的感觉。

咨询师：好，看着它。

来访者：现在脖子放松了。我模模糊糊地看到了他的脸……他是我父亲！

咨询师：他的右手呢？

来访者：他已经没有右手了，在我很小的时候，他就出了工伤，失去了右手……

◆ 解析 ◆

至此，一只手所代表的心理内容被完整地呈现出来——这只手，其实象征着来访者的"父亲"。接下来，咨询师就可以和来访者针对与父亲有关的情结进行工作了。

## 十、 曹昱：盲咨法

### 1. 目的

盲咨法主要用以促进咨访关系的建立与建设。

当咨访关系尚未建立到足够好，或是来访者所面临的情结过于隐私，或是咨询师需要自我保护（比如，为罪犯来访者进行咨询时，有可能涉及咨询师不方便掌握的具体现实信息）时，运用盲咨法可以建设性地穿越阻抗，允许、接纳对方带着防御被陪伴，使正在进行深层沟通的咨访双方都能获得安全感。

该技术对于化解"难言之隐"非常有效，十分有助于推进来访者与咨询师建立信任关系，同时也避免了咨询师由于掌握了来访者太多的个人信息而对其产生的现实威胁感，继而避免了来访者为了保护自身隐私安全而对咨询师采取不利的行动，巧妙地保护了咨询师的个人安全。

## 2. 原理

从严格意义上讲，几乎所有的心理咨询与治疗，都是在某种程度的心理防御的"暗中监控"下完成的。个别时候，来访者在咨询的当时完全放下了心理防御，但当咨询结束后，来访者重新"恢复理智"时，下意识的不安全感可能会再度泛起，使之对自己在咨询师面前的"大意"和"一时冲动"而感到懊悔。在这种情况下，一些来访者可能会被内心"被威胁"的焦虑和羞耻感等驱使，把一些"挽救计划"付诸行动，导致之后的"消极能量反弹"、信任关系破坏，甚至在极端情况下，咨询师的个人生活安全受到某种程度的威胁。

研发者曾遇到过一位人格障碍患者，他在刚刚解决完"换妻"情结后，感到自己从此被"抓住了小辫子"，担心他的名字会被咨询师公布于众，甚至会把这个秘密上报给他单位的领导。于是，他威胁咨询师，如果不离开他所在的城市，他就设法毁掉其咨询生涯，甚至会采取"更严厉、更彻底的行动"。研发者付出了很多努力才化解了他的不安全感。

经过反思和摸索，研发者尝试使用"盲咨法"，即在不涉及任何与隐私有关的事实的情况下，对来访者内在的心理能量进行疏解和调理。具体做法是，咨询师通过询问，对来访者的处理方法进行指导，并允许来访者不必分享其内部的心理活动和内在对话，而让来访者在自己的心理世界中对自己的问题进行自我疏导。

那些习惯以"表演性"进行自我防御的来访者，由于咨询师不对其"伪饰的意象"做出回应，因而无法得到心理获益，继而逐渐松解阻抗，呈现出更深层的心理内容。在"心理控制"难以参与的潜意识层面，那些长期被包裹着的消极能量得以安全呈现，并由于被安全地包容和面对而达到释放。最终来访者获得领悟。

因此，盲咨法以一种更大的包容实现了"下对下"的心理咨询。

## 3. 适用范围

该技术适用于：事实层面需要高度保密、心理创伤已经打开但缺乏安全感的来访者；表演与讨好型来访者；控制与不安全型来访者；过多使用投射机制、攻击性较强的来访者；咨询师与来访者存在显在或潜在的双重关系；自恋型人格障碍。

### 4. 操作步骤

第一，应用该技术之前，咨询师要经过良好的自我成长，具备高度的共情能力和强大的心理承受能力，以及面对各种消极后果的勇气。

第二，最好在来访者过多地开放隐私之前就使用该技术。咨询师可以告知来访者，从现在起，他不必回答你的问题，除非他非常愿意和你分享某些身心感受，否则只是在自己内心中呈现那些心理内容。

第三，在这个过程中，咨询师通过与来访者进行深度共情来把握切入的深度以及发问的问题。

第四，在整个过程中，咨询师要随时与来访者的躯体感受进行共情检验。

第五，咨询结束时，告诉来访者，虽然你不知道他的生活中发生了什么，但你相信他依然可以通过自己的面对、接纳和领悟进行自我调整；如果他以后发现什么遗留问题，你们依然可以用这个方法进行处理。

### 5. 变式——内部自参话头

这个方法尤其适用于理性思维发达的来访者，或是已经经过了长期心理成长而开始进入家族潜意识甚至存在层面的来访者。由于这个方法对咨询师的要求非常严格，本书暂不做详细阐述。

### 6. 注意事项

其一，成功使用盲咨法的关键是"时机"的把握。咨询师需要及时而敏锐地知道应在什么时候引入该技术，从而在来访者彻底暴露隐私之前就避免过度暴露。

其二，这个方法对咨询师的个人素质要求非常高，因此，未经足够心理成长的咨询师、临床经验不足的咨询师、对自己的咨询功力不够自信的咨询师，以及对来访者心存恐惧的咨询师，请勿使用！

### 7. 案例解析

来访者：我看到一张暗红色的嘴，嘴唇很厚、很湿润，它慢慢地张开了，变成一个洞的样子。它好像要把这条黑蛇吸进去。

咨询师：这条黑蛇有什么感觉？

来访者：它也很想钻进去，因为它觉得那个洞里很湿润、很温暖、很柔软。但是它同时又觉得很难受，想要逃跑。现在它的身体开始肿胀、变红，浑身发烫。它开始翻滚。

咨询师：为什么它这么难受，想要逃跑？

来访者：因为，那不是它该去的地方！

咨询师：谁认为那不是它该去的地方？

来访者：那个洞的主人。

咨询师：那个洞的主人长什么样子？

来访者：很高大、很魁梧，两米多高，是一个中年男人，脸方方的、很有棱角。他的眼神很犀利，好像一把匕首，一直能刺到蛇的心脏里去。

咨询师：为什么他会刺那条蛇？

来访者：因为那条蛇侵犯了属于他的领地。

咨询师：那条蛇是雌的还是雄的？

来访者：雄的。

咨询师：那条蛇如果有人一样的年龄，他有多大？

来访者：十五六岁的样子。

咨询师：好的。现在我会问一些问题，你不必回答，只需要在内心里自己慢慢地看清楚。除非你很想和我分享，否则，你只需要自己看清楚就行了，好吗？

◆ 解析 ◆

意象对话进行到这里，咨询师已经意识到这是一个和乱伦恐惧有关的情结。在这段意象中，嘴唇和洞象征母亲的性诱惑，洞的主人象征内心的父亲，而青春期的雄蛇象征着来访者自己。和乱伦有关的情结常常引发强阻抗，不但来访者通常难以启齿，咨询师也常常会被不必要地牵连进来访者的心理世界中——尤其是，当咨询师是一个有母性的中年女性时，有乱伦焦虑的男性来访者常常会在乱伦情结暴露的时候，下意识地把咨询师投射成自己的乱伦对象——母亲。于是，咨询师立刻使用了"盲咨法"。

来访者：好。

咨询师：现在那条蛇面对着这个洞，感觉如何？

来访者开始满脸通红，脖子上青筋暴起，接着他想要呕吐。

咨询师：如果你想要呕吐，可以在意象中吐出来，并看清楚吐出来的东西是什么。

来访者：好。

过了一会儿，来访者平复了下来。

咨询师：现在那条蛇可以面对着这个洞，把心里想说的话对它说出来。

来访者：好。说了。

咨询师：洞有什么反应？

来访者皱起眉头，呼吸急促，双腿并紧。

咨询师：你现在感觉有些紧张，对吗？

来访者点点头。

咨询师：你可以试着让洞也把心里话对蛇诚实地说出来，看会不会好一些。

来访者（双腿放松了一些）：好。说了。感觉好些了。

咨询师：现在你可以让他们俩开诚布公地对话。

来访者（渐渐平复下来，身体放松下来）：好。他们说完了。

咨询师：现在如果洞的主人也来了，会发生什么事？

◆ 解析 ◆

在咨询师的引导下，来访者成功地面对了乱伦恐惧，并在意象中，以象征的形态与"母亲"进行了一次对话，释放了原来被压抑的一些心理能量。虽然来访者感到好些了，但这个情结还没有解开，因为这是一个俄狄浦斯三角关系。因此，咨询师开始把"父亲"这个必不可少的元素引入意象对话。

来访者把头转向左边，微微仰起了头，轻轻地皱了一下眉头，随即恢复了平静。

咨询师：洞的主人并没有伤害蛇，对吗？

来访者点点头，但随即眉头紧锁起来，摆了一下头。

咨询师：你的躯体上有没有什么不舒适的感觉？

◆ 解析 ◆

"父亲"的介入必然会给来访者带来焦虑，因为"父亲"意象同时也象征着来访者的超我。因此，咨询师小心地与来访者核对躯体感受，一方面，是为了保证来访者能够有觉知地宣泄，而不至于一下子"受不了"；另一方面，也是为了核对自己的躯体共情是否与来访者相吻合。在这个技术的使用中，咨询师的共情极为关键，而躯体共情是一个非常强有力的方法，准确度常常高于意象共情。

来访者：有点儿头疼。

咨询师：在什么地方？

来访者：额头这一圈，像是箍了个什么东西。

咨询师：你可以自己看看到底箍了什么，再看看是谁箍上去的。

来访者：好。

咨询师：看到那个人了？

来访者：对。

咨询师：你们俩都没有说话？

来访者：对。

咨询师：但你们之间好像又有什么话想对对方说。

来访者又点点头。

咨询师：如果你觉得可以，就让他们也开诚布公地对对话吧。

来访者：好。

过了一会儿，来访者长长地舒了一口气。

咨询师：现在你是不是感觉轻松了不少？

来访者：是的。

咨询师：想不想让洞的主人和洞也说说话？你自己决定。

来访者：下次吧。我现在想离开这个洞了。

◆ 解析 ◆

在咨询师尊重、接纳态度的陪伴下，来访者成功地面对了这个难以启齿的情结，并勇敢地和"父亲"——这个"洞的主人"所象征的超我进行了对话与和解。最后，"洞的主人"不再把"蛇"当作敌人来攻击了。这个情结得到了很大程度的化解。然而，距离问题的真正解决，还远远不够。来访者之所以和自己的母亲之间形成这样的关系，一定和父母之间的关系密切相关。从来访者的态度上来看，洞和洞的主人很可能还没有做好沟通与和解的准备。而在这里，咨询师非常小心地抛出了一个"引子"，表面上是征询来访者是否继续深入的意愿，真正的目的却是让来访者看到这个情结中依旧未完成的部分，使之有机会在未来继续去完成。否则，来访者很可能会把"已经解决了这个问题"当作一个理智化的防御，来逃避后续的处理工作。

## 十一、 曹昱：回圆法

### *1. 研发背景与基本原理*

在个案咨询的临床工作和自我成长的过程中，曹昱发现，现有意象对话技术的实践操作有待补充。其中，最为重要的一个部分是，和传统精神分析一样，现有意象对话技术的处理对象主要聚焦在过去的情结，通过在当下进入过去并处理过去来达成治疗，虽然很有效，但依然局限于一条线段上，这种割裂的局部治疗并不完善。

其中，有三个主要的不足。

一是自我成长一旦停下来一段时间，疗效就可能出现反弹，毕竟一个人的一生是一个网状的系统，仅仅修改了一条线段，对整体系统网络的影响力仍是有限的。因此，在系统网络的大势下，个体情结依然容易受到相邻未解决情结的连锁反应牵累而反弹。同时，对个体来说，这种一次只能处理一个局部情结的局面，依然让我们缺乏对自己整体人生脚本的洞见和自主把握。在这种"一叶障目不见泰山"的情况下，旧的情结虽然处理了，但我们还是很容易受到未完成情结部分的影响而产生新的情结性问题。

二是和精神分析一样，传统的意象对话技术只是处理了过去，觉察了当下，却忽略了把未来明晰地引入觉察的视野中，使得我们缺乏对未来的前瞻性，并由此低估了我们对自己人生的自主性。

三是我们承袭了意象对话技术把"潜意识"作为重点工作对象的基本思路，这必然使我们对"行为"有些忽略。这就使得有些成长者感到面对现实应对有些"力不从心"。虽然潜意识转变了，意识也明白了，但面对过去行为习惯的强大"惯性"，还是常常会让我们有"眼高手低"的感觉。这就好像是，原来我们有一辆车不可遏制地朝悬崖的方向高速驶去，一检查，发现是方向盘坏了，所以只能朝向悬崖的方向，同时，油门还加得很大；发现问题出在哪里以后，方向盘修好了，油门也不加了，但出于惯力，车还是无法立即停下来或是调头，而是继续朝着原来的方向滑出去一段。

虽然这些问题都是很正常、很自然的，但这些不足常常给我们带来这样的困惑和无力感：在我们有限的时间和精力制约下，对心灵上已经千疮百孔的个体而言，对于我们庞大的人生系统而言，这种漫长而反复的成长到底能有多大用处呢？

基于以上思考，研发者尝试在自己和来访者身上应用了"回圆法"。在当下修复过去、完成未来之后，以一个更完整的视角，从一个人生脚本的整体性上纵览全局、发现因果，从而产生更本质层面的发现和领悟——宛若我们直接在树根上进行工作，不再仅仅局限于对一片树叶、一根树枝的疗愈。基于这样的发现和领悟，我们可以立足于当下的"树根"，对其进行养育，使其自发产生积极转化，然后重新生长一遍，让来访者和自我成长者们能够看着自己在这样的"轮回"中自主地"重生"，从而对"自我"的空性和命运的"因果轮回"产生更深的洞见和了悟，达成更多的觉察和自主。

## 2. 基本操作方法

### (1)梦想成真法

该技术是引导来访者在意象中实现自己未完成的心愿。在这个过程中，一定要慢、要具体，每一个细节都要看清，千万不能囫囵吞枣。

它非常适用于因与丧失的理想化客体未切断而导致的无法完全告别。如前文介绍梦想成真法时所举的例子，来访者为自己没有和初恋结合而深感遗憾。

从理论上来说，使用这个小方法的结局不外乎两类：一类是"叶公好龙"型，就是当梦想实现时，来访者却在具体的"生活细节"中发现，原来自以为一直想要的东西，其实不过是因未实现的遗憾而导致的能量固结，知道了这一点，原来的幻想就被放下了；另一类是"心愿已了"型，就是来访者在意象中终于实现了自己的梦想，允许自己在心理上成全自己，使一直固着的能量得以释放，在心理上达成一个完成。

但研发者曹昱进一步思考后发现，如果是第二种情况，危险尚存——来访者有可能沉溺在这个完美的幻想中。诚然，这种危险并不是很大。一般情况下，在我们内心难了的情结中，对于那个执着的对象，我们或多或少存在理想化。而梦想成真是一个通过现实化而让理想化达成转化落地的过程。并且，即便这个最坏的结果出现，来访者沉溺在这个完美的梦想中了，我们也可以继续看这个沉溺，通过观察和觉察这个被沉溺的梦想，来消除对"梦想"的无觉知认同和由于未完成带来的执着——多美的梦想在想象中实现都不可怕，只要界限清晰，"梦想"被当作"梦想"，而不是被当作"现实"。其实，即使"梦想"不允许被作为梦想来实现，也并不等于在心理层面"梦想"就没有被当作"现实"。

释怀后，曹昱在自己身上试用了该技术，效果良好。然后，她又将该技术应用到咨询中。结果发现，无论是哪一种结局，对沉溺于未完成的遗憾和对"如果……"的幻想中的人来说，允许梦想成为一个自由的梦想，并使其固着的驱力得到充分的呈现和表达，终归是一种释怀和完成。

（2）轮回重构法

轮回重构法，即引导来访者在意象中看前世，看当下，再看来世，然后回到现实看因果，讨论领悟，最后重新回到前世，重新"轮回"；立足于经由领悟后自发转变的过去，重新体验一遍当下和未来，重构脚本，完成目标后存盘。

"轮回重构法"的延伸做法是，对比新旧脚本的主题，看内在相续的大因果，并预测未来脚本，达成更深层、更本质的领悟。

曹昱愿意在这里与大家分享她自己的人生脚本：前世是秋瑾，主题是争取自由，反抗不成功而殉道；今生是献祭者，主题是通过为某种道义主动放弃生命而得到永生；来世是修行者，主题是努力通过超越对肉体生命的认同而试图获得解脱。综观其三世，她发现，共同的主题都是想要通过超越一种生命状态而得到另一种更自由的生命状态。由此，她明白了，她生命轮回的本质是企图经由对不自主生命的超越而获得解脱和自主，而其他一切琐碎的情结都是这个本质所表现出来的一枝一叶的样貌而已。

（3）未来系统预知法＋系统回向法

前一种方法是，引导来访者在意象中看自己的前世、今生和来世，画出家谱图，讨论家族情结，看到现在的自己会对未来产生的影响，并立足当下，在此基础上进行下一阶段的治疗与成长。

后一种方法是，成长之后，引导来访者带着新的领悟回到童年，自发修改自己三代祖先的脚本，并体验在新的脚本中成长，最后存盘。这一方法适用于深度成长以及正在处理家族情结的成员。请初学者慎用。

（4）回向检验法

该技术可通用于每一次情结的处理。

具体方法是，意象对话心理师在帮助来访者发现并处理完一个情结之后，引导来访者回到最初的情境中重新检验。

例如，某来访者在意象中看到一个破烂肮脏的垃圾桶，体会它的感受时垃圾桶变成了一个乞丐，经过处理后乞丐变成了一个漂亮的女孩，此时再回头看原来的那个垃圾桶，发现垃圾桶和环境都已经发生了积极转变。至此，此次咨询才算结束。

再如，某来访者的意象中出现了一颗有溃烂伤口的心。先引导他看清细节，比如，多大岁数的伤口，为什么受伤等；在伤口经过处理得到康复后，再引导他回到当初的那个年龄点重新体验那颗心。如果还有伤口，再走一轮上述程序——在现实应用中，研发者的临床个案呈现出一个普遍规律：第二个伤口往往是另外一个年龄阶段的人的创伤所留下的，但是和第一个伤口有关，通常是比第一个创伤更原发的同类创伤，有时是共生期母亲心上的伤口。

◆ 说明 ◆

以上所介绍的基本方法全部经过临床个案的重复检验。

### 3. 主要变式——置换演习法

（1）基本原理与概要介绍

前面所介绍的四个技术都是在"时间"上的"回圆"，"置换演习法"则是在心理"空间"上的"回圆"。

大量的临床实践经验告诉我们，一个人有潜意识、意识和行为三套系统，不论哪一套系统出了问题，都会连带其他的两套系统出现问题。据此，曹昱提出"潜意识—意识—行为链"的心理结构假设，即"对一个人来说，其潜意识、意识和行为是不可分割的一个整体"。

换言之，对个体来说，他的潜意识、意识、行为，就像是三个无形的环互相扣在一起。任何一环的位置发生变化，都必然会对其他两环的"位移"产生推动性的影响。（当然，这个"环"只是一个比喻。心理特质的"环"，无法像物理世界中的"金属环"那样，在一个金属环发生位移的当下时间点上，另外两个金属环即刻在物理空间随之发生精确、完整的位移。在心理世界中，每一个"位移"都发生得更无形，在时间和空间上，都无法像物理世界中的"位移"那样黑白截然。）这就是为什么只针对潜意识的心理治疗方法、只针对意识的心理治疗方法，或只针对行为的心理治疗方法，对个体都会有一定的疗效。

反过来说，根据"潜意识—意识—行为链"假设推论，只对一环进行"位移"，虽然能够对另外两环的"位移"产生影响，但与此同时，另外两环也在旧有的位置上对单独被位移的那一环产生着影响。这就是说，在临床心理治疗中，潜意识、意识、行为这三层中，只有一层被疗愈是不够的——另外两层仍会继续受到过去创伤模式的影响，作为与被疗愈的那一层相连接的"左邻右舍"，会继续对"已康复者"产生"旧有惯性"的影响，成为心理问题和心理症状"复发"的一个内在重要因素，甚至是一种内在动力。

"置换演习法"的目标是，直接解决现实问题，在现实中直接改变具有破坏性的原有心理、思维和行为模式。达到这个目标的路径是：咨询师引导来访者先进入意象层面看清问题的本质是什么、因果是什么，通过意象的自发转化来完成潜意识层面的修正；再由主动唤醒觉察和对因果的领悟，来完成从潜意识（人生脚本）到意识（信念）的连接和重构；然后借助"意象心理剧技术"（由意象对话准黄金级导师赵燕程和水晶级导师吴勤共同研制、创立并付诸大量临床实践），对重构的健康"脚本"进行分阶段演习，完成从潜意识、意识到行为的连接与贯通，达成潜意识、意识、行为链的整体重构。

"置换演习法"可避免行为、意识、潜意识三层的脱节，使来访者能够更加自主和通透地发生转变。其根基还是"回圆法"。只不过从表面上看，过去、现在、未来中的"轮回"是时间上的，而"内、中、外"是空间上的，但从因果上看，本质都是一样的。例如，外部的行为（比如）是因，而行为通过内化变成意识中的信念和潜意识中的子人格，再促成外部的行为。

"置换演习法"的方法要点在于，从外到内把行为、意识、潜意识三层打通，避免了单独使用行为、认知、意象对话三种疗法的常见局限。比如，行为疗法不但需要正确的强化，还需要个体有很强的意志去实践和坚持，且由于缺乏意识层信念的改变，尤其是缺乏潜意识原有破坏性（创伤性模式）驱力的深层改变，新的行为模式往往受到过去的行为模式的侵染，并容易反弹；认知疗法需要个体有很强的自我功能和自我行为管理能力，要求只要自己想明白了什么是合理的，不管潜意识多么难受都能够做到，但个体往往是明白了道理还是管不住自己，因为个体无法不继续受到潜意识驱力、行为自控力以及惯性等的影响。除了弥补以上疗法的局限，置换演习法也弥补了个体在意象对话成长中常常出现的局限：就是潜意识已经清理了，但是在现实生活中的行为模式无法跟上，出现面对现实"眼高手低"的脱节。

（2）置换演习法的适用范围

置换演习法适用于致力于长期心理成长的人、轻度人格障碍的人格重建、家庭系统关系完善等。此方法尤其适用于这种情况：个人长期内化的冲突模式或复杂的家族系统问题的巨大驱力，使个体难以调整现实行为，也难以在潜意识内部自然达成和解或积极转化。

（3）基本步骤及其技术要点

置换演习法的操作思路是：记忆中的现实描述/意象中的一个冲突场景——看角色扮演——咨访扮演——内化、覆盖冲突子人格。具体步骤如下。

第一，意象描述。引导来访者进入意象对话状态，描述一次典型的、自认为无法调解的现实冲突场景，包括冲突双方的身体姿态、神态、语气和对话。之后，把这一场景变成一张具有代表性的照片，并为其命名。

此阶段的重点在于，唤起对于一个矛盾情结的现实和心理世界的打包。首先，如果只是现实描述，来访者会认为事实就是记忆中的那个样子，从而割裂自己内部投射内容对记忆中事实的影响，导致内部的意象内容沉睡在阴影中不被一并看到。这样一来，无法让来访者认识到，记忆中的内容已经经过了自己心理世界内容的沾染和加工。其次，当发生积极转变时，来访者也只能够在行为表层发生重要转变，而不能够同时带着对自己心理世界的觉察和理性意识层面的启动一起发生转变，即潜意识、意识、行为打包呈现、打包转变。再次，通过一张照片的雕塑，对过去的模式进行一个专门的分离和命名，使得过去的模式脱离和个体整体的粘连而变成可被主体管理的一个单独部分（以客体化剥离自我认同，使过去被认同为"我"的部分变成一个可以被我观察和工作的对象）。

第二，看意象表演并领悟。在咨询现场，由来访者找两个人进行角色扮演，这两个人要尽可能按照来访者所描述的身体姿态、神态、语气和对话来呈现。来访者在一旁观看，并分享观看过程中的感受或领悟，例如，在什么地方卡住，为什么卡住了不能解决等。咨询师可以提问，但尽量只提问不回答，把答案留给来访者在下一步的行动中去领悟。

此阶段的重点是，进一步把"处理不了的情结"现实化，唤醒来访者内部的观察者对其进行自主观察，避免被卷入旧有的模式而导致觉察力被淹没。

第三，咨访扮演。由来访者和咨询师进行角色扮演，咨询师扮演来访者，来访者扮演自己的对头。咨询师通过改变身体姿态、神态、语气和对话来调和整个冲突过程，让来访者切身感受到，只要自己有所不同，对方就会做出不同的回应，冲突模式就会发生更有建设性的改变。来访者在角色扮演后分享自己的感受和领悟，咨询师可简要强化领悟要点和来访者信心，改变其认知。

此阶段的重点是，让来访者看到，只要"我"改变模式，不可化解的冲突对象就可以随之改变——由于这个冲突对象是由来访者自己扮演的，所以，"死对头是可以改变的"这一新的信念就能够被来访者相信和接受。与此同时，当来访者扮演自己的死对头时，他是以对方的角度来进行互动的。因此，来访者更能体验到对方的感受，促进其内在由于拒绝共情而产生的冲突双方子人格的分裂和对立——当来访者在现实中与咨询师互动时，这一对子人格就已经开始发生更建设性的联系。

第四，内化冲突子人格。有所领悟的来访者扮演自己，咨询师或者来访者随便挑一个替身扮演另一个子人格——自己的对头，用新的方式来处理冲突。结束后，来访者和替身交流整个过程的感受，并倾听第三方观察者（往往是未参与角色扮演的其他团体成员）的反馈。最后，自己总结领悟。

此阶段的重点在于，来访者以咨询师的建设性沟通模板付诸行动，通过亲身体验来促进内部冲突子人格的和解，并在行为上练习如何在现实中实践更有建设性的、新的沟通模式——其扮演的过程其实是来访者对新模式的认同和现实化尝试的过程。这个阶段过后的双方交流也很必要，其意义不但在于更深一步地理解双方的动力、消除盲点，更重要的是，这一阶段使得来访者在演习的同时，还能够唤醒一个内部觉察者，并能够更加客观中立地领悟双方的沟通方式和内在动力。这样，当来访者在今后的现实生活中与冲突对象努力和解时，他就更有可能带着内部的觉察者去进行，即便尝试失败，也更容易从中总结经验加以改进，而不易重新被自己视角中的愤怒卷走，或是因为受挫而轻易地放弃尝试。

第五，覆盖冲突子人格。最后这个阶段是该技术的核心，也是创新点——引导来访者在意象中回到过去的照片中，让照片中的冲突主人公活起来，重新演示一遍修改过的、建设性的应对过程，并再次进行照片雕塑、命名、存盘（原有破坏性模式被潜意识中新的内容修改和重新编码、认同）。引导来访者把新的行为模式内化到潜意识中，以避免行为改变了，潜意识内部的子人格却依然没有改变，原有的破坏性的关系模式驱力仍然起作用，造成新的行为模式坚持不了多久就会反弹。

具体操作模式是，来访者在意象中内化新的沟通模式，即把咨询师和来访者刚才在角色扮演中的新模式内化到自己内部的一对冲突子人格中，并存盘。这样，容器仍然是来访者自己的，但溶液已经净化了。

◆ 说明 ◆

（1）置换演习法反过来的应用变式：先在意象中和解，讨论领悟，达成信念的改变；然后在现实中体验角色扮演，建立行为与潜意识之间的同步连接。

（2）关于案例解析：置换演习法本身就是一个比较庞大的临床应用系统，而本书对于所有的创新子技术，只做提纲挈领式的介绍，所以，暂时省略关于阶段绘画法的案例及分析——《我的人生脚本》。我们计划在以后的著作中，专门对这个技术做更全面、更详细的分享和论述。

## 十二、 曹昱：转换频道法

### 1. 目的

"转换频道法"通过自主而灵活地调用不同的感知觉器官，对来访者心理世界的"全貌"进行更多维度的"立体扫描"。或者，在临床咨询中，当来访者在视觉意象中被"卡住"的时候，"转换频道法"可以通过把当下意象切换到另一种意象中，轻松地化解阻抗。一些自我探索者可能会由此看到"真实"的"多关性""局限性"和"空性"，从而达到对自己、对世界更深层的领悟。

### 2. 原理

意象对话心理治疗最强调的是"持续的觉知"，"转换频道法"则是当一个"觉知路径"被阻塞时，切换到另一个"觉知路径"上继续进行觉知。这样，虽然觉知路径被多次切换，但来访者的觉知一直保持着。与此同时，如果这种方法用到一定程度，来访者还能够通过觉知到"心理内容"的"多关性"和"空性"，而减少对心理问题的病态执着。

人类用来觉知和认识世界的模式是"瞎子摸象"——用不同的认知工具所探索到的自我和世界都有所不同。目前，在我们的意象对话心理咨询中，占主导地位的工作媒介还是"视觉意象"。但对于"人"这个整体来说，仅仅由"视觉意象"所构成的心理世界，依然只是一部分。我们越来越发现，在更深层的潜意识中，听觉、味觉、触觉、嗅觉这些更原始的认知器官，也扮演着不可或缺的重要角色。只是，我们对它们的研究和了解还远远不够。因此，本书先向大家介绍我们已经研究得比较成熟的"听觉意象"。

### 3. 适用范围

个案咨询；深度心理成长；人格重构；早期心理问题解决。

### 4. 操作步骤

这个方法的使用很灵活，无法制定一个固定程序。有关操作程序请参见下面的案例。

### 5. 变式——五感寻人法

"五感寻人法"就是通过视、听、味、触、嗅五种感官意象，分别找到不同类型的子人格，从而更立体地呈现出一个人的人格结构，有助于深度心理治疗和心理成长。

"五感寻人法"可用于子人格图拆分。从浅表的层面来说，可通过视、听、味、触、嗅五类感知觉意象的充分利用，寻找子人格；从更深的层面来说，让我们能够真正明白，通过这些"不同的镜子"，我们对同一个事物会得到完全不同的"样貌"，而最终会让我们领悟到"色""象"中的"空性"。

"五感寻人法"的基本临床使用方法很灵活，常用的有"起始意象"和"随即切入"两大类。比如，可以根据我们想要测查的主题，设计一套（五个）不同的起始意象，每个起始意象分别用一种感官；也可以对于同一个记忆中的场景，让来访者使用不同的感官在意象中"回忆和再现"。

### 6. 注意事项

其一，转换频道法可以非常有力地穿越层层阻抗，因此，咨询师必须把握火候，知道到什么时候应该适可而止。不要期待一次就解决完一个重大问题。

其二，分辩逃避机制与转换呈现——有时候，来访者出于逃避的自我保护心理，会用听觉意象干扰视觉意象的呈现，咨询师对此要有所识别，并引导来访者"咬住"一个意象，帮助它呈现。

其三，转换频道法的变式非常多，这里只是抛砖引玉。大家可以不拘一格地发挥创造力，但没有在自己身上事先反复实验的技术，严禁在他人，尤其是来访者身上试用！

### 7. 案例解析

来访者：不行，我什么都看不见了！

咨询师：没关系，或许是你看累了。现在，你可以在意象中闭上眼睛休息一下。

◆ 解析 ◆

这里的关键词是"在意象中闭上眼睛"，意味着虽然遇到了比较强烈的阻抗，但来访者依然停留在自己的心理世界中，保持着与心理世界的接触。

来访者(放松下来)：嗯。

咨询师：现在感觉如何？

> ◆ 解析 ◆
>
> 当视觉意象不易呈现的时候，可以先切换到"感觉"。在中文里，"感觉"是一个双关词语，既有"身体知觉"的意思，又有"情绪感受"的意思。

来访者：好多了。

咨询师：如果你愿意，你可以一直闭着眼睛休息，没关系的。其实，我们的耳朵、身体也一样很灵通。

> ◆ 解析 ◆
>
> 咨询师为即将使用转换频道法进行铺垫和引导。

来访者：其实刚刚我闭上眼睛以后，就发现自己好像已经自动化地竖起了耳朵，在听着外界。

> ◆ 解析 ◆
>
> 此时，来访者平时被忽略的听觉感受被唤起。

咨询师：是啊，咱们平时只是依赖眼睛依赖惯了。其实，咱们浑身上下法宝多着呢。你可以试着听一听，你从声音里感觉到的我，和平时你印象中的我，是不是一样的呢。

> ◆ 解析 ◆
>
> 咨询师开始用"我的样子"作为对来访者听觉意象的测试和试用——这个过程中关键的地方就是，要在意象中使用像"脱敏技术"一样的"逐渐暴露"的方法，而不是把来访者一下子暴露在前面阻抗的那个创伤面前。在这个看似不经意的过程中，来访者更充分地体验了自己的听觉意象，这对他下一步面对前面的创伤有很好的铺垫作用。

来访者：有一样的地方，也有不一样的地方。一样的地方就不说了，不一样的地方是，声音里的你，好像瘦小很多，但是更温柔漂亮一些，更阳光一些，也更爱笑，不会有忧郁的眼神，不会带着一股"冷气"，不会不喜欢人际交往，更不会总是在人群里被忽略掉。

　　咨询师：你能听到这么多啊，呵呵。你声音里听到的我，倒更像是很小很小时候的我。有意思，你的耳朵会"透视"出一些眼睛看不到的东西。

　　来访者：我也发现我的耳朵挺厉害的！

　　咨询师：那么，如果刚才你看不见的时候用耳朵听，会听到些什么呢？

◆ **解析** ◆

　　当来访者显示出自信的时候，咨询师开始把来访者拉回到刚刚他逃掉的那个场景中去，询问他的听觉意象。

　　来访者(沉默了一会儿)：听到了黑夜的声音。

　　咨询师：黑夜是什么声音？

　　来访者：死寂的、连呼吸都没有的声音，就好像空气完全被封死在一个无形的大气球里，完全不能流动了一样。

　　咨询师：哦。然后呢？

　　来访者：然后？然后还是死寂！

　　咨询师：好的，继续听这个死寂的声音，同时关注你的身体感受。

　　来访者(过了几十秒)：刚才我突然听到一声像是什么东西裂开的声音，"喀——"，然后，我后背立刻像放电一样凉了一下，我的两条胳膊的外侧皮肤起了鸡皮疙瘩——你看，现在还没消呢。

　　咨询师(看了一下来访者的胳膊皮肤)：哦，还真是的，那个声音会带给你这样的身体反应。

　　来访者：快看，你这么一说，我的胳膊上又突地一下起了好多鸡皮疙瘩！

　　咨询师：我的声音让你听到了什么？

　　来访者：好像是回音——我是说，你刚才说话的声音，让我好像又听到了"喀——"的那声回音。

　　咨询师：哦？那个"喀——"到底是一种怎么样的声音呢？

　　来访者：那种声音，好像可以把一切动静都熄灭，就好像是一个无形的黑洞；它完全没有光，也没有温度——不对，应该是没有温暖，而且还带着寒气——确切地说是"阴气"，对，就是"阴气"；它会很突然地出现在你毫不设防的时候，你不知道它的存在，或者，你知道它存在但是不知道它什么候来。它是一种让人毛骨悚然的声音，就像——死亡。

◆ 解析 ◆

在这里我们可以看到，当咨询师询问关于听觉意象的细节时，来访者不由自主地加入了视觉意象和躯体感受的内容。这很好——当"多管齐下"的时候，来访者其实是在用不同的"语种"向咨询师描述着同一种东西——"死亡"。难怪他之前的阻抗那么大了。

咨询师：我看到你说到这里的时候，打了个寒战。

◆ 解析 ◆

咨询师不断把来访者拉回到躯体感受中去——这是一个很重要的技巧，在来访者容易沉溺于心理世界的时候，或是消极的心理能量太大而有可能把来访者"吞没"或"卷走"的时候，使来访者在继续保持觉知的同时能够回到当下。建议在做和"死亡"有关的个案时，大家更多地应用躯体的意象对话。

来访者：对，和你说话的时候，我又听到了那个"喀——"的声音。而且这次特别清晰，是从我的左下后槽牙根那里发出来的。

咨询师：哦？这次你又听到了什么？

来访者：听到了我的牙根裂开的声音，听到了像是冰裂的声音，好像是一块黑冰突然被浇上了开水，突然炸裂开的声音。现在我看到了裂开的后槽牙——牙已经裂成了两半，中间有一道黑黢黢的大缝隙，里面都是黑的，是被虫子蛀空的，好恶心！

咨询师：你又打了两个寒战，并且又起了满身鸡皮疙瘩——连脸上都是了。

来访者：我现在忽然闻到了刺鼻的味道，就是牙科里药水的味道，很刺鼻的那种。

咨询师：哦。然后呢？

来访者：不对，好像是防腐剂的味道，是福尔马林，泡尸体的味道——我知道了，是尸臭，尸体的臭味！啊，好恶心！我忽然看到了一具死尸，是以前在哪个网站上无意中看到过的，脸朝下趴着，七窍里都已经被黑黑的小虫子密密麻麻地蛀空了……哦，我好难受，简直受不了了！

咨询师：是的，你看起来真的浑身都好难受！你身上哪里最难受呢？

来访者：是胳膊，还有胳膊上的皮肤，鸡皮疙瘩上面好像都趴着密密麻麻的小虫子！

咨询师：除了胳膊以外，还有哪里有难受的感觉？

来访者：脸上也很难受，也是鸡皮疙瘩上有好多小黑虫的感觉！

咨询师：还有不舒服的地方吗？

来访者：还有牙也很难受！

咨询师：牙是什么样的感觉？

来访者：说不出来，但好像是一棵表面上看起来还很高大、强壮的大树，实际上里面已经被虫子给蛀空了的感觉。

咨询师：原来是这样啊。蛀空了会怎样呢？

来访者：只要有人一碰它，它就会彻底地垮掉、崩溃。

◆ **解析** ◆

咨询师在小心地试探来访者的"最近心理发展区"。这棵树是来访者"自我"的象征，"被蛀空"说明已经外强中干了。咨询师问"蛀空了会怎样"，来访者回答"只要有人一碰，它就会彻底垮掉、崩溃"，这是一个警告，现在还不是去碰这个问题的时候，否则，来访者可能会面临自我崩溃的危险。

咨询师：知道自己在面临这种命运，这棵树会有什么感觉？

◆ **解析** ◆

咨询师理解了来访者的警告，试图唤醒来访者内心中的"第三只眼"，使其部分地剥离对这棵树的消极生命脚本的认同。

来访者：它没有感觉，因为它还在努力地想要把外面的树皮长得更厚实一些。

咨询师：它这样做，一定有自己的道理。

◆ **解析** ◆

来访者的回答说明，他现在需要更多的防御，他目前还没有力量面对这个情结。对此，咨询师表示了接纳。

来访者：是的，它必须这么做，如果它不这么多，它就会马上崩溃。所以，只有这么做，它才有活下去的可能。

咨询师：它做得对。虽然长树皮并不能解决虫蛀的问题，但是，它毕竟先要保证自己不能崩溃掉，这样才能给以后解决虫蛀问题留下机会。

◆ 解析 ◆

咨询师肯定了目前暂时防御的积极意义和必要性，但并未过度赞同这个防御。同时，咨询师在接纳的态度中也点出了"长树皮并不能解决虫蛀的问题"，以及当下"保证自己不能崩溃掉"是为了"给以后解决虫蛀问题留下机会"。

来访者：是的。

咨询师：你现在感觉如何？

来访者：很平静。

咨询师：身体呢？

来访者：没什么感觉。

咨询师：你想要今天暂时先做到这里，还是往下继续探索一步？

来访者：今天暂时先这样好了。

咨询师：那么，我们就在这里结束，可以吗？

来访者：可以。

# 十三、 曹昱：主动三角化和去三角化

## 1. 目的

该技术的根本目的，是为了修复已经无法被两人修复的两人关系；同时，把"被卷入"的第三方（通常是协调者、平衡者、裁决者等）"解救"出来，使相关个体各就各位，和谐共处。

## 2. 原理

在子人格图中，我们称最小的一个子人格关系模式为"一个单元"。这个单元可以是两人关系，也可以是三人关系——这就像物质的最小单位是原子，有的物质是两个原子，如氧气；有的物质是三个原子，如水。

在生活中，我们常常看到，当两人关系出现问题而无法直接解决时，往往其中一方会把一个第三者拉进来，通过借力而达到新的平衡。这一切往往在无意识中就自动发生了，如人际交互分析理论（TA，transactional analysis）中的"迫害者—受害者—保护者"三角。

而"主动三角化"技术，就是通过在原有的破坏性的两人关系模式中，主动地、有觉知地引入建设性的第三方，从而打破原有的恶性关系循环，形成新的三人关系模式。然后，通过第三方的主动地、有觉知地退出，重新恢复或建设良好的两人关系模式。

"主动三角化"和"去三角化"技术在现实世界中的一个很好的例子，就是伴侣咨询中的"第三方协调"模式——咨询师作为建设性的第三方，加入原有的破坏性的两人关系。新的建设性元素的介入，打破了原有的客体关系动力模式，使得这对夫妻与咨询师之间形成了新的、有建设性的三角关系单元。

需要区分的是，在意象对话咨询的具体应用中，首先，"三角化"和"去三角化"都是在意象世界中进行的——也就是说，"第三方协调者"不是现实中的咨询师，而是来访者自己意象世界中的某个建设性子人格。其次，"主动三角化"不是目的，只是一个治疗的"机缘"。因此，在经由"三角化"并改变了原有双方的破坏性互动模式之后，"第三方协调者"还要及时地撤出并去染，留下原来冲突的双方，用改变过的健康模式来应对和修复自己的关系。从本质上来说，被主动三角化的资源，只是一个过渡性的好客体。

"去三角化"技术，就是指已经被拉入原有两人关系的第三方"退出"这个破坏性的三角关系单元，而还原或重新形成一个建设性的两人关系单元。"去三角化"也是我们在临床实践中经常会遇到的一个应用。

### 3. 适用范围

神经症和各类心理问题，尤其是婚姻家庭咨询、职场人际关系咨询，以及其他人际关系问题。

### 4. "去三角化"的操作步骤

第一步，想象现实中的三个"纠结成一团的人"（注意，必须是三人关系单元，即三个人缺一不可，只要缺一个人，整个关系模式就会发生改变。比如，俄狄浦斯三角就是一个三人关系单元）同在一个房间，在意象中先看彼此的位置关系，显示彼此现有的基本关系模式。

第二步，想象三个人变成动物，互相交流，以理解整个家庭中的基本动力，诸如，谁是主导者？谁和谁在明处有冲突？三个人暗中的关系是什么？彼此的期望（自我的期望和认同他人的期望）和不能达成的期望是什么？等等——具体问题要根据具体的咨询主题和需要而定。

第三步，在三者中，认同一方的期望而给另一方施加压力的一方，首先离开三个动物的房间，让剩下的两方独处，直接表达对彼此的期望和对对方期望的应答。或者，可以让其中两方分别处于第二个房间和第三个房间，然后让被三角化的"第三方"分别去第二个房间和第三个房间，独自与另外两方相处和对话。这样，三个房间中就形成了三种不同的两人关系，每个人都更直接地面对自己对他人的期望和他人对自己的期望。

## 5. 注意事项

有些时候，我们需要被主动三角化的第三方很快地撤出、去染，有些时候则不必。

比如，有这样一个案例：来访者是个弃儿，他的心理世界中有"弃儿"和"抛弃孩子的母亲"这样一对互不相连的客体关系。咨询师通过为孩子在来访者内部找到一个很好的"代母"，使爱开始进入原有的、缺爱的两人关系单元，形成了新的三角关系单元，即爱"弃儿"、恨"生母"的"代母"、爱"生母"、对"代母"没有感觉的"弃儿"和讨厌"弃儿"也讨厌"代母"的生母。这种时候，我们不需要"代母"很快撤出，而需要"代母"继续在这个单元中承担搅动双方关系的作用，使母子关系最终通过正面冲突而达成和解。在实际的个案中，来访者的"代母"最后也没有退出，而是转化成了"爸爸"子人格，与原来的母子二人形成了一个互爱的三角关系单元。

## 6. 案例解析

来访者：我真的不知道该怎么办才好，儿子和他爸爸简直就像一对冤家，一见面家里就不得消停！我都快被他们逼疯了！

◆ 解析 ◆

现实生活中纠结成一团的三个人——父亲、母亲和儿子。

咨询师：他们见面会发生什么呢？给我举一个最近发生的小例子。

来访者：就说昨天晚上吧。本来儿子放学一回家就兴致不高，他爸爸还偏偏跟他说就业压力大的事情，你说这不明明是在逼孩子吗？！

咨询师：儿子一回家就兴致不高，爸爸和他说起就业压力大的事情，然后呢？

来访者：然后他俩就越说越火，最后动起手来了！

咨询师：慢着，慢着，咱们得先看看这火是怎么起来的。爸爸和儿子说就业压力大的事情，然后呢？谁说了话？说了什么？

来访者：然后我就上去拦了一下，说："跟儿子说这个干什么？"可是，他爸爸连看都没看我一眼，跟没听见一样照样说了下去。儿子就有点儿火了，说："我现在不想听这个！"可他还说。你说，我怎么摊上他这么个人！早先我刚一跟他见面，我姐就说这人不行，不知道眉眼高低的，可我当时不知道怎么就……唉！

咨询师：你呢，在他们说这段话这个过程中在做什么？

来访者：我就帮着儿子阻止他呗，他就是不闭上那张嘴！

咨询师：那张嘴会说什么让你们这样厌恶的话？

来访者：谁知道，反正什么都可能说。

咨询师：比如？

来访者：没有比如。说什么并不重要，重要的是他老在说，老在说！

咨询师：你烦吗？你生气吗？

来访者：烦呀！要说生气嘛，怎么说呢？我倒没生气，只是着急，不过儿子和他爸爸两个人可是气坏了，恨不得要抄家伙恶斗一场了！

◆ 解析 ◆

咨询师通过具体化技术，重现了来访者现实生活中一个典型的三人关系冲突模式场景。

咨询师：好，现在，在想象中先把这个画面象拍照片一样固定下来，看一看，这张照片是什么样子的？

来访者：照了张照片。照片中，我们三口人在一个房间里，儿子在中间，我在儿子后面坐着，他爸爸在靠近门口的地方。

咨询师：他们的眼睛分别看着哪里？

来访者：儿子的眼睛看着爸爸，爸爸的眼睛看着我，我的眼睛看着他们俩。

◆ 解析 ◆

三个人在意象中的位置象征着三个人之间的心理位置，目光象征着关注点。

咨询师：好的。现在做一个想象，照片上的三个人变成了三种动物，他们分别变成了什么？

◆ 解析 ◆

初步测查后，在意象中，三个人进一步变成动物——除了可以减少阻抗和现实信念的干扰，更真实地呈现来访者的潜意识内容之外，这个操作还有一个特殊意义，就是可以一目了然地看到子女认同的是谁，以及父亲、母亲、孩子三者之间的关系。

来访者：我变成了老虎，儿子变成了小老虎，我老公变成了……一头驴。

◆ 解析 ◆

照片上儿子的目光看着爸爸，而背对着妈妈，但变动物的时候，却和妈妈变成了一样的动物，这暗示着儿子的"双重性"——表面上关注点是爸爸，但内心认同自己"是妈妈的人"。

咨询师：它们之间会发生什么？

来访者：小老虎一次一次地往驴身上扑，又扑又咬。

咨询师：驴呢？

来访者：一边在原地跳着打转，一边叫啊叫啊，真难听。

咨询师：小老虎为什么要一次一次地对驴又扑又咬？

来访者：不知道。可能是练习捕猎吧。

咨询师：为什么小老虎想要练习捕猎？

来访者：练好了就可以照顾妈妈了，妈妈就不用辛辛苦苦地捕猎了。

咨询师：哈，原来这还是一只非常孝顺的小老虎！虎妈妈呢？

来访者：她在后面懒洋洋地趴着，看着这一幕。

咨询师：虎妈妈看着这一幕有什么感觉？

来访者：很欣赏。

咨询师：欣赏谁？

来访者：欣赏自己的孩子。

咨询师：小老虎如果知道妈妈这么看自己会如何？

来访者：它更勇猛了，一次一次地去扑咬猎物。现在，驴的脸上已经快流血了。

内部互动关系昭然若揭：儿子是为了妈妈攻击爸爸，而妈妈对此感到欣赏，这使得儿子对爸爸的攻击更加升级——参照来访者所说的"他们父子俩一见面就斗，我都快被逼疯了"的描述，我们发现，"父子俩一见面就斗"是实情，而妈妈对此的感受可能既有"快被逼疯了"的感觉，同时，在更深层的潜意识中又有"欣赏自己孩子干得好"的感觉。

咨询师：好，如果现在把虎妈妈从镜头中拿出去，只留下小老虎和驴，它们俩会发生什么？

"去三角化"开始，测查没有妈妈在场的父子关系。

来访者：它们不打了。小老虎开始很顽皮地四处张望。

咨询师：驴呢？

来访者：驴低着头，在地上到处乱闻，想要找草吃。然后，它一转头出去了。

咨询师：小老虎呢？

来访者：小老虎也跟在驴后面，在外面的草地上跑了几步。然后，它忽然觉得离妈妈太远了，就又回窝里来了。

咨询师：对驴出去这件事，小老虎有什么感觉？

来访者：很好奇，它也想跟出去玩玩。但它太小了，又恐惧外面有什么可怕的危险，只好回到妈妈身边。

妈妈不在，儿子不需要和爸爸打架了。但爸爸的心思可能在外头。儿子也很好奇，想和爸爸一起探索"外面的世界"，但儿子对妈妈很依恋，所以马上发觉自己"离妈妈太远了"，于是又回到妈妈身边。

咨询师：妈妈会保护它？

来访者：是的，妈妈保护它，它也保护妈妈。它们是很相爱的一对母子。

咨询师：小老虎是如何保护妈妈的？

来访者：比如，有人欺负妈妈，它就扑上去咬他！

咨询师：谁会欺负妈妈？为什么会欺负妈妈？

来访者：比如，刚刚那头驴，妈妈想要它做猎物——妈妈已经饿了好几天了，可是它不肯乖乖就范，还用后蹄子踢伤了妈妈的脸。所以，小老虎才要扑咬它！

咨询师：哦，原来是这样。虎妈妈看着这一切，很欣赏自己的孩子，是吗？

来访者：是的。

咨询师：好，现在我们做另一个想象，让老虎妈妈和驴单独在一起，看一看，又会发生什么！

◆ 解析 ◆

再次使用"去三角化"，测查没有儿子在场的夫妻关系模式。

来访者：驴背对着老虎妈妈，看都没看她一眼。

咨询师：老虎妈妈呢？

来访者：很难过。她感到自己真的老了，不如年轻老虎那么容易捕猎了，所以现在连驴都不把她放在眼里了。

咨询师：如果驴知道老虎妈妈这么想，会如何应对？

来访者：驴会说："你错了。不是因为你老了我才不把你放眼里了，而是你根本就不会为人妻、为人母！"

咨询师：为什么驴子会这么说？

来访者：我也不知道！

咨询师：问问驴子。

来访者：驴子说："你口口声声地说我不把你放眼里，可是，到底是谁不把谁放眼里呢？你拍良心想想！"

咨询师：老虎和驴子，到底是谁不把谁放眼里呢？

来访者：当然是老虎不把驴子放眼里啦！

咨询师：为什么呢？

来访者：身为一只老虎，当然应该和另一只老虎在一起啦！可是，偏偏它只是头驴，又蠢，还不听人劝！

咨询师：听起来，老虎妈妈好像是嫁给了这头驴？

来访者：嗯。所以她能不心堵吗？你想，它区区一头驴配我一只老虎，有什么资本对我摆谱儿？

咨询师：驴子会怎么想？

来访者：就算是头驴，我也有自尊！你看不起我，我还看不起你呢！再说，你一只母老虎有什么了不起，当初不是你先看上我、追我的吗？要不，我还宁可娶一头母驴呢。

咨询师：老虎听了有什么反应？

来访者：它大吼一声扑到驴身上，驴一闪，老虎扑个空，恼火了；再扑，驴再一闪，老虎又扑个空，更恼火了！

◆ **解析** ◆

问题越来越清晰了：原来母亲瞧不起父亲，父亲出于维护自尊也做出不把母亲放眼里的样子；夫妻之间除了"背对着"的冷漠，就是妈妈"一扑"、爸爸"一闪"的冲突模式。于是，夫妻两人陷入毫无建设性的"死循环"。咨询师设法打破这个"沉溺"，决定引入"第三只眼"来代偿性地执行"观察者"的功能。

咨询师：如果你看到这两个人——就这样你一扑、我一闪，没完没了地玩这个游戏，你会怎样？

来访者：我会觉得这样好没意思。不如老虎和驴干脆散伙，老虎找老虎、驴找驴得了，双方都消停了。

咨询师：小老虎对这个建议会怎么想？

来访者：小老虎急了。

咨询师：那它会怎么办？

来访者：它替妈妈拴住爸爸。

咨询师：它能怎么拴住爸爸？

来访者：比如，一直和爸爸打斗。这样爸爸的目光就不会向家门外看去。

咨询师：你是说，小老虎之所以扑咬驴，是想替妈妈拴住爸爸？

来访者：是……

咨询师：妈妈对此怎么想？

来访者：我……

◆ **解析** ◆

至此，这个三口之家的基本动力模式及其成因都比较清晰了。接下来，咨询师可以引导来访者进行更深层次的探索和领悟。

### 十四、 曹昱：意象炼金瓶

#### 1. 目的

"意象炼金瓶"是原型对治法系列中的一个小技术，这个小技术及其变式，可以用起始意象的方式来操作，更多的则是以随机意象的方式来操作。本书所介绍的是这个小技术的两个"起始意象"的应用。但无论怎样操作，这个小技术都可以用来对某个特定群体集体无意识中的心理阴影进行转化。

#### 2. 原理

深度心理成长者都会发现，心理成长过程是有一些普遍规律的。通常来说，我们会首先接触社会面具层主导的子人格群，然后接触到与个人情结相关联的子人格群，之后就开始或浅或深地碰触到集体无意识层的意象——通常从我们触及对家族代际创伤的工作时开始。在大量的临床工作中，我们发现，一个成长者刚刚开始有能力比较成功地转化自己个人情结的时候，就无可避免地开始遇到家族情结的强有力的阻抗。

这个技术正是为解决这个阶段的特殊困境而设计的。家族情结之所以如此难以撼动，正是因为在背后暗暗推动它自动化运行的能量是"超个人的"原型能量。因此，能够和原型能量抗衡并且转化原型能量的，至少也要是原型能量。这个技术正是借助原型能量来实现对家族"阴影"的转化。

总结起来说，这个技术的原理有二：一是借助原型能量转化原型能量（例如，借助"疗愈者"原型能量转化"受伤者"原型能量），以此避免"寡不敌众"的困局；二是以疾病的能量本身来对治疾病的能量，"顺势而为""向死而生"，在阴极之处促成阴阳翻转。

#### 3. 适用范围

该技术适用于：转化自身的"阴影"为心灵资源；转化家族情结；转化某一所属群体的阴影原型给自身带来的病态影响；某一群体的代际创伤治疗；家族心身疾病的心理治疗；癌症患者的心理治疗。

## 【注意】

应用此技术的咨询师和来访者都需要有一定程度的成长功底。建议水晶级以上咨询师以及对原型工作有足够实践经验的咨询师使用，同时，对自我功能不稳定、人格结构有缺陷、具有冲动性特点的来访者应该避免使用这个技术。这里不公布此技术的全部细节，水晶级以上的意象对话心理咨询师可以向研发者曹昱老师直接询问。

### 4. 使用形式

个体咨询；团体咨询；个人深度成长；心身疾病（包括癌症）的心理咨询；某些神经症和重性精神病的辅助心理咨询。

### 5. 操作步骤

这里以最简单的转化个人自身的"阴影"为例。

第一步，起始意象引入前的准备工作。身体深度放松，同时一再确认，在当下来访者有能力保持现实感。

第二步，起始意象的引入。想象自己穿过一片原始森林，再渡过一条大河，来到一片安全、空旷的大地，这片大地是疗愈女神日夜守护的地方，体会一下，踏上这片土地后，自己的身心感受是怎样的。

第三步，如果来访者感到身心放松、舒适，就可以往下进行。想象自己在这片土地上自由自在地行走，来到了一个圆形的围墙前面（需要想象这面围墙有奇特的特征，这里省略）。走进这面封闭的围墙，发现围墙里面最中心的位置有一个圣坛。看到圣坛在疗愈别人，体会一下，自己的身心感受是怎样的。

第四步，如果来访者感到身心放松、舒适，就可以往下进行。想象自己用特定的方式吸收月亮精华，将体内的浊气吐到坛子里，并点火淬炼坛子里的黑气。炼成物就是疗愈女神赠予这位来访者的礼物，来访者可以根据自己的意愿决定是否接受。

第五步，做完上一个过程之后，可以根据自己的意愿选择是在这里停留一段时间继续疗愈，还是离开这里回到来时的地方。如果来访者想要在这片土地上停留一段时间继续疗愈，咨询师要给出相应的指导语。最后，咨询师再把来访者带回现实。

第六步，回到现实后，咨询师和来访者要充分分享彼此在这个过程中的感受，并对这个过程进行反思，讨论从这个过程的体验中获得了哪些领悟，以及如何把领悟到的心理资源用到自己的现实生活中去。

## 6. 变式：家族"阴影"的转化

第一步到第三步同上。

第四步的意象内容引导有所变化，就是把"个人"变成"家庭成员们"，淬炼整个家庭的能量，将病痛能量转化为一个新的生命的样子。这个新生命出来以后，和每一个人互动对话并赠给他们礼物。最后，每个人带着被赠予的礼物回到各自的家中。做完这些，再次调整呼吸，结束意象对话。

回到现实后，咨询师和来访者要充分分享彼此在这个过程中的感受，并对这个过程进行反思，讨论从这个过程的体验中获得了哪些领悟，以及如何把领悟到的心理资源用到自己的现实生活中去。

## 7. 注意事项

其一，现实感的保持是这个小技术应用的关键。无论是咨询师，还是来访者，在碰触集体无意识能量的时候，都需要一个稳定的自我功能作为容器。具体来说，咨询师要随时提醒来访者保持与现实世界的连接，这个提醒可以通过邀请来访者随时关注呼吸来完成。

其二，顺势而为。顺势而为在这个小技术的使用过程中也是需要始终保持的——而这一点取决于咨询师当下的自我觉知力，以及平时长期的自我成长积淀。

其三，咨询师的反移情。反移情在这个小技术的使用过程中需要高度警觉——咨询师可能会很容易受到疗愈者原型或母亲原型的牵引，而不知不觉地试图扮演来访者的拯救者。因此，建议反移情的使用者为水晶级以上的咨询师，或是至少有过一定的与原型工作经验的咨询师。

其四，始终尊重来访者的自我意愿。来访者可以在任何一个步骤结束的时候离开，选择不再继续下一个步骤。但咨询师要有一些方法来避免因某些具有冲动性特点的来访者在打开伤口后又突然变卦而骤然中断治疗过程所带来的二度创伤。

## 8. 案例解析

研发者在这里与大家分享一个有关家族"阴影"转化的片段。

……

咨询师：……看到这一幕，你自己的身心感受是怎样的？

来访者：有点儿激动……好像我已经迫不及待地去服药了，但同时又害怕喝药以后会发生什么情况？……万一这药是孟婆汤呢？

咨询师：你担心没有伤痛了你就会忘记过去吗？

来访者：也不是。我是怕我一旦伤好了就会离开一些人！

咨询师：比如离开谁？

来访者：我老公……

咨询师：你是说，你宁可选择留在伤痛里也不愿意离开你老公，是吗？

来访者：好像是这样的。

咨询师：好的，如果这是你现在的选择，我们可以不再继续往下做意象，甚至可以随时离开意象回到现实。你现在希望怎样？

来访者：我希望这次先不往下做吧。

咨询师：好的。现在把注意力拉回到呼吸上……

（回到现实中，咨询师和来访者充分地讨论了来访者宁可留在创伤里也不肯离开老公的原因。）

◆ 解析 ◆

相当一部分"受伤者"拒绝走出伤害，因为他们相信伤害带来一些获益，而一旦放弃了"伤痛"，他们就失去了"获益"。产生这种心理还有另外两个很常见的原因，一个是"损失厌恶"（见社会心理学）——哪怕损失的是一个让自己痛苦的人、一份让自己熟悉的痛苦，哪怕"损失"必然会有"收获"来作为补偿，也会让人本能地感到排斥；另一个则是对未知的恐惧。

如上所说，在这个技术的使用过程中，最关键的是"顺势而为"。当来访者没有准备好被疗愈时，我们不去强求他，而是引导他看清自己为什么宁可受苦也不愿意被疗愈。

经过一段时间的心理咨询之后，这位来访者决定去处理家庭问题。

来访者：在夜幕中，我妈、我爸、我老公、我姐、我弟也在这里，我们都默默地绕着这个圣坛围成了一圈……闭上眼睛，我开始放松下来，但我的小腹开始发冷。

咨询师：是什么让小腹发冷？

来访者：是我的子宫肌瘤，我的病。

咨询师：现在，你愿意放弃你的子宫肌瘤、你的病痛吗？

来访者：我愿意。

咨询师：好。现在把双手温柔地放在小腹上，轻轻地抚触它，就像触摸身体上的一道伤疤。如果现在你想要和它说什么，或是感谢，或是告别，都可以。

来访者(慢慢地流下了眼泪)：谢谢你，跟着我受了那么多年的罪。你受了苦，可是让我有机会歇下来照顾我自己，或者享受被别人照顾——只有你病了的时候，我才能被他们看到，他们才能想起平时我为他们做了那么多……好了，现在可以了，我说完了。

咨询师：好的。现在请你用双手捧着它，看着你面前的圣坛——你愿意把它献给圣坛，让圣坛淬炼它，然后赋予它新的生命吗？

来访者(庄严地)：我愿意。

咨询师：当你把自己的疾病献给圣坛的时候，你的妈妈、爸爸、老公、姐姐、弟弟也在做同样的事情。这个圣坛，容纳的是你们家人的疾病——而圣坛将会淬炼疾病，把它转化成一个新生命。当你内心觉得转化可以开始的时候，就请亲自用打火石引燃圣坛下面的火。

来访者：好。引燃了……火越烧越大，我的眼前红彤彤的一片，过去的记忆一幕一幕在红光里面浮现、扭动，然后又消失了。我的小腹现在明显地觉得变暖了。

咨询师：好，就这样关注着自己小腹的变化，带着觉知，见证着这一切自然而然地发生。这个转化过程会持续七天七夜，圣坛里面的疾病会在七天七夜之后转化成一个新生命。当下一个黎明到来的时候，火会自动熄灭，而这个新生命会自己飞翔出来。它是一个什么样的新生命？

来访者(微笑)：它是一只纯白的和平鸽，两只眼睛透亮亮的，像两颗红宝石。它扑棱棱地从圣坛里飞了出来，肩膀上还带着一点点金红色的霞光。

咨询师：它会飞到你们每一个人的面前，并且送给你们每人一个独特的礼物，还有一句祝福。

来访者：它首先飞向我妈，送给她一枝橄榄枝，说："愿你走出怨恨，得到内心的安宁！"然后，它飞向我爸爸，送给他一只葫芦，说："有容乃大，福禄双全！"然后，它又飞向我，送我一面镜子，说："知人者智，自知者明。"然后，它飞向我姐，送她一个绿色的小梳妆盒，对她说："愿你在另一个世界安息。"然后，它飞向我弟弟，送他一个拂尘，说："神马都是浮云。"最后，它飞向我老公，送他一枚红宝石戒指，说："这是她的眼泪，也是她的心。愿你不嫌弃她的眼泪，收下她的心。"

◆ 解析 ◆

经过以上周折，来访者终于自愿开启了疗愈与转化过程。之后，咨询师和来访者共同讨论了这个过程所带来的领悟，以及与来访者现实生活的关联。来访者领悟到：圣坛里的疾病就是她的家族创伤——女性不被接纳的创伤。

"家族疾病"被转化成的"白鸽"，就是"白衣天使"，也就是家族创伤的疗愈者、疗愈女神的化身。它给每个人的礼物和祝愿就是治疗每个人疾病的药方。

# 【注意】

请大家务必记住——这个技术中的疗愈者不是咨询师，而是来访者自身与道的感应交合。

## 十五、 曹昱：子人格置换法

### 1. 目的

在日常生活中，我们常常会把"意识不到的那些部分的自己"向外投射给他人，因而常常造成一些关系中的困难，同时也给个体的自知力造成很大局限。子人格置换法可以直接、有效地促进个体与被分裂并投射出去的"自我碎片"进行连接，使之后的自我和谐度及其人格整合度都得以自发的提升。

同时，也有另一部分的人会相反，习惯性地把外部的感受、信念等内摄（introjection）进来，认同为自己的感受、信念等。这样的人中，会有相当一部分由于长期受到内疚、羞耻等的困扰（常常因为他们早期的重要养育者是惯用"外投"模式的人），而产生挥之不去的抑郁、自我贬低和攻击等，这对身心健康非常不利。而这样的过度内归因模式也很难被松动，因为在以往长期的人生经验中，这种模式已经和自我身份认同绑定在一起，并且为个体带来了一些关系中的获益（喜欢把自己的精神垃圾外投的养育者，会有意无意地奖励、强化这样的孩子，让他们成为顺从自己的"垃圾桶"，满足自己的控制欲；而这样的孩子也会有意无意地习得——自己可以用承接垃圾的方式来避免被抛弃，获得某种程度的爱与认同感）。子人格置换法也是为了此类人群设计的，目的是促进他们从这种情结性的"自残"模式中走出来，以一种更加有自尊和自我效能感的方式，来与世界、他人建立起更健康的互动关系。

综上所述，这个子技术的目的是，协助那些习惯性外投的人看到被投射出去的"自己（自体）"，也协助那些习惯于内摄的人看到被自己内化的"他者（客体）"。

### 2. 原理

每个人对某些部分的自己都是难以接纳的。当对自己身上或内心的某些东西不愿意接纳的时候，人们为了缓解焦虑，通常会通过将"有这种感受、思想或行为的人"扔到外面的"他人"那里，而让自己感觉"那不是我，也不属于我"。而向外指责，是现实关系中被人们惯用的一种手段，这就是心理咨询师常说的"投射"。按照心理学的说法，投射就是主体"我"把自己无法承受的无意识内容归结到客体"你（们）/他（们）"身上，并认为那是客体（"别人"）所具有的性质，与自己无关。

当一个人这么做的时候，他的内心里激活了一个子人格对子——而这个对子是由于"分裂"这种早期防御机制产生的。例如，在一对指责的关系中，一边是"指责者"，另一边是"被指责者"。而通过把"别人"认同为"被指责者"、把自己认同为"指责者"，可以让"我"摆脱掉这个让我不能接纳的部分。这种模式的"子人格对子"认同，给个体提供了"好我－坏他"的自他认同，同时也为有权力做评判者的"我"提供了凌驾于"他人"之上的优越感和控制感。因此，外投和指责常常成为人们对自恋创伤的自动化应对模式。这种模式的优点是，使用者自我感觉良好，因为自己的垃圾被扔给别人了；但缺点是，使用者自己不仅会越来越缺乏自知力，还会在关系中遭到对方的厌恶、疏离甚至还击。从长远来看，这种应对模式无疑对我们的生活是具有破坏性的。因此，想要打破这个模式并且走出来，就必须做到意象对话一贯强调的"反求诸己"。

然而，让一个人承认把自己的垃圾扔给了别人是如此困难，以致反求诸己的邀请格外充满阻抗。况且，这似乎是一个无法破解的死圈——正是因为我无法接受这是我，才会扔出去给别人的；如果我有能力接受这是我，也就不会扔出去了！因此，这个卡住的关键是对某一方"自我认同"的执着。也就是说，如果能够有效松动这个自我认同的执着，反求诸己就变得容易了。

子人格置换就是应用了这个原理，采纳子人格调动技术中的"台词"技术，巧妙地穿越阻抗，直接唤醒被抗拒看到的子人格及其相关的感受。让之前不容许被呈现和表达的自我部分得到容许，并在呈现过程中得以有觉知地宣泄，在这个过程中，原来被割裂后单方认同的模式被打破了，取而代之的是一对有冲突的子人格被平等地包容和关注。按照意象对话系列实践中所呈现的有关心理能量的基本转化规律，这一对冲突的子人格必然会通过互相沟通达成某种和解，从而使得原来被"切除掉"并"扔出去"的自我碎片重新回到自我结构中来，并获得一个合理的存在位置。而个体也因此获得了对自己更全面的了解，同时由于更少地向外投射"垃圾"，现实关系也会自然而然地向和谐转化。

3. 适用范围

该技术适用于以下对象：惯用外投和外归因机制的来访者；对自己以及外投模式缺乏自知的来访者；具有依赖型人格特点、边缘型人格特点或是高度关系依存性特点的来访者；希望在现实人际关系中化解冲突的来访者；希望进行自我整合工作的成长者；在团体咨询中发生冲突的双方小组成员。

## 【注意】

此方法不适合处理生者与亡者的关系，也不适合用于精神病类患者的心理咨询或心理治疗。

4. 使用形式

个体咨询；团体咨询；自我成长。

5. 操作步骤

第一步，倾听来访者描述现实中的某个（外投的）场景，通常是一个抱怨场景。

第二步，请来访者找到最能够精确表达自己抱怨的一句话，并且用一个姿势表达。

第三步，让来访者把这句话中的"你（们）""他/她（们）"改成"我"，然后说出来，一遍一遍地重复说给自己听，同时也用一个姿势来表达。

第四步，让来访者体会当下的感受，并看清这是怎样的一个子人格；然后再看关系中那个指责自己的子人格是谁，为什么要指责自己，二者是什么关系，等等。

第五步，看清这对子人格对子后，让来访者结合现实生活，讨论这样的子人格对子来自哪里，又是如何影响自己的生活的，等等。

第六步，引导来访者再次回到意象，让这一对子人格互相对话，直到他们自发转化，并产生新的互动模式。

第七步，让来访者总结过去的模式和转化后的模式给自己带来的感受与启发，结合自己的现实生活，说说如何把这个更健康的人际互动模式应用到自己的现实关系中。如果有意愿，还可以和咨询师或是团体成长小组做一个"情景剧"，练习一下，找找感觉。

## 6. 变式

与"外投"相反，人们还有另一种心理活动方式"内摄"，但这种方式似乎不如"投射"那么被熟知。一般来说，内摄的意义是把客体或者客体的某一部分包含为主体的自我。这个无意识的心理过程往往是由口欲期力比多合并客体的特性决定的。用通俗的话来说，外投是把自己不承认的一部分自己认为是别人的，而内摄则是把别人投射给自己的那部分别人的东西融入自己，并当成是自己的。

对于总是习惯于内摄的人来说，他们会很容易冒出类似这样的一句话——"都是我害了你！"那么，在应用这个子技术的时候，就要与上述操作相反——把"我……"变成"你……"来表达，同时感受身体反应和情绪、情感以及信念的反应。比如，在这个例子中，就变成"都是你害了你自己！"这么说的时候，个体可能会突然感受到，原来由于攻击性被内摄而带来的自我攻击模式被打破了。个体开始意识到，其实自己一直以来都是那么愤怒、委屈和受伤。这样，这个喜欢自责自罪的子人格和与其相反的另一个喜欢指责别人的子人格，二者就同时被看到了。来访者很容易就突然领悟到，自己在生活中面对别人指责的时候正是这样——一方面很内疚，觉得是自己的错；而另一方面却很愤怒，认为不是自己的错。只有看到了这正反两面，这个创伤才能够开始被转化。

这个变式的应用还可以有另外一种操作。以上述为例，把原来的"都是我害了你！"变成"都是你害了我！"——这样，这个喜欢自责自罪的子人格和与其相反的另一个喜欢指责别人的子人格，二者就同时被看到了。来访者很容易领悟到，自己在生活中面对别人指责的时候正是用这样两极化的方式来应对的。不仅如此，来访者还很容易意识到，在生活中，当面对一个指责者的时候，自己通常自动化地变成了一个自责者。如果来访者自我开放度更高、对内心更诚实，他甚至可以进一步意识到，其实自己也常常无意识地用向外指责的方式把关系中的对方变成一个指责者。而这两方面正好是"内疚控制"（是指下意识地用唤起对方内疚感的方式来控制对方、控制彼此的关系）情结这枚硬币的正反两面。

这种变式，适用于某些与上述人群具有相反特点的来访者。例如，惯用内归因机制的来访者；具有回避型人格特点或是自恋型人格特点的来访者；对关系具有高焦虑的来访者；习惯性内疚、自责或是陷于内疚控制关系中的来访者；希望在关系中学习建立连接的来访者；希望进行自我整合工作的成长者。

### 7. 注意事项

其一，涉及死亡主题的时候，即便是很有经验的意象对话咨询师，也一定要极其谨慎地使用这个技术。例如，"是你害了我！"这句话，可能出自一个以亡者样貌显现的子人格，如果咨询师照搬以上套路，让来访者说"是我害了你！"那么，可能来访者一直以来被潜抑的自杀冲动会突然显现——这时候，如果咨询师没有足够的经验对此进行适当的干预，或者咨询师因为自己的恐惧只是把来访者暴露在这样的自杀冲动中就结束了意象，那么有可能会让来访者进入抑郁，甚至有让某些高危来访者实施自杀的风险。

所以，我们的建议是：一旦涉及死亡主题，请尽量不要使用这个技术；如果使用了，请按照意象对话自杀干预操作来处理。

其二，对一些在关系中总是习惯内摄指责的来访者来说，有机会尝试跳出这个粘连在罪疚感中的子人格是极为必要的。子人格置换技术就是为了这个目标而设计的。但是，咨询师也要注意识别。有一些表现为"自责自罪的子人格"，其实是表演性的"应对子人格"，而不是"创伤子人格"——也就是说，有的人通过扮演一个自责自罪的人给别人看，来达到控制别人的目的。例如，当一个人搞外遇被发现了，他（她）就先下手为强，在伴侣、亲友甚至公众面前表现出强烈的自罪自责，甚至做出企图自杀的姿态来"赎罪"。于是，准备离婚的另一半就心软了，给了他（她）第二次机会。如果另一半依然要坚持离婚，那么背叛者的"强烈自责自罪"就会变成伴侣的压力，亲友和公正就会指责坚持离婚的伴侣心量太小，"杀人不过头点地"，等等。于是，这个表现为自责自罪的"应对子人格"就会为他（她）带来获益。这种情况则不适宜用子人格置换法。

简言之，子人格置换法只是适用于"创伤子人格"，而不适用于"应对性子人格"。因为"应对性子人格"的本质是一种自我防御，而使用自罪自责来应对的人，并不是没有能力看到创伤或是化解创伤，而是没有真正的意愿来化解创伤。

## 8. 案例解析

咨询师：听起来，你老公的这些个性长期以来给你带来了很多烦恼和痛苦。

来访者：是呀！所以说"女怕嫁错郎"嘛！简直没办法呀，他就是不肯改！死都不肯改！

咨询师：如果把你对他的这么多抱怨浓缩为一句话来表达的话，会是一句什么话？

来访者：你就不能听我说两句吗？

咨询师：这句话听起来是在表达一个对他的请求，这个请求背后是一个你对他的期待。

来访者：的确有期待。我期待他改变一些。

咨询师：他的习性让你感到有很多的烦恼和痛苦，所以你希望他改变，这样你就不会再为此烦恼和痛苦了。但是他依然不肯改变，所以你感到更加烦恼和痛苦，是这样吗？

来访者：没错，就是这样。但是他就是不肯改变呀！我有什么办法！你说他怎么就不能改变一下呢？明明那些习惯对他不好，对别人也不好，他为什么偏偏要坚持就是不改？！就说一周以前吧……（又讲了一个烦恼的故事）

咨询师：这种情况是没有办法呀。我相信这一类故事还有成千上万，你也有足够的理由为此感到烦恼、痛苦。我发现你讲的这些故事好像有一个共同点，就是不管具体事件是什么，基本模式都是一样的——你依赖于他的改变来消除自己的烦恼和痛苦，而他自己又没有愿望来配合你要改变他的想法，所以情况才变得越来越糟糕，你才有这么多的抱怨啊！

来访者：是呀！所以你明白我这么多年跟他过日子有多不容易吗？我跟你讲的事情才是九牛一毛，你不知道他有多少毛病！你都想不出来我这么多年是怎么忍耐过来的！

咨询师：如果你现在不用再忍耐，而是可以直接抱怨的话，这句抱怨的话是什么？

来访者（沉了沉）：你怎么可以这么对我？！

咨询师：如果不询问他，而是直接告诉他你的感受，你会怎么说？

来访者（顿了顿，厉声地）：你不该这么对我！

咨询师：继续说这句话，同时感受着它——如果这句话有一个身体姿势或动作的话，是怎样的？

（来访者重复着这句话，站起来，做了一个一手叉腰一手向外指着的姿势。）

◆ **解析** ◆

通常在咨询室中处理抱怨的时候，来访者会陷入一大堆细枝末节的故事，把自己沉溺在没有觉知的喋喋不休中难以自拔。这时候，毫无冒犯地打破来访者的沉溺，是至关重要的一项工作——只有先打破沉溺的死循环，来访者才能带着觉知来体验这些内容，并对它们进行工作。而在这个例子中，咨询师使用了一个在意象对话中很常用的、非常简单有效的一个方法——"一句话"技术（前文有述）。而配合这句话的身体姿势或动作，也是子人格技术系统中另一个简单、有效的常用小技术（意象对话中级班里通常会有介绍，此不赘述）。

其基本原理是，当一个人用最简单、精准、直接的一句话表达自己当下的感受时，原来被压抑的情绪能量就会在有觉知的状态下被激活和宣泄；而当一边说这句"台词"一边做与之匹配的身体动作的时候，当下正在表达的这个子人格，就会很容易地进入来访者自己的视线中"被现形"。

除了以上两个简单的基本技术之外，这里咨询师还使用了一种意象对话体系中的深层共情技术（详见"深层共情法"）。

咨询师：如果把这句话里的"你"和"我"两个字对换一下说出来，你觉得会怎么样？

来访者：我试试。"我不该这么对你！"这么说的时候感觉怪怪的。

咨询师：如果有另外一个姿势或者动作配合这句话，是怎样的？

来访者：我不该这么对你……我不该这么对你……我不该这么对你……

（来访者声音越来越弱，慢慢低下了头，两只手互相扭着。）

咨询师：这么说的时候好像有一种情绪在升起来，是吗？

来访者（眼睛湿润）：嗯……

咨询师：是什么情绪？如果这种情绪想说一句话的话，它会想说什么？

来访者：很悲伤，很无奈……我也不想这样对你，可是我也没办法……

咨询师：这个悲伤、无奈的人是什么样子？大人还是孩子？男的还是女的？

来访者：大人，是个女人……

咨询师：她在对谁说话？

来访者：对她的孩子……就是小时候的我……她就是我妈妈……

咨询师：她怎么对她的孩子了？是什么让她没有办法？

来访者（流泪）：她把自己的女儿送人了……因为她住在婆婆家，婆婆只想让她生孙子，不想让她生孙女儿……

咨询师：那么刚才说"你不该这么对我！"的人是谁？

来访者：是我自己，6岁的我自己……我在对妈妈说，同时也是在对爸爸说。我觉得他们欠我的、应该给我的全都没有给我！

咨询师：他们应该给你而又没有给你的，是什么？

来访者：……你这么一问，我反而说不清楚了。

咨询师：没关系，慢慢想想，不着急找一个答案来糊弄自己。

来访者（沉默了一会儿）：安全感……或者说，他们应该给我一个属于我的家。

咨询师：什么样的家才算是属于你的？

来访者：没想过。让我想想……就是我说了算的一个家吧！

咨询师：怎样才算你说了算？

来访者：就是家里所有人都听我的……（不好意思地笑了）这么一说，我才突然发现，我奶奶就这样，特讨人嫌，什么都要她说了算，一天到晚都是她的声音，唠唠叨叨、指手画脚，就好像她要是不挑剔别人，别人就不知道她存在一样！

咨询师：在奶奶身边，你感觉如何？

来访者：烦死了，简直想发疯，想消失——她消失，或是我消失，都行。反正绝对不能和她在一起。只要和她在一起就特别特别累，随时要听她挑错，随时被她要求，每个人都活得特别压抑。所以我爷爷很早就死了！……凭什么每个人都应该为她的意志而改变？！

咨询师：那么，最后你们为奶奶的要求而改变了吗？

来访者：我估计强行压抑自己顺着她的意思去改变的人都死了。我爷爷，还有几个伯父。幸亏我爸爸是老小，要不然估计也活不到今天……

咨询师：说到肯不肯改变这件事，我突然想起来，好像你今天来谈到的主题也是肯不肯改变的问题。我记得一开始的时候，你好像说了"你不该这么对我"这句话，这句话是你对你老公说的吗？

来访者（愣了一下）：哦，是的哦……刚才我竟然没注意到这一点……天啊，那我老公和我在一起的感受，岂不是跟我和我奶奶在一起的感受一样?!天啊，不可能吧，我怎么会跟我奶奶一样?!我怎么会成了我自己最讨厌、最受不了的那个人?!……(热泪盈眶)这么说，老公其实一直对我挺包容的……我因为不能忍受奶奶强加于他人的挑剔和要求，就跑得远远的，离开了她。可是，我的老公却没有因为这个抛弃我，离开我……

◆ **解析** ◆

这一段对话，演示的是子人格置换法的第三步到第五步。

首先，台词中主语和宾语的置换，使得来访者心中一直被外投给老公而自己又毫无意识的一个"妈妈"子人格被唤醒——当然，这个一直被认为是"他人"的"自己"，对来访者自身来说非常陌生，像一个突然来到自己身上的"异物"，因此她会觉得"怪怪的"。接着，通过进一步体会自己当下这个子人格的身心感受，来访者逐渐看清了：这是一个怎样的子人格；刚刚那个指责自己的子人格又是谁；为什么要指责自己；自己和那个"指责者"是什么关系。由此，我们看到，来访者的一个童年创伤自发地进入了观察的视野。通过意象对话，原来被分裂的这两个部分被平等地抱持了、接纳了、关注了(在此之前，两部分中只有一部分被过度关注和认同，而另一部分则完全被自我压抑并抛弃出去扔给别人)，于是两个部分开始经由互相的接触、表达而达成最终互相的理解。

然后，结合现实生活，通过看意象和讨论，来访者开始慢慢了解到这样的子人格对子来自哪里，又是如何影响到自己的生活、给自己带来当下的烦恼的。我们看到，在这个案例中，来访者后来自发地领悟到——自己不知不觉中成了那个小时候自己最讨厌的人(奶奶)，而且自己还不知不觉地用奶奶(要求别人改变以便服从自己自我中心的期待)的方式来对待老公!这个打破了自我中心的"换位思考和感受"，并不是来自咨询师的要求，而是来访者自发产生的，所以她毫无阻抗地站在了老公的位置上，共情到了他的感受，由此自然而然地从内心深处产生了对老公的理解和感激。

我们看到，从一开始来访者单方面自我中心的期待和抱怨，到后来油然而生的真诚理解，这是一次真正意义上的内心中自我不同部分的和解——这个自我内部的和解也必然会给外部的夫妻关系带来一些积极的改变。

## 十六、 杜海英："我们签约吧！"

（研发者单位：北京市朝阳区南沙滩小学）

杜海英是一名优秀的小学语文教师，常年担任班主任。她在学习和运用意象对话的过程中，不但坚持自我成长，还努力探索如何将意象对话与日常的课堂教学、学生管理工作相结合。近年来，她研发出了一个专门针对少年儿童不良行为习惯矫正的新技术——"我们签约吧"。

### 1. 目的

让学生通过和自己不喜欢的不良习惯进行意象对话，让他们和自己的不良习惯在意象里打交道，便可在意象中调节其心理状态，将消极的心理能量自然地转化为积极的心理能量，从而达到身心健康发展的目的。

### 2. 适用范围

适用人群：小学中高年级学生；能够进行正常语言交流的少年儿童。
适用形式：个案咨询；团体治疗。

### 3. 原理

我们每个人在成长的过程中，难免出现各种各样的行为习惯，其中的一些习惯不利于身心健康、社会适应或人际交往。对此，我们以往最常用的方法就是"改掉坏习惯"。但是我们很容易发现，当理性上明白道理而情感上不忍放弃时，或者出于下意识的惯性，这些所谓"坏习惯"很难改掉，甚至越想改掉就越牢固。

如果我们能够通过某种方式不再与它们为敌，而是很好地去面对和接纳，甚至"握手言和"，做到表里如一，效果反而不同。

该创新技术运用意象对话疗法所强调的面对和接纳的态度，用孩子自身的积极力量，来帮助不如意的自己更深层次地接纳自我，从而变不良习惯为积极动力，培养其独立、自尊、自信的心理品质。

该技术也提醒家长和教师，在教育孩子的过程中，其实存在两种思路：一是运用榜样的示范力量，引导孩子向更优秀的孩子学习，向美好的事物学习；二是以辩证的视角培养孩子辩证的思维，从任何事物中发掘其积极因素，内化为积极力量。

### 4．操作步骤

第一步，全身放松，从头到脚。

第二步，让来访者选择一个自己不喜欢的坏习惯，闭上眼睛在想象中仔细观察这个习惯的形状、大小、样子，有什么特殊的地方……（为了引起孩子的兴趣，或者增加习惯的奇异性和孩子想象的丰富性，可以这样引导来访者："这个习惯是一个有形状的东西，可能是人，可能是动物，可能是植物，也可能是非常奇怪的一个东西……"）

第三步，引导来访者在想象中与这个习惯聊天，谈论一下它为什么会长成这样。

第四步，引导来访者在想象中与这个形象化的习惯认真交流，努力找到它的优点。

第五步，引导来访者在想象中与习惯签约，并表达愿望：希望这个习惯帮助自己。

第六步，结束意象对话，通过放松逐渐将来访者带回现实。

◆ 说明 ◆

根据不同来访者的具体状态，可以适当调节引导语，调节的原则是：坚持面对和接纳。

### 5．禁忌

意象对话心理师不得将自己的价值观或建议强加给来访者。

忌讳：急于求成；不关注细节。

因此，引导时要注意节奏，宁慢勿快，时刻关注来访者情绪的变化。同时，在现实生活中，需要持续关注来访者一段时间。只要发现来访者的不良习惯出现改善，就及时给予认可和鼓励。

### 6．案例示范

该案例（利用班会进行团体咨询，每次间隔一周，共三次）及案例解析由研发者杜海英提供。

平时在教学中经常看到自己的学生随手把垃圾扔在地上，有时不按时完成作业，生气的孩子还会在校园内骂人……对此老师总是要对孩子们讲一番大道理什么的，或上一堂班会课来解决本班内出现的各式各样的问题。接触了意象对话以后，我想能不能给孩子们做一下意象对话，让他们和自己的坏习惯打交道，在意象中调节他们的状态，从而达到身心健康发展的目的？我相信，意象对话的科学性一定会让我事半功倍。

**【第一次】**

引导孩子们放松后，我开始了意象的导语："我们每个人身上都有许多优点，但也存在着一些不足。有时不是我们不想尽力做好，而是有的坏习惯让我们止步不前。请你选择自己身上的一种坏习惯……好，选好了吧……我们来和坏习惯打一下交道吧……认真地看一下它是什么样子的……有多大，是什么形状、什么材料的……请你试着和它说话……虽然有的坏习惯长得很吓人，也很厉害，但是，我们是在想象中跟它打交道，所以是非常安全的。你只要静静地看着它就好……静静地看着它，用你自己的办法和它好好商量一下，尽量和它达成一个协议，让它来帮你……如果它的态度很强硬的话，你也要努力地想办法……相信你自己，只要努力，你是可以做到的。请你好好看一下，它身上存在哪些优点？这些优点是可以帮到你的……最后别忘记和它签个协议……如果你和它已经谈好了，就请在我数完三个数以后慢慢地睁开眼睛。"

同学逐一发言，报告自己想象的内容。

其中，一个平时特别爱随便说话的同学说，他意象中的坏习惯是个肉球，上边有许多张嘴，他有点儿怕这个东西。我问："怕它什么呢？"他说："嘴让我害怕。"但最后他和这个肉球签了协议。有的同学在意象中看到的是刺球，有的看到的是一条蛇，有的看到的是小懒猪……对此，我都逐一做了解答。

结束时，我告诉同学们："坏习惯在我们体内，我们一定要好好待他，要让他来支持你才行，回家后不要不理他，要时时看一下他，关注一下他大小的变化……"

**【第二次】**

再做一次想象，体会有什么变化，这次的重点是在意象对话过程中"坏习惯"的变化。

有七八个同学的坏习惯意象的大小发生了变化——小了许多。有的同学问我为什么自己的没有变化。我回答："什么事都是不能急的，只要你用心就行，慢慢来才是。"

之后，分小组讨论：

自己的"坏习惯"能帮助自己做什么？为什么有的变化了，有的没有变化？在这一周的时间里你都为它做了些什么？在和自己的交流中，他哪些地方做得让你感动？

**【第三次】**

孩子在慢慢地发生着变化。当有的孩子坏习惯意象消失的时候，我还让孩子在意象中和坏习惯好好道别，并嘱咐他好好学习，好好生活，要快乐。

有的孩子很可爱，说："老师，我的坏习惯交了一个女朋友，特别有意思，它的女朋友是个好习惯，它把它的女朋友带到我的意象里了。哈哈，我不仅和坏习惯成了好朋友，还多认识了一个好朋友。"

### 7. 研发者心得

作为小学教师，我带着孩子们做这个意象的过程，我认为是润物细无声的过程。它让孩子们珍惜了内心中有的，并去挖掘其中积极的东西，从而获得有力量的支持。正面地对待自身的一切，先接纳，再从中汲取积极的因素让孩子获益，真是一举两得。

在设计指导语时，我尽量考虑到儿童的心理发展特点和规律，因此，我会说："虽然有的坏习惯长得很吓人，也很厉害，但是，我们是在想象中跟它打交道，所以是非常安全的，你只要静静地看着它就好。"让孩子和坏习惯对话，就是让孩子接纳自己的不足。在整个咨询的过程中，我还引导孩子在自己的坏习惯里挖掘出积极的东西来，培养他们的辩证思维。设计"签约"这个意象环节，除了针对不良习惯本身之外，还想让孩子生活有目标，无论大小，承诺了就要认真履行。

正如荣格所说："这些非个人的意象包含着巨大的能量。"从意象对话入手去调节，要比从日常逻辑思维入手更直接、更深刻、更有影响力。

我们在生命的最深处共舞，这舞动让人陶醉，让生命之花共同绽放开来。

## 十七、 郭筑娟："看日历"

**（研发者单位：深圳心海湾心理咨询有限公司）**

### 1. 目的

"看日历"意象通过仔细体会三幅日历，发现一年来有哪些现实事件对个体的心理触动、冲击和影响比较大，清晰地呈现出心理成长对现实生活的促进和改变；梳理一年来的心理成长脉络及其状态，进一步探索现实事件与当前心理状态及核心情结之间的关联，收获心理时空隧道的风景，深入领悟自我成长，从而有针对性地及时调整心理成长方向，明确下一步的成长目标。

## 2. 适用范围

适用人群：心理学爱好者；心理学工作者；自我心理成长者；自我检验和自我成长的心理咨询师；无严重人格障碍和精神病的来访者。

适用形式：个体咨询；团体咨询；团体辅导；年终聚会；心理健康讲座。

## 3. 指导语

想象你走在一条路上，看清楚这是一条什么样子、什么材质的路。走在这条路上你的感觉如何？顺着这条路往前走，你可以看见不远处有一栋房子，看看房子的颜色、形状和样式。

当你进入房子里面时，光线如何？如果你觉得光线不足，请先想办法让房子里面亮起来。房间里面是什么样的？氛围怎样？待在里面的感觉如何？

提示自己逗留一会儿，你要在一间房子的墙面或者桌子上找到一本挂历或者台历。这是一本今年的日历（为方便起见，意象中看见的挂历、台历等以下皆被称为日历）。看清楚这本日历的颜色、字体等。现在，请把注意力完全放在这本日历上，并随手去翻阅。你可以从前往后翻，也可以从后往前翻，或者从中间开始，不用刻意。翻到某个月份时，你就停下来。请允许自己停在这儿，看清楚这个月份。当你注意到月份时，会有一些画面慢慢浮现。这个画面也许是日历上的图画，也许是其他的。看清楚是什么样的画面，静态的还是动态的，什么颜色。当你看着这个（些）画面时，你有什么样的感觉？

现在，请像之前那样翻阅，第二次看到的是几月份？出现了什么样的画面？动态还是静态？黑白还是彩色？你的感觉如何？

最后一次翻阅，停在了几月份？看到了什么画面？动态还是静态？黑白还是彩色？你的感觉如何？

你已经分别看清楚了3个月份及其画面，你觉得哪个地方不满意？为什么？可以怎么调整？

现在，请把它们并排放在一起。当注视着整个画面时，你的感觉如何？仔细看看3个月份的画面彼此之间有无联系。如果有，是什么样的联系？如果3幅画自然地融合成一幅，是什么画面？如果无法自然融合也不要紧，你可以拉远自己与画面的距离，想象这些画面渐渐变远，你的视角变得宏观了，那样会看到什么？

最后，请给这个画面命名，并写下一句话或词语："某年……"

如果你已经完全看清楚整个过程，请准备走出房间。离开之前，先感觉一下看日历的这间房，此时的氛围与你刚进来时有无不同？然后到房子外面，再观察一下房子的样式、颜色、形状和某些吸引你注意力的地方，看看与之前相比，是否有什么变化。都看清楚之后，请返回到之前的那条路，你还可以再观察一下这条道路，看看有没有变化……慢慢清醒，回到现实。

### 4. 原理

时间的流逝原本是无法用肉眼看到的，然而借助"日历"这个意象，时光便有了记忆，能再现当事人一年来的重要心理事件、心理现实、心理变化以及成长状态。

郭筑娟老师所研发的"看日历"意象，既沿用了看日期的现实功能，又引申出日历对心路历程的记录和提醒功能，可用以评估和总结当下的心理状态，便于更清晰地认识自我，以及时调整下一步的成长方向，避免走"弯路"。换言之，"日历"意象是一个人的心理备忘录和心理发生、发展的记录本。

### 5. 意象说明

"看日历"技术重点关注的意象是：路、房子外观、房间氛围、三张日历中的月份、画面、画面之间有无联系，三张日历画面的整合、需调整之处、命名。

"看日历"所涉及的主要意象的基本象征意义如下。

路：心路历程；房子：人格的基本状态与情绪基调；房子颜色：近期情绪基调；房子材质：基本的人格特质；房子样式：人格基本特点；日历（含挂历、台历等）：一年的心理备忘录及心理成长史；日历画面：潜意识的心理内容与记忆；三张日历画面的整合：象征心理成长的阶段性成果/整合状态（如果意象里没有出现自然融合，往往是因为当事人对某个情结的化解不够充分）；命名：一年来心理状态的总结性自我鉴定。

另外，还有几个细节需要说明。

画面动态/静态、黑白/彩色：既可以让被引导者更清晰地看到意象，避免阻抗，也可以呈现心理状态的整体氛围，增强被引导者的感受力和卷入度。

3 个月份：研发者选择只看 3 个月份，一是考虑心理事件重要性的选择，二是从 12 个月份中选择 3 个月份本身就蕴含着随机性，更符合潜意识自主选择的特性。

房子和路有无变化：让被引导者清晰地感受到潜意识心理内容的自然发生和转化。觉知过程本身就具有疗愈作用。

合并后的画面是否需要调整：发现之前的成长不足之处及其原因，明确需要调整和重视的成长要点。

6. 注意事项

其一，"看日历"意象技术可作为自我成长的阶段性评估和总结。

其二，该技术可用于每年年末或农历年前的心理体验，以便更全面、系统地评估一年来的心理发展状态；若用于年终聚会或团体游戏活动的心理体验，则可顺势而为，启发当事人关注心理状态，走上心理成长之路。

其三，意象中，日历的月份可能与现实生活事件实际发生有关，也可能是月份所在的春夏秋冬四季的象征性表达，比如，3月象征"一年之计在于春"或"万物复苏""新生"，6月象征"盛夏、旺盛、生长""生命力""成熟"，9月象征"收获、收成""转化、变化"，12月象征"沉睡""积蓄""收藏""期盼"等。具体月份的象征意义需结合画面内容和当事人的感受进行具体分析。

其四，"命名"环节可能会受到被引导者当下的身体感受、心理状态、认知偏差或语言表达受限等因素的影响。出现命名不够贴切、内在感受与画面名称差异较大等情况。对此，建议被引导者重新感受后再命名。

其五，心理成长并非一蹴而就，无论日历意象带来的感受好与不好，咨询师都要提醒当事人不要自满或气馁，鼓励他们坚持成长。

# 十八、 郭筑娟：情绪疗愈法

## 1. 缘起

研发者自从学习意象对话心理学，就踏上了心理成长之路，并将个人的所学、所感、所悟用于心理咨询与心理培训。郭筑娟从情绪入手，不断发现情绪背后的真相，不仅疗愈了自己，也疗愈了许多人。在临床实践与心智成长的过程中，郭筑娟逐渐研发出用意象疗愈情绪的方法，并将其命名为"情绪疗愈法"。

## 2. 目的

第一，调整认知。帮助来访者认识到：情绪本身无好坏，允许各种情绪的发生；个体对情绪的反应和应对，会导致完全不同的情绪结果和行为结果。

第二，调整行为。借助情绪的发生，帮助来访者逐渐靠近真实感受，找到症结；通过体验某个消极情绪，帮助来访者重现情绪发生发展的过程及身心感受；通过引导和陪伴来访者勇敢地面对情绪，帮助其不再持续原有的应对模式，走向更健康的应对方式。

第三，促进身心健康。心身互为影响，通过疗愈情绪，帮助来访者改善整体的健康状态。

### 3. 适用范围

适用人群：关注心身健康的大众；心理学爱好者；心理学工作者；自我心理成长者；人力资源管理者；无严重人格障碍和精神病的来访者；自我检验和自我成长的心理咨询师。

适用形式：个体咨询；团体咨询；心理健康讲座；情绪疗愈工作坊。

### 4. 指导语

在放松的基础上，如果来访者已经出现消极情绪，就顺势深入，否则，借由心理事件的意象进入"情绪疗愈法"，指导语如下：

"请回忆曾经让你感觉不舒服，甚至极其不舒服的某个事件。当你想起这件事的发生过程时，某种消极情绪（愤怒、悲伤、恐惧或其他情绪）变得越来越强烈，身体也会所有反应。仔细分辨，在这个过程中，身体最先涌动的是哪个情绪？继续回想细节，你还能体会到哪些情绪？感受最明显的情绪是什么？身体有何反应？情绪能量是加强，减弱，还是持续不变？

捕捉到那个最强烈或者最有感觉的情绪，允许它发生。提醒自己跟这个感觉在一起，哪怕不舒服也请努力地去体验它。然后，用自己喜欢的称呼去引导自己——某某，此刻你觉得怎么了？（提醒自己待在这个感觉里，不跑开、不加工。）你感觉到了什么？（注意力放在最直接的心理感觉和身体感觉上，不急于调节。）当你感受着这种感觉时，你会觉得怎样？"

### 5. 操作要点

面对和体验情绪的过程，既可以参照上述方法进行，也可以循环重复体验（尤其适用于那些习惯下意识地隔离、压抑或回避的来访者）。

第一，聚焦感受。咨询师引导来访者把感受放在当下的体会上，仔细觉察这个过程中情绪的变化和身体的反应，以及情绪能量的具体变化过程。

第二，使用"情绪的躯体意象"。通过躯体意象的觉察和体验，引导来访者发现自己在应对情绪过程中的惯用防御机制，探索这些防御机制对自己身体造成的影响。

第三，"情绪的躯体意象"体验要点：有反应的具体部位（如头、脖子、胸部，腹部等）；有怎样的反应；在意象里所体验到的颜色；传导方向；速度快慢；传导后的身体感觉及其意象变化。

第四，识别原发性情绪与继发性情绪。当来访者的情绪能量有所减弱时，咨询师需引导其重新体验，以该情绪是否重复出现来识别它是原发性的还是继发性的。

### 6. 注意事项

其一，"情绪疗愈法"需要在有经验的意象对话心理师的引导和陪伴下进行。

其二，与个体情结相关的情绪，需要不断的、有觉知的释放，才能达成疗愈。

其三，可将此法中所体验到的情绪（特别是原发性的消极情绪）视为"内在的小孩"，然后在意象中关注他、共情他、与之沟通。

其四，在现实生活中体验到消极情绪时，只要环境允许（安静、安全、不易被打扰等），也可以运用此法。比如，真诚地问自己："我现在怎么了？这种感觉以前发生过吗？它是偶尔出现，还是经常出现？"——这种自我反观的行为本身就具有心理成长意义。

简言之，研发者相信：情绪是能量的流动；每一个情绪都能带我们看到心理真相；每一个情绪都是获得喜悦、幸福和成功的契机。

## 十九、 郭筑娟："上下电梯"

### 1. 目的

呈现体验者当下潜意识里所倾向的目标选择，此目标是否与内在的愿望一致，以及二者之间的相关或差异。

### 2. 适用范围

适用人群：心理学爱好者；心理学工作者；自我心理成长者；自我检验和自我成长的心理咨询师；无严重人格障碍和精神病的来访者。

适用形式：个体咨询；团体咨询；团体辅导；年终聚会；心理健康讲座。

### 3. 指导语

在充分放松的前提下，引导来访者进入想象：

"想象你在家里，或者上班的地方，发现有一面墙上隐约出现一扇门的轮廓，之前你并没有留意到。当你看见这扇门时，你好奇地打开它，发现这扇门外连着一栋楼。透过门，你看了看那栋楼，但只能看见一部分，于是你决定走过去。顺着门往前走，你看见一部电梯。电梯按键上明显有一个向上的箭头和一个向下的箭头，你会按哪个？

当按下箭头等待电梯时，你的心情如何？电梯门开了，你在确定这是自己要去的方向后就走进电梯，门关上。电梯里很亮，你又按了门边的一个按键看看是几楼，与之前你按下的方向是否一致。体会一下在电梯里的感觉，身体的哪个部位有感觉？

电梯停了，你到了一个什么地方？周围有什么？感觉如何？这个地方给你的印象怎样？喜不喜欢？是否满意？吸引你注意力的是什么？

正当你认真观察的时候，你听到了一些声音。你还没来得及分辨这是什么发出的声音，就看见之前你还没有观察到的某个地方走出来一个人，他（她）似乎也是因为对这个声音好奇才走出来。这是一个什么样的人？性别？年龄？相貌？衣着？他（她）给你的第一感觉如何？你认识他（她）吗？当他（她）也注意到你的时候，他（她）和你打招呼了吗？如果他（她）和你打招呼，你会说什么？

你们都找到了发出声音的地方，原来是一个动物。这是什么动物？这个动物看见你们过来，就安静了。那个人跟你说了几句话，他说了什么？这个动物听到了吗？表情如何？你的感觉怎样？

再看看还有什么地方吸引你的注意力。如果觉得差不多了，就提醒自己还要回来，跟那个人和动物道别。找到电梯，选择能回到之前那扇门的楼层，感觉一下此刻的心情。"

### 4. 原理及意象说明

"上下电梯"的意象设计源于研究者面临一次选择时自发呈现的意象。通过自我意象对话，郭筑娟明白了选择时的犹豫与潜意识目标之间的差异及其担忧。后来，在个案咨询和成长小组的多次运用中进行完善。

一个人在现实中面临选择时，是习惯于遵循潜意识的引领，还是思维逻辑的判断呢？如果二者高度一致，表明这个人的自我认同感较强，一般会果断决策，并迅速行动。通过体验"上下电梯"，如果进入电梯后否定了之前的选择，表明自我对于目标的认同感不足。"上下电梯"主要的意象及其象征意义如下：

上下电梯时来访者按哪个按键，象征进行人生选择时，他更倾向于遵循潜意识的引领（向下箭头）还是理性的思考判断（向上箭头）。电梯里再次按下按键，象征他是否相信并坚持最初的选择，感受其中，则有助于发现自我对于选择的自信或不安是什么。

所去之处，代表阶段性目标或长远目标；该地方的周围事物，象征对这个目标有影响的因素或资源；是否满意和喜欢，代表选择后的满意程度；被什么吸引，象征新发现。

声音象征潜意识里的某种提醒；不清楚是什么声音，象征尚且感受不到内在的提醒，也代表做出选择却仍需关照的心理内容；出现的那个人，象征来访者更易做出决断的那部分性格特点；动物象征来访者性格中更本能的部分（具体分析请参照意象对话心理学的相关著作）；动物安静下来，象征来访者能够关注到内心不同的声音；那个人说的话，象征内部的自我沟通，以此促进对于目标与抉择之间关系的觉知；动物的表情与意象结束前的心情，象征心理反应是否一致。

## 二十、 邱祥建：寻找"炸药包"

*（研发者：职业心理咨询师）*

### 1. 目的

邱祥建所研发的寻找"炸药包"技术，主要目的在于，发现来访者对愤怒情绪的防御和处理方式，以及愤怒情绪或相关情结的形成来源。

### 2. 适用范围

寻找"炸药包"技术既可以单独作为起始意象，也可以结合意象对话的其他方法、技术灵活使用。

当来访者不容易直接面对愤怒情绪时，或者自知不够（比如，不清晰内在情结来源）而导致愤怒情绪只得到部分释放时，也可利用这个技术深化咨询。

适用形式：个案咨询；团体治疗。

### 3. 引导语

寻找"炸药包"的主要引导语为："想象你现在变成了一个小人飞进了自己的身体里，你发现自己整个人的身体变成了一座山的形状，你可以在山里面自由地飞。仔细看一看，炸药包在哪里？当你找到炸药包后，看一看炸药包所处的环境。周围的空气如何？温度如何？炸药包是什么形状、什么色彩、大小如何、看起来是什么质地？它为什么会在这里？它在这里有什么作用吗？炸药包所在的位置如果是在身上，你感觉它会在哪里？"

还可以根据咨询时间或是来访者的具体情况继续引导。

"现在，请想象你穿上了一件具有特殊保护功能的衣服，这个炸药包是否可以引爆？必须要看一看周围的环境，如果引爆会不会伤害到人、物等。你可以尝试着把炸药包放在一个安全的地方进行检查，看看里面是什么，还可以对它进行安全性处理，原则是不能伤害自己，不能伤害其他的人和物。如果安全，是否可以引爆？"（一般建议不使用！请注意下文的相关说明。）

现就引导语中的主要用语进行说明：

"想象你现在变成了一个小人飞进了自己的身体里"，变成会飞的小人是意象对话里经常会运用到的一种想象方式；飞进身体里，象征进入自己的内在世界，因为身体是自己的。

"身体变成了一座山的形状"，进一步意象化，山有时象征压抑。在这里也是进一步推进来访者与潜意识压抑的情绪或情结进行连接。

"可以在山里面自由地飞"，让来访者有更自由的想象空间，开放潜意识，也可以消解阻抗。

"炸药包在哪儿？"将来访者的注意力拉到"炸药包"上，加强面对。

"找到炸药包后，看一看炸药包所处的环境"，炸药包所处的环境，通常象征这个情绪或情结的氛围、愤怒的成因。比如，某来访者想象自己的"炸药包"是在卧室的床头柜上。体会后，她知道这是对爱人的愤怒，希望爱人能发现自己的不满。结果爱人一直没有发现，时间久了自己就将失望转化为愤怒，并为维持现实关系而压抑自己，这些被压抑的情绪形成了一个"炸药包"。

看"炸药包"的形状、质地、大小、色彩，是进一步面对。"炸药包"的形状和质地往往与处理愤怒的方式有关。比如，有的"炸药包"是防水布做的，象征着不允许自己流泪。大小和色彩经常象征着愤怒的程度和强度。值得注意的是，有时候愤怒很大，"炸药包"却并不是很大，反而很小，这象征着压抑的强烈程度比较高。这类来访者如果出现躯体化，往往会比较严重。

炸药包所在环境"周围的空气如何？温度如何？"空气和温度是环境里重要的元素。空气和温度，象征自我心理资源。咨询师也可以借此发现来访者为什么以这样的方式来处理愤怒，或这样处理愤怒所带来的内心感受，以帮助其后续的心理调节。

"它为什么会在这里？"这是更深入地了解"炸药包"的成因及来源。

"它在这里有什么作用吗？"目的在于增强自知，了解如此处理方式对自己的心理意义。

"炸药包所在的位置如果是在身上，你感觉它会在哪里？"以此发现愤怒情绪与躯体的关系。被压抑的情绪有可能形成躯体化症状或心因性疾病。例如，来访者发现"炸药包"好像在心脏的位置，由此明白是自己压抑的愤怒造成了无器质性病变的心脏压迫感，易胸闷难受。进一步处理后，心脏压迫感和胸闷症状消失。再如，来访者发现自己的"炸药包"在胃里。现实中自己长期感觉胃发胀，有时候感到灼热痛，体会后明白，就像胃消化不了食物一样，自己消化不了愤怒情绪，于是愤怒情绪得不到释放堵在了胃里。

"穿上防护服"是为了进行必要的自我保护。防护服与自我保护意识及自我保护能力有关，也反映出来访者的自我防御方式。是否穿防护服，本身就具有临床探讨意义。

把"炸药包"放到安全处，是提醒来访者自己是有能力和资源应对愤怒情绪可能带来的不良影响的，同时，也是对来访者及其正在体会的意象进行一个整体保护。

检查"炸药包"里面是什么，目的是引导来访者更深入地面对自己。"炸药包"里面的东西，往往与来访者的内心需求有关。比如，某来访者看到"炸药包"里面是棉花，体会后明白，原来这与自己需要爱和温暖有关，于是自语道："原来愤怒是因为没有人爱我。"再如，某来访者看到里面是冰块，通过体会，知道这是自己压抑的眼泪。在实践经验中，在"炸药包"里直接看到火药、炸药的来访者是少数。对于火药和炸药，有的来访者看到的是其中一种，有的看到的是两种。看到两种的来访者一般比看到一种的来访者愤怒更大，也更容易爆发。一般来说，看到炸药的来访者比看到火药的来访者愤怒更大一些。还有的来访者看到的火药或炸药是湿的，可以引导他探索湿的原因。

对"炸药包"进行安全性处理，一方面，让来访者体悟如何应对问题，即以更健康更有效的方式来应对愤怒；另一方面，也可通过意象对话让来访者对愤怒进行清理和释放。

"如果安全，是否可以引爆？"因为不当的引爆会带来不良的后果，所以强调"安全"这个前提。这句引导语一般建议不使用！对于具有一定成长基础，具有较强的自知力和自我反观能力的来访者，在咨询师的陪伴与引导下，方可通过引爆"炸药包"来打破深层的压抑或隔离，但是，此后一定要坚持自我成长，坚持在现实生活中保持自我觉察和现实感。

### 4. 原理

意象中的"炸药包"象征被压抑的愤怒。寻找"炸药包"是一个发现愤怒的过程。

寻找"炸药包"可以让来访者比较容易地发现和了解自己的愤怒及其形成的心理来源，有助于他们用意象对话的方法进行情绪清理和情结化解。

愤怒有很多象征方式，每个人表现的方式也不一样。这个技术具有一定的局限性，它将愤怒情绪单一地引向了"炸药包"这类象征物。

研发者经过实践发现，该技术具有较为广泛的运用价值。只要在意象里找得到"炸药包"，即可对其进行探索。但是极个别的来访者存在找不到"炸药包"的情况，这也不意味着他一定没有愤怒。

### 5. 变式

寻找"炸药包"技术有一个变式——"排雷"。

在"排雷"开始前，一定要引导来访者在想象中穿上防护服，把需要保护的意象都保护起来。比如，把意象中的种子、粮食等收藏起来，把环境中的一些人员带离排雷区域等。

"排雷"的起始引导语为："你来到一个地方，这里，地下可能埋藏着一些地雷，想象你拿着一种特殊的仪器，开始在地上扫描，当发现有地雷时，你会看到提示……"

### 6. 注意事项

其一，不能直接或强行引导来访者引爆"炸药包"。

其二，处于特别时期的来访者不适合运用该技术，诸如，孕妇、心血管疾病及某些严重躯体疾病的患者等。

其三，如果来访者在意象中没有穿防护服（团体治疗中尤其强调这一点），意象对话心理师应对其进行个案关注，并按照意象对话的基本原理及工作原则进行处理，以保护来访者。

其四，此技术不得自学使用，必须在意象对话心理师的引导下使用。

## 7. 案例解析

以下案例，引导过程省略。A 代表男性，U 代表女性。

**【团体案例】**

A1："我进入身体，跟着引导想象身体变得像座山一样，我在里面飞，看到的炸药包在一个大的仓库里，四四方方，黑色的，防水布材质，差不多有一间房子那么大。我的心情挺平静的。"仓库有隔离的象征意义，大的仓库象征有很多的隔离；四四方方，象征对自我的克制，强调原则、有规矩；黑色，表示压抑的程度比较深。防水布，这里的水象征的是眼泪，防水布象征不允许自己流露出伤心之类的情感。

U1："我看到的炸药包在书房里面，一开始找了半天也没有找到。后来发现它在书桌下面，是用布包着的，摸起来感觉挺松软的。我把炸药包拿起来的时候感觉它很沉重。我是把它拖出来的，当时想千万别炸了。它是用棉布包着的，我试着打开看，发现里面是棉花和一些针线。我感觉松了口气。"开始找不到但后来发现，是面对和接纳的增加；布象征柔软的情感；拖出来，象征面对的不容易、压抑的程度；"千万别炸了"是对自己情感失控的担心；里面的棉花和针线，通过体会发现是潜藏的攻击性，象征来访者用自认为很好的情感方式控制爱人，但有"棉里带针"的感觉，意味着"若不如我的愿，我嘴上不说，却会时不时地扎你一下，让你难受"。

A1："我的炸药包虽然大，但不会爆炸。我试了下，外面的防水布包得很好，撕不开。"A1 忙着说自己的，给人的感觉好像怕被人抓住询问一样。强调炸药包虽然不会爆炸但撕不开，这是一种自我防御的表现——回避和合理化。

意象对话心理师引导团队成员互相体会和分析。（有些体会和分析从成员口中说出来比咨询师说出来效果更好。）

U2："感觉 A1 忙着逃开自己的担心。U1 描述的感觉像是夫妻之间的关系。我自己是在厨房里看到炸药包的。它在橱柜里面，一小瓶，玻璃的，里面是炸药。唉，我在家做饭时，经常容易和家人争吵，我老公有时候会说'以后等你把饭做好了，我们再回来算了'。我也经常提醒自己，但很难自制。看到这个炸药，感觉它就像自己的情绪，很容易爆发，很容易消散。我自己理解，是因为我觉得饭菜不好的话容易被家人挑剔。我觉得我又要上班又要做饭，有什么好挑剔的，家人一点儿也不理解我，于是我就很容易发火。"U2 说话的时候显得有些无奈。

U3："我的炸药包里竟然是生化武器，我感到很吃惊。"说到这里，她咽了一下口水。"感觉还有些害怕。"她的双手紧紧地握在一起。生化武器通常会影响免疫系统，是一种深层防御，常与怨恨或死亡恐惧有关。

U3："担心生化武器不小心就把人都杀死了。"她的眼睛里流露出惊恐和不安。后来，她领悟到这与自己早期受伤害的一个情结有关，所以内心深藏怨恨，在人际交往中表现得开朗活泼，独处时却会变得孤独抑郁。

U4："我的炸药包在孩子的床下，里面也是棉花。炸药包的外面是用粗棉线紧紧绑住的。弄了半天才解开。"

咨询师笑着说："'爱心'妈妈还是比'蜘蛛'妈妈可爱多一点儿。"

U4 愣了一下，不好意思地哈哈笑起来。

咨询师："可以分享一下你自己的体会和理解吗？"

U4："唉，我最近对孩子特别不满意，他今年要升初中了，天天玩……我一说孩子，老公就会说我。我只好不说了。这两天孩子回家，我给他做饭、洗衣服，但不想和他说话。"说到这里，低下头，摆摆手——无奈，不知所措。

咨询师："所以，你用冷落来'炸'孩子？"

U2 对 U4 说："好吃、好喝、好穿地伺候着，什么也不说，以此表达自己的不满意，然后让孩子和老公内疚，是吗？"

U4："是吧，这就是软控制吧。"

发现各自的愤怒来源，随即按照意象对话的原理和方法做进一步处理。

【个体案例】

A2，35 岁，自己在家做寻找"炸药包"的意象，并在想象中把炸药包全部引爆，周围的湖水完全干枯，逐渐变成沙漠。他不知如何应对，为此求助。

咨询师："你当时是怎么想到引爆炸药包的？"

A2："我想，炸了的话，可以重新引些水过去。谁知道炸了后成这样，湖也找不到了，更不用说水了。"

咨询师："我记得在你上次的意象中，有一个浅湖，湖水几乎干了，湖中间还有点儿，其他地方是泥浆。有很多小的炸药包散落在湖里，还有一些木船坏了，碎木片散落在湖里，船桨比较完整，但也快腐烂了。有一顶红色的烂帽子和一本烂书。"

A2："上次聊了，是情感创伤。能听听你的分析吗？"

咨询师："炸药包散落在湖里，仿佛有很多次的情绪爆发，也是情绪曾经波动的象征。我感觉好像心在一片一片地剥落，就是那种心碎的痛吧。"

在这段意象中，湖少浅、泥浆，是情感缺乏的滋养；湖水几乎干了，是一种绝望的感觉；木船，是性的象征，是一种纯朴的情感象征；碎成小木片，也正与心碎的感觉相对应；船桨快腐烂，可能与生殖器有关，当然不是生殖器要腐烂了，而是与性活动有关。

A2在意象中把炸药包引爆，其实是想彻底释放压抑的情绪，希望可以开始新的生活，甚至想在湖水意象里种上荷花，以表达对纯洁美好情感的向往。

◆ 说明 ◆

选择这个案例，是想说明不当引爆"炸药包"需及时处理，处理时不要急，要深入理解"炸药包"的环境意义、引爆的心理需求或动机等。

"不当引爆"包括主动引爆或错误引导、意外爆炸等。

## 二十一、 邱祥建：心灵"CT"

### 1. 目的

邱祥建研发的心灵"CT"，是一个非常实用的、发现深层心理问题的子技术。

该技术的目的在于，发现不易发现的深层心理问题及其来源。

### 2. 适用范围

可以用此技术应对来访者的阻抗，打破隔离、压抑等；也可将其作为起始意象，进行躯体化症状和心身疾病的意象检测与体验。

适用形式：个案咨询；团体治疗。

### 3. 原理及操作步骤

心灵"CT"技术是受意象对话疗法中光的扫描意象的启发。"CT"最基本的象征意义是人的眼睛。心灵"CT"——用自我的心灵之眼来探索。

主要指导语：

"想象你的头顶上方有一个灯打开了，这个灯照射在你身体（或某样物品）的某个部位。在你的面前有一个电脑屏幕，你可以在屏幕上看到一些画面，但显现的画面并不是你身体的生理结构（或物品本身的样子）。这些画面可能是静止的，也可能是动态的。看一看画面里面都有些什么，以及带给你的感受。"

操作步骤：

与其他技术结合使用时，需根据具体情况灵活运用。作为起始意象或运用于团体治疗时，可参考如下步骤。

第一步，待来访者放松后给出引导语。

第二步，可像房子意象等其他意象对话技术一样，团体做完后一起分享体会，单独的个体引导可逐步询问，并根据情况继续下一步。

第三步，分享感受。

第四步，结束意象对话。

心灵"CT"也可与寻找"炸药包"结合运用，但不适于前文所述的"处于特别时期的来访者"，诸如，孕妇、心血管疾病及某些严重躯体疾病的患者等。

## 4. 变式

变式一：这个变式的心灵"CT"可以作为起始意象来探索"隔离"机制。

指导语："想象你在房间里某个比较隐秘的地方，如柜子的角落或者地板下面，找到一个盒子。这个盒子是什么样的？能否打开？你可以想办法打开这个盒子，看看里面有什么。也许盒子里还有盒子或夹层，可以继续看一看。房顶亮着灯，在靠近窗户的地方有一张桌子，你把盒子放在桌子上，这时你的面前出现了一个显示屏幕。灯光照着盒子，能够穿过盒体照到里面，你面前的屏幕会显现出一些画面，就像看电影一样，你看到了些什么？你还可以把盒子里面的东西一件一件地看清楚，看看屏幕里出现了什么画面。"

变式二：躯体症状和心身疾病的意象化探索（根据意象对话用光扫描身体的变式）。

指导语："想象你从所坐的位置上站起来，看一看你所在的房间，你在一面墙上看到一个暗门，你慢慢地走过去。走近时，你看到门上写着几个字，即心灵'CT'。你推开门走进去，发现房间的房顶上有一个灯，灯下面有一张可移动的床。你可以躺在床上，还可以坐在床上，还可以把床推开站在灯下。当你在灯下时，灯光照射下来，在你的面前出现了一个显示屏幕。这时，想象灯光开始逐渐变亮，光开始扫描你的身体，或者直接可以想象光扫描你身体上不舒服的地方。你面前的屏幕上会显现出一些并不是你身体生理结构的画面。想象的同时，体会这个过程中自己身体和心里的感受。"

## 5. 注意事项

其一，如果遇到来访者说自己的心灵"CT"是坏的，就引导其看心灵"CT"哪里坏了，怎么坏了，把心灵"CT"修好。维修心灵"CT"本身具有心理治疗意义。

其二，如遇阻抗，还可以加入的引导用语："你发现在屏幕下方有一些按钮，有前进、倒退、暂停、信号放大、画面放大等按键。根据情况选择按键。"若来访者感觉看不清或看不到画面，可以引导他在想象中按一下信号放大按钮，并追加一句："信号放大后，显示屏和照射之间的连接加强并稳定下来"。前进和倒退，是结合了意象对话"倒带子"技术。

## 6. 案例示范

**【案例1】**

来访者在心灵"CT"意象中，看到自己的胸部插了一把长长的、生锈的西瓜刀。他心情复杂，有遗憾、有不安，还有愤怒和害怕，而且感觉身体有点儿硬。想象中，来访者看到伤口在流血，而且还在笑，好像已经麻木了，感觉不到痛了。

咨询师引导来访者体会现实中身体当下的感觉，来访者感觉只是手脚凉，其他地方还好。于是，咨询师引导来访者继续体会被刀插的感觉。

**【案例2】**

心灵"CT"与寻找"炸药包"两个技术结合使用。

来访者的"炸药包"很精致，是香樟木的，不知道里面是什么。在意象对话心理师的引导下，炸药包被带到实验室，来访者穿上防护服。在一个操作台前，来访者打开操作台上的心灵"CT"灯，随后在屏幕上看到一个古代的城市，这个城市有好几道高大的围墙，有点儿人间仙境的感觉。

香樟木不生虫，象征无论怎样都不会被影响，并且让人感觉良好，在这里也代表来访者的自我防御机制：理想化、隔离，但内心充满恐惧。

# 二十二、 邱祥建：通话与短信

## 1. 目的

该技术的目的在于，促进子人格之间的沟通与交流，建立连接。

## 2. 适用范围

意象中子人格之间不愿见面、不敢见面、不愿意当面说话、对某个人物动物有恐惧心理、意象中找不见某人物等情况，适用此技术。

适用形式：个案咨询；团体治疗。

## 3. 原理

本技术受启发于朱建军教授在《意象对话心理治疗》一书提到的用电话与潜意识沟通。电话，象征关系的连接与沟通；电话沟通，象征着进行潜意识的连接与交流。

主要引导语：

"想象你现在拿出手机，感受一下，你发现手机变了，可能变了形状，甚至变成看起来不像是手机的东西。手机上有一个视频窗口，可以在通话时互相看到对方。体会一下此刻的心情。现在你拨通对方（可以选定一个之前缺乏沟通的子人格）的电话，听到电话铃声，你的心情如何？你第一句话想说什么？对方会如何回应？你们可以在电话里聊一会儿，看看聊些什么……"

## 4. 变式

一是群聊。可以让多个子人格在意象中交流。

二是留言。打电话过去没人接时留言，对方回来的时候会看到。

三是发短信。语言要健康、简洁、明了。

四是团体运用的起始意象。主要引导语："现在给你的一个子人格打个电话，可以是你很久没见的，可以是你有点儿想见却不敢见的，也可以是只能远远看着的，甚至是你很不想见的。现在只是通个电话，勇敢地尝试一下……"

## 5. 注意事项

其一，"通话与短信"技术可以快速、有效地打破隔离机制，但绝不能被当成一个纯技巧来运用。使用该技术时，一定要体察来访者的具体情况，并尊重来访者的意愿。

其二，引导语可根据具体情况灵活把握，重点在于发挥电话的心理功能。

## 6. 案例示范

【案例1】

来访者不愿意面对他的狮子子人格，在想象中，好不容易可以远远地看了，却充满了恐惧，一说到狮子就会身心紧张。他认为自己的狮子很瘦，特别饿的样子，好像看到什么动物都会吃掉。他怕被狮子吃掉，所以不愿看也不敢看。

咨询师引导来访者在想象中给他的狮子子人格打电话。几经努力，来访者跟狮子说了第一句话："你好，我看你很饿，怕你把我吃了。"意象中的狮子听到后，叹了口气，没说话。来访者感到伤感，觉得它很可怜。他又试着和狮子交流，之后才知道，狮子并不是饿极了想吃任何动物，而是因为它曾经犯过一个错，它用不吃东西的方式来惩罚自己。

该技术帮助来访者化解了担忧，与狮子子人格建立起安全而温暖的关系。

【案例2】

某来访者与父亲的关系不太好，经过心理咨询终于可以在意象中看到象征父亲的形象，但不愿意与其交流。

咨询师引导来访者在想象中给父亲打电话。在意象里，电话打通了，而来访者却由于紧张马上挂断了，他选择在电话中给父亲留言。

电话留言意味着来访者在内心深处还是愿意与父亲建立连接的，并为日后的交流做了铺垫。

## 二十三、 邱祥建：互动联想与体验回观

### 1. 目的

这是一种团体意象技术，通过互动联想与体验回观的游戏方式，引导团体成员进入意象体验。

该技术有三类引入与体验方法：一是当其中某位成员进入状态时就结束互动联想，重点关注该成员，让其进入更深、更细的体验，其他成员可以回观自己，也可以体会这个成员；二是引导各个成员分别体会，然后再互动分享；三是多人同时进行意象练习，这需要引导者具有良好的共情能力和团体治疗经验。

### 2. 适用范围

该技术缘起于一次企业心理辅导活动，当时希望有一些好玩儿的团体互动方式，且与意象对话相结合。于是，研发者经过琢磨和实践发明了此技术。

此技术适于有丰富的团体治疗经验的意象对话心理师使用。

适用形式：家庭治疗；团体治疗。

### 3. 引导语

"互动联想与体验回观"技术的主要引导语是：

"我们现在开始进入想象游戏。当我说开始的时候，请说出一种你想到的或能表达你感受的水果或蔬菜，可以说别人说过的。在这个过程中，保持你的感受。因为我们大家是一起进行想象和体验，所以无论是否受到其他人的影响，都要尽可能地把注意力放在自己的想象和体会上。从我左手边的第一位成员开始，按顺时针方向进行，只要我没有说'停'，就一直进行下去。当我提醒某位成员退出互动想象回到自己内在体验的时候，其他人请继续，不要停下来，直到我们都进入各自的内在体验。在这个过程中，当你感到自己可以进入内在体验的时候，请举一下右手，我会提醒其他成员你开始退出互动想象。好，开始。"

### 4. 原理及操作步骤

受弗洛伊德的自由联想、荣格的积极想象和意象对话的心理能量学说、沾染、沉溺等理论的启发，这项技术可以说是在这些理论和方法技术上的一个综合运用。

互动联想与体验回观会形成某种团体氛围，一方面可能会给成员增加压力，如不安全感；另一方面也可能让成员感觉到被支持、共情等现象。但这项技术也正是需要借这些氛围来促进个体的深入体验。

互动联想，是指团体成员逐一地根据提示以第一反应说出自己所想到或感受到的。在这个过程中，每个人都有可能受别人的影响。引导者还要能根据团体游戏的进行情况或个别成员的情况进行提示。为了避免几个人同时说话，一般是围成圆圈而坐，按顺时针方向进行。

体验回观，就是觉察、体会自己。无论是自发的，还是受团体氛围或其他人的影响，都要回到自身进行体察，以进一步发现自己的情结。因为大家在一起，在各想各的、各自感受各自的同时，也会听到别人说的话，很容易产生沾染，也可能产生共情……所以，通过互动联想与体验回观，个体不仅能触碰个人情绪或情结，还能提升自身的回观能力、分辨能力和去沾染能力等。

操作步骤参考如下。

第一步：必要的铺垫。

常用指导语："我们玩一个游戏。在这个游戏中，请你根据我的引导尽快做出回应，同时保持自己的感受体会。感受可能来自情绪、情感或身体方面，也可能来自想象的画面。在这个过程中，我可能会有一些提醒，你可以根据自己的情况决定是否接受我的提醒。比如，当我观察到你有情绪产生而你却在压抑或逃避时，我可能会提醒你。"

如果是针对比较熟悉意象对话的小组，可以把"玩一个游戏"换成"开始互动联想与体验回观"。

第二步：引导想象和体会。

按照上文的"引导语"进行引导。

其中，"请说出一种你想到的或能表达你感受的水果或蔬菜"，选择水果或蔬菜是因为它们往往与潜意识中的自我认定有关，重点在于引发来访者内在的情绪、情感。它有很多变式，不同的变式倾向于引发不同的心理侧面。请参见后文的"变式"和"案例示范"。

遇到任何成员出现阻抗，比如，有人不知道说什么或怎么说，都要认真对待，不能跳过。

第三步：根据团体的情况，有几种继续的方式。

方式一：在觉察到团体成员进入自己的体验或有消极情绪出现时，逐一引导他们回到内在体验，直到所有的成员都回到自己的内在体验。

当最后一名成员也进入到自己的内在体验后，需要给出一些时间让大家继续体会。

方式二：团体成员进行互动想象，当大部分人都开始有感觉时，可以引导大家一起停止互动联想，把注意力放在各自情绪感受、躯体感受和意象方面进行体会。

方式三：当团体中有一个成员出现比较强烈的体验时，可以暂停互动联想，然后引导这个成员进入内在体验，提醒其他成员回观体会自己的，或者体会这个成员。

方式四：逐一引导团体成员进入各自的内在体验，引导者与成员逐一交流。这对引导者有较高的要求。

第四步：分享各自的体会。

如果时间允许，每个成员都逐一分享各自在互动联想和回观体验中的感受。

面对普通的社会团体，如企业培训，可以进行一些分析和解释，让大家更容易理解自己的联想和体会具有什么样的心理意义。而对于具有成长基础和心理专业的群体，则少做分析，应通过体验增强自知。

第五步：根据需要，咨询师对一些问题予以进一步的澄清。

尽量让每一位参与者都能有所收获，增强其自知、自我探索与理解他人的能力。

## 5. 变式

其他的引导语基本一样，主要是互动联想环节的引导语有所变化。

变式一："请说出你所想到或能表达你感受的成语、词语，或一句话。"

变式二："请说出与你现在家里有关的物品、人物、事情等，可以不说具体的，可以用一两句话说出感受。"

变式三："请说出与你小时候家里有关的物品、人物、发生在家里的事情等，不用说具体的，可以用一两句话说出感受。"

变式四："请尽可能快地说出你所想到的或感受到的，用一句话表达，语言尽可能简洁。"

根据对意象对话心理疗法的理解，发展出其他变式，但所有变式均重在体会。

## 6. 案例示范

本案例发生在研发者的某工作坊，活动次日上午。通过第一天的活动，成员之间的开放度和安全感已经基本建立。

本次意象对话，要求团体成员用简短的一句话说出跟儿时或 15 岁以前家里有关的物品、人物、发生在家里的事情。

说明：字母前面的数字表示从左手起第几位成员，字母 A 代表男性，U 代表女性。

U1："小兔子。"

U2："我一个人在玩。"

U3："台灯。"

A4："妈妈在做饭。"

A5："收音机。"

U6："笛子。"

A7："跟妹妹在玩。"

U1："一个人在家。"说话的时候，右手拧了一下衣服。

U2："画画。"音量比之前大一些，但咨询师感觉到她似有叹气声。

U3："缝纫机。"

A4："暖水壶。"

A5："自行车。"

U6："二胡"

A7："茶叶罐。"

U1："哥哥和姐姐上学去了。"声音有点儿颤抖。

U2："床。"

U3："一个人在家跳舞。"平淡的语气，脚动了动。

A4："来了一个客人，是爸爸的战友。"

A5："我爸在修衣柜。"

这时，咨询师注意到 U1 在咬嘴唇，便说："U1，我感觉到你身体是发紧的，手和脚有点儿凉。"U1 点点头，眼睛里有些湿润。"放松，把胸部和喉咙放松，牙齿松开，别咬在一起。"U1 的嘴放松了一些。

U6："妈妈和爸爸在吵架。"声音透着无奈，身体往后靠了靠。

A7："风扇，那种老式的有彩灯的风扇。"

U1："我想哭。"低着头，声音有点儿发硬。其他成员不约而同地看向她。

咨询师："U1 现在可以退出互动想象，我们其他人继续。U1，我感觉你心窝有一些酸酸的感觉，胸部中间有一种淡淡的伤感好像在向四周散开。"

U1："是的，我感觉自己小时候很孤单，经常一个人在家。"

咨询师："心里感觉害怕，很希望有个人陪。"

U1 点点头，泪水流了出来，开始小声地哭。

咨询师一边观察其他人，一边引导 U1："把注意力放在自己的感觉上，看一看是一个多大的人在哭，不要急着说话，体会一下。"

……

咨询师："现在如果有人需要与我单独交流，请动一动你的右手，让我看到，我会按先后顺序分别交流。"

大家可以看到，团体治疗的意象对话心理师，必须遵守团体治疗的工作原则，既与单独交流者保持连续对话，又要分配一些注意力给其他成员，以保证"在一起"的团体氛围。因此，初学者慎用此技术。

## 7. 注意事项

其一，引导者需要慎重考虑团体及个体成员的情况。

其二，请引导者严格遵守职业道德和意象对话的工作规范，未经允许不得进入团体成员的深层潜意识。

其三，在互动联想与体验回观中，每个成员进入的深度不尽相同，在操作第三步时，引导者要考虑自身的业务能力和团体情况而进行选择；同时，变式二和变式三的引导具有更多针对性和深刻性，运用时更要注意。

# 二十四、 邱祥建："后花园"

## 1. 目的

"后花园"易于化解防御心理，目的在于深入自我探索。

## 2. 适用范围

该技术可单独作为起始意象，也可结合经典意象"看房子"使用，或与其他相关意象技术结合运用。

适用形式：个案咨询；团体治疗。

## 3. 原理

"后花园"是"心房"的重要组成部分，象征内心世界的花园，往往根据个人的性格特点、喜好等营造。后花园往往在房屋的后面，地理位置具有隐秘性和隐私性。

通过后花园的建造特点及其内部意象，可以发现来访者的自我防御机制，从而突破阻抗，进一步探索来访者的潜意识世界。

## 4. 引导语

"后花园"的常用引导语如下。

"想象你走进房子后面的花园，它的外面有围墙吗？（有时候还可以问一下花园围墙外面是什么）后花园是什么样子的？里面有什么？天气如何？体会一下你的心情。在后花园的某个地方，你发现有（类似杂物间一样）一间或一些房子，房子或房间是什么样的？有没有门窗等？里面有什么？"

在现实生活中，杂物间用来存放一些不常用或闲置的物品。在意象中，"发现有（杂物间一样）一间或一些房子"，象征的是被内心隔离的东西。引导者可根据情况自行选择运用。

房子意象的象征意义及其使用方法，请参见本书第十一章"起始意象的主题、原理及其运用"的相关内容。

## 5. 变式

引导语："想象你来到一个心灵花园，看到什么？有什么感受？"

可以在看房子意象结束前，接着做"后花园"意象。

## 6. 注意事项

因为该技术会比较快地突破阻抗，所以咨询师在运用时要注意度的把握。特别是，咨询师要根据来访者的具体情况决定是否在后花园中进一步引导"杂物间或房子"意象。对于安全感太弱、咨访关系尚不稳定的来访者，请慎用。

## 7. 案例示范

A代表男性，U代表女性。

A："后花园里有一个小男孩在玩泥巴，母亲在干活。小男孩想母亲抱一下，但不敢说出来。母亲也不是不管他，但有太多的活要干。她的心还是在意他的。"说到这里，忍不住哽咽起来："我之前的记忆中，小时候妈妈没抱过我，看到这里，我知道她太忙了，一家人要生活。她也牵挂我，因为不论我在哪里玩好像都在她的视线里。"

"母亲"和"妈妈"这一称呼用词的变化，代表来访者内心对亲子关系的距离感发生了改变，"妈妈"更亲近。

U："我看到的后花园是一个古代官宦人家的。很大的一个花园，种了很多的花，有桂花树，是不是有梨树我没太看清楚，天气不是很好。花园里有一个绣楼，里面住着一个小姐和一个丫鬟。没有大人的允许，小姐不准走出绣楼。在一片空地上还有一口井，空地周围种了一圈花，井口和地面是平的。"

绣楼和没有大人允许不准走出去，象征自我约束，也是一种自我保护。整体氛围比较清冷、压抑，透着些许伤感。

U是一位领导，冷静理智、思维敏捷。她在后来的团体分享中表示，以前一直觉得自己没有情绪，看到别人伤心流泪会觉得很奇怪，这一次自己竟然流泪了。通过"后花园"的体验，她不仅感受到了另一个状态的自己，而且完全能够接纳这样的自己，并对自我成长增强了信心，增加了兴趣。

## 二十五、 邱祥建： 意象建构

### 1. 目的

意象建构的目的是，了解现实中的情绪行为是如何受内在情绪影响的，可以帮助来访者快速发现"现实的我""潜意识的我"与"情结的我"之间的互动关系，有助于针对性地化解问题、增进自知。

意象建构不是改造意象，而是在意象之间，特别是子人格之间建立更健康的连接，进而深入体会和领悟。特别强调的是，意象建构是技术，不是最终目的，是从早期社会化层面情绪情结的梳理到深层情结的化解、转化和修通，再到早期软泥状态甚至出生前的情结的化解，从而促进人格重建与自我整合。

意象建构技术，可以帮助意象对话心理师和来访者更便捷地进行人格整合工作，对于时期性子人格和情结性子人格的治疗效果更为明显。

### 2. 适用范围

该技术适用于以下几种情况：结合意象对话子人格的其他技术，快速发现来访者的情结内在关系；呈现来访者情绪行为受内部心理影响的来源，并做进一步的梳理和化解；针对某个消极情绪、某个不良行为或某个情结，进行针对性地探索和处理。

适用形式：个案咨询。

### 3. 原理

人生活在宇宙这个大环境中，最早是在母亲的子宫中发育成长的。环境是我们人类生存和发展的不可或缺之因素。在内心世界同样如此，我们的潜意识同样需要建构，而意象可以成为建构的载体。

意象建构技术关注两个层面：一是心理层面，注重来访者内部心理世界的意象化、清晰化，不仅重视心理内容，也重视心理过程；二是现实层面，注重来访者在现实生活中的情绪行为反应，一般会建议来访者有意识地了解自己最常见的、遇到冲突情境最容易出现的情绪行为现象，可能是惯有的，也可能是时期性的。

意象建构的对象可以是人物、动物，也可以是植物、矿物。意象建构以促进来访者内部沟通、建立内部连接与人格整合为基本原则。

下面，对与意象建构技术相关的重要因素做简要说明。

第一，现象。现实世界中，每一种物质都是通过某种连接而形成的，每一种物质又通过不同的连接方式组成了世界。因而，连接与关系，是自然界呈现的一种现象。

心理疗法或心理咨询技术能够奏效的前提之一，就是心理世界的各种存在与相互关系。牵手和拥抱，让我们感觉更亲近；站远一些和走近一些是人际心理距离的疏远和拉近；真诚地表达关怀和思念，可以帮助我们建立和保持情感上的连接……

第二，能量。能量是万物存在的"载体"。意象、情绪、情感、躯体感受等，是心理能量的不同表现形式。心理能量学说是意象对话心理学的核心理论之一，详细内容请参见朱建军的《意象对话心理治疗》《你有几个灵魂》等著作。拒绝感受和沉溺于感受，都不利于心灵成长。

第三，环境与场景。场景是比大环境小一些的环境，是不同子人格等存在的背景。将不同的场景意象进行某种连接，就可以促进来访者各个子人格之间的交流与沟通。这种连接可以是有形的，如修路、架桥、疏通河道、种下种子、开采矿产等，也可以是无形的，如对话、表达情感、传递愿望等。

利用环境和场景自身的象征意义及其氛围感，能够推动心理能量的流动，这是意象建构技术非常重要的原理和操作内容之一。所以，根据治疗的需要，可以将"意象建构"与音乐治疗等方法结合使用。

第四，集体无意识。来访者在经过一定程度的心灵成长，进入深度体验时，有可能触碰到集体无意识。

第五，纵向与横向。使用意象建构技术时，意象对话心理师须体察和领会建构内容的纵向和横向关系，而不仅仅是让子人格互相交流。

第六，树型结构情结情绪理论和路型情结情绪理论。这是研发者邱建祥提出来的，这两种理论试图从纵向和横向两个方面解读情结与人格。

邱建祥认为，核心情结就像一棵大树的树干，纵向地深远影响个体的发展，时期性情结是大的树枝，会从形成时期产生影响。但是，时期性情结是从核心情结延伸出来的，其他的情结情绪都是从树干和大树枝上长出来的小树枝、树叶、花或果。同样的情绪情结，在同一时期、同一层面上的表现可能有所不同。比如，同样是不满和愤怒，同一个人在家人、朋友、同事和领导面前，有不同的表现方式和表达程度。

路型结构情结情绪理论提出，人格意象世界犹如路，子人格处于路的不同方向和方位，但无论是怎样的路，整体上都在同一地面。

对于来访者而言，探索自己的树型结构和路型结构的具体分布及其成因，是一个非常清晰的成长方法。

### 4. 操作思路

意象建构没有严格的操作步骤，而是需要意象对话心理师根据具体情况加以运用。这里仅提供一些操作思路作为参考。

第一，拆分子人格。根据拓扑图，发现不同子人格的居住环境、性格特点、彼此关系等，寻找到目前最需处理的子人格及其关系圈。

第二，当来访者感到害怕或胆怯时，引导来访者在想象中主动选择一个比较有力量的子人格（含动物子人格）出场，通过交流和协商，在意象里与该子人格共同面对心理困境或心灵探险。如果来访者的安全感太弱，或将要面对的情境可能唤起其较大的恐惧情绪，意象对话心理师可以提醒来访者在想象中做一些必要的保护性准备。

第三，指导来访者了解现实中自己的常见情绪行为现象，待来访者放松后进行意象化，进行针对性的体验、互动和连接。

第四，针对来访者带有隔离机制的子人格，解除隔离，引导该子人格（或子人格群）在意象中前往路的不同方向，体察前往的心情，并与性格更为健康的人格意象进行互动。

第五，针对来访者无力、弱小、胆小的子人格，认真体会，在意象中寻找愿意陪伴的人格意象，或直接引导这个子人格进行锻炼，比如，种植花草树木，或开拓建路（可与另外需要建路的场景意象或人物意象一起），然后，引导此子人格与另外场景的子人格进行互动。

第六，建构现实环境。意象对话心理师指导来访者在现实生活中有意识地选择或营造利于身心健康的环境。比如，在房子里挂上剑，以增强自己的安全感和信心；张贴山水画，营造宽松豪放的氛围；衣柜中摆放一两件父母的旧衣服，保持与父母的连接感……

第七，引导来访者在原始森林里找到一棵代表自己的树，并经常去照顾它，和它交流。还可以在正式的心理咨询开始前，或者进行中，或者结束之前，引导来访者像串门一样，在想象中去看看这棵树，把自己的成长喜悦与之分享，同时也让这棵代表自己的树得到滋养和生长。

第八，来访者经过较长一段时间和一定程度的成长之后，有可能形成初步曼陀罗，可以引导来访者结合曼陀罗的内部意象进行必要的意象建构。

第九，通过以上各方面的建构，发现彼此之间的关系，进行各方面的必要连接，完成整体的、初步的意象建构，为后续的成长和领悟奠定基础。显然，这是更高一级的意象建构。初学者不必着急使用。

## 5. 注意事项

其一，意象建构常常涉及子人格，这就需要意象对话心理师在帮助来访者进行人格意象分解的基础上进行意象建构。

其二，意象建构技术不仅关注意象本身，也关注情绪、情感、躯体感受、意识内容以及潜意识的变化过程；不只运用意象对话，还包括现实层面的自我体验与回观。

其三，意象建构不是一劳永逸和一蹴而就的，随着对情结的探索和化解，随着人格分解与成长，其次数和间隔时间一般会减少。

第四，意象建构连接必须要在充分体验和自知的基础上使用，并非发现隔离或其他防御机制就立刻打破。根据心理治疗的需要和来访者的具体情况，意象建构有时候甚至先要将某个连接断开。心理能量的互动影响最好能够发生在恰当的时机。

## 6. 案例示范

来访者：鲜华（化名），女，37岁。前来咨询的原因是，爱人因意外事故变成植物人，卧床近一年。对此，她深感痛苦，现实生活受到较大困扰，希望通过心理咨询重新适应生活，化解内心伤痛，找到生活下去的勇气。

人格意象分解情况：a. 伤痛绝望的人，叫"寻找的女性"，大约23岁，很绝望，不知道怎么办，总是茫然无助的样子；b. 女，35岁，冷漠，不关心别人；c. 马，瘦，（来访者刚看到马时，哭得很厉害）；d. 小兔子，情绪比较平稳。

为保护来访者，这里只公开部分意象建构过程。

小兔子是来访者当时感觉唯一有点儿力量和相对平稳的子人格。小兔子有个朋友是小猴子。小猴子虽然也小，但它活泼，有了它，至少多了一些陪伴和力量。咨询师建议来访者在现实中每天散步，哪怕十几分钟也好。

意象中找到了一棵像自己的桃树，桃树很孤独，害怕被排挤，只好在最边上的角落里待着（象征内心希望被重视、被关爱）。引导小兔子和小猴子到桃树那里玩，照看树。意象中的桃树后来变得更有力量，变成了一棵绿色的柳树（柳树象征柔韧）。

意象中出现了一个卖火柴的小女孩，没有名字，在树林里，无家可归。鲜华自己想到让小兔子和小猴子去照顾小女孩，并和她一起生活。（在陪伴与支持下，来访者原本具有的心理资源被唤起。）

鸽子意象的出现是一个转机（鸽子象征安详、温柔、和平、希望）。自此，来访者反馈，她在现实中也感觉比较有信心和力量了，家里人也感觉她变化很大，不再像以前那样发脾气，更能理解别人了。

当来访者基本可以面对瘦弱的马时，她的意象中出现了一个老者，即目达达大叔。这是来访者意象中出现的第一个既有力量又有智慧的男性人物。

至此，咨询了10次，虽然内在的伤痛依然需要继续化解，但鲜华可以勇敢地面对现实生活了。她独自担当起装修和购买家具的重任，用她的原话说："这是我一生中唯一一次独立地做这些大事。"

在此，特别感谢化名鲜华的女士同意将此案例公开！也祝愿她的爱人能早日苏醒！祝愿她和她的家人幸福安康！

## 二十六、 邱祥建：生命树意象疗法

生命树意象疗法由邱祥建在心理探索实践中逐渐发展而来，主要受荣格关于情结、集体无意识和原型理论、意象对话疗法的人格发展理论和子人格技术，以及发展心理学等相关理论的影响。生命树意象疗法注重人格发展的系统性和全面性，也注重人格发展在时间线和心理空间方面的具体呈现形态，既重视心理的宏观方面，也重视心理问题的细节与关键之处。

在分析和体验方法上，此疗法以来访者从小到大的重要心理事件为主线，以具体事件对来访者心理现实产生的影响为内容，通过如实觉知和对因果的开放性探索，从情绪、情感和相关信念，以及行为模式三层进行贯通式的领悟，最终达成情结的化解，并将固结在情结上的消极心理能量转化为更原初的、可被来访者自由选择的生命力和创造力能量。

这套方法以象征的方式被命名为"生命树意象疗法"，就像一颗种子发芽生长为一棵大树，自性及其相关的核心情结犹如树干，树的大小分枝好似人生发展的不同阶段，树叶则像情绪、情感等的具体显现。一方面，"生命树"原型是集体无意识的重要原型之一，潜藏在个体的深层潜意识之中，而在回归自性的过程中，生命力的具体显现（哪怕是以歪曲的情结来显现的）是无法绕过的具体内容；另一方面，这套方法注重个体与外部环境的互动关系，包括现实世界和个体心理世界以及集体无意识的关系，这就像是一棵树与其外部环境的关系——相辅相成，不可割裂。

此疗法的主要创新之处在于：以生命树意象为时空坐标系；情结系统的图示化呈现；在情结处理过程中可以看清信念生成的背景并促进自性化的回归。

## 1. 目的

此疗法的目的在于，通过对来访者人生经历的心理构图进行呈现、体验与分析，运用意象对话情绪、情感觉察技术、子人格技术等探索潜意识，发现意识与潜意识之间的特点及如何互相影响，发现来访者潜意识的深层核心情结和分支情结之间的关系，以及这些情结如何对心理各层面、对人生经历中的现实情绪、情感和行为等产生影响。

一旦发现来访者早期的核心情结及其形成过程，其人格的"心理背景"和人生主题就会变得更加清晰。在此基础上，咨询师通过解构来访者情结性的"自动化信念"，就能够进一步引导来访者在人格深层进行修通——在现实行为和深层潜意识两个层面消解情结，从而帮助来访者逐渐剥离情结的层层"污染"，回归核心自我，显现自性。

## 2. 适用范围

心理咨询的适用范围：一般心理问题与严重心理问题、各类神经症和心身疾病；心理咨询师的自我成长；对咨询过程中出现的移情和反移情进行分析；团队组织架构的深层心理分析——个案和团队建设。

## 3. 基本原理

首先，情结是一个系统。每个人都有数量不等的、大大小小的情结，这些情结往往互为因果、相互强化、相互纠结，构成一张强有力的"情结网"（即"情结树"），主宰着个体的现实命运。个体在觉悟之前，其命运形态是以情结系统的样貌作为人生脚本来实现的。换句话说，在觉悟之前，个体的命运就是一棵"情结树"。

在心理咨询中，由于设置的限制，咨询师在单次咨询或某一阶段的咨询中，只能锁定某一个具体的情结开展工作，而当这个情结被处理了之后，个体依然继续受到相关情结的影响。因此，来访者在离开咨询室之后，有时会感到面对现实生活依然无力或迷茫。而其他旧有的相关情结由于未被发现和处理，会成为一种巨大的驱力，把来访者推回到原有的情结系统中。这就像是在一个大家庭中，某个个体做出了积极的改变，但其他家人依然会受到各自情结的推动而把这个率先改变的个体推回到原来的模式中去。这也成为影响心理咨询效果的一个常见困境。我们发现，单一情结的解决对整个个体命运的转变来说，所起到的作用是非常有限的。

其次，情结系统有其自成逻辑的生成与发展的序位。如果不了解这个序位，一味遵循情结处理的先后次序，盲目地头疼医头、脚疼医脚，不但会造成情结处理的碎片化、割裂化，还会常常出现情结反弹，易使咨访双方迷失方向，甚至感到无望。

基于以上两个工作困境，此疗法在方法论上进行了改善，从宏观入手，把个体的情结网以整体的方式呈现，并在这个情结网上以时间和空间为坐标，清晰地呈现各个次发情结的顺序和方位。这样一来，原本混乱无序的情结得到了清晰的梳理和归位。每当处理其中一个情结的时候，咨访双方都能够理解到这个情结的"上游"来源和"下游"发展，对于可能在什么现实情境下出现"反弹"有了正确的预期和准备，并为更深层的、原发的情结处理打下坚实的心理基础。同时，咨访双方对来访者的整体情结网的宏观把握，提升了整个咨询过程的方向感和效能感，让咨询中的阶段性目标更清晰、更具体、更适度，也更具有弹性和延展性。

最后，每个情结的核心都是一个歪曲的"自动化信念"。这个歪曲的自动化信念来自过去的生活事件，并被内化为个体的信条。一旦这些信条形成，个体的情绪、行为反应等就会与信念配套生成，继而制造出自己在现实中的生活故事。这些歪曲的信念在个体潜意识深处形成一张"信念网"，依照这张信念网，个体又构建出与其配套的情绪、情感反应以及行为应对模式，并以此来运作自己的现实生活，这样就创造出了与情结相吻合的"命运"。

通过生命树的绘制和体验，这张信念网上的每一个自动化信念都有机会被重新审视，通过看清其成因和过程而被解构，并在领悟的基础上形成不受过去情结污染的、有建设性的、健康的新信念。当这些健康信念逐渐替代情结网上的旧有信念时，个体的整体人格就会发生质的转变，将越来越多地摆脱情结的束缚而拥有自主的、灵活的自由选择，自性化过程也将自然而然地发生。

因此，生命树构图将来访者有生以来的心理世界一目了然地呈现出来，有效地避免了过度理智化和过度情绪卷入的常见咨询困境。同时，各个情结的衍生过程及其心理层级的逻辑关系也被一目了然地呈现给来访者，仿佛呈现出一个清晰的"情结家谱图",有效地避免了要么遗漏重点情结,要么各层级的情结混杂纠缠在一起的两难困境,使得宏观和微观的呈现不再二元对立和冲突。

意象建构,通过人格心理环境图,清晰呈现人格状态的不同侧面,并以此展现人格的整体系统状态,包括识图、分析、体验,意象、躯体、情绪三类方法的独立应用、综合呈现与修通,情绪、意象、躯体、子人格、情结等分别与综合体验进行分辨与剥离澄清的方法;运用全局与局部、区域与单个个体之间关系的全境呈现,通过策略性的内部互助互动促进心理成长;既重视心理世界中情绪、意象、子人格的体验觉察,也重视现实生活中的体验应用。

由此可见,对于那些追求自性化或有志于长期深入成长的个体,生命树意象疗法能够提供一个较为完整的、清晰的心理成长"地图",并有助于系统性的人格重建。

### 4. 生命树心理阶段图的基本操作

第一步,让来访者按倒序的方式,以自定的标准将人生经历进行阶段划分。

第二步,让来访者分别记录每一阶段中,家内和家外,对自己重要的、有意义的事件、情绪、情感、人物等。可用数字、字母、符号等代替涉及的隐私方面的内容。

第三步,与来访者共同绘制生命树。

在纸上绘制生命树的时候,咨询师要引导来访者觉察并体验绘制过程中的情绪、情感状态。可以用线条画图,也可以画一棵来访者想象中的树。

以线条式画图为例,首先画一主线代表树的主干,主干两侧,一侧为家,一侧为家以外。根据来访者自行划分的人生阶段,安排各阶段所占用的空间和位置。在各个阶段,分别画树枝一样的主线条,再在这条线上画小线条,用关键词记录发生的事情、人物、情感等。咨询师鼓励来访者尊重自己的感觉,根据内心感受选用不同颜色的彩笔。

第四步,引导来访者体验和领悟生命树。

通过启发式提问,引导来访者对生命树阶段图进行体验、分析和领悟,可以以事件为主,亦可以情感为主。重点关注两个方面:一是现实、意识和潜意识;二是纵向心理、横向心理和整体心理的特点。

第五步,引导来访者进行人格意象化。

在体验和领悟生命树的过程中,咨询师引导来访者将所涉及的心理特点分别进行人格意象化,再对意象化的人格进行深入的分析和体验,了解这些不同的人格方面与不同时期的经历以及情结有着怎样的关系。根据所觉察到的关系及其人格特点，构建进一步的人格心理环境构图，通过意象建构进行潜意识和意识层面的双向修通。

### 5. 人格心理环境图的绘制、体验与领悟

第一，体验生命树所涉及的人格意象，重点探索以下内容：每个人格意象的主要特点；他们所居住的环境，或经常出现的环境；各人格意象之间是否有关系；若有关系，是怎样的关系等。

第二，画出这些人格意象所居住的或经常出现的环境，然后把他们分别画进各自的环境。

第三，在整个绘画与体验过程中，用意象对话的方法处理情结。

第四，与现实生活相联系，帮助来访者领悟这些情结如何创造或强化了过去的现实命运，体会当下的领悟和转化是什么，如何将当下的领悟与转化应用于未来的生活以及具体的行动。

### 6. 意象建构的基本操作

根据生命树阶段构图法，将所探索到的子人格进行建设性的连接，并进一步体会和领悟。随着对内部意象的理解与转化，结合个体整体性的成长与现实行为的状况，做适当的调整。也就是说，意象建构不是一次完成的，需要根据实际情况有所调整。建构的目的是帮助个体更好地深入体验意象，进一步化解情结，走向自我整合和深度领悟。

意象建构的方法，从现实层面的问题，到潜意识情绪的疏解，到深层情结的化解、转化、修通，再到婴儿早期的情结化解，乃至人格重建，都可以运用。

有了意象建构的基本思路，咨询师就可以根据来访者心理环境与子人格的具体状态，运用心理故事的建构方法，根据来访者的情结主题，深化故事结构的意象设计，促进深层潜意识的修通与自我整合。

### 7. 案例示范

来访者：女，39 岁，心理咨询师，博士，再婚，育有一重度残疾的孩子，长期致力于心理成长。

生命树（情结网）简要分析：

（1）核心情结（树干）：献祭者原型。来访者以"献祭"作为实现自我存在价值的途径。

（2）主要次发情结（树枝）及其对其现实命运的建构：以承担父母及其家族未完成情结为途径，向父母及其家族献祭，获得价值感和归属感；以在异性关系中承担对方的心理垃圾并成全对方来实现对爱情的献祭，获得自我完整感和优越感；以成为团体中的替罪羊来实现对所属社会团体的献祭，获得自我道德优越感、不可或缺的重要感及归属感；以严厉超我压抑自私本能的方式，来强迫自己为社会"奉献"，下意识地寻求受虐，并居高临下地"原谅"他人，以获得自我优越感和存在价值感。

（3）每一次发情结又衍生出诸多的表现方式，用以在不同社会情境中去达成献祭的功能，形成不同人生阶段中不同的悲剧故事，通过不断地"替罪""被辜负"和"宽恕他人"，以确认"因为我最好，所以我值得存在"的基本核心信念。

（4）在微观上处理以上情结之后，在宏观上回观主干与枝干的关系，领悟更深一层的潜意识信念："我有能力塑造我，所以我是我存在的主宰"，并以此来缓解存在焦虑。

（5）心理与现实的转化过程：绘制完整的生命树，体验到所有的情结都围绕着"我是献祭者"这个根本的核心自我身份认同；分层体验主要的次发情结，看到与每一次发情结相关的自动化信念，通过看清这些信念的生成背景，而理解到在每一类特定关系中自己为什么会创造出特定的故事脚本，并一再重复，领悟到这些强迫性重复的悲剧性本质及其荒谬性和无意义的本质，从内心中不再抱怨和评判他人，把原来满足超我压抑和自恋优越感的"原谅"，转化为真实的心理和解，从而放下内在的纠缠，化解长期以来的深层抑郁，滋养出更纯真的、具有生命力和更自由的心愿，以及与这些心愿相配套的建设性的新信念系统。

如今，该来访者已经成为一个身体更健康、内心更包容、外在关系更和谐、现实生活中活得更洒脱、更富有生命力的人。

8. 注意事项

其一，当事人有权选择隐私化处理，咨询师不得强行让当事人以文字等形式直接显现心理内容。

其二，咨询师有义务提醒当事人，在必要的时候采取隐私处理。

其三，在画图和分析图的环节，咨访双方都不把绘图的美术功底作为分析和体验的参考标准。

其四，心理咨询师以及其他参与者的分析和讨论，仅供当事人参考，不能作为答案或标准。最大限度地尊重当事人。

## 二十七、 邱祥建：简明构图法

简明构图法属于"生命树意象疗法"的树型构图方法。邱祥建为大家提供了七个核心方法中的一个方法及其两个变式。

### 1. 目的

清晰呈现来访者经历的一个事件或多个事件，或呈现其内在意象与外在现实的关系，觉察相关的心理境况、冲突成因和人格状态，探索深层的创伤/情结/问题症结的来源、心理防御机制及运作模式，由此得出健康的应对策略。

### 2. 适用范围

简明构图法适用于个人成长、心理咨询、团体心理辅导、企业问题的诊断与分析。具体如下：针对某一个被困扰的具体问题进行分析和体验；在处理心理创伤和情结的过程中，有些来访者易沉溺于情绪，可借助构图法进行体察；来访者的感性体验受阻时，咨询师可借助构图法寻找线索，确定新的切入点或突破口；某些情结与现实经历有关，简明构图法能够清晰呈现潜意识心理内容与意识、行动之间的互动状态；对于太过理性而缺乏情绪体验的来访者，可借助简明构图法进行意象化；为了促进咨询师的自我觉察和对个案的理解，咨询师可凭借构图发现自己与来访者之间是否有"染"，如投射与被投射、情结的沾染、情绪的沾染等；针对企事业咨询，可用构图法分析团体困境的深层成因，也可探寻团体的潜在问题和潜在资源等。

### 3. 基本原理

人的情绪、言行和意象都在反映内心的某些需求或愿望，现实中人与人的关系、冲突及改善，也是通过情绪、言语和行为来体现的。内在的心理关系更是通过意象化的方式和情感、情绪体验而体现的。所以，简明构图的方法，使当事人在有机会看到自己内在的真实状态的同时，也有了体验和觉知的机会。

不同的子人格象征着不同的人格特点。潜意识对意识层面的语言、行为等方面的影响，很多时候是通过不同的子人格表现出来的，无论我们是否觉知。在简明构图的过程中，我们能够看到当事人的潜意识状态和人格状态相互之间是如何影响的，以及如何在这个过程中发生转换。通过分析其中的线索，体验其中的感觉，觉察其中子人格的具体状态，就能够逐步深入探索。

构图中所使用的色彩、笔误、用词等，同样具有心理意义，亦应作为分析体验的内容。

### 4. 操作步骤

以事件为例。

第一，简要记录。简要记录也可仅在心里记录，记录的内容主要包括事件发生的时间、地点、人物、各自的行为/语言/情绪等反应。

第二，构图。咨询师引导来访者边构图，边用心体会。先在纸张的中间画一条上下方向的直线代表树干，地点记录在下面。左边和右边分别代表自己和对方。在代表各自两边的方向，从树干的直线分别画代表各分支的线条，每一类画一个分支。一般情况下，人物、行为、语言、情绪各一分支。在各分支上再画小的分支，按出现的先后顺序，用关键词进行记录。先出现的靠近树干或主分支。

图例见图 19-1。

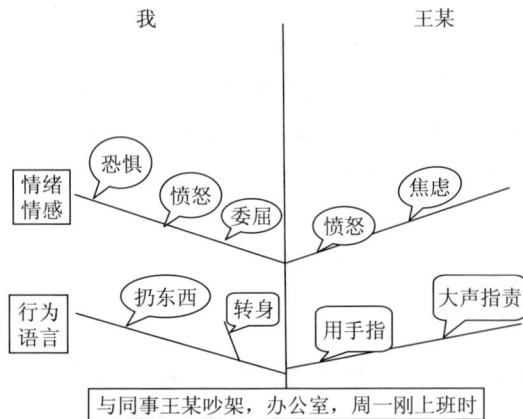

图 19-1

记录或构图时，对于来访者当下出现的情绪，并非事情发生时的情绪，也要记录，可在关键词下方画一条线以作区分。还可根据需要，画出心理防御机制、现象、创伤、情结等分支。如果某一类太多，一个分支不够，可以在此分支上再分出一支。

第三，分析和体验。分析关于冲突或问题的缘由。体验构图过程中的感觉（包括当前的感觉和发生事情时的感觉）。体会自己的这些情绪、行为、语言等反应分别来自哪个子人格，是一个子人格在这个事情中出现，还是多个子人格出现，这样的子人格在什么情况容易出现。当多个子人格出现时，注意它们先后出场的顺序，以及是否反映了自己的某种心理现象或创伤情结。

在这个环节，要尽量耐心和仔细。注意觉察事件中双方的子人格是否有沾染，如果有，染了什么？为什么染？染是如何发生的？对方的子人格是否与自己的子人格有相似或对应，也要注意分辨。

简言之，不要把这一过程中出现的所有人格状态（子人格）和情绪等都当成是自己的，也不要都当成是别人的，而应通过认真体会来加以分辨。这也可以成为去染的练习方法和参考线索。

标注子人格的对应位置时，可以采用一些简单易懂的符号。比如，男性和雄性用小方框代表，女性和雌性用小圆圈代表，岁数用阿拉伯数字标注。

以下操作，咨询师要根据具体情况选择。

第四，意象化。咨询师引导来访者想象所画的构图。如果是一棵树，引导来访者看清树的高矮、大小、形状、生长状态、生长在什么地方等，再用意象对话的方法进行处理。还可以引导来访者想象这棵树的树根，认真体会树根的具体形态，是否遇到什么情况，树根所生长的土地，以及这些是如何影响这棵树的。

咨询师引导来访者在意象里看清树和树根的时候，常常会发现与来访者创伤或情结有关的成因。

第五，运用于心理咨询。咨询师构图、分析，引导来访者体验。若处理亲密关系和家庭关系问题，可以让关系双方或成员，针对所面临的问题，各自构图。通过对比各自构图所呈现的差异和共性，促进关系建设。

第六，运用于企业或团体。可以用分组的形式，进行构图、分析和体会，在团体互动中发现问题、探索缘由，从而促进团队建设。

## 5. 变式

变式一：意象与现实构图。一边画意象，一边画现实事情。
变式二：过去与现在构图。一边画过去，一边画现在。

## 6. 案例示范

来访者：小雨（化名），女，25 岁，公司职员。

主诉：害怕面对自己的主管领导（女性，40 岁左右）。

图 19-2 为第 1～3 次咨询时来访者所画。后续咨询均结合本图进行意象对话。

第一次，倾听小雨的讲述，引导她构图，一边画图一边体会。

第二次，先倾听小雨讲述第一次咨询后及曾经在工作中她与领导之间发生的一些事情，让小雨有机会再一次表达内心的感受和想法，以稳固咨访关系。然后在上次构图的基础上，引导小雨继续构图，并重点体会细微的情绪感受，以及相关的人格意象，例如，领导在自己心目中像什么动物等。通过体会，小雨认为领导不耐烦和愤怒时像"老虎"，领导安慰自己时像"绵羊"，而自己害怕时像"兔子"。

第三次，结合前两次的构图，引导小雨在动物意象的层面进行意象对话。通过反复体验、表达和沟通，增进动物子人格之间的相互接纳与理解。在咨询师帮助下，小雨认识到，她与该领导的关系，是自己儿时与父母关系的投射。剥离投射之后，在现实层面小雨与该领导的关系有了明显改善。

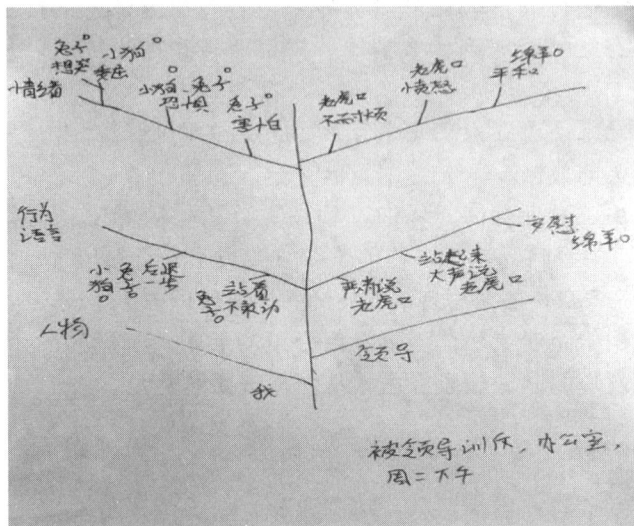

图 19-2

## 7. 注意事项

其一，分析构图的时候要注意反观自我，特别是用于个人成长时。

其二，在构图和分析过程中，涉及来访者隐私而不愿在图上用文字标记的，咨询师要允许来访者用某种符号或只有他自己知道的词语来代表。例如，用"王某某"或"312"代表现实中真实的李三。

其三，将简明构图法用于心理咨询和企业时，参考该技术操作步骤的第三步和意象对话疗法的基本操作方法，未必需要分析子人格。

# 二十八、 孙淑文：笼子里的动物

**（研发者单位：济南生命树心理学应用研究中心）**

很多人因为内心受困，无法正常发挥能力，使得自己在现实中对一些事情不能很好地应对，现实的工作、生活和人际关系也受到影响。

孙淑文老师注意到，在这种情况下，想象者通常会看到一个笼子，笼子里有一个动物。通过意象对话疗法进行心理咨询，笼子里的动物就可以走出笼子，或在能量转化后笼子自然消失。这意味着，当潜意识中该动物所象征的性格特点不再受到压制，能够自由自在的时候，想象者的心理能量会有很大的提升，相对应的现实状态也会得到改善，现实的一些问题得以解决。这个方法就是"笼子里的动物"。

无论是个案咨询，还是团体成长，当涉及"控制"或"压抑"话题时，即可使用"笼子里的动物"这一方法。

## 1. 指导语及其解释

指导语："想象自己走在一条通往过去的路上……什么样的路？路两边的场景？带给你什么感觉？沿着这条路一直往前走，看到一个院子，这是一个什么样的院子？带给你什么感觉？在这个院子里（或者是其他位置）有一个笼子，它在什么位置？这是一个什么样的笼子？笼子的材质？给你什么感觉？笼子里有一只动物，这是一只什么动物？这个动物的颜色、表情、状态、心里的感觉？笼子和动物之间会说什么话？"

关于主要指导语的解释：

"笼子里的动物"属于设定性的意象，旨在引导想象者聚焦在这一意象上，增加相关的觉知。

使用"想象走在一条通往过去的路上"这句话，主要是引导想象者深层探索内心世界。

"什么样的路？路两边的场景？带给你什么感觉？"是为了进一步强化想象者的感受，同时了解其心路历程。

"沿着这条路一直往前走"继续深入早期探索。

"看到一个院子，这是一个什么样的院子？带给你什么感觉？"主要是对过去生活环境的情绪记忆，及其对自己内心的影响。

"在这个院子里（或者是其他位置）有一个笼子"，呈现内心控制的心理图景。

"看一下在什么位置？"，看清想象者早年在家庭和亲人心目中的位置。

"这是一个什么样的笼子？笼子的材质？给你什么感觉？"进一步细化"控制"的状态、强弱程度、方式及其感受。

"笼子里有一只动物，这是一只什么动物？这个动物的颜色、表情、状态、心里的感觉？"引导想象者体会被压抑的那部分心理内容或性格特点，及其内在感受。

"笼子和动物之间会说什么话？"，运用"帮助"这一意象对话微技术，推动想象者内心深处"压抑"与"被压抑"（或"控制"与"被控制"）这两部分心理内容的交流与沟通，促进人格成长。

## 2. 操作步骤

"笼子里的动物"，完全遵循意象对话疗法的基本操作步骤。

关于笼子意象与动物意象的互动，需要关注几个要点：

第一，看清楚意象中"路"及旁边的环境，及其带给想象者的感觉。

第二，看清楚"院子"及围墙的状态，及其带给想象者的感觉。

第三，看清楚"动物"的状态，体会"动物"的感觉，让"动物"将自己的感受表达给"笼子"听，再体会"笼子"听到"动物"表达时的感受。然后，让"笼子"把自己的感受表达给"动物"听。依次反复，不断体验"笼子"和"动物"的各自感受，鼓励沟通和表达，直到体验透彻，问题得到解决。

## 3. 核心意象象征意义的解读

"院子"象征家庭环境的状态，对孩子的影响；"笼子"象征内心控制和压抑；"笼子里的动物"，象征被控制或被压抑的心理内容。

（1）"笼子"意象

一般的笼子有铁质的、木质的、竹制三类，也有木笼子带铁丝网等特殊情况出现。铁笼子有粗铁框、钢筋框、铁条框、铁丝框、带孔的铁皮框等；木笼子有原木框、木条框和树枝框等；竹笼子有竹子框、竹条框、竹批框。有时，会出现一些特殊的笼子，例如，竹筐（如装香蕉的筐）、背篓、鸟笼子等。

铁笼子一般象征着沉重、坚固、冰冷、没感情，象征父母控制孩子的方式严格，缺少情感。木笼子和铁笼子的区别是，木笼子少了一些冰冷的感觉。竹笼子相对有点儿弹性，会有一定的自由度。笼子框的粗细代表着控制的力度，粗的力度大些，细的力度小些。

笼子缝隙的大小象征着压抑的程度，缝隙小就觉得压抑得厉害，缝隙大就会感觉压抑得轻一些。

笼子所安放的位置，也具有象征意义。常见的有三种位置：一是放在院子里，象征小时候父母不太在意孩子，或者对孩子缺乏关注；二是放在过道或走廊上，象征着父母对孩子有关心但是比较少；三是放在屋子里，象征父母较多地关注或担心孩子。

（2）"笼子里的动物"意象

动物意象个头的大小，象征心理能量的大小。

该技术运用中，常见的动物有狮子、老虎、豹子、狗、狼、黑熊、猩猩、猴子、兔子、鸡、猫、猪、小鸟……意象里的具体状态，代表着被压抑的能量大小、限制后的状态、被限制的方向等。例如，大的动物一般代表压抑的能量比较大，同时限制了该动物所象征的某个性格特点；"笼子里的小鸟"则强调被限制了自由。

（3）"笼子里的动物"与"笼子"之间的空间

"笼子里的动物"与"笼子"之间的空间大小，象征可以自由活动的程度。

## 4. 特殊情况及其解读

第一种情况：笼子里有两个大动物带着几个小动物。这种情况很可能呈现的是想象者小时候家庭成员的状态。比如，大动物代表父母，小动物代表兄弟姊妹等。

第二种情况：想象者看到一个筒子形的竹筐挂在屋顶上，类似于盛香蕉的筐子，又像是背篓或摇篮；感觉有弹性，留有可伸缩的空间，又感觉挂着不安全，像玩具一样有时间才管一下；里面的小动物可以看到下面，但是不易被人发现，而且小动物不理别人，自己玩。

此意象说明来访者小时候家庭条件比较差，父母经常将他放在一个小空间里，忙自己的事情，有时间就会管他一下；他常常是自己一个人玩，不太关注别人。现实中他也是喜欢自己一个人在家，不愿意外出和人交往。

第三种情况：想象者看到一个筐子扣在小动物的上面，小动物可以自己推动筐子向前移动，但是移动的范围仅限于院子内或房子内，到门口会因为台阶高而无法出去。此意象说明来访者受到控制，有自由的小空间，也有一定的安全感，有生存的保障，但感到出去后会有危险，心怀恐惧。

# 二十九、 徐海颖：梦境抄写法

（研发者：职业心理咨询师）

## 1. 目的

在安全的情况下，帮助来访者逐步进入发生"大梦"所在的潜意识。

有些梦很重要（比如，常年反复出现的梦），来访者知道，咨询师也知道。但是，咨询师更明白，当时并不适合对这个梦进行解释，因为来访者可能接受不了。然而，来访者的潜意识却将其呈现了出来。这可以理解为，对方的潜意识发出了邀请函，而且被邀请者是两个人——来访者和咨询师。于是，咨询师需要解决这个两难之境，如何把来访者带入潜意识，而又保证其意识不至于太过难受而离开。

## 2. 原理

这个方法的原理是，绕开情绪、情感的干扰，直接在发出"邀请函"的潜意识层面进行对话。严格来说，这不是对话，而是一个破译的过程。因为对于这个层面的梦境，不仅意识没有做好准备，就连浅层的潜意识也没有做好准备。所以，来访者对梦境表现为没有感觉。实际上，这是来访者的一种自我保护，不适合进行直接解读。

通过抄写，帮助来访者在不受情绪干扰的情况下，直接与深层潜意识进行接触。通过简单的肢体动作，能够让来访者的深层感受逐渐上浮，来访者会有各种不适感。而在这个时候，依然不对其进行解读，因为那只是初期的感受而已。需要做的就是让这些感受消散，进行下一步的工作——"扩写"。通过字体的放大、字间距与行间距的放大、纸张的放大，逐渐扩展与深层潜意识的连接，从而到达发出"邀请函"的位置。

如果到达了那个位置，是否诠释梦境已经不重要了。"邀请函"的真正意义在于，让来访者探索到潜意识的深处。所谓的"明白"是自然发生的，不用刻意为之。

### 3. 适用范围

个案咨询；自我成长。

### 4. 操作步骤

引导来访者记录梦、抄写梦。

第一步，原样抄写，不多不少。错字、漏字，都照抄。原样照抄是很重要的，这是帮助来访者在反复抄写的过程中不离开原来梦境的一种手段。

第二步，抄写过程中，不主动体会内容，不去尝试解释，更不进行分析。有情绪，让情绪飘散就好。如果情绪能量太大而导致无法继续，就暂停。

一开始，原样照抄，字的大小最好根据纸张大小而定。这时，来访者多数会出现各种各样的反应，通常都不会太舒服。咨询师可根据对方的情况，调整抄写的频率，或两天一抄，或三天一抄，或一天几抄。随着抄写次数的增加，来访者最初的难受情绪会慢慢减少。这是因为梦中所蕴含的种种感受，随着抄写的进行会逐渐释放，这是一种安全措施。接下来，把字体逐渐增大，增加字与字的间距，行与行的间距也拉宽。这几项可以逐项操作，也可以同时进行，咨询师根据来访者可接受的程度进行调整。

第三步，换成更大的纸抄写。

第四步，结束。结束是一个自然的过程，不太会有一个标记点。就像声音渐渐减弱，洪水逐步退去，一般情况下，来访者会自然地到达发出"邀请函"的地方。

### 5. 注意事项

某一，原样照抄。

其二，循序渐进。

其三，不体会，不解释，不分析，不干预。

其四，在来访者抄写的过程中，咨询师的工作重点是掌握抄写进度的快慢与频率，对于梦的内容并不需要特别关注。

## 三十、 徐海颖：景物唤醒法

### 1. 目的

有些来访者的意象世界极其丰富，感受层出不穷，他们化解了一个又一个情结，也不断调整着自己的子人格。然而，一段时间过去之后，他们依然在看意象、解情结、体验感受、调整子人格……这类来访者的问题在于，没有做好去面对更深入的问题以及客观现实的准备，所以沉溺于在浅层"把玩"各种意象。该技术就是通过引导这类来访者对现实物体进行描述，帮助他们从昏沉中醒来，从旋涡中走出。

### 2. 原理

利用现实中客观存在的物体，帮助来访者建立相应的现实感，并强化现实感，杜绝意象沉溺，回归现实生活。

### 3. 适用范围

适用于对意象对话有一定了解，并且一直运用意象对话进行自我成长的来访者或心理咨询师。

### 4. 操作步骤

第一步，分析。

分析来访者沉溺在意象中的原因。常见原因有：不想面对深层问题；操作方法不当；过早接触太深的问题而无法解决；不愿面对现实生活等。

第二步，脱离。

无论何种原因，首先要帮助对方脱离意象。这与意象对话疗法的常规做法正好相反，不是鼓励其多看意象，而是鼓励其少看甚至不看意象，增加现实行动，面对现实生活。

第三步，描述物品。描述物品分为几轮。

第一轮，去掉所有的感受，干巴巴地描述各种物件。描述时，禁止来访者使用比喻、拟人、象征等修辞手法，不能有任何表达情绪感受的字眼出现。目的在于帮助来访者脱离对意象的沉溺。

第二轮，鼓励来访者用类比的方法进行描述。即用物体 A 的特征类比目的物的特征。例如，描述"橙色"时，可以说"橘子一样的橙色"。目的是通过物体与物体之间的联系，帮助来访者重新连接现实，回到现实。

第三轮，鼓励来访者从两个层面进行描述，一是整体描述，二是具体描述。目的在于既能关注整体，又对具体的细节有所注意。

第四轮，熟练之后，鼓励来访者参考优秀的文学作品，对现实物品进行描述。

通常情况下，完成以上前三步就能够从意象世界回到现实世界，并且是带着真实的情感看待现实中的人和事，而非隔离。

### 5. 注意事项

其一，"脱离"要坚决，要猛，要快。犹如在旋涡中打捞东西一样，只有快速地捞起，才是最省力的，也最有效。当然，前提是，咨询师对来访者有充分的了解和理解，掌握了来访者产生沉溺的原因，并事先明确告知对方为什么这样做。

其二，咨询师要选择相对中性的物品，既不容易引起兴奋，也不容易引起紧张的物品。来访者的意象沉溺状态明显缓解时，可以引导其自行挑选物品，但要限定范围，比如，家里的东西。

### 6. 案例解析

某来访者先后描述了17件物品，包括家居物品、石头、植物、摆件等，历时四周。按照时间先后，这里挑选五件物品，以呈现来访者的变化过程。

第一件物品：石头（第一天至第四天）（图19-3），咨询师选择。

图 19-3

"这是一块儿质地偏硬，肉红色，三四岁小孩儿拳头般大小的鹅卵石；这是一块儿质地偏硬，体积偏小，肉红色鹅卵石；这块儿石头与大海边常有的普通石头材质类似，硬度也类似于普通石头，粽子般大小，五个角，五个面，与不规则的五面体形状相似，颜色与稍微泛点黄的猪肝的横切面的颜色较接近；石头的五个角有弧度，和鹅卵石相似；颜色和煮得七八分熟的猪肝横切面相似；颜色与稍微泛点黄的墨菊的颜色类似。"

第二件物品：植物（第五天）（图19-4），咨询师选择。

图 19-4

"这是一朵形状与杯子相似的花，颜色是浅粉色吧，类似于浅粉色月季，质地与磨毛棉布相似，每个花瓣的形状近似于圆形，从里到外共有五六层。整体比高脚杯的杯子部分稍微小些。"

第三件物品：卵石（第十三天）（图19-5），来访者自行选择。

图 19-5

"这块儿石头与槐树的叶子大小相似，颜色与不太白的一种白瓷相似，有点儿发暗，表面有两条不太明显的黄褐色斜条纹，形状与槐树叶子相似，薄薄的，大概有1厘米厚，材质与普通石头相似，硬度与普通石头相似。不透明，但表面有光泽，近似雨花石。"

第四件物品：沙发(第二十三天)(图 19-6)，来访者自行选择。

图 19-6

"这是一张长约 1.8 米，宽约 40 厘米，高约 30 厘米的沙发。坐垫和靠背形状接近长方体，沙发腿是四个材质接近钢铁的圆柱体，沙发布料颜色接近青石板或普通石头的青灰色，材料与化纤布料相似，质地接近磨毛棉布。"

第五件物品：小老虎摆件(第三十天)(图 19-7)，来访者自行选择。

图 19-7

"这是一件用北方当地的一种黄胶泥手工捏制的泥塑小老虎，尾部有两个小圆孔，用嘴吹会发出响声，是一种孩子们的小玩具。它身长约 6 厘米，高约 4 厘米，皮毛接近明黄色，中间镶有黑色条纹。胖乎乎的身体，四肢和身体连在一起，依稀能看到腿部和爪子的轮廓。再看头部，脑门上写着一个大大的'王'字，淡黄色和浅绿色相间的眉毛，一对萌萌的眼睛，鼻尖上顶着一块儿俏皮的橙色，最有意思的还是它的花胡须，有淡黄色、浅绿色和黑色。它看上去和一只刚出生不久的小老虎相似，头部和身体向右微微弯曲，昂着头，似乎在用好奇的眼睛探寻着这个新奇的世界。"

◆ 解析 ◆

通过这五个物体的描述，我们可以发现，来访者对于现实的认知力与感受力明显加强，在对物理世界的描述趋向客观的同时，也能带有合适的情感表达。这些能力是我们对心理世界进行认知所需要的能力，同样，对意象的描述也需要"客观"性，需要对其中的情绪有适度的表达。根据来访者自己选择的物品及其具体描述，我们可以看到她内心的变化，并且对于她的内心世界也有了更深入的了解和理解。

## 三十一、 徐海颖：月经周期调整法

### 1. 目的

研发者假设，能够能将女性的月经周期稳定下来，调整到正常范围之内，与月经相关的其他心理问题就会比较容易解决。因为周期就像是一个框架，框架稳定，框架内的其他问题就会相对容易解决。

该技术的目的在于，帮助成年女性调整月经周期，从而有利于解决相关的其他心理问题。

### 2. 原理

年有四季轮换，月有阴晴圆缺。人的生理情况也是如此。

作为一个周期性的生理现象，女性的月经必然有一定的节奏。如果这个节奏被打破了，或者出现严重的失调现象，这个人的身体肯定会出问题。由于身心的统合性，生理方面出现问题，心理也或多或少会受到影响，反之亦然。该技术运用心理学的方法调整成年女性的月经周期，从而舒缓心理压力，减轻心理对身体造成的负担，促进身心和谐。

### 3. 适用范围

通过中西医来调理生理周期的成年女性来访者。

### 4. 操作步骤

应对月经周期失调的具体操作步骤如下。

第一步，摸底。首先是身体检查，中医和西医可以同时做，遵照医嘱按时服药，定期复诊和治疗。其次是心理体验，在咨询师的引导下分析和体会与月经周期失调相关的心理因素。

第二步，记录。记录内容包括周期、情绪、疼痛部位及具体感觉等。

第三步，运用意象对话的方法化解相关情结。

## 5. 注意事项

其一，一定要做身体体检。

从临床实践的情况来看，月经周期出现问题的成年女性，通常是身体的真实情况要比主观感受糟糕得多。然而，当事人往往认为身体不错，只是月经出了问题。殊不知，这是身心健康的最后防线持续被冲击的迹象。这个防线若被突破，往往会引发更为严重的躯体疾病或精神痛苦。所以，由不得半点掉以轻心，必须要去体检！体检前后，会引发消极情绪，初期以调养身体为主，加固防线，待身体逐渐恢复，再深入内心。因此，咨询初期的心理体验要放慢节奏，以保守为上，耐心等待身体调养到比较好的状态，期间须遵医嘱。

其二，注意记录。

月经周期的调整是一个相对漫长的过程。在这段时间里，需要认真记录，以备分析之用。而且，记录行为本身就是对自我的关爱。

其三，关注点要在整个周期。

月经来的时候，其实是问题爆发的时候。调整周期的重点在于，澄清问题的源头以及问题是如何积累下来的，所以，没有月经的日子更是关注的要点。不能够头疼医头，脚疼医脚。关键是帮助来访者树立健康的观念，在源头处就要注意保养，这样等将来调整好之后，才利于形成良好的习惯。这也是心理咨询隐含的目标之一，即养成良好的生活习惯。

其四，咨询师要稳。

随着调整的深入，症状可能会加重。这个时候，咨询师要根据自身对来访者的了解，以及对症状产生原因的合理推演，综合各方面的信息做出判断。这个时候症状的加重，并不是问题的加深，而是随着调整的深入，来访者内在的消极能量爆发出来，这恰恰是前期工作奏效的证明。期间，咨询师要保持冷静和自信。当然，在把握不大的情况下，咨询师最好选择保守的方法，渐缓而行。

## 6. 案例示范

图 19-8 是案主 X 历时 527 天的月经调整情况。初来咨询时，X 月经失调的情况比较严重，先是 58 天不来月经，之后就是 73 天月经不停，整个周期历时 131 天。在心理层面上，她有抑郁情绪和痛苦感，还有严重的拖延行为，这影响到了她的工作。

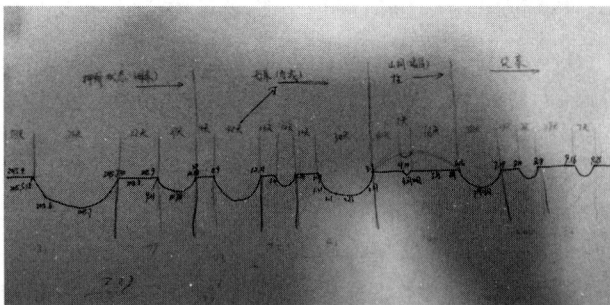

图 19-8

咨询初期，咨询师建议 X 去医院进行全面的身体检查。检查发现，X 的多项激素水平不在正常范围内。中医认为，她的身体非常虚弱。由于 X 意象中的景象也比较灰暗，咨询师初步判断其身体太弱，不太能够继续承受较大消极情绪对身体带来的冲击，因此，在开始的一段时间内，建议她以身体调养为主，心理调整为辅，情绪上以安慰为主。

咨询中期，X 的抑郁情绪渐渐消散，身体逐渐恢复，对月经失调的认知也更深入。由于前期调养的效果，她对身体健康有了更积极的追求，开始有规律地锻炼身体。

写此案例时，来访者的月经周期已经连续三次为 28～33 天，完全正常。同时，她坚持健身，开始接受新的工作，在现实中挑战自己的拖延症。她真实地感受到了心理成长的甜头，决定继续进行个案咨询。只是，这个时候她的目标已经不再是解决月经的周期问题，而是希望能够更深入地探索潜意识，化解更深层的心理问题。

针对图 19-8，做简单介绍。

在月经周期调整的整个过程中，来访者共经历了 8 个生理周期。根据她的体验，调整过程可分成四个阶段。第一阶段（第一和第二个周期），历时 210 天，主要解决来访者与母亲的关系问题，化解抑郁情绪。第二阶段（第三、第四、第五周期），历时 119 天，从自我认知的角度继续深入解决与母亲的关系问题。第三阶段（第六个周期的前半段），历时 107 天。这个阶段比较特殊，从整个周期看，它是没有月经的前段。然而，这个阶段出现了月经，但因为天数太少，没算作一个周期。这一阶段重点解决的问题是与"性"有关的创伤性体验，让来访者带着自知化解愤怒与羞耻感。第四阶段（第六周期的下半段和第七、第八周期），历时 91 天。这个阶段主要解决的问题是来访者与父亲的关系。至此，经过一年半的持续调整，来访者的月经周期恢复正常。

## 三十二、 苑嫒："挑武器"

（研发者单位：中央财经大学社会发展与心理学院心理学系）

自 2007 年起，苑嫒开始面向社会系统讲授"自我防御机制"这个主题。为了引导学员能够清晰地体会到自己在压力情境下是怎样下意识地保护自己的，她加入了一个体验环节——"挑武器"。操作过程中，她越来越发现这个环节总能生动而深刻地反映出个体应对人际冲突情境，特别是愤怒情绪的方式，由此还能探索到当事人的心理边界和心理底线及其应对方式。

因此，"挑武器"技术的目的有三：一是测查人际冲突情境下的应对方式；二是呈现人际冲突情境下的不良应对；三是有自知地释放相应的不良情绪，解决人际沟通问题，培养健康的应对方式。

适用人群：无精神病和严重人格障碍的来访者；自我成长者（心理咨询师和心理治疗师）。

适用形式：个案咨询；团体治疗。

### 1. "挑武器"的团体意象辅导

团体课程需要咨询师面向大多数学员和大多数学员的大多数问题。所以，在进行"挑武器"意象辅导时，研发者希望突出其体验性和教育性。做个案时，要进行一对一的治疗性现场辅导，但个案辅导结束或告一段落时，需要进行点评，以让全体学员受益。

让全体学员围坐成单层圈，简单地引导其闭目、躯体放松之后即可开始。

第一步：引导想象。

核心指导语是："想象中，你的面前有一个武器库。这个武器库是什么样子的？如果愿意，可以用你喜欢的方式进去看看。请选择一件武器，走出来（强调：因为是想象，所以不必顾及现实的能力，可以将任何武器带出武器库），把它放到你感觉安全的地方。"

关于核心指导语的解释：

该意象对话属于设定性引导，故使用"武器库"一词，目的在于聚焦，并增加想象者的想象力和选择度。

使用"面前"一词旨在鼓励和强化想象者面对的态度。

"这个武器库是什么样子的？"是"房子"意象的变形和细化，针对心房的特有部分——防御外界人际冲突、保护内心自我的基本状态与基调，愤怒情绪的积压程度以及保护愤怒情绪的具体方式。

"如果愿意，可以用你喜欢的方式进去看看"，表达了指导者对想象者的尊重。当他/她不愿意进去时，就引导其在想象中看看武器库的周围，当作房子意象处理，同样可以体察到其防御方式。

"请选择一件武器"，一是考虑到团体课程的限制性；二是希望通过第一个选择深入内心（无论凭直觉，还是经过理性分析之后做出的选择，第一个选择总是具有格外的意义）。如果是在心理咨询室里进行个案面询，可以更细致地引导来访者选择第二件、第三件，甚至更多，以帮助其细细体会在迥然的人际冲突情境下、不同的关系里、细微差异的情绪状态下，自己所使用的自我保护方式。

"走出来"是将内心的一种选择行动化，进一步确定和实现第一个选择。有的来访者在武器库中选择的武器与走出来携带的武器是完全不同的，这个细节可以帮助我们体会其内心的冲突或变化。"走出来"也意味着在内心深处暂时离开各种消极情绪所积压、各种无意识的自我防御机制所堆砌的场所，既创造了自知的机会，也带来了脱离沉溺的片刻安宁，同时，也就有机会看到，当这种武器意象所代表的防御方式不再被积累或压抑时，它在现实世界里是怎样被使用的。最后这层意思需要在第三步分组探讨时加以明晰。

"把它放到你感觉安全的地方"，这句引导语的设计主要是照顾到非心理治疗性团体，因为大多数学员没有心理学或意象对话的受训经历，需要保证团体的基本安全性和安全感。对于个体来说，这句引导语的隐意有二：一是不要轻易使用"武器"，不要伤害他人；二是建立当下的基本安全感，可以留在团体里继续分享。

第二步：逐一描述，选择性对话。

在团体课程里，不能忽视任何个体。他可以不表达，但我们必须给他表达的机会。请每一位成员不加任何分析地描述自己的想象。在此过程中，指导者根据自己的工作经验和想象者当时流露出来的情感、情绪，进行选择性意象对话，即不是跟每一位学员对话，对话内容也不尽相同。

例如，询问"举着这把斧子的人长什么样子？他想砍谁？为什么？""这枚导弹如果像人一样有年龄，它有多大了？""为什么把枪放在办公室的抽屉里，而把子弹放在家里？""当你蹲在盾牌后面时，心里的感觉是什么？""如果你不把匕首刺出去，而是用语言来表达心中的愤怒，你想说什么？"

第三步：按照武器类别分组探讨。

首先，学员的学源背景不同，互动方式及主题有所不同。

对于学习过意象对话的团体，三人一组，分别承担"咨询师""来访者"和"观察员"的角色，以意象对话的方式进行深入，重点在于体会所要防御的具体情绪，并进行相应的心理咨询和治疗。

对于没有意象对话学习经历的学员，讨论主题为："在现实生活中，你是怎样处理人际冲突的？忍的底线是什么？"讨论中需要总结本组成员的共性与差异性。重点在于增加认知层面的自知，同时提高社会支持感。

其次，对于颇具想象色彩、各自独立、无法按类别入组的，单独成组。

为了增加趣味性，可以根据具体情况给小组命名，如"神奇组""飞翔组""奇异组""幻化组""赤手空拳组"……讨论时，提醒他们重点讨论"差异性"。

第四步：各组代表报告，逐一点评。

点评的内容包括：讲解武器意象的象征意义；武器意象与自我防御机制之间的关系；在人际冲突情境中使用的利弊；既不压抑自己，也不伤害他人，促进人际沟通的表达方式；武器意象对于亲密关系的破坏与建设。

第五步：总结性指导，提请注意事项。

"挑武器"只是了解和理解自我防御的一个方法，因而，无论想象中看到怎样的武器库，选择了怎样的武器，均无高低好坏之分，这不过是表达了自我保护的某种方式。每一种武器都蕴含着力量与智慧，关键在于我们怎样去解读、去使用，从而将无意识的自我防御发展成自知自觉的健康应对。

"挑武器"是一个研发成果，还需要在临床实践中不断完善，所以，每次课程结束前，研发者都会提醒学员操作时的注意事项。详见后文。

## 2. 常见武器意象的象征意义

关于武器意象的类别划分，可以有多种维度。作为意象对话的一种拓展，它沿用了意象类别的划分原则，即在军事常识的基础上，更多考虑武器意象的形状相似或功能相似。

简单列举如下：按照武器出现的历史顺序，可分为古代冷兵器和现代武器；按照使用方式，可分为直接使用的兵器（如刀、枪、剑、戟、斧、钺、钩、叉）和间接使用的兵器（如地雷、导弹）；可以根据武器是否装有火药以及火药成分的多少进行划分；可以根据武器是否具有杀伤力以及杀伤力的程度进行划分；可以根据武器的瞄准性进行划分；也可以根据武器杀伤距离的远近进行划分；还可以根据武器是否具有自伤的危险加以区别；等等。

每一种划分尺度本身就是一个意象，同样具有象征意义。比如，火药或子弹代表愤怒情绪的压抑程度。显然，大炮比步枪的压抑程度更高。比如，杀伤距离代表人际距离。于是，惯用匕首和手枪的人，或者说以匕首或手枪为主导人格的人，常常在远距离的社会关系里具有很强的忍受力或承受力，一旦发飙，受伤最重的将是最亲近和亲密的人。最亲近、最亲密的人成为最无辜的人，这只是情况之一。情况之二是，远距离的人很难伤到自己，只有亲近距离的人才会让自己有受伤的感觉。

由于篇幅有限，这里仅根据粗略的编年法，各举几例，简述冷兵器和现代武器的基本象征意义。在临床实践中，经常出现不易划归类别、极具个性、带有丰富的想象色彩的武器意象，为便于讨论，将其化为一类，称为"个性化武器"。

（1）冷兵器

广义的冷兵器是指冷兵器时代所有的作战装备，是不带有火药、炸药或其他燃烧物，在战斗中直接杀伤敌人、保护自己的近战武器装备。冷兵器可分为十八种，即人们所说的十八般兵器：刀、枪、剑、戟、斧、钺、钩、叉、鞭、锏、锤、抓、镗、棍、槊、棒、拐、流星。

在武侠小说中，兵器的作用被神话，比如，小李飞刀等。古典小说人物常配以不凡的兵器，比如，关公：青龙偃月刀；张飞：丈八蛇矛；吕布：方天画戟等。当来访者在潜意识里认同这些武器的主人时，他就会倾向于选择这些武器。因此，这些武器除了具有其意象本身的象征意义之外，还渗透着原始主人的人格特点，进行解释和意象对话时都要考虑进来。

通常，在"挑武器"意象中惯用冷兵器的来访者，性格更为坦诚、直爽、直接，使用木制武器的来访者又比使用金属材质的来访者更加朴实、单纯，在人际冲突情境中，敢于直接面对，甚至针锋相对。由于没有爆炸物，使用武器时需要较近距离的直接接触，因而，这类人愤怒压抑程度相对低一些，伤及无辜的可能性也低一些。但是，这样的来访者需要增加自我保护意识和处理问题的灵活性。

剑：近战刺杀和劈砍的尖刃冷兵器。剑分剑身和剑柄两部分，剑身细长，两侧有刃，顶端尖而成锋；剑柄短，便于手握。配有剑鞘的剑意象比直接暴露在外的剑意象多一层掩饰，也多一层保护。剑柄戴穗象征表演性，犹如冷艳女子的飘然裙带，似风、似羽。暖色调的剑穗更有热情，冷色调的则更具理智。剑最突出的特点是追求公正，古今中外都能找到剑代表正义的文化证据。所以，选择剑的人，或者以剑为主导人格的人，常有"侠士"风范，喜欢维护公正和道义，对人对己都无法忍受不公不正，也就比别人多了一种愤怒——义愤。剑有双刃，象征他伤与自伤。因此，"剑客"在使用剑一样的锋利与坦直时，请注意保护自己，尽可能降低代价或避免不必要的代价。现实生活中，用剑的制胜动作是"刺"，刺向对方要害，甚至一剑毙命。"剑刺"象征着攻击或愤怒的针对性，可以演化成犀利的语言或文章。

刀：近距离砍和劈的单兵格斗冷兵器。刀由刀身和刀柄两部分组成，刀身狭长，刃薄脊厚；刀柄或长或短。刀的种类很多，有大刀、腰刀和环首刀等，还有双手使用的朴刀。与剑相比，刀略显钝，"刀客"常有西北汉子的憨直与坦荡，但灵活度较弱。

匕首：短小似剑的冷兵器。匕首由刀身和刀柄两部分组成，有单刃和双刃之分。匕首短小易藏，是从古至今一直使用的兵器。匕首的刀身部分酷似剑尖，因而具有"剑刺"的象征意义。与刀、剑相比，匕首更具隐蔽性（诚然，隐蔽性最强的冷兵器当属暗器），易携带，不易被发现，且在近距离内，取准既易，力道又猛，可刺中要害，比剑更狠。这也是选择匕首进行防御的重要原因——距离太近。因此，选择匕首者格外需要学会处理亲密关系当中的问题，并提高对投射机制的觉察，否则，一不小心就会伤及家人。

（2）现代武器

现代武器指火器，是用火力杀伤人或用火力发射的武器，如枪、炮、火箭筒、手榴弹、坦克、核武器（原子弹、氢弹）等。

现代武器大量使用各种金属材料，火药也非纯天然，而为人类所造，所以，现代武器比古代冷兵器有更多理性，也更具杀伤力，破坏范围更广。

飞机不仅为金属所制，还能脱离大地，翱翔高空，对应着防御机制中的幻想和回避。

在"挑武器"的意象对话中，如果遇到现代武器，特别是枪炮之类，往往要询问想象者里面是否装有弹药，数量有多少，目的在于了解其愤怒的积压程度以及破坏现实人际关系的可能性及危险系数。

手枪：近距离射击，如前所述，易伤亲近关系，也容易受到亲近关系的伤害。在工作中发现，比较追求完美的学员多喜欢选择手枪，并在想象中只装有一颗或两颗子弹。当问及如何使用子弹时，他们几乎无一例外的回答是："这颗子弹是留给我自己的。""他/她（均指配偶）要是把我惹急了，我就先杀了他/她，然后自杀。"

狙击枪：精准度和毙命概率非常高的一种枪。狙击手颇具耐受力和坚韧度，善于在隐蔽处等待，冷静理智，心理素质较高，性格似狼。

机关枪：多发子弹连射。选择机关枪不仅代表这个人的愤怒情绪较为强烈，或者容易生气，还意味着发起脾气来，不管不顾，"突突突"地横扫一片，易伤及无辜。在现实层面，选择该兵器者由于情绪的自控能力较差，容易破坏人际关系，但自身常感委屈，认为别人不理解自己。大量使用投射和见诸行动两种防御机制。

坦克：攻守兼备。与普通的枪炮相比，坦克最突出的是金属外壳和可以运动的履带。金属外壳代表防御机制中的隔离、回避和压抑，具有较强的自我保护意识和防护功能；履带象征行动力和灵活性。

核武器：能量很大、极具破坏力、波及范围甚广的现代武器。选择该武器的人过度压抑，虽然常常可以避免一时一事的愤怒发作，但一旦爆发将如火山喷涌，不可收拾，所以，反而具有更大的潜在危险性。选择核武器的想象者尤其需要学会在日常生活中健康地表达愤怒和不满，有效沟通，而非一味地"高姿态"或压抑，日积月累地攒火药是危险的。

有趣的是，我在目前所接触到的"核武器者"身上，发现了两个规律：一种是体态丰腴、喜怒不形于色的中年女性，一种是瘦瘦小小的年轻人。以心理动力学的视角分析，他们之所以在想象中选择核武器，前者是出于过度压抑，后者则源于过度补偿。

（3）个性化武器

个性化武器千奇百怪、变化莫测，譬如，有毒的莲花型胸针、可以变成长剑的水、擀面杖、能瞬间变成毒蛇的胳膊、见血封喉的树汁、蜜蜂……动物、植物、矿物、人体、人造物一应俱全。

只要掌握解读意象的常规方法，关注这类武器的使用情境和具体功能，就可以了解它们的象征意义了。

例如，有毒的莲花型胸针，毒代表较强烈的消极感受或较严重的心理疾病，莲花与母性或女性有关，胸针有针，带有刺伤性，创口不大、针口不深，却因有毒而致命，胸针别在胸前，兼具掩饰性和展示性，同时流露出重视情感的心迹；蜜蜂蜇人象征自卑者的愤怒，不解决内心深处的自卑，蜇人无解……

与古代冷兵器和现代武器相比，来访者越是追求造型怪异、千变万化的个性化武器，越是反映出内心的恐惧感和弱小感。

### 3. 注意事项

其一，关注来访者描述时的"投射"性语言。

这里所说的投射性语言，仅是针对引导语而言。无论是个体咨询还是团体治疗，倾听"挑武器"过程时，捕捉到想象者的投射性描述，是迅速了解和理解其自我防御的一个方面，也是初步探索其使用投射机制的重要线索。

例如，来访者将引导语中的"武器库"说成是"兵器库""弹药库""火药库""炸药库""兵工厂"等，把引导语中的"请将你所选择的武器放到一个你感觉安全的地方"翻译成"当你让我把武器藏起来的时候……"

其二，回应来访者的每一句话都是建设性的。

自始至终，意象对话心理师反馈给来访者的信息都应促进其心灵成长，不带有伤害性，即使遇到自己毫无了解的武器意象，也要通过倾听、接纳、面对等态度表达真诚。

其三，提醒使用原则。

上段所述的成长性原则最为核心。除此之外，意象对话心理师有责任提醒来访者或团体学员，给那些从未接触过心理学或者完全不了解意象对话的人进行"挑武器"意象互动时，不要沉迷于具体的武器类别和现实层面的武器特点与使用，而是重点关注其使用的情境、功能、其杀伤力或破坏力对于现实人际关系特别是亲密关系的影响。

无论面对何种武器意象，都必须坚守意象对话疗法的基本操作原则：不杀人，不毁物，不掩埋，不虚饰，不消灭，不逃避，不放纵。

原则上，我们并不鼓励未获得意象对话心理师资格的人给别人做意象对话，包括"挑武器"技术，但在现实生活中，这件事很难控制。难免有人去冒险。所以，我们会在每一次的课程和培训中，反复强调各种意象对话技术的使用规范以及注意事项。

其四，建议教师学员不要在第一课堂上运用此练习。

面对社会群体授课时会遇到教师学员，教师学员出于职业的责任感和敏感度，当他们对这种互动方式很感兴趣或高度认可时，就很容易想到在课堂上给学生们做，甚至有中小学教师想把"挑武器"做成一堂心理课。

鉴于初学者受训经历的限制，本着对想象者负责的态度，研发者总是建议他们不要在第一课堂运用此练习，尤其对于现实检验能力较弱的儿童。因为武器意象不仅代表愤怒、攻击或敌意，还常常代表性，其背后的理论也不仅与自我防御机制理论相关，还与经典精神分析乃至整个心理动力学理论相关，若遇到其他的象征意义或较为强烈的消极情绪时，没有一定的工作经验是难以应对的，甚至会伤害到想象者。

为引起重视，这里讲述一个案例，希望大家引以为鉴。

2008 年，北京市某教师在参加了研发者主讲的相关课程之后，感觉颇有收获，不顾提醒，把"挑武器"带到了主题班会上。班上的一个女生在想象中看到了一把红色的长剑，当场吓哭了。该教师不知道如何处理，草草收场，并告诉孩子："这只是一个想象，不必害怕。"该女生于次日以身体不适为由，连续三天没去上课，且重返课堂后情绪低落，发呆、走神儿、易紧张。

这位教师非常担心，她通过电子邮件告知研发者此事。研发者通过邮件和电话对该案例进行了详细的解释和指导。该教师也非常尽心地帮助孩子渡过了遭遇露阴癖的创伤性体验，女生情绪恢复平稳。至此，一个潜在危险被转化为治疗契机。

试想，如果这位老师隐瞒此事，也不寻求任何专业帮助的话，那个女孩子将成为"挑武器"的牺牲品，她将亲手酿造二度伤害。

研发者非常想借此告诉所有的读者和使用者：不要让"挑武器"变成新的武器！

### 4. 对于发展意象对话疗法的意义

(1)增加一个起始意象

意象对话已经有了"房子""花与昆虫""坑""藏着可怕东西的盒子""盒子里的动物""草坪上的动物聚会""进山洞""照镜子"等起始意象，但尚无专门针对人际冲突的起始意象，而人际冲突是内心矛盾的外部投射和集中体现，可用以考量一个人的心理健康水平。因此，"挑武器"的意象互动可以将这一部分内容补充进来，专以探索人际冲突及其自我保护。

它既适用于个体咨询，也适用于团体治疗。

(2)延伸武器意象的应用价值

朱建军教授在2006年出版的《意象对话心理治疗》一书中讲道，"武器有时象征性""男人梦见武器有时也是代表性，特别是梦中的'敌手'是女性的时候。但另一些时候，它代表攻击、敌意和愤怒""武器也常用作男性气质的象征"。所有接受经典精神分析的人都能接受武器代表性的观点，但是，武器意象与攻击、敌意、愤怒之间到底是怎样的关系？其背后是否有理论来支撑？可否在意象对话中加以应用？

近几年的临床实践证明，武器意象是将"自我防御机制"这一心理动力学经典理论与意象对话相结合的一个点。

(3)渗透意象对话的现实推广意义

以往，我们的意象对话课程大都是独立的，或以系统的初级班、中级班、高级班形式呈现，或以费用较高而长时的全程班呈现，或以某一主题为课程名称引入意象对话训练。如果能够在并非以意象对话为主题的课程或培训中，巧妙地融合意象对话的相关理论与方法，以正向增进意象对话的社会认可，拓展其社会意义，应该是件好事。"挑武器"算是一种尝试吧。

这几年当中，除了个案咨询以外，在团体治疗或团体培训中学习并体验过"自我防御机制"以及"挑武器"的，有大学生、研究生、教师（包括大中小学、幼儿园和职高）、银行职员、社区一线工作人员等，他们普遍接受这种学习方式，也高度认可"挑武器"带给他们的启示。

现实世界的武器是用于伤人或防御的，希望研发者的努力能够让心理世界的武器变成自知、自制、促进沟通、和谐人际的一个有效方法。

## 三十三、 张胜洪："制药人"

**（研发者单位：贵州省遵义师范学院教师教育学院）**

*1. 研发缘起*

《说文解字》一书对药的释义为："药，治病艸，从艸药声。"[1]药之自然功效乃是疗伤。张胜洪老师在临床心理，尤其是在哀伤辅导中，将药作为一个隐喻，引导来访者在意象中想象自己是一个制药人，为疗愈自己的伤痛而炼制一味适于自己的独特的"心药"。这一创新技术缘起于张老师在心理学教学与咨询实践中的几件事情。

其一，张老师在给所在学院应用心理学专业的大一学生讲授《生理心理学》时，向学生介绍了意象对话咨询师蔡晨瑞老师的一篇文章《浅论气味的心理功能》[2]。课后，一名女生问："我喜欢喝牛奶，是否有问题？"这个问题看似平淡无奇，却引起了他探索的欲望。对话片段如下：

张老师：说说你喝牛奶的感觉。

学生：喝牛奶时会感觉到脖子发热，腹部变得温暖，情绪舒畅，仿佛躺在草地上，闻到了青草的清香味。

张老师：（心里想，这也许可以成为一种治疗的资源，喝牛奶可以疗愈不良的心情）那你是从什么时候开始喜欢喝牛奶的呢？

---

① （东汉）许慎撰：《说文解字新订》，臧克和，王平校订，50 页，北京，中华书局，2002。
② 朱建军：《意象对话心理学与中医》，91～98 页，合肥，安徽人民出版社，2012。

学生：我记得是在高中的时候，特别是学习压力大，心情不好时，一喝牛奶，心情就好多了。

张老师：现在回想一下你情绪不好的情境，能描述一下那个情境吗？

学生：我情绪不好的时候比较焦虑、躁动。

张老师：如果这种情绪有味道的话，会是一种什么样的味道？

学生：是一种烧焦味。

张老师心里掠过一丝感叹，人的心理逻辑竟然如此清晰。一个想法渐渐成形：如果让这个学生将自己想象成一个采药人，将采草地的青草制成"青草膏"，那么青草膏败火之功效刚好可以疗愈烧焦（焦虑、躁动）的情绪。

其二，在一次团体辅导中，张老师引导学员体验"纵火案"意象（详见蔡晨瑞的《我画我心》）。某位女性的描述是："我看到一个18岁左右的红衣女孩，用汽油浇一棵松树，用火把点火。松树被烧得伤痕累累，倒在地上。红衣女孩从一开始的哈哈大笑变得悲伤。"通过意象对话，张老师了解到，意象中的松树象征该学员的父亲，放火则是释放自己得不到但又想要的爱的愤怒，而红衣女孩也想救活这棵树。于是，他运用"制药人"意象引导其为松树炼制疗伤之药。

该学员在想象中取树旁沼泽之泥制药。制药时，她泪流满面，泪滴入泥中，和泪成药，将药外敷于松树的伤口，并将树扶起，重新培土，使之站立，松树感觉好了许多。她说，在现实生活中，难过的时候，如果亲密的人能紧紧拥抱她，自己就会感觉好很多。

其三，此后不久，张老师梦见参加朱建军老师的工作坊，并给朱老师、赵燕程和蔡晨瑞三位老师做"制药人"意象，所制之药可疗愈恐惧（梦境亦象征梦者与权威的心理关系）。

近年来，张老师在教学和成长小组中收集了百余案例，从理论和实践两个方面展开对该技术的深入探索。

## 2. 原理

### (1) 药与病：偏性与对治

中医学有"象义药食"之用。例如，生在水中的药，食物性寒则以之清火，长在山石中的矿物性热，提炼以祛寒……红色的食物性热用以温补，绿色的东西性寒以之清热等。[①]

---

① 杨力：《周易与中医学》，405页，北京，北京科学技术出版社，1997。

俗话说，是药三分毒。毒即偏性。中药即是用其偏性来对治人体出现的偏性，或寒或热，或虚或实。焦虑躁动，则需"清火"，药为自然之物，却暗合心灵法则。故沼泽之泥，和泪成药，可疗松之累累伤痕。沼泽有下陷吞噬的象征意义，而和以泪水里的真情，外敷于松树之伤口，却有了包容、疗伤之功效。故偏性与对治是医理，亦是心之理。

（2）"药"：从疗伤到疗心的转化

研发者发现，在引导"制药人"意象的过程中，大多数人都能采到药，而所制之药皆与其心理困扰有紧密关联。

荣格曾说，在人的一生中，他所应做的，只是在这种固有人格基础上，去最大限度地发展它的多样性、连贯性和和谐性，小心谨慎着不让它破裂为彼此分散的、各行其是的相互冲突的系统。亦即个体生命作为一个自足的系统，拥有丰富的资源并具有各种发展的可能性。而在出现心理问题（"病"）时，个体亦可不假外求，调用内在资源去疗愈心灵的创伤。"制药人"意象中的"药"是一个隐喻，所采之"药"完成于心理世界。因此，"制药人"所制之"药"虽然与自然药性息息相关，却是在内在深层心理机制运作下经过转化的"心药"。其深层机理，尚需进一步深入探寻。

（3）"倒 U 型曲线"与太极图

心理学中的"倒 U 型曲线"深刻揭示了心理能量的启动、流通、达到峰值、衰竭的过程。若将中国文化的"太极图"及《易经》的智慧用于心理能量的阐释，则可更为深刻和完整地揭示心理能量的启动、流通、达到峰值、衰竭、休养生息、能量恢复、重新启动的过程。这与荣格心理类型学对内外向人格的描述有异曲同工之妙："外向型的特性在于不断以各种方式扩展自己，内向型则有抵御外界要求的倾向，他保存自己的能量，不任意直接与客体发生联系而消耗能量。""制药人"意象中的许多案例可为佐证。

例如，某来访者因急躁，而无谓地消耗了较多能量，其所制之药名为"清热解毒汤"。再如，某来访者所制药名为"玉伤丹"，药的成分：不知名的根须，不知名的紫色小花，山泉；药由两部分构成：棕色的药汤及白色的药丸；注意事项：一月两次，每次须在晚上 12：00 服用（自诉如此可解疲累）；主治：心累，顽疾。所制之药是送给自己的。

一粒种子要生根发芽，苗壮成长，需要土壤、水分、阳光和空气。一个人要完成其一生的"基本心愿"，亦需要安全的环境、适度的关爱、充足的阳光及清新的空气。这亦是朱建军教授所提倡的"地水火风——信爱行知"。

中医云："实则泻之，虚则补之。"但何处该补？何处该泄？如何补？怎样泄……这些咨询方略是每一位心理咨询师需要面对的问题。"制药人"意象可将来访者深藏的潜意识智慧以"药"为隐喻，将之具象化和操作化。

### 3. 目的

第一，呈现来访者心理困扰的成因、无意识应对模式及成长资源；
第二，运用来访者自身所具有的心理资源"炼制"疗愈心灵伤痛的"心药"。

### 4. 适用范围

个体心理咨询；团体辅导（尤其是哀伤辅导）；心理咨询师的自我成长。

### 5. 指导语

"制药人"意象的核心指导语是："想象你是一个采药人，来到一个地方（也许是草地、山谷，也许是高山、森林……），你发现这里有很多的药材可以用来制药。你用你自己的方式把这些药采回来，进行加工，制成药，把药放在一个容器里。请为你制的药写一个使用说明书，包括药名、药材、适应证、使用方式和注意事项。你想把这味药送给一个什么样的人？"

### 6. 个案分类

根据目前的临床经验及案例分析，研发者将"制药人"意象中所呈现的来访者对心理问题的无意识应对模式，大致分为以下三类，下面每一类各举一例。
第一，幻想类。
药名：大力回春丸；成分：各种草药；主治：包治百病；用法：口服加外敷；采药人：来访者和妈妈。来访者将此药送给自己。
第二，对抗类。
药名："糖之韵"；主治：悲伤，独自一个人，苦闷（以糖之甜对抗悲苦）。
第三，对治类。
药名：清凉膏；成分：草药，水；主治：烦躁（清凉对治烦躁）。

◆ 说明 ◆
以上分类只是目前的工作小结，研发者还在继续探索。

### 7. 团体哀伤辅导

研发者在哀伤辅导工作坊中，将"制药人"意象与意象画技术相结合，开发出了一套团体辅导的程序，操作步骤如下。

第一步：画出心中的"痛"。

A. 引导团体成员在放松的状态下感受心中的失落或悲伤，让这些过往的失落和悲伤画面自然呈现；

B. 引导成员将感受最深的情境定格，聚焦于这个画面，仔细感受，并画出（哀伤情景画一）；

C. 将成员分成3～4人/组，先进行小组内部分享，再进行大组分享；

D. 鼓励成员将分享所获得的领悟加入自己的意象画，创作出一幅新画（哀伤情境画二）。

第二步：疗愈灵魂的"伤"。

A. 引导成员进入"制药人"意象，带领团体成员在意象中各自炼制疗伤之"药"，并画出此过程中印象最深刻的画面（"制药人"意象画一）；

B. 让所有成员将"制药人"意象画摆放在自己的椅子上，形成一个小型画展，让成员依次仔细感受每个人的画；

C. 进行大组分享，将分享中所获的感悟加入自己的画中（"制药人"意象画二）。

第三步：以"药"入画，疗愈"哀伤"。

A. 引导成员继续想象，自己所制之"药"会发生一个神奇的转化，转化为一个具有疗愈作用的事物；

B. 基于"哀伤情景画二"，将这个具有疗愈作用的事物加入自己的画中，并创作一幅新画（哀伤情景画三）；

C. 先后在小组和大组分享自己的意象画，通过不断感受哀伤，寻找对治之药，最终获得对哀伤的新的理解与领悟。

第四步：带着哀伤，继续赶路。

在团体哀伤辅导中应用"制药人"意象，旨在"画出心中的痛，疗愈灵魂的伤"。担任指导者的咨询师，可以在团辅工作临近尾声之际，这样鼓励大家：我们每个人内心都有心理伤痕，但我们依然可以背上行囊，继续赶路，带着问题，继续生活！

◆ 说明 ◆

最后这个步骤可以灵活采用心理仪式、团体成员相互支持、彼此鼓励获得前行力量等多种形式进行。

### 8. 注意事项

其一，在意象里选取药材时不可杀生，严格遵循意象对话疗法的基本原则。

其二，"制药人"不可炼制毒药，以免加重心理问题。

其三，咨询师须关注用药成瘾的现象，避免自己或来访者误信"包治百病"，从而失去现实感。

其四，"制药人"意象须在有经验的意象对话心理师陪伴下进行，来访者或读者不可自行引导。

## 三十四、 赵燕程："西瓜地"

**（研发者：职业心理咨询师）**

赵燕程是一位非常优秀的心理咨询师，也是意象对话学员当中最为出色的一位。多年的临床经验和敏锐的直觉常常带给她灵感，"西瓜地"便是其中的一个创新技术。

### 1. 目的

"西瓜地"专门用来测查来访者的心理问题是否成熟到了可以解决的地步，由此呈现当下的心理问题状况，从而进行针对性的心理咨询与治疗。

需要说明的是，作为一个水果意象（水果意象的普遍性象征意义是：在性方面的自我认定），西瓜本身并不象征心理问题。研发者只是出于咨询的目的，借用西瓜这个意象，特定地赋予其意义，并运用这个特定意义展开心理咨询与治疗。

因此，请诸位读者和使用者在理解和运用"西瓜地"技术时，勿将其与西瓜的普遍性象征意义相混淆。

"西瓜地"技术的目的如下：呈现来访者已经意识到的心理问题的整体状况；测查这些心理问题的成熟度；呈现当前适于解决的问题；了解核心问题。

## 2. 适用范围

适用人群：无严重人格障碍的来访者；自我成长的心理咨询师。
适用形式：个案咨询；团体治疗。

## 3. 指导语

"想象眼前有一片属于你的西瓜地，你走进去，看到一些西瓜上面贴着标签。它们提示你，这是你需要解决的各种问题。你仔细看一看都是些什么问题，然后拍一拍，或者听一听，感觉一下哪些瓜熟了。现在，从中找一个你现在最想解决的问题，感觉一下这个瓜熟了没有。如果熟了，就打开它；如果没熟，就再等等，别打开它，让它在地里继续长。"

## 4. 注意事项

其一，引导来访者检验瓜的成熟度时，咨询师不必担心他们检验不出来，临床实践表明，几乎所有的来访者都能够在想象中通过观察（比如，裂口了）、轻拍、掂量、聆听等方式，感觉到瓜的成熟度。

其二，意象对话心理师需要了解瓜的不同状态所代表的心理意义，例如，生瓜象征该问题不适于当下解决，泡烂了的瓜代表情绪泛滥，半生半熟的瓜意味着来访者对该心理问题的自知度不够以及需要等待恰当的治疗时机，等等。当遇到不熟悉或未曾见过的西瓜状态时，请运用具体化等技术协助来访者澄清。

其三，鉴于"以来访者为中心"的心理治疗原则，以及意象对话心理学一贯坚持的工作原则，切勿轻易引导来访者在想象中将不熟的西瓜打开——请勿拿来访者冒险！

其四，如果遇到来访者自行将不熟的瓜打开（例如，用刀切开生瓜），意象对话心理师发现后，一定要指导对方在想象中将瓜合上，放回地里继续生长。一般情况下，这样的瓜可能会留有伤痕，这代表来访者的自我伤害或过于迫切的心情，在以后的心理咨询中，需要关注它。

# 三十五、 赵燕程：从意象看亲密关系

## 1. 目的

关于亲密关系，赵燕程老师研发了一系列的子技术。这一系列的子技术目的相同：真实而深刻地呈现出来访者的亲密关系状况，增加来访者对于亲密关系的自知，进行针对性的心理咨询与治疗。

## 2. 适用范围

适用人群：无严重人格障碍的来访者；自我成长的心理咨询师。
适用形式：个案咨询；团体治疗。

## 3. 指导语

（1）系列之一：意象逛鞋店
鞋意象，可以象征亲密关系。
指导语："想象自己去逛鞋店，为自己选一双鞋，然后为你的亲密关系也选一双鞋。选好后，想象亲密关系就在你的身边，看看他/她会为自己选什么鞋？又会为你选什么鞋？选好之后，想象店老板从后屋（或地下室）走出来，拿出两双为自己和亲密关系准备的鞋。现在看一下你的三双鞋，有什么相同和不同？可以分别穿在脚上试一试，看看有什么不同的感觉？"

自己选，是自己对关系的认识。对方选，是自己心里感觉到的对方对关系的认识。后屋（地下室）象征着自己潜意识中对此关系的认识。

临床经验显示，该意象中的老板常常是亲密关系中强调得相对重要的因素。所以，老板选的鞋以及穿上鞋之后的感觉更加需要关注。

（2）系列之二：家门口的鞋柜
指导语："想象自己回到家，家门口放着一个鞋柜，里边都有谁的鞋？分别是什么样子？"

由此呈现来访者当前的亲密关系状况，以及家庭关系的现状。

（3）系列之三：卧室床头照
卧室与床是"心房"中的私密空间，往往与亲密关系相关。照片是静态的记忆或记忆的定格，位于卧室床头的照片可以用来代表亲密关系。

指导语："想象你进入卧室，看到卧室床头那面墙上挂着照片，掀开照片下边还有一张，照片是什么样子的？具体内容是什么？"

这个引导能够直接呈现来访者亲密关系中二人的关系现状。

## 4. 注意事项

其一，就象征意义而言，"地下室"比"后屋"更深入潜意识。所以，在运用"意象逛鞋店"技术时，指导语中使用"后屋"一词比"地下室"更加保险，特别是对于安全感较弱的来访者。

其二，根据咨访关系以及来访者的具体情况，可以结合其他意象对话技术来使用上述三个子技术。

## 三十六、 赵燕程：子人格图的画法说明

依据朱建军教授的《你有几个灵魂》这本书，意象对话中级班的课程目标是，将人格的不同组成部分意象化，调节子人格之间的相互关系，通过深层沟通，促进健康和谐的人格重塑。

为了能够实现这个目标，近年来，赵燕程在自己的成长体会以及中级班的课程讲授和相关培训中，不断地思考、总结，更加全面、动态地绘制和体会子人格图，逐渐完善了这个使用方法，并使该方法可单独成为一个调节子人格的子技术。

### 1. 目的

通过子人格图的具体使用，调整子人格的相互关系，增加自知，使我们内心成为一个有机、协调的整体，能够拥有一个健康和谐的人格状态。

### 2. 适用范围

适用人群：无严重人格障碍的来访者；自我成长的心理咨询师。
适用形式：意象对话中级班；个案咨询；团体治疗。

### 3. 基本原理

子人格以图表的形式呈现，可以清晰地显示出当事人的人格现状。通常情况下，我们每个人都有一个居于主导地位的子人格，我们也下意识地习惯于仅从这个子人格的视角去认识自己、认识他人、认识世界，在意象对话中，也习惯于仅从这个子人格的视角去认识和其他子人格的关系，至少是在当下。

事实上，如果我们换一个子人格的视角，常常会很意外地发现，我们内心中人物的关系全变了，我们对内心中其他子人格的解读和认识也变了。在这里常常能够看到个人的成长经历，原生家庭的影响，家族的影响，以及集体无意识文化的影响。

从不同的子人格视角去认识自我和世界时，心胸会变得更开阔，甚至很多痛苦也随之得到化解，从而避免了心中某一个或几个子人格的"自我中心"。

我们心中的每一个子人格都有机会获得同等的重视，都有获得满足和发展的机会。

### 4. 操作步骤及方法

第一步，按照意象对话的相关理论及方法，分解子人格。

第二步，引导来访者亲手制作子人格卡片。

在引导来访者画子人格图之前，先让来访者把子人格做成一个个的卡片，（用白名片做，比较现成），每个子人格一张卡片，这样内心子人格及其关系发生变化时，便于随时调整心中的图谱。

第三步，画出子人格图。

在意象对话中级班课程上，或进行团体治疗时，意象对话心理师可以现场找一个准备好卡片的学员做示范，讲解子人格图的画法。

图中男性画方块代表，女性画圆圈代表。图中男性与女性的比例以及关系也可以一目了然。有关系的子人格之间用连线表示，关系好的画加号，关系不好的画减号。具体做法如下：

先将所有子人格卡片摊开，回忆子人格的出现，感觉当下自己最有感觉的子人格，将此子人格卡片摆在准备好的空间里（比如，桌子或地板等，此时必须强调：画出边界）。一边摆，一边把此子人格的相关情况讲给同伴听（在个案咨询中，来访者讲述，咨询师倾听），同伴（或个案咨询时的咨询师）可帮助补充当时拆分子人格时所遗忘的信息，直到所有子人格卡片都被摆进这个空间。

在这个过程中，常常会发现一些之前未被认识的子人格，借此机会补充进去。然后，再分别从每一个子人格的角度，体会与其他子人格的关系，以此促进子人格之间的了解。

第四步，分享体会，结束本次咨询。

鉴于个案咨询时间以及团体治疗的人数、具体情况等限制，有的时候需要分为几次咨询才能完成子人格图的使用。

## 三十七、 赵燕程：意象寻根技术

心理咨询新方法的产生基于对人类心理现象的新发现，比如，经典精神分析发现了心理活动的运作规律（潜意识的作用），意象对话发现了心理现实的呈现方法（意象）。"意象寻根技术"的产生亦是如此。

### 1. 目的

从咨询方向上来说，意象寻根技术更侧重对自体我和关系我的同步关注。

在回归自体我的过程中，我们发现，试图着力调整改变关系我的需要，常常都是自体我的驱力所导致的，是自体我的需要，但是，自体我的需要又没有真正获得满足，所以回归常常被忽略的自体我。这对于改善自体我和关系我的关系，以及最终完善自体我和关系我的存在感，是至关重要的。这种咨询路径及方法，最终都会寻根到人的存在感的困扰。

从关系与自体的角度看，人有两种存在感。一种是关系我的存在感，这种存在感总是受到关系的影响，关系的变化影响自己的存在感；另一种是自体我的存在感，在丧失自我感时，我们经常找不到这种存在感，在有自我感时，就能够感受到这种存在感。"我知道我存在，但是当被漠视时，我会感觉我像是不存在一样"，那个被漠视而感觉到自己不存在的感觉，源自关系我的存在感出了问题。即使如此，仍然可以区分出自体我的存在感是有的。

自体我的存在又分为三种存在感。第一种是生物性的存在，它有实体感，而另外两种，没有实体感；第二种是情感性的存在，它是以爱与被爱为基础的；第三种是精神性的存在，它体现了人之所以为人、与其他生命体的不同，它有智慧，有追求智慧的需要，并不断发展着自己的智慧。自体的这三种存在感相互影响。在心理发展的不同阶段，这三种存在性的需要会有所不同（后人本主义心理学更关注第三种存在性的需要）。

### 2. 基本原理

（1）人格的构成

基于现有心理学理论和心理咨询实践，"意象寻根技术"认为，心理痛苦的根源在于人格出了问题。那么，人格是如何构成的？

人性是个体和群体两种属性的组合，与之类似，人格也表现为自体和关系两个面项。自体由脑（理性思维系统）、心（感受感觉系统）和身（躯体本能系统）构成；关系由我们身处的人际关系、社会和自然环境构成，其中最重要的是人际关系。自体和关系相互影响、相互决定。自体在关系中成长，关系的质量决定着自体的质量；关系在自体间建立，自体的质量决定着关系的质量。

意象对话中的子人格可以据此分为两类，一类属于自体我，一类属于关系我。

（2）心与心理问题

在构成自体的脑、心、身三者中，对心理问题的产生起着关键作用的是心。

自体在关系中成长，是指自体在关系提供的各种刺激中成长。自体对关系刺激的基本判断可以分为两种，令人舒服的和令人不舒服的。离苦得乐是人的本能驱力，关于苦乐的判断主要是由心做出的。当体验到快乐的感觉时，心会驱使头脑和身体想方设法留住这种体验，比如，重复各种成功或成瘾行为。当体验到痛苦的感觉时，心也会驱使头脑和身体想方设法逃离这种体验，比如，精神病和各种神经症的临床表现。

心的这种放大刺激信号的作用，在帮助个体维持生存的同时，也往往导致心理问题的产生。

（3）自体我和关系我

自体的建构和发育是在关系中完成的，苦乐感受的产生源自关系刺激，应对苦乐感受的方法，也是从关系中习得的。大多数人习得的抵御痛苦的方法，主要是运用脑在关系中寻找原因和对策。如果不可得，便退回到自己的身体，变为躯体化（躯体化其实也是一种关系表达，将关系伤害以生理疾病的方式呈现出来）。很少有人会习得用面对感受的方式去处理痛苦的感受，毕竟正是那种痛苦的感受驱使我们去寻找应对方法的。另外，个体成长发育也是在关系中完成的。因此，应对痛苦最有效的方法竟然就在痛苦自身。这样一来，在自体我和关系我这两个人格面项中，关系我得到更多的关注，而自体我被严重忽视了。

回归自体的难度还在于，在防御痛苦时，我们经常采用客体化的方法，从自体中分化出承载痛苦感受的客体，而自体却基于人类意识具有自我分化的能力，扮作观察者旁观（观音意象往往扮演这种角色）。这种办法虽然能够缓解痛苦的程度，却无法从根本上转化自体的痛苦感受。这种自体客体化的发生十分隐蔽，未经训练的人，实难察觉。在痛苦感受的作用下，自体我不断地客体化为关系我，不断地分裂自我、削弱自我的人格整合度，我们的人格变得越来越不完整，似乎永远无法达成合一。这也是我们的人格越来越"二"的根本原因。

人格是由自体我和关系我两个面项共同构成的，二者被关注程度的失衡，必然导致个体心理在人格层面出现问题。自体我所包含的自体感受缺乏关注，其中因受伤引起的负性情绪得不到有效转化，随时都可能引发自体痛苦的感受。为了抵御这种感受，就需要自体我不断输出能量给关系我，通过关系我向外去抓取关系或者改饰意象，结果既不能有效消解自体的痛苦感，又耗费了大量的心理能量。所有心理能量都来自自体我，如果心理能量只从自体我流向关系我，必然令个体（自体）的生命力大为减弱，甚至耗竭。

（4）情绪和感受

意象寻根技术的另一个理论基点是情绪心理学对情绪的认识。情绪无论好坏，只要得到足够的关注，就会发生转化。负性的感受和情绪体验，如果得不到有效转化，就会固结，而且需要调用另外的心理能量进行防御，于是被固结的心理能量越来越多。当我们能够面对它、关注它、照顾它时，它就会在达到峰值后降到一般水平，由固结的心理能量变成自由的心理能量。这也是意象对话的基本原理，即心理能量的守恒转化规律。

### 3. 适用范围

意象寻根技术直指人心，具有迅速查找问题和解决问题的特点，无论对个体咨询，还是对咨询师的自我成长，都显著有效。从更深的层面看，它尤其适合深陷关系之中、感觉感受能力发育不良、自体感偏弱的中国人。

### 4. 技术要点

意象寻根技术认为，在自体我和关系我中，前者是更根本的心理存在，它既是产生心理问题的根源，也是解决心理问题的关键。

意象寻根技术的基本思路，就是把个体的关注从关系我转向自体我，更多地关注自体的思维、感受和躯体反应。尤其是感受环节会得到更多的关注，因为正是它"从中作梗"，才令我们的自体感支离破碎、丧失完整，令人倍感痛苦。

### 5. 技术难点

意象寻根技术的难点主要有二：一是回归自体（如上所述），二是寻找原发感受。

人类的感受和情绪变化多端，只有面对原发感受并使之转化，才能解决问题。根据离苦得乐的总原则，正是由于原发感受令人难以忍受，我们才会发展出对策（心理防御机制）。这些对策给我们带来的感受虽然也是负性的，但强度肯定低于原发感受，这是一级继发感受。如果一级继发感受仍然令人难以忍受，我们还会发展出二级对策，于是产生二级继发感受。痛苦越是巨大，对策便会越多，继发感受也随之增多。所以，只针对继发感受工作，能够缓解症状，但不能解决问题。意象寻根技术把帮助来访者辨析、寻找原发感受视为咨询工作的重点，在此基础上，以容器的方式帮助来访者面对、体验和转化原发感受。

辨析原发感受和继发感受，既需要共情能力，也需要准确掌握人类心理结构及其运作。一般来说，继发感受都是指向关系的，原发感受则指向自体本身。譬如，伤心，看似是自体我的感受，其实往往是自体我的原发感受被客体化为关系我后所产生的自怜。

心理问题的形成，往往源于我们小时候无法承受大的伤害性刺激，只好用继发感受置换原发感受，以便减轻伤害，维护自我感，结果令我们离原发感受（自体我）越来越远。如今，我们通过坚持不懈地心灵成长，重新去面对那些原发感受，一来我们已经跟当年的伤害性刺激拉开时空距离，它对我们的影响没有当年那样大；二来我们已经是成年人，应对负性感受的能力已远超当年，因此有能力去重新体会当年的负性情绪，从而修复创伤。

### 6. 注意事项

（1）自体我的重建

自体我重建的关键是对感受的觉察和体验。具体操作时，需要特别注意两点：一是关注呼吸，因为呼吸是自体生命力最基础、最重要的体现，时刻关注呼吸，才能时刻跟自体在一起；二是视线下垂，这样比较容易接近自体的感受，视线上扬则容易使人处于思考状态，感受力变弱。

（2）注重当下

要想回归自体，就需要注重当下，注意当下我们有什么想法、感受和躯体感觉，否则容易陷入对过去的回忆或对未来的想象之中，给过去的记忆或未来的想象注入能量。当下是身、心、脑合一的时刻，回忆和想象都只能调动心、脑能量，而身是无法感受它们的。

（3）在关系中修行

既然自我是由自体我和关系我构成的，二者谁也离不开谁，那么真正的修行就只能在关系中进行。只有关系中的相互刺激，才能够让我们发现人格中未被了解或未被充分了解的部分，也只有关系，才能让我们体验到人类生命的丰盈。反过来说，自我修行的效果如何，也只有在关系中才能得到真正的检验。

关系我重建的三原则：设置；沟通；个人成长——清晰有效地设置；建设性的沟通；不断的个人成长。如此构建起来的关系，才对自体成长具有滋养性，而非伤害性，才能使关系我和自体我和谐相处，发展出更美好、更健康的品质与关系。

## 7. 技术的优点和特点

意象寻根技术的优点很多，直指心理问题的核心，对人有真正的滋养，甚至不必了解来访者的成长故事，就可以针对他的感受和问题进行工作。只要能跟自体的负性感受在一起，负性感受就一定会转化。能量小的负性感受，用不了多少时间就能转化，能量大的需要花费多一点时间。

只有自体我的三个层面都得到足够的关照，个体的人格才能得到全面发展，个体也才能够跟他人建立有滋养的、全面的、健康的关系。个体的本能需要能够得到足够的满足，个体的感觉感受才会离苦得乐；个体的感觉感受总体趋乐，个体的理性才能得到健康发育。本能得到足够满足、能够体验到生命的快乐并拥有健全的理性，这样的个体才有可能作为完整的人感受到自己的存在，从而建立起自己跟同类、跟其他生命、跟整个宇宙的深刻关系。

# 三十八、 周烁方：主题梦境系列起始意象

**（研发者单位：中国社工联合会心理健康工作委员会）**

## 1. 目的

通过一系列的起始意象，来了解个体在生命中一些常见主题方面的发展状况，以及是否遇到困难，并由此化解这些困难。

目前，周烁方老师研发的系列起始意象的主题包括：追逐、坠落、飞翔、厕所、考试、迟到、追赶交通工具等。

## 2. 原理

追逐、坠落、飞翔、厕所、考试、迟到、赶车、赶飞机等一系列梦境，是现代人常做的梦境，这些梦所象征的主题几乎是每个人在生命的不同时期都会面对和关心的。

每个主题的梦境，对应着一种心理情境。例如，追逐梦对应着内心的逃避，坠落梦对应着心理落差以及是否脚踏实地，飞翔梦对应着获得自由与逃避，厕所梦对应着负面情绪的排解与私密感，考试梦对应着心理上的考验，迟到梦对应着某些应该完成而尚未完成的心理任务，追赶交通工具则对应着抓住或错过机会。

### 3. 适用范围

主题梦境系列起始意象可用于个体咨询、自我成长、成长小组及工作坊。心理咨询师可根据不同的来访者或受众、工作情境和使用目的，进行选择性使用。

### 4. 指导语

(1) 追逐意象的指导语

指导语："想象你在逃跑，后面有什么（人、动物、鬼神等）在追。然后，在想象中让自己慢下来。最后，停下，转过身去，面对后面追你的那个对象。他会靠近你，然后对你有一些表达。你试着和对方做一些交流。"

(2) 坠落意象的指导语

指导语："想象你在一个高处，然后掉下去了，你掉到了哪里？你掉下去以后遇到了什么？发生了什么？"

(3) 飞翔意象的指导语

指导语："想象你在一个熟悉的地方准备起飞。起飞之后，体验飞的感觉。最后，慢慢落地。"

(4) 厕所意象的指导语

指导语："想象你从座位上站起来，走出现在的这个房间，走出这个建筑物的大门，绕到建筑物的后面，看到这里有一条路，沿着这条路往前走，走一段时间就会看到一个厕所。看看厕所的外观，然后走进去，里面可能是任何样子。看看厕所里面的样子，想象自己上厕所的过程。上完厕所，走出来，原路返回。"

(5) 考试意象的指导语

指导语："想象你在考场上参加一个考试。这个考试在考什么？考试过程中你是否遇到了什么困难？"

(6) 迟到意象的指导语

指导语："想象你正准备出门或走在路上，你突然意识到，自己是在赶往某个地方，或者赶去做某件事，可是已经迟到了。你原本是要去哪里，或去做什么？你迟到的原因是什么？你还能否赶到那里？赶到以后发生了什么？"

(7) 追赶交通工具意象的指导语

指导语："想象你正赶着去坐一种交通工具，这个交通工具是什么？（公交车、火车、飞机、轮船……)它是去往哪里的？你在赶去的途中发生了什么？最后，你是否赶上了?"

### 5. 操作步骤

主题梦境系列起始意象的基本操作步骤，遵循意象对话疗法的基本操作原则与操作步骤。需要关注的细节如下。

(1)追逐意象的操作步骤

引导来访者在意象里：看看是谁在追；在什么地方跑；自己在逃跑过程中表现得如何；跑的速度是快还是慢；腿脚是否有力；怎么跑的；逃跑过程中是否遇到阻碍。然后，试着让自己慢下来，想象追逐的一方也慢下来。自己停下来，回过头去看着对方，并觉察内心的感受。对方靠近自己，有一些表达。观察和倾听对方为什么追自己，并觉察内心的感受。和对方有一些交流。

(2)坠落意象的操作步骤

引导来访者在意象里：看看自己在一个什么样的地方，这个地方有多高；站得稳不稳；下坠的过程是什么样的；下坠过程中发生了什么；最后掉在一个什么样的地方；自己的状况如何；在坠落过程中，自己内心有什么感受；掉下来以后，发生了什么，是否遇到什么人或什么事。觉察内心的感受。

(3)飞翔意象的操作步骤

引导来访者在意象里：看看自己所在的熟悉的地方是哪里；自己是以什么方式起飞的；飞起来以后，飞翔的速度如何，高度如何，感受如何；在飞翔的过程中自己的学习和适应情况如何；如何让自己更自由、更自在地飞翔；如何降落；降落过程中的心情如何；降落在什么地方。

(4)厕所意象的操作步骤

引导来访者在意象里：观察厕所的外部样貌、周围环境，体会此时的心理感受；进入厕所后，观察厕所的内部状况、是否肮脏，觉察自己此时的内心感受；如厕的具体位置；如厕过程中是否遇到困难；觉察内心感受；如厕结束后，再次观察厕所的样子以及是否有变化；走出来，返回现实。

(5)考试意象的操作步骤

引导来访者在意象里：观察考场的具体情形；参加考试的都是些什么人；考试的内容是什么；是否能够顺利作答；考试过程中是否遇到什么困难、能否解决以及解决的具体方式。

(6)迟到意象的操作步骤

引导来访者在意象里：看看自己身处何地；在做什么；是刚意识到迟到，

还是已经在赶路了；是去哪里或做什么；迟到的原因；迟到的自己是什么形象；觉察内心的感受；能否赶到那里；遇到了什么困难；如果可以赶到那里，接下来发生了什么。

(7)追赶交通工具意象的操作步骤

引导来访者在意象里：观察自己要去乘坐的具体交通工具；追赶过程中发生了什么；要乘坐的这个交通工具是开往哪里的；自己去那里要做什么；最后是否赶上了，心中的感受如何。

### 6. 注意事项

第一，运用主题梦境系列起始意象时，咨询师可以引导来访者觉察某个主题意象中的"自己"（面貌、性别、年龄、神情、性格特点等），有助于深入探索参与该主题的子人格，从而促进人格健康发展。

第二，每个主题的起始意象都有可能遇到一些常见的阻抗，咨询师需本着"以人为中心"的工作理念，真诚地接纳和面对。简单举例：

追赶意象可能会出现因被追者强烈厌恶、排斥追逐者而无法停下、试图伤害、回避对方或无法与对方交流等情况，这时，咨询师应陪伴来访者着重"面对"与"接纳"，待情绪体验或情结化解得比较透彻之后，再进行下一步。

坠落意象可用于体验性工作坊的初始阶段，以使成员们在一开始就进入一种更加"脚踏实地"的状态，有利于后续的学习和成长。但是，该意象有可能引发消极的情绪反应。比如，体验者在"很高很高的地方""不愿意下坠"，经过引导也无法下坠，或下坠没有到底。这时，工作的重点在于，引导体验者体验感受，理解其中的意义。

厕所意象所触及的心理内容更加私密，若引发来访者的消极感受，咨询师可能要花更长的时间陪伴他面对，要有更大的耐心和坚持才能让他出现转化。对于某些重要细节，值得进一步关注和体验。常见的有：意象里的厕所特别干净；干净但有气味；如厕后的冲水情况；意象里出现蛆虫。

另外，飞翔意象可用于放松。比如，在工作坊或成长体验中场休息时，用这个起始意象进行放松，效果较好。

第三，这一系列主题意象所呈现的内容未必是消极的或有问题的，也可能是顺利的或快乐的，咨询师引导来访者深入体会，依然具有成长意义。

第四，意象对话的具体过程千变万化，不可尽述，唯有秉承意象对话的基本观念与基本态度，深入体验每一个部分和细节，并且在相关主题的背景下进行针对性地探索，才能更深刻地理解来访者在这些人生主题方面的内在状况，才能更好地帮助他们成长。

## 三十九、 朱建军、曹昱：意象对话沙屉疗法

**（研发者：北京林业大学人文学院心理学系；职业心理咨询师）**

作为意象对话心理疗法的创立者，朱建军教授从未停下过前进的步伐。他和夫人曹昱女士不断探索出新的疗法（如回归疗法）和新的技术。

例如，朱建军教授早有论述，意象对话疗法和沙盘疗法可以结合使用。在摆放沙盘的过程中，咨询师可以引导来访者以沙盘内容为基础进行意象对话，从而让心理能量更好地流动，达到更深入的内心探索，并促进心理的成长。意象对话沙盘疗法还可以有许多变式，比如，咨询师和来访者对弈式的沙盘，由双方轮流摆放沙具，并且就相互之间的影响进行交流互动；也可以有团体对弈式的沙盘，用来发现和调节小团体之间的心理。

然而，这些都还不算突破性的改变。意象对话沙屉疗法的产生，不仅是一个突破性的技术创新，更是一个分支疗法。

### 1. 目的

改进意象对话沙盘疗法，大幅度增加沙盘的表现力，更清晰地显示和表达潜意识心理内容，更好地推动心理各个部分的整合。

### 2. 原理

沙盘的意象，象征着一个人的心理领域。沙盘的边界可以看作人的心理边界；而沙盘中所有的沙具以及沙子，都象征着人的心理内容；沙盘中沙子和沙具的状态，就是人的心理状态的外化。

如果我们把多个沙盘组合起来，沿垂直方向排列，构成抽屉一样形状的几个沙盘，就叫作沙屉。

沙屉通常有三层，每层都是一个沙盘。

最低的一层，可以直接放在地面上，甚至在地上挖坑放沙子构成。一般来说，这一层沙屉的深度最大，可以有20厘米以上。

中间的一层，放在离地面约70厘米高的架子上，深度5～7厘米。

上面的一层，放在离地面110～120厘米高的架子上，深度5～7厘米。这一层沙屉可以用透明的玻璃制作，里面可以放白色沙子，也可以用籽粒比

较小的粮食代替沙子。

沙屉这种设置，象征着把一个人的心理领域进行细分。垂直排列可以用来象征意识的层面，也可以象征时间或者空间的序列。通过用意象引导或者用灯光等辅助工具引导，能够让来访者把不同的心理领域的内容投射到不同层的沙屉上。

因此，我们用沙屉作为工具，可以更细致地分析一个人的心理，也可以发现一个人不同心理领域之间的互相影响，并且借助沙屉以及意象对话引导不同心理领域之间的相互影响。

### 3. 适用范围

适用于除重性精神病之外的所有心理问题和心理障碍的调节，尤其适用于那些有深入了解自己内心的愿望，以及希望更深入改变自己的来访者。也可以用于家庭治疗、伴侣治疗或者团体治疗，企业 EAP，心理咨询师素质训练之中。

### 4. 操作步骤

【操作一】把从下到上的三层沙屉，分别定义为集体潜意识、潜意识和浅层潜意识或前意识。

核心步骤如下：

（1）上层沙屉的摆放

引导来访者从上面一层开始摆放沙屉。

然后，移开已经摆好的那层沙屉，保持其中的内容不被碰乱。

（2）中层沙屉的摆放

引导来访者放松，在想象中来到房子的地下室，在地下室看到一个沙屉，并且去摆中层的沙屉。如果方便，这个时候可以把咨询室的灯光调暗。

中层沙屉摆好之后，移开这个沙屉，保持其中的内容不被碰乱。

（3）下层沙屉的摆放

引导来访者进一步放松，在想象中进入更深的地下室或者山洞，在那里看到沙屉并且摆放。这个时候灯光可以更暗，或者用偏蓝色的灯光。

（4）整体沙屉的摆放与互动

下层的沙屉摆放好之后，把上、中、下三层的沙屉并列摆放。

来访者和咨询师一起观看这三层的内容，体会它们或在意象中观察它们，分析同一层中不同沙具的相互作用，也分析在垂直方向上、不同层沙屉里相互邻近的沙具之间的相互作用，感受不同层的沙具之间以及沙的形状之间的相互引力和排斥力等。

【操作二】把从下到上的三层沙屉，分别定义为过去、现在和未来。

核心步骤如下：

(1)下层沙屉的摆放

从最下面开始摆放沙屉。

用意象对话的引导方法，引导来访者想象自己回到过去的某个时间或过去所居住的某个地方，然后摆放最下面的沙屉。

(2)中层沙屉的摆放

引导来访者回到当下，然后摆放中层的沙屉。

(3)上层沙屉的摆放

引导来访者想象未来的某个时刻，然后摆放上层的沙屉。

(4)整体沙屉的摆放与互动

把上、中、下三层的沙屉并列摆放。来访者和咨询师一起观看这三层的内容，体会它们或在意象中观察它们，分析过去对现在的影响，以及未来期望对现在的影响。

除此之外，三层沙屉还可以有其他多种定义方式，比如，分别定义为自己、家庭和工作；或者定义为丈夫、妻子和双方关系；或者定义为来访者、咨询师和双方关系等。

沙屉疗法还有很多不同的变式，这里不再一一列举。

## 5. 注意事项

其一，接受过专门培训的心理咨询师，才可以运用这个技术。此技术变化繁多、操作复杂，盲目可能使用效果反而不好。

其二，意象对话沙屉疗法与沙盘疗法的差别比较大，所以，沙盘疗法的临床经验并不能直接转用于此疗法。

其三，在摆放底层沙屉时，比较容易激发来访者的强烈情绪。对于处理情绪爆发缺少经验的心理咨询师，请勿带领心理问题比较严重的来访者做沙屉。有时，如果在底层沙屉时来访者情绪过强，可以先让来访者停止做底层沙屉，转做上层的沙屉。

其四，上层沙屉如果用粮食代替沙子，可以用意象对话的方法引导来访者吸收粮食中的能量来补养自己。但这样做的前提是，咨询师了解各种粮食的象征意义，并且了解来访者的意象状态，从而确定这种粮食的确适合这个来访者。

另外，这种使用过的粮食不适合食用，可以用作饲料等。

# 第二十章
## 意象对话技术与方法的分类

### 一、 缘起

2013 年，周烁方撰写了一篇文章，题为《意象对话各方法技术的粗分类——心灵发展视角》，该文被第九届意象对话研讨会论文集收录。在过去的四年里，周烁方有了新的思考和感悟，遂重写此文，以使此文在当下产生新的价值。

### 二、 问题提出

#### *1.* 现状与困境

意象对话创立至今历时 27 年，正式学员超过三万人，非正式的学习者与使用者不计其数。从"技术"到"疗法"，从"疗法"到"学派"，20 多年的时间，意象对话经历了曲折的发展与多次蜕变。时至今日，意象对话拥有独特而完整的心理观、人格观、世界观，以及与之对应的方法论和庞大的技术体系。

意象对话方法和技术体系的特点是，拥有大量原创的、有效的、适应不同情境的方法和技术。方法和技术体系的其中一部分由创始人朱建军教授独立研发、应用并使之成熟，另外一部分则由其他意象对话学习者在学习、成长、实践的过程中逐渐创立，这部分的队伍已经越发壮大，并且呈持续增长趋势。

对于初学者而言，如此庞大的技术体系所带来的，可能既有喜悦，也有忧愁。喜的是有如此众多的技术方法，可以实现不同的功能，适应不同的情境；忧的是"吾生也有涯，而知也无涯"，如何以自己有限的时间和精力，选择最适合自己的技术方法，从而更高效地学习与成长。

## 2. 转机与助力

意象对话在发展与成长，所有的意象对话受益者和研发者也在发展与成长。

周烁方个人的禅修体验和成长体验迫使他面对存在感的问题。荣格在《荣格自述：回忆·梦·思考》中所展现的"无意识自我显现的一生"极大震动了周烁方，使他从体验层面更加深刻地理解了内在探索与外在世界、退行与成长之间错综复杂的辩证关系。

美国超个人主义心理学家肯·威尔伯提出的"前超谬误"（"前个人阶段"与"超个人阶段"的易混淆性）概念，对心理学和心灵学的发展具有重大价值。其著作（特别是《万物简史》）也为意象对话技术与方法的分类提供了重要的参考框架。

# 三、 心理自我

这里所做的心理发展期划分并非一个严谨的理论体系，而是在现象层面存在、在体验层面可被感知的、大致的时期划分方法，用于对意象对话的技术和方法进行分类。

这种划分方法首先涉及一个叫"自我"的心理结构。人都是有"我"的，但心理上的"自我"并不是人人都有。一个拥有心理自我的人，就意味着：

第一，有现实感。一个拥有心理自我的人能够区分心理内容（情绪、感受、想法、意象）与现实内容。比如，过马路时脑海中虽然出现了自己被车撞死的想象，但是理性上知道，现实中的自己是健康地活着的，并没有被车撞。

第二，有自我感。一个拥有心理自我的人能够感觉到自己的各种心理内容有一个统一的容器和载体，大部分心理体验具有时间上的连续性，知道各种情绪、感受、想法尽管此时不同于彼时，但都是属于"我"的。

第三，有自主意识。一个拥有心理自我的人能够主动进行某些心理活动，诸如，回忆或思考某事、主动做某事、把注意力指向某处、进行想象、压抑或释放某种情绪等。

第四，有比较稳固、清晰的心理边界。一个拥有心理自我的人能意识到现实中"他人"的存在，意识到"他人"有独立的心理内容。知道哪些心理内容是自己的，哪些是别人的或外界的。还有一定的能力阻止外界的心理内容进入到自我内部，例如，别人骂我"傻"，我知道那是对方的看法，并不代表我真的"傻"。

第五，基于稳固、清晰的心理边界，一个拥有心理自我的人的"自我"结构的内容相对稳定，并且具有一定程度的内部一致性。比如，如果"我"总体上是个热情的人，或者是个冷淡的人，那么这个特点是相对稳定的，"我"在多数情况下和多数场合都会表现出这个特点，而不会完全没有规律，忽冷忽热。

## 四、 心理发展期

基于"自我"的建立程度，以及心理体验与"自我"结构的关系，人的心理发展大致可以分为四个时期。

第一个时期是结构形成期。这一时期的主要心理发展任务是建立现实感，形成较为稳定、清晰的心理边界，对于他人和自我有明确的区分，使"自我"的心理结构基本成型。好比盖房子的钢筋混凝土框架刚刚建好，这一时期有了一个房子的整体框架，有了内外之别，但房子的内墙、各个房间等都还没有建好。

从时间上来说，这一时期大致从出生开始，到 6 岁结束。有的人早一些，有的人晚一些。

第二个时期是内容确立期。这一时期的主要心理发展任务是以各种方式在初具雏形的"自我"框架中填充内容，包括其先天倾向，并且对其中的内容进行筛选，包括将已存在于自我内部但不适宜的内容排除出去，使"自我"的内容具有一定程度的内部一致性和稳定性，而不会具有太强烈的内部冲突和矛盾。性别认同是其中的一个典型例子。在心理性别确立之后，一个人或者认同自己是男性，或者认同自己是女性，而不会同时既是男性又是女性，也不会今天觉得自己是男性，明天觉得自己是女性，后天又变回男性。

这一时期大致从 3 岁开始，到青春期后期结束。

以上两个时期共同构成了自我建立期，在结构框架形成、内容基本确定、稳定之后，就可以说一个人已经拥有了"心理自我"。

第三个时期是自我发展期。这一时期的主要心理发展任务，一方面是发展与完善已有的自我，另一方面是通过这个自我与外界、他人建立真实的连接，建立与发展各种人际关系、社会关系，组建家庭、养育后代等。在这个过程中，自我持续地变化与改善，向着更好的方向前进。

这一时期大致从 18 岁开始，没有标志性的结束。人无完人，自我的发展与完善是没有止境的，可能持续一生，也可能到一定程度就不再"主动"进行下去。

第四个时期是超越期。这一时期的主要心理发展任务是面对存在焦虑，面对"自我"这一心理结构的虚幻性，削减对于"自我"的执着，学习"如是"地看待各种事物，在不断的成长与领悟过程中超越"自我"这一心理结构，达到佛学所说的"解脱"（例如，"远离颠倒梦想，究竟涅槃"）。

这一时期的开始时间不确定，有些人一生都没有进入这一时期。

自我建立期与自我发展期的分界线，是心理自我的建立。

自我发展期与超越期的分界线，是清晰地体验到存在焦虑、体验到自我的虚幻性，并开始面对这一问题。

这四个时期并非截然分立，而是互相渗透甚至有所交叠的。这更是一个渐变的过程，而无绝对明确的分界线。

需要注意的是，对于后三个时期而言，心理发展的挫折可能会导致人的心理状态"退行"到前一个心理发展期。自我发展期与内容确立期的重大挫折可能会导致"放弃自我"的应对方式。例如，一个人有"自我"了就需要为自己负责了，而为自己负责太痛苦，所以不想为自己负责，于是就既干脆回到那个没有自我的、与母亲或父亲"共生"的状态。超越期的挫折与痛苦也可能导致"放弃超越"的应对方式。例如，"我已经活得很不错了，干吗还要考虑生死真相的终极问题？何必去承受存在焦虑呢？难得糊涂，不要自讨苦吃"——用各种方式让自己对存在感问题视而不见。

在这四个时期，人的心理发展如果在不同时期出现问题，产生的后果也各不相同。见表 20-1。

表 20-1　人的心理发展期

| 心理发展期 | | 年龄/岁 | 发展任务 | 此时期失调问题 |
|---|---|---|---|---|
| 自我建立期 | 结构形成期 | 0～6 | 建立现实感；人我边界；建立心理自我雏形 | 精神分裂；人格障碍 |
| | 内容确立期 | 3～25 | 在自我中填充和筛选内容；形成稳定性和一致性 | 神经症；性别认同问题；自我同一性问题；退回前一个时期 |
| 自我发展期 | | 18～? | 发展与完善自我；建立外在人际关系；组建家庭、生育、社会交往与适应 | 人际适应层面失调；社会适应不良；无法建立亲密关系等（一般心理问题）；退回之前的时期 |
| 超越期 | | ?～∞ | 面对存在焦虑；体验到"自我"的虚幻性；超越自我 | 存在焦虑；退回之前的时期 |

## 【注意】

每个成年人都可能在上述的四个心理发展期分别有不同程度的问题或困扰。一个 30 岁的成年人，可能在结构形成期有未解决的人格问题；一个 70 岁接触到存在主题的老年人，也可能在自我同一性以及自我完善的层面存在困扰。

## 五、 意象对话引入方法的分类

意象对话的各种技术，根据进入意象的主动性不同，或意识参与程度不同，大致可以分为以下三种类型。

### 1. 主动定向引入

通过各种起始意象，以固定的引导语，使来访者进入相应的意象情景。这一引入方式的意识参与程度较高，有明确的目的性。

这一引入方式的优点，在于，能够了解特定的心理内容，根据需要直接指向某些具体的方面。例如，通过"看房子"来了解自我的整体人格状态，通过"花与昆虫"来了解自己在两性关系方面的态度与特点。并且对于初学者来说，起始意象的操作流程固定、易掌握，便于反复练习以熟悉意象这种自我体验形式。其缺点在于，灵活性较差，与意象体验者当下的心理状态可能会不够契合。比如，来访者正在为现实中被人辱骂而生气，而意象对话并没有一个特意为"被辱骂"情景设计的起始意象。这时，我们可以引导来访者在意象里"看房子"或"看镜子"，这样做虽然也会有效果，但在最开始的时候，针对性不够强。

### 2. 觉察当下引入

根据当下的情绪、心理感受、躯体感受、回忆、联想等内容，因地制宜地引导来访者进入相关的意象情景。

这一引入方法的优点，在于，意识的参与程度更低，应用起来更加灵活变通，能够更直接地把握体验者当下的心理状态。例如，觉察自己此刻的情绪，看看内心有一幅什么样的画面，或者，感觉此刻的自己像一个什么样的人。这种引入方法的实质，在于以意象为方式和媒介，对当下状态进行觉察，也就是把各种心理内容转换为意象的形式来进行觉察。其缺点在于，咨询师需要有一定的意象对话自我成长基本功，这样才能够比较自如地运用。这就好比，习武之人学习临场应变的前提是先要扎稳马步，站好桩功，打好套拳。故觉察当下的引入方法，是以熟练的定向主动引入为基础的。

### 3. 自发涌现的意象

人的某些无意识心理内容，会自发地以意象的形式出现在意识范畴。例如，梦境、幻觉以及其他形式的自发涌现意象。这一类意象的出现并非有意的引入，而是无意识直接呈现的结果，意识参与程度与主动性最低，反应内心状态的准确性最高。对大多数人而言，意象在最开始并不会自发涌现，但随着意象对话成长的深入，意识与无意识之间关系的逐渐和谐，自发涌现的情况会逐渐多起来。然而，在另外一个极端，人的心理处于极为不健康的状态下，如一些精神病患者，自发涌现的意象反而会很多，但这是因为他们的心理结构不完善，无法阻止无意识内容涌入意识范畴才导致的情况。还有一些时候，自发涌现的意象本身就具有治愈的作用。因此，意象自发涌现所对应的实际情况比较复杂，咨询师需懂得鉴别。

按照引入方法对意象对话技术进行分类的意义在于，可以根据适用情境的不同和来访者心理成长阶段的不同，选择适合的意象对话体验方式。

在心理咨询中，自我成长和体验类的咨询适合各种引入形式。主动定向的引入方式可使来访者通过各种起始意象有规划地、模块化地探索自我。

然而，在问题解决取向的短程咨询中，主动定向引入的方式却不那么适用。因为来访者要解决的问题总是具体的，而起始意象大多是方向性的探索。比如，某位女性来访者要解决总和男朋友吵架的问题，如果使用"花与昆虫"起始意象，虽然有可能探索到相关内容，但不够贴切。更好的方式是引导来访者表达并澄清自己与男友吵架的具体情景与感受，然后根据当下的感受引入意象，由此直接切中求助问题的核心。因此，对于问题解决取向的咨询，觉察当下引入的方式通常是更加适用和高效的。

另外，根据来访者当前面对的问题所对应的时期不同，适用的引入方式也有所不同。

对于结构形成期的问题，积极的人际关系、人际间的互动与镜映、关系的稳定性等要素的重要性远远高于技术的运用。针对这一时期的问题，如果使用意象对话技术，主动定向引入的意象会带来更好的效果。譬如，可以通过"看房子"来强化人格的稳定性。这个时期可能会出现一些自发涌现的意象，这些意象需要被关注、讨论、工作和理解。而觉察当下的引入方式对处理这一时期问题的效果可能不佳，原因是觉察当下的引入方式难以给来访者带来在这个阶段所需要的稳定感和现实感。而且，在心理咨询中，如果把多个情绪、感受、想法都转化为意象，则易错失咨询师和来访者之间进行直接互动的机会，而真实的、有现实意义和建设性的人际互动，对于处理这个阶段的问题却是极其重要的。

对于内容确立期的问题，由于自我结构已经基本确立，主动定向引入与觉察当下引入的方式都会带来不错的效果。整体来说，意象对话的大部分技术及引入方法对这个时期的问题都是适用的。

对于自我发展期的问题，有一部分问题的重点已经转移到和外部世界、他人的关系上，那些和"关系"有关的起始意象适用程度因此变得更高了。而间接主动引入方式的重要性在这一时期有所提升，因为这一时期面对外部世界与他人，会产生更为复杂、多变的互动情景，如果仅仅使用起始意象来应对这一阶段的问题，则会显得有些捉襟见肘。在这个时期的后半段，自发涌现的意象有可能会多起来，其中有一部分来自集体无意识，蕴含着巨大的原型能量。针对这一时期自发涌现的意象，应当带着觉察仔细应对，在与之互动的过程中，推动"自我"的进一步发展与完善。

对于超越期的问题，由于整体人格和"自我"结构都成为有待面对和超越的"问题"，主动定向引入的方式已经变得不再适用，反而有可能起到增长执着的副作用。觉察当下的引入方式，仍然可以作为一个辅助工具，用于时刻觉察自身的感受与反应。这一阶段也不必对意象的形式本身太过在意，意象在这个阶段更多是一种形式或手段，目的是为了把握其背后的心理状态与心理能量。对于这个时期自发涌现的意象，更合适的态度是，把它们作为关照的对象，少一些主动和刻意；把它们作为一种现象，带着觉察去感知。

根据各种引入方式在不同情境及不同心理发展期的适用程度，得到表 20-2。

表 20-2　不同心理发展期的引入方式

| 适用情景／引入方式 | 自我建立期 | | 自我发展期 | 超越期 | 成长取向咨询 | 问题解决取向咨询 |
|---|---|---|---|---|---|---|
| | 结构形成 | 内容确立 | | | | |
| 主动定向引入 | ☆☆ | ☆☆☆ | ☆☆ | ◊ | ☆☆☆ | ☆ |
| 觉察当下引入 | ◊ | ☆☆☆ | ☆☆☆ | ☆☆ | ☆☆☆ | ☆☆☆ |
| 自发涌现 | ☆ | ☆☆ | ☆☆☆ | ☆ | ☆☆☆ | ☆☆ |

注："☆"越多，代表适用程度越高，"◊"为不适用。

## 六、 意象对话技术的分类

意象对话发展至今，相关的技术、子技术至少有上百种，在此仅挑选出一些具有代表性的技术，根据前文确立的框架，进行简要的评述与分类，以供大家参考。

所选技术包括：房子、看山洞、连通器法、资源引入法、领养动物、看镜子、我们签约吧、花与昆虫、双人意象、意象逛鞋店、梦想成真法、回圆法、草地上的动物、挑武器、观想本尊、人格意象分解、意象画、意象建构、意象寻根技术、主题梦境起始意象。

**房子：**着眼于整体人格，包括人格结构及其内容。适用于结构形成期，用于觉知"自我"结构的形成状况，持续关注并加以巩固或改变。在内容确立期，房子意象主要用于觉察人格的内容、冲突、问题，包括压抑和回避的部分（比如，房子的地下室）。在自我发展期，房子内部房间的增多、功能区的划分（如厨房、厕所、卧室、书房）都是自我结构发展完善的表现。

**看山洞：**关注深层的无意识，退行到生命早期，与结构形成期、内容确立期关系更加密切。

**连通器法：**涉及母婴共生关系，最终目的是心理上的分离与独立，关注自我结构形成之前的状态，非常适于解决结构形成期的问题。

**资源引入法：**关注来访者内部资源匮乏的状况。已经有了自我结构，但自我结构中的内容匮乏或消极，因此，需要引入或激发更多的内在资源，充实自我结构。这一技术与内容确立期关系更密切。

**领养动物：**关注早期与父母的依恋关系，既然已经有了"关系"，就意味着孩子和父母在心理上已经有一定程度的互相独立了。该技术主要适用于内容确立期。

**看镜子：**直接觉察自我当下的无意识状态，适用于内容确立期与自我发展期。

**我们签约吧：**整合与改变自身的坏习惯，对自我内部互相冲突的部分进行调整，适用于内容确立期。

**花与昆虫：**关注内在的两性关系，更多涉及内在和外在的关系，适用于内容确立期与自我发展期。

**双人意象：**关注与觉察自己和现实中他人的无意识关系状态，适用于自我发展期。

**意象逛鞋店：**关注自己内在的婚恋关系状态，既涉及外在的关系，也涉及内在的自我倾向，对应自我发展期与内容确立期。

**梦想成真法**：使人放下未完成的心愿，减少执着，不再束缚于过去而是立足当下。在自我发展期使用该技术可使自我向着更健康的方向发展，在超越期使用则可用于减少执着。

**回圆法**：这一技术比较复杂，从中可以看到回归疗法的雏形。它着眼于生命全局，倾向于对人生有整体的理解，从而增加觉察与主动性，有助于减少执着，超越自我。这一技术主要和自我发展期、超越期有关。

**草地上的动物**：可用于了解自我的不同侧面、不同倾向，也可用于觉察当下的状态。动物形式呈现的子人格更加偏向于本能层面，而非人格化层面，但随着心灵的发展，越来越多的侧面是人格化的，有些不适合以动物意象来表征。因此，此技术最适用于内容确立期，其次是自我发展期，对于超越期难以起到很好的效果。

**挑武器**：关注人际冲突、攻击性、自我防御机制，这些部分都是自我结构形成之后才会产生的重要经验，因而此技术主要适用于内容确立期和自我发展期。

**观想本尊**：内化各种优秀的心理品质，只有在自我形成之后，使用这一技术才有实际的意义，否则如同竹篮子打水。在内容确立期与自我发展期使用该技术，可以根据需要内化相关的优秀品质。在超越期使用该技术，也可以观想象征理想人格的形象，用以内化其豁达、智慧、慈悲等优秀品质，以协助来访者走向超越。

**人格意象分解**：是一种基本而重要的意象对话技术，绘制子人格图可以对整体的人格状态进行了解，从中看到人生剧本；也可以作为当下的觉察手段，时刻觉察当下的心理状态。该技术适用面较广，在内容确立期、自我发展期、超越期均适用，而在超越期主要作为觉察方式进行应用，不必执着于子人格意象的具体形象。

**意象画、意象建构**：这两个技术的共同之处在于，都有较完整的体系，与其说是意象对话技术，不如说是分支疗法。广泛适用于内容确立期和自我发展期的各种心理问题。

**意象寻根技术**：关注"主体我"的情绪感受，不断收回外投的心理能量，不执着于意象，增加觉知的同时，使分裂在外的心理能量回归"主体我"的心理结构。适用于内容确立期与自我发展期的各种问题，能够高效地回到问题核心。在超越期，意象寻根作为一种觉察方式，使体验者越来越回到"主体我"的感受，剥离各种后天的影响，容易体验到存在感，直接面对那个需要被超越的"我"。

**主题梦境起始意象**：关注人生各阶段的重要心理主题。主要适用于自我发展期，也可以用于内容确立期。

根据各技术在不同心理发展期的适用程度，得到表 20-3。

表 20-3　意象对话技术的分量

| 心理发展期<br>意象对话技术 | 自我建立期 | | 自我发展期 | 超越期 |
|---|---|---|---|---|
| | 结构形成期 | 内容确立期 | | |
| 房子 | ☆☆ | ☆☆☆ | ☆☆☆ | ☆ |
| 看山洞 | ☆☆ | ☆☆☆ | ☆ | ◊ |
| 连通器法 | ☆☆☆ | ☆ | ◊ | ◊ |
| 资源引入法 | ◊ | ☆☆☆ | ☆ | ◊ |
| 领养动物 | ◊ | ☆☆☆ | ☆ | ◊ |
| 看镜子 | ☆ | ☆☆☆ | ☆☆☆ | ◊ |
| 我们签约吧 | ◊ | ☆☆☆ | ☆ | ◊ |
| 花与昆虫 | ◊ | ☆☆ | ☆☆☆ | ◊ |
| 双人意象 | ◊ | ☆ | ☆☆☆ | ◊ |
| 意象逛鞋店 | ◊ | ☆ | ☆☆☆ | ◊ |
| 梦想成真法 | ◊ | ☆ | ☆☆☆ | ☆☆ |
| 回圆法 | ◊ | ◊ | ☆☆☆ | ☆☆ |
| 草地上的动物 | ◊ | ☆☆☆ | ☆☆ | ◊ |
| 挑武器 | ☆ | ☆☆☆ | ☆☆☆ | ◊ |
| 观想本尊 | ◊ | ☆☆☆ | ☆☆ | ☆☆ |
| 人格意象分解 | ☆ | ☆☆☆ | ☆☆☆ | ☆ |
| 意象画 | ☆ | ☆☆☆ | ☆☆☆ | ◊ |
| 意象建构 | ☆ | ☆☆☆ | ☆☆☆ | ◊ |
| 意象寻根技术 | ☆☆ | ☆☆ | ☆☆☆ | ☆ |
| 主题梦境起始意象 | ◊ | ☆☆ | ☆☆☆ | ◊ |

注："☆"越多，代表适用程度越高，"◊"为不适用。

# 七、　结语

心理发展期的划分、引入方式的分类、各技术在不同范畴适用性的评述，都是一种相对的阐述。本章的意义在于，首先，为意象对话学习者提供一种参考，根据自身面临的情况选择不同的技术和方法。其次，在意象对话心理学中引入"心理发展期"的概念和视角，强调在不同的心理发展时期，面临的问题、应当持有的态度、适用的方法和技术也有所不同。因此，如何评估来访者和心灵成长者个体处于哪一个心理发展期，是一件值得重视的事情（表20-4）。限于本书篇幅，此处不再赘述。

**表 20-4　心理发展期的评估简表**

| 心理发展期 | | 年龄（岁）↑ | 心理发展任务 | 可能出现问题 | 适用引入方式 | 适用意象对话疗法（二星以上为适用） |
|---|---|---|---|---|---|---|
| 超越期 | | ？～？ | 面对存在焦虑；体验到"自我"的虚幻性；超越自我 | 存在焦虑；退回之前的时期 | 觉察当下引入；自发涌现 | 梦想成真法、回圆法、观想本尊法 |
| 自我发展期 | | 18～？ | 发展与完善自我；建立外在人际关系；组建家庭、生育、社会交往与适应 | 人际适应层面失调；社会适应不良；无法建立亲密关系等（一般心理问题）；退回之前的时期 | 主动定向引入；觉察当下引入；自发涌现 | 房子、看镜子、花与昆虫、双人意象、意象逛鞋店、梦想成真法、回圆法、草地上的动物、挑武器、观想本尊、人格意象分解、意象画、意象建构、意象寻根技术、主题梦境起始意象 |
| 自我建立期 | 内容确立期 | 3～25 | 巩固自我结构；在自我中填充和筛选内容；形成稳定性和一致性 | 神经症；性别认同问题；自我同一性问题；退回之前的时期 | 主动定向引入；觉察当下引入；自发涌现 | 房子、看山洞、资源引入法、领养动物、看镜子、我们签约吧、花与昆虫、草地上的动物、挑武器、观想本尊、人格意象分解、意象画、意象建构、意象寻根技术、主题梦境起始意象 |
| | 结构形成期 | 0～6 | 建立现实感；人我边界；建立心理自我雏形 | 精神分裂；人格障碍 | 主动定向引入；自发涌现 | 房子、看山洞、连通器法、意象寻根技术 |

# 参考文献

1. J. 皮亚杰，B. 英海尔德，等. 儿童心理学. 吴福元，译. 北京：商务印书馆，1981.

2. 弗洛伊德. 精神分析引论. 高觉敷，译. 北京：商务印书馆，1984.

3. 卡尔·古斯塔夫·荣格. 分析心理学的理论与实践——塔维斯托克讲演. 成穷，王作虹，译. 北京：生活·读书·新知三联书店，1991.

4. 卡尔·古斯塔夫·荣格. 象征生活. 储昭华，王世鹏，译. 北京：国际文化出版公司，2011.

5. 卡尔·古斯塔夫·荣格. 原型与集体无意识. 徐德林，译. 北京：国际文化出版公司，2011.

6. 卡尔·罗杰斯，等. 当事人中心治疗——实践、运用和理论. 李孟潮，李迎潮，译. 北京：中国人民大学出版社，2004.

7. 卡尔文·S. 霍尔，沃农·J. 诺德拜. 荣格心理学纲要. 张月，译. 郑州：黄河文艺出版社，1987.

8. 列维-布留尔. 原始思维. 丁由，译. 北京：商务印书馆，1985.

9. 荣格. 荣格性格哲学. 李德荣，译. 北京：九州出版社，2003.

10. 申荷永. 心理分析：理解与体验. 北京：生活·读书·新知三联书店，2004.

11. 吴勤. 见见内心的鬼朋友——了解自己的消极情绪. 合肥：安徽人民出版社，2007.

12. 西格蒙特·弗洛伊德. 弗洛伊德后期著作选. 林尘，张唤民，陈伟奇，译. 上海：上海译文出版社，2005.

13. 徐浩渊. 我们都有心理伤痕. 北京：中国青年出版社，2003.

14. 许慎. 说文解字新订. 臧克和，王平，校订. 北京：中华书局，2002.

15. 苑媛，曹昱，朱建军. 意象对话临床技术汇总. 北京：北京师范大学出版社，2013.

16. 苑媛. 光与影——意象对话看电影. 合肥：安徽人民出版社，2008.

17. 苑媛. 意象对话临床操作指南. 北京：北京师范大学出版社，2012.

18. 苑媛. 自我接纳与意象对话. 合肥：安徽人民出版社，2006.

19. 朱建军. 来自东方的心理疗法——意象对话心理治疗（中英文对照）. 苑媛，译. 合肥：安徽人民出版社，2008.

20. 朱建军. 梦的心理解析. 呼和浩特：内蒙古人民出版社，2001.

21. 朱建军. 你有几个灵魂——心理咨询与人格意象分解. 北京：中国城市出版社，2003.

22. 朱建军. 我是谁——心理咨询与意象对话技术. 北京：中国城市出版社，2001.

23. 朱建军. 意象对话心理学与中医. 合肥：安徽人民出版社，2011.

24. 朱建军. 意象对话心理治疗. 北京：北京大学医学出版社，2006.